우리 역사의
철학적 쟁점

우리 역사의 철학적 쟁점

초판 1쇄 발행 2021년 11월 10일

초판 2쇄 발행 2022년 7월 1일

글쓴이 이승종 **펴낸이** 박성모 **펴낸곳** 소명출판 **출판등록** 제13-522호

주소 서울시 서초구 사임당로14길 15, 2층

전화 02-585-7840 **팩스** 02-585-7848

전자우편 somyungbooks@daum.net **홈페이지** www.somyong.co.kr

값 31,000원 ⓒ 이승종, 2021

ISBN 979-11-5905-635-2 93900

(재)한국연구원은 학술지원사업의 일환으로 연구비를 지급, 그 성과를 한국연구총서로 출간하고 있음.

한국연구총서 100

우리 역사의 철학적 쟁점

이승종 지음

PHILOSOPHICAL ISSUES
IN KOREAN HISTORY

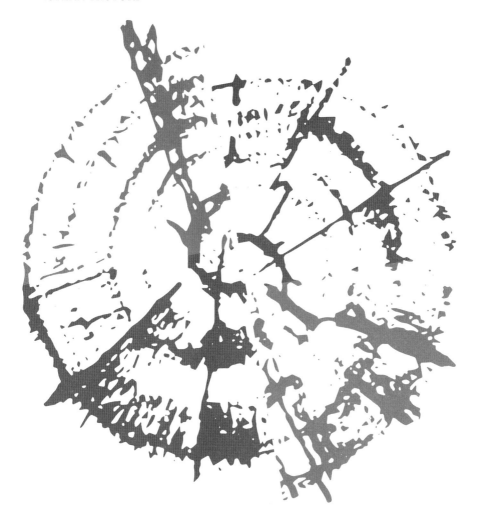

이 책은 그동안 내가 지어낸 책들과는 여러모로 다른 위상에 놓이게 되는 작품이다. 나는 이 책이 다루고 있는 우리 역사의 끝자락을 살아왔다. 4·19가 있던 다음해에 태어나 박정희 대통령이 암살되던 해에 대학에 입학했으며, 6·29선언이 있던 해에 유학을 떠나 김영삼 대통령이 취임하던 해에 한국으로 돌아왔다. 직접 체험하지 못했던 우리 역사의 과거는 내가 살아온 동안 여러 계기로 부단히 현재로 호출되어 논쟁의 불을 지펴왔고, 나도 관심의 끈을 놓지 않았다.

이 책은 내가 살아온 시대와 거기에 녹아있는 우리 역사를 주제로 하고 있지만, 통사通史가 아니라 철학적으로 중요하다고 여겨지는 선별된 쟁점들에 국한되어 있다. 최대한 학문적 객관성을 유지하고자 노력했지만 쟁점의 선별은 주관적인 것임을 밝혀둔다. 그럼에도 선별한 쟁점에 대한 연구에는 몇 가지 원칙을 적용하였다.

첫째, 내가 살며 직접 체험하지 못한 역사의 경우에는 문헌 연구와 병행해 답사와 탐방을 통해 현장감을 잃지 않고자 했다. 가능한 한 직접 눈으로 확인하는 것을 탐구의 방법에서 최우선 순위에 두었다. 둘째, 문헌 연구를 수행하는 경우에는 거기에 개입되어 있는 이데올로기를 찾아내 이를 철저히 격리하고자 했다. 이데올로기는 사실이 아닌 당위와 비전vision을 근간으로 하기 때문에 답을 미리 정해놓고 그에 맞추어 이야기를 짜나가는데, 이러한 방식은 객관적 탐구에 저해가 된다고 생각해서였다.

나는 대학에 진학하기 전까지는 학교에서 배운 우리 역사와 현실에 대해 비판적 안목을 갖지 못했다. 7·80년대의 대학은 한국현대사의 최전선이었다. 돌과 화염병이 난무하는 격렬한 데모와 이를 저지하기 위해 방패와 곤봉으로 무장한 경찰 병력, 장갑차에서 난사되는 최루탄으로 캠퍼스는 아수라장이 되곤 했다. 그 현장에 있던 학생이면 누구나 우리의 현실에 무언가 큰 문제가 있다는 생각을 하지 않을 수 없었다.

그러한 생각은 대학의 교과과정과는 별도로 이념서클의 선배들이 구성한 의식화 커리(커리큘럼의 약자로 당시의 은어였다)를 학습하면서 더욱 구체화되었다. 내가 대학을 다니던 시절 운동권은 이념의 면에서나 조직의 면에서나 대학의 학문이나 교육을 압도하고 있었다. 지금도 건재한 『창작과 비평』은 당시 그 어느 대학보다 영향력이 컸고, 학내 이념서클들은 대학의 어느 과나 부서보다도 조직적으로 돌아가고 있었다.

5·18 광주민주화 운동과 부산 미국문화원 방화사건은 우리 현대사를 질곡으로 몰아넣은 원흉으로 미국을 지목하게 되는 터닝 포인트였다. 대학에서 가르쳐지고 연구되는 학문은 예나 지금이나 대부분의 경우 미국이 그 헤게모니를 장악하고 있는데, 당시 들불처럼 일어난 반미운동은 이러한 미국의 학문에 대한 선전포고이기도 했다. 그 대안으로 부상한 것이 소련, 중국, 그리고 북한이었다. 저 나라 지도자들의 사상과 저술, 저 나라에서 사용되는 교과서들이 소개되었다.

광주와 지리산은 한국 현대사의 소도蘇塗와 성산聖山으로 꼽혔다. 그곳에서 각각 최후를 맞은 윤상원과 이현상은 그곳을 대표하는 전설의 영웅이었다. 지리산에서 사살된 빨치산 철학자 박치우는 한국을 대표하는 현대철학자의 한 사람으로 꼽히기도 했다. 나는 이들을 증언하는 황석영의 『죽음을 넘어 시대의 어둠을 넘어』, 조정래의 『태백산맥』, 이태의 『남부군』을 뜨거운 가슴으로 읽고 광주와 지리산을 순례했다.

우리 사회에서는 좌와 우의 진영에서 각기 광주와 지리산을 하나의 연장 선상에서 이해하려는 해석들이 있다. 그러나 광주와 지리산은 엄연히 시대와 이념을 달리한 투쟁의 장소였다. 광주는 1980년에 계엄령에 반대한 민주화 운동이 일어난 곳이었고, 지리산은 1940~50년대에 공산주의자들이 한국에서 벌인 유격투쟁의 주무대였다. 이 둘은 구분되어야 한다. 광주 민주화 운동은 한국 현대사의 중요한 사건으로 그 정신은 지금도 살아 숨 쉬고 있다. 반면 지리산의 빨치산 투쟁은 빨치산 문학의 동정 어린 미화에도 불구하고 한국이 인정할 수 없는 도전이었다.

빨치산 문학의 묘사에 따르면 지리산의 빨치산들에게는 규율과 도덕이 있었고 조국 통일과 공산 사회 건설에 대한 순정한 갈망과 이념이 있었다. 그들은 자신들의 믿음에 목숨을 바친 것이다. 그러나 그 믿음의 요체인 공산주의는 궁극에 가서는 재앙을 초래할 잘못된 것이었고, 한국을 위협하는 무력 투쟁은 용납될 수 없는 것이었다. 즉 그들은 그릇된 믿음에 목숨을 바친 것이다. 그들의 고귀한 희생도 그들이 실현하려 했던 믿음을 정당화해주지는 못한다. 양자는 서로 다른 차원의 문제인 것이다.

광주 민주화 운동은 공산주의 투쟁이 아니었고 지리산의 빨치산 투쟁이 한국의 민주화를 위한 것도 아니었다. 둘을 하나로 묶는 것은 사실을 왜곡하는, 의도를 가진 견강부회일 뿐이다. 그것은 광주 민주화 운동의 참된 가치를 훼손할 뿐더러 지리산 빨치산 투쟁의 궁극적 의도를 간과하는 오류를 범하고 있다. 둘은 한국 현대사에서 일어난 중요한 사건이다. 역사는 참인 생각뿐 아니라 거짓인 생각도 기록한다. 거짓임이 판명된 프톨레마이오스의 천동설은 여전히 과학사의 한 페이지를 장식하고 있다. 천동설이 갈릴레오를 비롯한 근대 과학혁명의 주도세력을 위협했듯이, 지리산의 빨치산들이 믿었던 공산주의도 한국의 자유민주주의를 위협했다. 천동설과 공산주의는 이제는 폐기된, 구시대의 유물이다. 이 책의 2부 3장은 이러한 나의 생각을 정리한 것이다.

나는 대학에서 김용섭 교수님의 한국사 강의를 필두로 이종영, 황원구, 김정수, 고성환, 최선홍 교수님이상 연세대의 역사학 강의를 들었다. 그 외 김학은, 이대준 교수님연세대의 경제학 강의, 서정갑, 안병준 교수님연세대의 정치학 강의, 진덕규 교수님이화여대의 정치사회학 강의, 박영신 교수님연세대의 사회학 강의, 정재식 교수님보스턴대의 사회학사 강의, 박동환 교수님연세대의 사회과학철학 강의와 사회철학 강의, 오영환 교수님연세대의 문화철학 강의, 필립스 스티븐스Phillips Stevens Jr., 뉴욕주립대/버팔로, 조혜정 교수님연세대의 문화인류학 강의 등을 통해서 내가 이 책에서 개진하고자 하는 우리 역사 연구에 필요한 통합적 사고의 기초를 닦았다.

유학 중이던 20세기의 끝자락에 소련과 동구권의 공산진영이 무너졌지만, 대수롭게 여기지 않았다. 직접 가서 눈으로 보기 전까지는 믿을 수가 없었다. 설령 저것이 현실이라 해도 개인의 소유욕과 이기심의 극복을 지향하는 고결한 공산주의의 이상을 실현하기에는 아직 인류에게 세속의 때가 너무 많이 끼어 있는 데서 비롯된 일시적 후퇴에 불과하다고 생각했다.

김대중 대통령의 햇볕정책으로 말미암아 북한을 방문해 공산진영의 현황을 볼 수 있는 기회가 왔다. 공산주의에 대한 막연한 동경은 북한을 방문하면서부터 금이 가기 시작했다. 내가 목격한 북한은 자유가 없는 궁핍한 곳이었다. 그 후 쿠바, 구소련, 구동독 등 공산권 지역들을 탐방하면서 공산체제가 우리가 나아가야 할 이상일 수는 없다는 결론에 이르렀다. 그 과정에서 북한의 체제와 주민을 분리해 후자에 초점을 맞춰 통일을 지향해야 한다는 2부 2장의 생각이 싹텄다.

아울러 그동안 스스로 학습해온 의식화 커리 내용의 타당성을 전면적으로 재점검하게 되었다. 그로부터 주입된 시대착오적 이데올로기를 걷어내고 원점에서부터 다시 시작해 이데올로기보다 사실에 치중해 역사를 보고자 했다. 한국 근·현대사에 대한 카터 에커트Carter Eckert, 앙드레 슈미드Andre Schmid, 마이클 로빈슨Michael Robinson, 앨리스 앰스덴Alice Amsden 등의 외국학자들이 전개하는 균형 잡힌 엄밀한 연구가 큰 자극을 주었다. 꾸준히 참석했던 한·중·일관계 복합연구회의 세미나에서도 많은 도움을 얻었다. 자료의 섭렵과 비판적 재점검을 통해 벼려진 새로운 안목으로 2부 1장의 후반부를 구상하게 되었다.

한국 근·현대사에 대한 나의 관심이 7·80년대의 학생운동을 배경으로 하고 있다면, 우리 상고사에 대한 관심은 한·중 수교에 따라 중국과의 자유왕래가 가능해진 시대상황과 관련이 있다. 상고사에 대한 논쟁은 홍산문화의 발굴과 맞물려 더욱 뜨겁게 달아올랐는데 그 현장을 찾아가 직접 눈으로 확인하고 싶었다. 2007년 8월, 나는 홍산문화 연구자인 우실하 교수님항공대과 함께 홍산 유역을 답사했다. 이어 같은 해 10월에도 핵심 지역을 재방문해 좀 더 정밀한 답사를 수행하였다.

2008년에는 러시아의 이르쿠츠크, 아르샨, 알혼섬 등 바이칼호 유역을 답사하며 북방 샤머니즘의 흔적을 살폈고, 2013년에는 한국 고대사 연구자인 윤명철 교수님우즈베키스탄 국립 사마르칸트대과 함께 중국의 환인, 집안 등에 산재한 고구려 유적지들을 답사하였다. 그 여정에서 신채호, 안중근 선생이 옥사한 여순 감옥을 찾아 그분들이 완성을 보지 못한 『조선상고사』와 『동양평화론』의 철학을 오늘에 계승하고자 하는 다짐을 하였다. 그 외에 중국의 중경, 호남성 묘족 자치구, 서안, 돈황, 투루판, 카슈가르, 상하이, 일본의 교토, 오사카 사카이시의 다이센릉 등 궁금한 곳들을 그때그때 찾아가 자료들을 수집하였다. 한국과 중국의 주요 박물관들, 대만의 국립고궁박물관, 교토의 국립박물관, 런던의 대영박물관 등도 역사의 배움터가 되었다. 아울러 2007년부터 박선식 선생님과 우리 역사의 주요 문헌들에 대한 한문강독을 진행하면서 사료를 읽는 안목을 길렀고, 같은 해부터 한국 고대사, 신화, 원시 종교를 주제로 부정기적으로 계속해온 홍진기 교수님(가톨릭관동대)과의 스터디를 통해 내공을 쌓았다. 이러한 노력들이 1부, 그리고 2부 1장의 전반부를 구상하는 데 밑거름이 되었다.

우리 상고사에 대한 우리 측 문헌사료는 부족한 편이었고 이를 보완할 중국 측 사료들은 그들의 시각에서 서술된 것인지라 해석학적 방법을 동원해 비판적으로 읽어야 했다. 중국에서 발굴된 우리 상고사와 관련된 유적과 유물들에 대해서도 중국 측의 분류나 명칭, 해석을 참조는 하되, 자신들에 유리한 쪽으로 재단하곤 하는 그들의 공정工程적 관점, 우리의 과장된 민족적 자부심이나 자기비하 의식과 같은 왜곡된 선입견들을 괄호 쳐에포케 해체하는 데 주의를 기울였다. 저런 일들이 말처럼 쉽지는 않아 혼란과 좌절에 빠지곤 했는데, 유물에 담긴 의미를 현상학으로 밝혀내는 윤병렬 교수님(홍익대)의 선구적 작업(윤병렬 2018; 2020)이 큰 자극이 되었다.

우리 상고사가 너무 멀고 아득해 어려웠다면, 근·현대사는 너무 가까운 데다 나 자신이 처한 현실에 직결되어 있어 어떤 평가적 판단을 내리기가 어렵고 주저되었다. 자기가 신봉하는 이데올로기를 위해서는 자국自國의 역사왜곡도 서슴지 않고, 자신과 다른 의견을 낸 사람에 대해서는 세몰이를 동원해 무차별 인신공격을 가하는 살벌한 세태에 휘말릴 것이 염려

되기도 했다. 그러나 자신이 속한 역사의 과거와 현재를 살아왔으면서 그 역사에 대해 알고도 말하지 않는다면, 이는 지식인으로서의 임무를 방기하는 것이라는 생각에 용기를 내어 이 책을 세상에 공개하게 되었다. 내 의견을 개진할 때에는 잘못된 진단이나 비전으로 역사와 민족에 죄를 짓는 일이 없도록 개인의 호·불호가 아닌 그 자체의 올바름을 판단의 엄격한 기준으로 삼았다.

나는 이 책을 준비함에 있어 내가 출간했던 다른 책들과는 다른 태도와 방법으로 연구에 임했다. 지금까지의 책들은 철학의 범주에서 벗어나지 않는 주제와 소재들에 국한해 있었다. 그러나 이번 책에서는 주된 텍스트를 전통적 철학의 범주 바깥에서 찾았다. 그동안의 책들이 선별된 철학 텍스트에 대한 정독에서 출발했다면, 이번 책에서는 다독과 정독을 병행해 가며 연구 대상이 되는 텍스트의 범위를 확장하였다. 나는 이 연구를 진행하면서 역사가 진정한 의미에서 통합적 사고를 요함을 알게 되었다. 그래서 우리 역사를 이해하는 데 도움이 될 만한 학문과 이론을 힘닿는 데까지 두루 섭렵하고 활용하고자 했다.

우리 역사에 대한 나의 생각은 몇 차례 변화를 겪었다. 돌이켜보니 일종의 변증법적 정–반–합의 과정을 거친 셈이다. 정표에 해당하는 출발은 학교에서 교과서로 배운 반도사관과 우파 현대사관이었다. 반反에 해당하는 변화는 교과서를 전면 부정하는 대륙사관과 좌파 현대사관에 경도되면서 일어났다. 저러한 프레임에 머물러 있을 때만 해도 나는 우리 역사를 바로잡아 이끌겠다는 소명의식에 불타있었다. 그러나 책을 준비하면서 나는 역사에 대해 보다 겸허한 자세를 갖게 되었다. 온갖 풍상과 질곡을 겪은 끝에 현재에 이른 도도한 우리 역사가 묵묵히 나를 이끌어왔다는 사실을 알게 되었고, 그 역사를 일개인에 불과한 내가 감히 이끌겠다는 망상을 가졌던 게 부끄러웠다. 부족하나마 합술에 해당하는 자각을 갖게 된 것이다. 역사에 대한 나의 인식은 그에 맞게 조율되었다. 우나 좌로 일방적으로 치우쳤던 방향타를 이념적합성이 아닌 사태적합성을 기준으로 재조정해 균형 감각을 유지하려 했다.

원고에 대한 귀중한 논평의 수록을 허락해주신 이윤일 교수님가톨릭관동대, 김희봉 교수님KC대, 복기대 교수님인하대, 장용수 박사님께 머리 숙여 감사드린다. 값진 추천의 글로 책을 빛내주신 박동환 교수님, 이한구 교수님경희대, 남창희 교수님인하대, 초고 전체를 읽고 비판을 해주신 홍진기 교수님, 연구를 지원해준 한국연구원에도 깊은 감사의 마음을 전한다.

이 책의 수익금은 세상에 도움이 필요한 곳에 모두 기부할 것을 약속드린다.

2021년 가을

이승종

책머리에   3

들어가는 말   15

제1부 우리 상고사와의 대화 ─────────────────

제1장 **우리 상고사의 철학적 반성**   33
1. 별 헤는 밤   33
2. 불신   36
3. 추리   38
4. 과학   42
5. 불완전성과 불확실성   47
6. 진리와 역사   48
7. 정신사로서의 역사   50
8. 肆覲東后   53
9. Us and Them   57
10. Anti-Masochism   62
11. 자부와 황제   67
12. 부루와 우   70
13. 기자와 「홍범」   72
14. 反轉   76
15. 단군 죽이기   78
16. 富之不軾 一然之下?   82
17. 단군 잠재우기   85
18. 철학 줍기   89
19. 고조선의 문화철학   95
20. 재야의 종   101
21. 종횡사대   106

제2장　　**하늘과 땅과 사람**　　　　　　　　　　　　113

　　　1. 장성　　　　　　　　　　　　　　　113
　　　2. 파르마콘　　　　　　　　　　　　119
　　　3. 하늘　　　　　　　　　　　　　　126
　　　4. 땅　　　　　　　　　　　　　　　138
　　　5. 사람　　　　　　　　　　　　　　147
　　　6. 시각　　　　　　　　　　　　　　160

제2부 우리 근 · 현대사와의 대화 ──────────────

제1장　　**한 · 일관계의 역사철학**　　　　　　　　171

　　　1. 왜 한 · 일관계가 중요한가?　　　　　171
　　　2. 이정표　　　　　　　　　　　　　177
　　　3. 고대 한 · 일 교섭사　　　　　　　182
　　　4. 식민지시기의 재인식　　　　　　　199
　　　5. 해방 이후의 한 · 일관계　　　　　251
　　　6. 협력의 원칙　　　　　　　　　　　285

제2장　　**남북관계의 철학적 분석**　　　　　　　291

　　　1. 타자　　　　　　　　　　　　　　291
　　　2. 관용과 선의　　　　　　　　　　　294
　　　3. 딜레마　　　　　　　　　　　　　298
　　　4. 시장과 전장　　　　　　　　　　　304
　　　5. 다원주의　　　　　　　　　　　　308
　　　6. 중첩적 합의　　　　　　　　　　　313
　　　7. 합의와 흥정　　　　　　　　　　　317
　　　8. 통일 이후　　　　　　　　　　　　319
　　　9. 인칭　　　　　　　　　　　　　　325

제3장　　**우리는 어디에서 와서 어디로 가는가?**　　330

제3부 **토론**

제1장   **한 · 중의 역사인식과 민족문제**   353
    1. 역사와 해석, 그리고 주관성(이윤일)   353
    2. 답론   371
    3. 논평(장용수)   373
    4. 답론   380
    5. 연세대 철학연구소에서의 토론   382
    6. 논평(김희봉)   393
    7. 답론   398
    8. 21세기 인문학모임에서의 토론   400
    9. 연세대에서의 토론   409
    10. 미국철학회에서의 토론   419

제2장   **우리 상고사 연구의 길**   426
    1. 논평(복기대)   426
    2. 답론   430
    3. 연세대 철학연구소에서의 토론   431

제3장   **고대 한 · 일관계의 역사철학**   441

    참고문헌   443
    인명색인   461
    주제색인   468

들어가는 말

한국철학계에서 역사철학은 구체적 역사와 착근되지 않은 채 방법론적 탐구에 방향 잡혀 있거나, 마르크스주의와 같은 특정 이데올로기를 역사에 도식적으로 적용하는 데 그친 감이 있다. 역사의 구체성을 감안할 때 이는 지양되어야 한다. 그 첫 단계는 역사철학이 다름 아닌 우리 역사와 만나는 데서 찾아질 것이다.

헤겔은 "개인 각자는 자신의 시대의 아들이며 철학은 사상으로 포착된 그의 시대"(Hegel 1820, p.26)라고 말한 바 있다. 우리는 그의 말을 지식사회학을 넘어서는 역사철학의 명제로 새긴다. 시대는 역사의 한 단면이므로 역사에 대한 통시적 이해 없이는 시대에 대한 이해 역시 불가능하다. 철학이 사상으로 포착된 그의 시대라는 헤겔의 말은 철학이 통시성을 이념으로 하는 학문임을 역설하고 있다. 철학이 곧 철학사라는 그의 말도 같은 연장선상에 있다. 우리는 이 시대의 아들딸이며 우리의 철학도 이 시대에 귀속된다.

하이데거Martin Heidegger는 시대를 존재의 역운歷運으로 풀이한다(Heidegger 1938; 1953). 각 시대마다의 존재의 역운이 역사를 지배한다는 것이다. 시대는 국소적으로는 우리가 체험하는 이 땅에서 펼쳐지는 역사, 즉 한국사의 시제이다. 하이데거의 말을 헤겔과 엮으면 한국사에 대한 우리의 철학은 시대와의 대화인 셈이며 철학은 역사철학이 된다. 철학은 반反시대적일 수는 있어도 시대를 등질 수는 없다. 시대를 등진 철학은 관념론이자 공염불일 뿐이다.

개인이 통시성과 마주하는 자연스러운 계기는 그가 속한 시대의 통시성, 즉 모국의 역사일 것이다. 그런데 한국에서 철학자가 한국사에 학문적으로 개입하는 일은 매우 드물뿐더러 주제와 범위 역시 대체로 이데올로기에 관련된 현대사에 국한되어 있다. 전 세계적으로도 역사철학이 현대철학에서 연구가 활발한 분야가 아니고, 모국의 역사를 탐구의 주제로 하는 경우가 드문 것도 사실이다. 이런 점에서 한국과 외국의 상황은 대동소이하다고 할 수 있다. 그러나 한국의 경우에는 이 외에 다른 이유가 있다고 본다.

우리 역사에는 전해지는 이렇다 할 고대철학이 없다. 철학자들의 진지한 연구 대상이 되는 사상가의 상한선은 7세기의 인물인 원효이다. 물론 우리 역사에 원효 이전의 장구한 역사가 있었다는 데에는 이의가 없다. 그러나 그 역사가 얼마나 장구한 것인지, 그리고 한국 고대사의 무대가 어디까지였는지에 대해 확정된 정설이 없다.

한국 고대사에 관한 한 시공간에 확실한 좌표점을 찍을 수 없다 보니 우리의 것으로 청구할 수 있는 문물이 어디까지인지가 애매하다. 한국사와 중국사 중 어디에 귀속되어야 하는지에 대한 논쟁이 식지 않고 있는 홍산문화가 그 대표적 예이다. 홍산문화는 현재의 중국 영토 안에 속해 있으므로 중국이 발굴을 비롯한 일체의 실제 권한을 행사하고 있다. 중국이 현실뿐 아니라 역사에서도 중화패권주의를 고수하는 탓에 홍산문화의 문제에서는 학술과 정치가 구분되지 않는다. 고대사가 현실 정치의 잣대로 재단되고 있는 것이다.

스스로를 실증사학으로 자리매김하는 한국의 강단사학은 한국사의 시공간을 획정함에 있어 최소주의를 지향한다. 학술적으로 방어가 가능한 최소한의 시공간만을 인정하겠다는 것이다. 실증의 기준을 엄격히 할수록 한국사가 놓이게 되는 시공간의 파이는 줄어들게 마련이다. 그렇다고 해서 오류 가능성이 축소되는 것은 아니다. 경기도가 한국의 일부인 것은 맞지만 누군가가 경기도만 한국이라고 주장한다면 그는 오류를 범하고 있는 것이다. 번데기가 완전 탈바꿈 과정의 일부인 것은 맞지만 누군가가 완전 탈바꿈이 번데기에서 시작한다고 주장한다면 그는 오류를 범하고 있는 것이다.

최소주의는 한국 고대사의 시공간 획정에만 영향을 주는 것이 아니라 한국사 전체에 파장을 미친다. 애초에 배제된 부분의 시공간은 그 뒤로도 한국사와 인연을 맺기 어렵다. 역사의 알파와 오메가가 계승에 있다는 점을 감안할 때 이는 심각한 문제이다. 최소주의적 해석은 한국 고대사뿐 아니라 한국사 전체의 시공간을 축소시키는 우를 범하고 있다. 이웃한 중국과 일본처럼 자국의 역사를 높여도 모자랄 판에, 스스로를 깎아먹고 있는 최소주의의 노선은 재고되어야 한다. 사람들은 모국의 역사에서 긍지와 자신감을 얻게 마련인데, 우리는 그런 권리를 저 노선에 대한 고대사학자들의 집착으로 말미암아 제약받고 있는 것이다.

우리는 한국 고대사에 대한 최소주의적 해석이 당위가 아닌 사실의 차원에서 틀렸다고 본다. 틀려야 마땅하므로 틀린 게 아니라 사실을 잘못 해석하고 있으므로 틀렸다는 것이다. 철학자가 역사 해석의 옳고 그름에 개입하는 것은 전통적 입장에서 보면 월권으로 여겨질 수 있다. 그러나 우리가 이 책에서 지향하는 통합적 사고는 그러한 칸막이를 넘어 어느 역사 해석이 옳고 그른지를 학제적 공론에 부치고자 한다. 우리는 이 책에서 새로 발굴한 사료나 사실을 들어 최소주의적 해석을 논박하려는 것이 아니라, 저 해석과 다른 관점에서 기존의 사료와 유물을 해석하는 쪽이 더 설득력을 가질 수 있음을 보이고자 한다.

수학적 체계화에서는 일찌감치 완성을 이룩한 양자역학이 그 해석의 문제에서는 아직도 백가쟁명의 상태를 벗어나지 못하고 있다. 양자역학에 큰 족적을 남긴 파인만Richard Feynmann은 이러한 현상을 두고, 양자역학을 이해하는 사람은 아무도 없다고까지 말한 바 있다(Feynman 1965, p.129). 양자역학은 물리학에 속하지만 그 해석의 문제는 철학에 가깝다. 양자역학의 수학과 실험에 대해서는 합의가 존재하지만 해석은 그렇지 못한 까닭도 이 때문이다.

사료와 유물의 해석에 있어서도 철학이 개입한다. 사료와 유물에 대한 해석은 양자역학에 대한 해석만큼이나 관점을 요하는데, 양자의 경우 모두 해석에는 세계관이 개입되기 때문이다. 파인만이 한국 고대사 연구의 현황을 숙지했다면, 그는 아마 한국의 고대사를 이해하는 사람은 아무도 없다고 말할지 모른다. 최소주의도 사태를 보는 하나의 관점이다. 저 시각을 교정하면 한국의 고대사의 사료와 유물은 상당히 다른 모습으로 우리에게 현상한다.

우리는 이 책에서 서술하는 현상만이 참이라고 주장하지 않는다. 그와는 정반대로, 정답은 하나이고 이미 정해져 있다는 이데올로기에서 벗어나자는 것이 이 책이 추구하는 바이다. 그런 점에서 우리는 방법이 아닌 목표에 있어서만큼은 나름의 최소주의를 지향한다고도 할 수 있다. 한국 사가 이 책이 다루는 범위이지만 그중 최소한의 주제에 대해서만 아주 겸손한 최소한의 목표, 즉 기존의 이데올로기에서 벗어나 사태가 달리 현상하도록 하는 관점 전환에 중점을 둘 것이다.

우리는 이 책에서 한국 고대사와 관련된 쟁점과 함께 한국 현대사와 관련된 쟁점을 다루고자 한다. 한국 현대사는 이데올로기의 전쟁터이다. 전 세계적으로 체제나 이념 논쟁은 수그러든 지 오래이지만 체제를 달리 하는 남과 북으로 분단된 한반도, 그중에서도 남쪽은 예외이다. 이데올로기를 둘러싼 남남갈등은 남북통일뿐 아니라 우리 사회의 결속을 저해하는 심각한 문제이다.

한국은 좌와 우의 이데올로기로 양분되어 있다. 투표와 같은 정치 행위에서뿐 아니라 한국 현대사에 대한 해석을 위시한 사관, 세계관과 같은 거대 담론에서부터 학내문제, 노사갈등, 젠더 갈등 등 갈등이 있는 곳에는 거의 어디에나 저 양분된 이데올로기가 음으로 양으로 개입해 문제를 증폭시킨다. 사회의 원동력일 수 있다는 점에서 갈등은 나쁜 것만은 아니지만 한국은 그 도를 넘어 분열의 차원에 접어들고 있다. 이데올로기적인 요소가 있는 글에는 꼭 따라붙는 엄청난 양의 악성댓글이 그 징조이다. 한국의 철학자들이 역사와 현실의 문제에 개입하기를 꺼리는 것도 교조주의에 가까운 이분법적 진영논리가 조장하는 이러한 광적인 역풍을 우려해서이다.

이 책에서 우리는 보수와 진보라는 표현보다는 좌와 우라는 표현을 선호한다. 전자는 일정한 가치에 대한 지향성이 부각되어 있는데 반해 후자는 중립적이기 때문이다. 한국에서 보수는 고리타분하다는 뉘앙스를, 진보는 개방적이라는 뉘앙스를 각각 지니고 있다. 진보가 경쾌하고 진취적인 데 반해 보수는 뭔가 시대에 뒤처진 퇴물의 냄새를 풍긴다. 보수에 대한 스테레오타입 이미지는 지금이 아직도 냉전시대인 줄로 착각하는 어르신 정도가 될 것이다. 이는 한국과 같이 감성이 이성을 압도하는 나라에서는 판세를 좌우하는 문제이다.

한국에서 보수와 진보 양 진영은 저러한 가치 지향성의 정형에 들어맞지 않을뿐더러 뉘앙스 상 진보가 훨씬 산뜻하기 때문에 공평한 분류법이라고 할 수 없다. 한국에서 우가 진보를 선점하는 데 실패하면서 좌가 언어투쟁에서 승리한 것이다. 진보를 부정하며 스스로를 보수로 자처하는 우의 미래는 없다. 보수와 진보를 문자 그대로 해석하자면 한국의 보수에도 진보적인 면이 있고 한국의 진보에도 보수적인 면이 있다. 따라서 저러한 부정확한 가치 지향성으로 양 진영을 구분하기보다는, 아예 그러한 여지가 없는 좌와 우로 양 진영을 각각 호칭하고자 한다.

보수와 진보는 변화를 추구하느냐 아니냐의 여부에 달려 있다. 그런데 정권을 잡은 편은 정권의 유지를 위해 변화를 원치 않고, 그렇지 못한 편은 정권을 잡기 위해 변화를 도모할 수밖에 없다. 즉 정권을 잡은 편이 보수가 되고 그렇지 못한 편이 진보가 되는 것이다. 실제로 사회주의 국가의 시민들은 사회주의 정권에 속한 편을 보수로, 그에 반대하는 편을 진보로 호칭했다. 일당독재를 지향하는 사회주의 국가에서 정권 교체는 요원한 일이므로 저러한 호칭은 고착화되었다. 보수와 진보 개념의 지시체가 우리나라에서와는 정반대인 셈이다. 이는 보수와 진보가 특정진영의 이름으로 전유되기 어려움을 잘 보여준다. 원래의 의미대로라면 보수와 진보는 맥락에 따라 다른 진영을 지칭해야 한다. 요컨대 좌와 우, 보수와 진보

사이의 대응 관계는 상대적이고 자의적인 것이다.

도모하는 변화에도 진보와 퇴보가 있으며 한국의 보수가 도모하는 변화는 퇴보라는 비판이 있을 수 있다. 그러나 이러한 비판은 그것이 왜 퇴보인지, 그리고 진보로서의 변화와 퇴보로서의 변화는 어떤 기준에서 갈리는지의 문제를 도외시하고 있다는 점에서 선결문제 요구의 오류를 범하고 있다. 우리는 저러한 논의 자체가 학술이 아닌 이데올로기의 영역에 속하는 것이며, 그런 한에서 진보진영의 진보만이 참된 진보라는 진영논리의 악순환에서 헤어 나오기 어렵다고 본다.

우리는 이승만과 박정희가 추구한 국정 노선을 우로, 김대중이 추구한 국정 노선을 좌로 분류하고자 한다. 뚜렷한 색깔을 낼 틈 없이 단명했던 장면을 제외한 나머지 정부수반들은 대체로 저들 중 어느 한쪽의 노선을 추종했다고 본다. 즉 전두환, 노태우, 김영삼, 이명박, 박근혜는 우로, 노무현, 문재인은 좌로 분류할 수 있다. 양당제의 전통이 뚜렷했던 한국의 현대사를 감안한다면 이러한 분류에는 큰 무리가 없다고 본다. 열거한 우리의 대통령들은 같은 양당제를 수용해온 미국의 공화당과 민주당이 배출한 대통령들에 비견될 수 있다.

한국에서 좌는 중립적 개념이 아닌 사회주의 노선을 지칭하는 용어로 사용되어 왔다. 그러나 프랑스 혁명에서 유래한 좌와 우의 개념은 원래 국민회의 구성원들의 좌석 배열에 붙여진 편의적인 용어에 불과하다. 우리가 사용하고자 하는 좌와 우는 저 개념의 이러한 본래적 의미에 충실하고자 한다. 즉 좌와 우는 분류의 편의를 위해 붙인 이름일 뿐 우리가 좌로 분류한 우리의 대통령들 중에 사회주의자는 없다. 그럼에도 우리가 좌와 우로 분류한 진영은 비교적 분명하게 구분된다. 양 진영 모두 민주주의를 수호하고 공통의 가치를 추구하지만 한쪽은 성장에, 다른 한쪽은 분배에, 한쪽은 자유에, 다른 한쪽은 평등에 각각 경도되어 있다고 할 수 있다.

한국에서 좌는 민주화 운동과 궤를 같이 해왔다. 민주화 운동의 사상적 원동력은 마르크스주의였다. 그리고 이는 남북의 대치 상황에 따른 종북 프레임으로 말미암아 탄압을 받아오면서 더 큰 성장세를 보여 왔다. 북한의 국력 쇠퇴와 동구 공산권의 붕괴로 인해 사회주의에 대한 신화는 손상되었는지 모르지만, 마르크스주의적 세계관은 대학가와 독서계를 중심으로 건재하다. 우리는 북한과 동구권의 몰락이 마르크스주의와 밀접한 관련이 있다고 본다. 후자의 오류가 현상화된 것이 전자라면, 한국의 학계와 문화계의 무시 못 할 저류인 마르크스주의는 엄격한 비판을 거쳐 지양되어야 한다. 우리는 좌와 우의 진영논리에 구애받음 없이 한국의 현대사에 대한 마르크스주의적 해석이 틀렸음을 논증할 것이다.

민족이 만들어진 상상의 공동체에 불과하다는 베네딕트 앤더슨Benedict Anderson의 생각(Anderson 1983)은 민족사의 부정, 더 나아가서 역사의 부정을 함축한다.[1] 우리는 그가 동생인 페리 앤더슨Perry Anderson과 함께 현대의 대표적 마르크스주의자임에 주목할 필요가 있다. 마르크스주의의 유물론적 관점에서 민족은 계급에 비해 실체가 없는 비과학적 개념이다.

---

[1] 김인희의 『치우, 오래된 역사병—역사과잉시대 한중의 고대사 만들기』에는 저러한 부정적 사관의 영향이 서려 있다(김인희 2017). 저자는 어떤 시대 t_1에 어떤 사건이 있었다는 사료가 어떤 시대 t_2에 나왔다는 사실을, 그 사료가 작성된 t_2에서 t_1의 사건이 만들어졌다고 보는 것 같다. 그렇게 볼 만한 근거가 있다면 모를까, 우리는 저러한 견해에 반대한다. 역사가가 어떤 사건을 기록했을 때 우리는 그의 사관을 비판적으로 점검해야겠지만, 그의 기록을 아무 근거 없는 창작으로 함부로 몰아붙여서는 안 된다. 오히려 그의 기록은 비록 사실 그대로는 아닐지언정 일어났던 무언가를 지시하고 있다고 추정해볼 만하다. 그리고 그것이 무엇인지, 혹은 저러한 추정이 과연 사실과 부합하는지를 살피는 자세가 바람직할 것이다.

마르크스주의자들은 플로지스톤이라는 허구적 용어로부터 해방되면서부터 화학이 과학이 되었듯이, 민족이라는 허구적 용어로부터 해방될 때 역사학도 과학이 된다고 생각하는 듯하다.

핏줄이나 불변의 요소로 묶이는 실체로서의 민족은 허구이다. 민족은 그러한 생물학적, 형이상학적 개념이 아니기 때문이다. 민족이라는 용어 자체가 근대에 만들어진 개념인 것도 맞다. 그러나 이로부터 근대 이전에는 민족에 해당하는 의미의 자각이 없었다는 결론은 따라 나오지 않는다. 동양의 경우 철학이 근대에 만들어진 개념이라는 것은 맞지만, 이로부터 근대 이전의 동양에는 철학이 없었다는 결론이 따라 나오지 않는 것과 같은 맥락에서이다. 인류가 세상에 근본적인 물음을 던지는 순간부터 철학이 싹트기 시작했듯이, 어떤 역사 공동체의 성원들이 동류라는 연대성으로 묶이는 순간부터 민족의식의 씨앗은 싹트기 시작했다고 보아야 한다.

함재봉은 한국인이 구한말부터 친중위정척사파, 친일개화파, 친미기독교파, 친소공산주의파, 인종적 민족주의파라는 다섯 가지 요소로 만들어졌다고 본다(함재봉 2017). 저러한 용어들은 분명 구한말 이후에 만들어졌지만, 이로부터 한국인이 저때 비로소 만들어졌다는 결론은 따라 나오지 않는다. 저 다섯 가지 요소가 현대 한국인의 정체성 형성에 기여한 근접 요인들임은 맞지만,[2] 이로부터 저 요소들이 한국인을 만든 결정적 요소들이라는 결론은 따라 나오지 않는다. 이는 마치 자신이 속한 대학과 거기서 만난

---

2 친중위정척사파가 사대주의자였던 데 반해, 친일개화파는 일본을 통해 서양을 받아들이려는 사람들이었지 일본의 제국주의를 받아들이자는 사람들은 아니었다. 친미기독교파는 미국의 정치적 공작과는 무관하게 근대적 정신을 배우고 도입한 사람들이었다. 친소공산주의파는 코민테른주의자였고, 인종적 민족주의파는 잘못된 용어로 자생적 민족주의자가 맞는 표현이다. 이처럼 '친'의 의미가 다 다르므로 함재봉의 구분은 위에 제시한 표현들로 바뀌어야 한다.

이성친구와 선후배 등을 자신을 만든 결정적 요소들이라고 생각하는 대학생이 저지르고 있는 오류와 같은 맥락이다. 그를 제대로 이해하기 위해서는 저러한 근접 요인 외에 그의 성장사, 가족사 등을 살펴야 하듯이, 한국인을 제대로 이해하기 위해서는 한국사, 세계사 등을 보아야 한다.

현재의 대학생이 그의 생애라고 불리는 흐름의 현재 시제를 지칭하고 있듯이, 현대 한국인은 한국민족사라 불리는 흐름의 현재 시제를 지칭하고 있다. 그와 한국인을 이해하려면 그의 생애사와 한국민족사를 각각 통시적으로 살펴야 한다. 현재에 근접한 요인들은 그 근접성 때문에 현재를 형성하는 결정적인 요인들로 비쳐지지만, 객관적으로는 그것 역시 장구한 흐름의 어느 한 자락에 불과하다. 계보학적 관점에서는 오히려 근접 요인들보다 흐름의 시작점에 가까운 요인들이 더 결정적일 수 있다. 대학생의 성장사와 가족사가, 언제라도 헤어질 수 있는 현재의 이성친구나 선후배와 달리, 그의 현재에 깊이 착근되어 있는 것과 같은 맥락에서이다.

역사 연구에는 관점이 들어가게 마련이다. 역사 연구의 1차 자료인 사료와 유물도 관점에 의해 해석될 수밖에 없는 운명이다. 철학은 바로 이 관점에 대한 반성과 비판에 개입한다. 우리 역사에 대한 종래의 연구는 연구에 동원된 관점에 대한 철학적 점검이 부족했다. 그래서 온갖 편견과 이데올로기가 난무하는 이전투구泥田鬪狗의 각축장이 되곤 했다.[3] 상고사의 경우에는 국수주의, 중화주의, 사대주의, 반도사관, 식민사관 등이, 근·현대사의 경우에는 민족주의, 공산주의, 식민지 근대화론, 자본주의 맹아

---

[3] 이는 사회과학의 경우에도 마찬가지이다. 립셋(Seymour Lipset)과 벤딕스(Reinhard Bendix)는 "상이한 계급이론들에 대한 논의는 정치적 성향을 둘러싼 실제의 갈등을 학문적으로 포장한 것이기 일쑤"(Lipset and Bendix 1951, p.150)라고 지적한다. 계급이론뿐 아니라 작금의 우리 학문 전반에 적용될 만한 일침이다.

론萌芽論 등이 그 대표적인 예인데 이들 모두 우리 역사에 대한 객관적 연구에 걸림돌이 되어 왔다. 이들을 차례로 극복하고자 하는 것이 이 책이 지향하는 역사철학의 1차 과제이다.

이 책은 동북아와 세계 전체를 불행하게 만들었던 잘못된 역사관과 그로 인해 야기된 문제점을 적시하고 종합적 연구 분석을 수행함으로써 올바른 역사이해를 도모하여 동북아의 평화와 번영의 기반을 마련하려는 취지에서 기획되었다. 이러한 작업은 무엇보다 건강한 역사관과 긍정적인 자기 인식을 바탕으로 전개될 때에만 정당성과 결실을 획득할 수 있다. 건강한 역사관이란 국수주의와 같은 시대착오의 오류에 빠지지 않는 역사관을 의미하며, 긍정적인 자기 인식이란 사대주의와 같은 자기 멸시의 질병에 빠지지 않는 민족의식을 의미한다. 국수주의와 사대주의의 뿌리는 깊고도 깊어 칸트가 행한 순수이성비판에 버금가는 근원적인 차원에서의 역사이성비판이 이루어지지 않는 한 근절하기 어렵다.

역사는 반복되는 것이다. 우리 역사를 위협하고 있는 중국의 동북공정의 궁극적 목적이 무엇인지는 과거의 역사를 돌이켜볼 때 자명해진다. 그러나 동북공정에 대한 대응은 정책이나 정치, 역사 등의 지평에서만 행해져야 할 문제가 아니다. 올바른 역사이해는 사대주의의 고질적 창궐 속에 스스로 포기했던 우리 역사에 대한 자긍심과 창조력을 회복하기 위해 반드시 필요한 선행 작업이다. 역사이해는 역사학의 문제만이 아니라 근원적으로는 역사철학의 문제이다. 그리고 동북공정 문제의 책임은 역사 인식, 혹은 자기 인식에 대한 그릇된 태도에 빠져 있던 우리 자신에게도 있다. 이 책은 동북공정의 시정에 필요한 한국 상고사 연구의 방법을 모색하여 올바른 역사이해를 도모하고자 한다.

역사의 반복은 한·일관계에서도 마찬가지이다. 일본 제국주의의 한반도 강점과 우리 역사에 대한 일본인들의 왜곡은 서로 동떨어진 독립된 두 사건이 아니며, 우리는 아직도 그 질곡에서 완전히 자유롭지 못하다. 이 책은 바람직한 한·일관계와 남북관계의 기초를 닦아 동북아 평화에 기여하는 기대효과를 목표로 한다.

자의적이라는 한계는 있지만 이 책에서는 우리 역사에서 철학적으로 반드시 짚고 넘어가야 할 주제들만을 가려 뽑아 이를 탐구하는 선택과 집중의 잣대로, 시간적으로는 고대와 근·현대, 공간적으로는 중국, 일본, 북한과의 관계를 주제로 삼았다. 고대는 한·중관계와 동북공정, 근·현대는 한·일관계 및 남북관계에 초점을 맞춰 연구가 전개될 것이다.

이 책은 총 3부 8장으로 구성된다. 1부는 우리 상고사에, 2부는 우리 근·현대사에 각각 초점이 잡혀 있다. 우리는 이 책을 준비하며 그 중간 성과들을 학계에 발표하여 피드백을 받았는데, 3부에서는 이 책의 일부를 주제로 한 학술회의에서의 토론들을 선별해 수록하였다.

1부는 우리 상고사 연구에 대한 총체적 반성을 고대의 한·중관계에 접맥시켜 시도하는 1장과, 우리 상고사를 종적 계통, 횡적 강역, 민족 문제의 세 축을 중심으로 가늠해보는 2장으로 구성된다.

1장에서는 우리 상고사 연구에 드리워진 중화와 사대의 그늘을 적시하고 해체하는 작업을 전개한다. 중국의 역사공정이 어떻게 중국과 우리의 역사를 동시에 왜곡하고 있는지를 규명하고, 중국이라는 국가와 민족의 역사적 허구성을 사료와 문헌에 대한 분석을 통해 논증한다. 이어서 일제 강점기에 식민사학에 의해 이루어진 우리 상고사에 대한 부정과 축소 작업을 살펴보고, 그러한 작업이 역사적 사실에 바탕을 둔 것이 아니라 식민주의를 정당화하려는 학문 외적 동기에 의해 이루어진 자의적인 것임을 조목조목 증명한다. 이를 토대로 동아시아사의 전개에 우리 역사와 민족이 공헌한 바를 정당하게 복권시키고 복원하는 계기를 마련한다.

2장에서는 천지인天地人이라는 동양의 전통적 범주를 빌어 우리 상고사의 체계를 세워본다. 하늘을 뜻하는 천天은 순환을 상징하는 원으로 표기되곤 하는데, 순환은 곧 변화를 함축하며 변화는 다시 시간이라는 역사의 한 축을 형성한다. 우리는 하늘이라는 범주 하에 우리 상고사의 종적 계통을 살펴본다. 땅을 뜻하는 지地는 사방을 의미하는 사각형으로 표기되곤 하는데, 사방은 곧 강역을 함축하며 강역은 다시 공간이라는 역사의 다른 한 축을 형성한다. 우리는 땅이라는 범주 하에 우리 상고사의 횡적 강역을 살펴본다. 사람을 뜻하는 인人은 서있는 사람을 의미하는 삼각형으로 표기되곤 하는데, 사람은 곧 민족을 함축하며 민족은 종과 횡으로 뻗치는 연대성으로 역사의 또 다른 한 축을 형성한다. 이 세 축을 바로 세워야 중국이 걸어오는 동북공정이라는 역사적 도전에 제대로 맞설 수 있다.

2부는 얽히고설킨 한·일관계의 미로를 일련의 가설들로 풀어보는 1장과, 통일을 지향점으로 바람직한 남북관계를 모색하는 2장, 그리고 결론에 해당하는 3장으로 구성된다.

1장에서는 한·일관계를 시대별로 셋으로 대별해 각 시기별로 다음과 같은 세 쌍의 작업가설들을 전제로 이들을 차례로 증명하는 방법으로 전개된다.

A. 고대 한·일 교섭사의 가설들

① 일선동조론日鮮同祖論이라는 제국주의 이데올로기로 악용되었다는 낙인이 찍혀 금기시되고 있지만, 한국과 일본은 계보학 상 같은 뿌리에서 나왔다.

② 고대 한·일 교섭사는 임나일본부설이나 기마민족 정복설과 같은 쌍방 간의 정복이 아닌 한반도에서 일본 열도로의 개척으로 이해해야 한다.

③ 고대 일본은 한반도의 국가들에 종속된 속국이 아니라 동맹국으로서 한반도의 문물을 빠른 속도로 캐치업(catch-up)했다.

B. 식민지시기의 재인식 가설들

④ 한·일 간의 문물 교류는 구한말부터 일본 문물의 한반도로의 일방적 전래로 방향 전환되었지만, 이 와중에 한반도에는 식민지 자본주의화에 따른 식민지 근대성이 피어났다.

⑤ 식민지 근대화론, 내재적 발전론, 식민지 반半봉건사회론, 자본주의 맹아론 등 식민지 시대를 조명하는 기존의 이론들은 역사적 사실과 부합하지 않는다.

⑥ 예속자본론을 위시한 공산주의 이론이나 그에 바탕을 둔 투쟁은 한국의 독립을 위한 투쟁이라기보다 계급투쟁으로 보아야 한다.

C. 해방 이후 한·일관계의 가설들

⑦ 해방 이후 일본에 대한 한국의 일관되지 못한 임기응변식 정책이나 그에 맞서는 반일 공산주의 이데올로기 모두 한·일 협력체제에 걸림돌이 되므로 발전적 지양이 요청된다.

⑧ 한·일관계는 전략적으로 한·미·일의 삼각체제 내에서 자리매김하는 것이 바람직하며, 한국이 미국으로부터 이탈하는 순간 한·일관계도 악화될 것이다.

⑨ 한·일 협력체제는 김옥균과 안중근의 역사철학을 비판적으로 계승해 동아시아 삼국의 공존과 평화를 도모하는 방향으로 정위되어야 한다.

2장에서는 롤스John Rawls가 제시한 공정으로서의 정의관에 의거해 바람직한 남북관계를 탐구한다. 롤스의 정의관이 우리의 관심을 끄는 이유는 그것이 우리 사회를 분열시킨 이데올로기들을 무지의 베일로 가린 공정한 상황에서 합리적 합의를 추구하고 있기 때문이다. 바람직한 대북 정책을 위해 정부와 민간 통일운동 단체가 관계를 설정하는 과정에서 서로 이데올로기적 성향을 문제 삼지 않을 때, 우리는 이미 이데올로기가 무지의 베일에 가려진 원초적 상황에 접근하는 것이다. 그 상황에서는 다만 어떠한 방식의 통일운동이 진정 통일에 기여할 수 있는가 하는 점만이 문제시될 뿐이다. 종교에 바탕을 둔 민간 통일운동에 대해서 정부가 취해야 할 입장도 이데올로기와 마찬가지로 종교를 무지의 베일로 가리는 것이어야 한다. 우리는 그렇게 해서 얻어지는 원초적 상황 하에서 바람직한 통일운동에 공정한 절차적 정의를 정착하는 것을 추구한다.

3장에서는 이 책을 관통하는 접화군생接化群生과 홍익인간弘益人間의 역사철학이 지니는 의의를 되새기고 그것이 실제 역사의 흐름에서 어떠한 영욕과 굴절을 거쳐 갈등과 질곡의 현대사를 초래하게 되었는지를 살핀다. 아울러 남과 북의 체제와 이념을 비교하고 각 체제를 이끌었던 인물들의 공과를 평가해본다. 끝으로 당면한 동북아 정세에서 어떠한 선택과 대응이 우리에게 바람직한 것인지를 가늠해본다.

3부에서는 이 책의 몇몇 장을 학술 모임에서 발표해 주고받은 논평, 답론, 토론을 주제별로 범주화해서 실었다. 그 내용은 한·중의 역사인식과 민족문제, 우리 상고사 연구의 길, 고대 한·일관계의 역사철학 등 이 책의 중심주제들을 망라하고 있는데, 독자들은 논평과 답론, 토론을 통해 동시대 학자들과의 학술 교류 현황을 직접 느낄 수 있을 것이다. 이를 통해 이 책의 논지가 보다 명료해지고, 논의가 깊이를 확보하고, 시각이 입체성을 얻게 되기를 바란다.

이 책은 순서대로 읽을 수도 있지만 각 장에 대한 3부의 토론을 함께 읽어나가는 방식도 가능할 것이다. 내용이 연관되는 장들을 괄호로 묶어 논의의 흐름을 알고리듬화하면 다음과 같은 순서가 된다.

(1부 1장 → 3부 1장) → (1부 2장→3부 2장) → (2부 1장→3부 3장)
→ 2부 2장→2부 3장

제1부

우리
상고사와의
대화

제1장
우리 상고사의 철학적 반성

1. 별 헤는 밤

밤하늘에 점점이 박힌 별들의 존재를 우리는 별빛으로 확인한다. 그러나 그 빛은 오랜 시간을 지나서야 현재의 우리에게 도달한다. 빛을 발송한 별들 중 어떤 것들은 이미 사라지고 없다. 어느 경우에나 우리는 별빛을 통해 별의 과거 모습을 보고 있는 것이다. 별빛은 그런 점에서 별이 우리에게 전해주는 고고학적 유물이요 메시지이다.

오래전부터 전해 내려오는, 그리고 그보다 더 오랜 상고 시대에 관한 글들이 우리 앞에 놓여 있다. 고문古文에 박혀 있는 글자 하나하나도 각각이 고고학적 유물들이다. 이 유물을 번역한다는 것은 고문에서 켜켜이 쌓인 먼지를 털어내 글자들이 빛나게 하는 일이다. 이 과정에서 우리는 그 글자들이 비추는 사태를 헤아린다. 글자들은 자신보다 더 오래된 사태를 저마다의 원근법으로 비추고 있다. 글자들도 고고학적 유물이지만 글자들에 의해 조명되는 사태야말로 진정한 고고학적 유물이다. 글자들의 빛에 의해 그 사태는 비로소 시공간의 장벽을 넘어 제 모습을 드러내며 우리에게 다가온다.

고문에 박혀 있는 글자에는 글쓴이의 생각이 서려 있다. 예나 지금이나 생각하지 않고서는 글을 쓸 수 없다. 글자는 글에 서린 생각에 의해 사태를 비추며 사태는 이 생각을 통해 우리에게 인도된다. 인도되는 것은 사태의 물리적 외형이 아니라 그 외형 안에 심겨진 핵심인 의미이다. 그런데 이 의미는 과연 역사적 사실을 있는 그대로 잡아내고 있는 것일까? 고문은 역사적 증거로 채택될 수 있는가? 이 물음을 논의하기 위해서는 먼저 역사적 증거가 무엇인지를 살필 필요가 있다. 우리는 현대의 영향력 있는 역사철학자인 콜링우드R. G. Collingwood의 견해를 거론해보기로 한다.

콜링우드는 역사적 증거에 대해 이렇게 말한다.

> 역사학은 다음과 같은 점에서 다른 모든 과학과 공통적이다. 즉 역사가는 우선 자기 자신에게, 그리고 다음에는 그의 논증을 이해할 수 있고 이해하고자 하는 다른 사람에게 근거를 제시하지 않고서는 어떠한 지식도 주장할 수 없다. (…중략…) 동일한 사건에 대한 동일한 인식이라 하더라도 기억을 통해서거나 천리안을 통해서거나 웰스H. G. Wells의 타임머신에 의해 얻어진 것이라면 그것은 역사적 인식이 아니다. 이 경우에는 그 자신에게나 그를 비판하는 다른 사람들에게 그가 도달한 결론에 관해 증거를 제시할 수 없다는 것이 판명될 것이다.(Collingwood 1939, p.252)

기억이나 직접 체험이 왜 역사적 인식에 대한 증거가 될 수 없는가? 그것이 올바르기만 하다면 적어도 그 자신에 대해서는 기억이나 체험보다 더 충분한 증거를 찾기도 어렵다. 그리고 기억이나 체험의 주체가 하나가 아니라 여럿이라면 그것은 다른 사람들에 대해서도 증거로 간주될 충분한 이유가 된다. 역사적 증거에 대한 콜링우드의 요구는 지나치게 엄격한 실증주의적 요구인 것 같다.

이와 관련하여 콜링우드는 역사가의 자율성을 다음과 같이 강조한다.

> 역사가 자신이 아닌 다른 사람이 그의 문제에 대해 이미 주어진 해답을 건네준다고 해도, 역사가는 오직 이를 거부할 뿐이다. 그들이 그를 속인다고 생각하거나 혹은 그들 자신이 그릇되었다고 생각하기 때문이 아니라, 만일 그것을 받아들인다면 이는 역사가로서의 자율성을 포기하는 것이요 자신이 과학적 사유가인 한 오직 자기가 스스로 할 수 있는 일을 자신을 대신해 다른 사람에게 허용하는 것이 되기 때문이다.(Collingwood 1939, p.256)

모든 사료史料의 진위를 하나하나 자율적으로 판단하는 것이 역사가의 임무라는 콜링우드의 주장 역시 지나치게 엄격한 근대주의적 주장으로 들린다. 거기서 우리는 모든 전통적 믿음과 이론을 회의하며 확실성을 찾아 나서는 모더니티modernity의 선구 데카르트의 모습을 발견한다. 그것은 한편으로는 자율과 독립과 해방과 이성의 길처럼 보일 수 있지만, 다른 한편으로는 고독과 불신과 허무와 계산의 길이기도 하다. 콜링우드의 역사가는 오직 자기 자신에 의지해서만 역사를 연구할 수 있는, 어떠한 전승도 거부하며 어느 공동체에도 속하지 않는 반反역사적인 단독자이다.

2. 불신

그렇다면 고문이 증언하고 있는 내용은 어떻게 보아야 할 것인가? 콜링우드는 그 증언의 신뢰성에 대해 다음과 같이 말한다.

> [증언은] 결코 과학적 지식이 될 수 없기 때문에 역사적 지식도 될 수 없다. 그것은, 그것이 기초하고 있는 근거grounds에 의해 입증될 수 없기 때문에 과학적 지식이 될 수 없다.(Collingwood 1939, p.257)

콜링우드에 의하면 근거에 의한 입증이 역사적 지식을 포함하는 과학적 지식의 척도이다. 입증이란 결국 근거로의 환원, 혹은 근거와의 정합성을 확인하는 과정이다. 그러나 이러한 주장이 전제로 하는 환원론과 정합론은 근거의 진리성을 무비판적으로 받아들이고 있는 것처럼 보인다. 이러한 보수적 태도로는 기존의 근거가 잘못된 것임을 폭로하고 해체하는 혁신적인 ground-breaking[1] 사료를 올바로 다룰 수 없을 것이다. 요컨대 어떤 사료의 근거가 기존의 근거가 아닌 것일 때(즉 기존의 근거와 상충될 때), 우리는 기존의 근거에 의거해 사료를 거부할 수도 있지만 그 반대로 그 사료에 의거해 기존의 근거를 거부할 수도 있다. 이 두 선택지 중에서 어느 하나만을 인정하는 태도는 그 자체로 정당화될 수 없는 독단이다.

근거 지상주의자 콜링우드의 진리 기준은 매우 엄격하기만 하다. 가령 그는 자신이 생각하는 역사가에 대해 이렇게 말한다.

---

1 'ground-breaking'을 글자 그대로 옮기면 '근거를 깨는'이 된다.

[역사가]가 비판을 통해 부정적인 결론, 즉 어떤 진술이나 어떤 저자를 신뢰할 수 없다는 결론에 이르면 그는 그것을 받아들이지 않을 것이다. (…중략…) 그러나 한 편, 역사가가 비판을 통해 긍정적인 결론에 도달했다 해도 이는 다만 그가 '[그 결론을] 가로막는 것은 아무 것도 없다'는 사실에 도달했다는 것을 뜻할 뿐이다. 왜냐하면 긍정적인 결론이란 사실상, 그 진술자가 무지하거나 거짓말쟁이가 아니라는 것과 그 진술 자체가 허위의 징표를 갖고 있지 않다는 것이 인정됨을 뜻할 뿐이기 때문이다. 그럼에도 불구하고 그 진술은 거짓일 수도 있다. 즉, 그 진술자가 일반적으로는 매사에 정통하고 또 정직하다고 인정받고 있다 해도, 어떤 경우에 있어서는 사실에 관한 그릇된 정보에 빠져 그것을 오해할 수도 있고 또 그가 진실이라고 알고 있는 것 혹은 믿고 있는 것을 은폐하거나 왜곡시키려는 의도를 가질 수도 있는 것이다.(Collingwood 1939, p.251)

콜링우드는 이 구절에서 균형감을 잃고 있다. 그는 믿을만한 사료나 사람이 언제나 진실을 말하고 있지는 않다는 점은 인정하면서도, 믿을 수 없는 사료나 사람에 대해서는 전면 부정하는 비대칭적 태도를 취하고 있다. 그러나 믿을만한 사료나 사람이 오직 진실만을 말하고 있지는 않다는 점을 인정한다면, 믿을 수 없는 사료나 사람이 전부 거짓만을 말하고 있지는 않다는 점도 인정하는 것이 옳다. 한 점의 흠결 없이 진실만을 있는 그대로 전하는 완벽한 사료는 존재하지 않는다. 사료는 타임캡슐 속에서 발굴되는 것이 아니라 사람의 손을 타며 전승되는 것이기 때문이다. 그렇다고 처음부터 끝까지 오류와 거짓으로만 이루어진 사료도 존재하지 않는다. 그것은 사료로 불릴 수조차 없기 때문이다.

콜링우드처럼 무결점의 사료만을 추구하고 그것에 대해서도 자기 스스로 그 진위를 가려내는 태도를 고집할 때, 오랜 기간의 전승을 거쳐 내려온 대부분의 사료들은 사료로서 인정을 받을 수 없게 된다. 그의 역사에는 비교적 짧은 역사를 지닌 나라나 민족의 현대사나 근대사만이 남게 될 뿐이고, 우리와 같이 오랜 전통을 지닌 나라와 민족의 상고사는 의심의 도마에 오르게 된다. 콜링우드의 역사는 또한 수치스럽거나 보잘 것 없는 역사를 지닌 나라나 민족의 과거를 덮어주는 역할을 하기도 한다. 객관성과 진리의 척도를 엄격하게 상향조정하는 것이 역사를 과학의 수준으로 올리는 것처럼 보이지만, 거기에는 현재의 세계사적 세력 판도와 질서를 고착시키고 정당화하려는 정치적 이데올로기가 쉽게 자리할 수 있음을 잊어서는 안 된다.

3. 추리

근거 지상주의, 그리고 그와 한 짝을 이루는 회의주의라는 근대성의 편견에 사로잡혀 있는 콜링우드이지만, 그의 역사 방법론에는 우리가 경청할 만한 또 다른 측면이 있다. 그는 여러 다른 전거들의 증언을 발췌하고 결합시킴으로써 구성되는 전통적 역사학을 가위와 풀의 역사학이라고 부른다(Collingwood 1939, p.257). 가위와 풀의 방법을 추종하는 전통적 역사가는 발췌하고 결합할 진술로부터 자신의 연구를 시작한다. 그는 그 진술의 진위를 묻고 그에 따라 자신의 역사 서술에 그 진술을 수용할지의 여부를 결정한다. 이에 반해 콜링우드는 가위와 풀의 역사학에 대비되는 과학적 역사학을 구상한다. 과학적 역사학에는 기성ready-made의 진술이 포함되어 있지 않다. 예컨대 "A는 B의 남쪽에 있는 국가이다"와 "B는 C의 남쪽에 있는 국가이다"가 사료에 나와 있는 진술이라면, 과학적 역사가는 이로부터 사료에는 없는 "A는 C의 남쪽에 있는 국가이다"라는 진술을 추론해내 이를 과학적 역사학의 진술로 사용한다.

과학적 역사가는 한 걸음 더 나아가 기성의 진술의 진위나 수용 여부를 묻지 않고 그 진술의 의미를, 예컨대 "진술자가 어떠어떠한 의미로 이러한 진술을 했다는 사실이 내가 관심을 갖고 있는 주제에 관해 어떤 해명의 빛을 던져줄까?"를 묻는다. 콜링우드는 다음과 같이 말한다.

> 과학적 역사가는 진술을 진술로서 취급하지 않고 증거로서 취급한다. 즉 그는 진술을 어떤 사실에 대한 참된 혹은 거짓된 기술記述로 보는 것이 아니라, 그에 관한 적합한 질문을 제기한다면 그 사실을 해명해 줄지도 모를 다른 사실로 본다는 것이다.(Collingwood 1939, p.275)

여기서 우리는 두 종류의 다른 진술과 사실을 구별해야 한다. 이를 편의상 진술1, 진술2, 사실1, 사실2라고 부르기로 하자. 먼저 사실1을 기술하는 진술1이 있다. 그리고 진술1이 진술되었다는 사실2가 있고 이를 기술하는 진술2가 있다. 이를 도식으로 표현하면 다음과 같다.

$$\text{진술}_2 \quad \rightarrow \quad \text{사실}_2$$
$$\downarrow$$
$$\text{사실}_1 \quad \leftarrow \quad \text{진술}_1$$

위의 도식에서의 화살표(↓, ←, →)는 '~에 관한'으로 새겨야 한다. 그렇다면 위의 인용문에서 첫 번째와 두 번째 사실은 사실1이고 세 번째 사실은 사실2임을 알 수 있다. 요컨대 위의 인용문을 이 표기법대로 읽으면 다음과 같다.

> 과학적 역사가는 진술을 진술로서 취급하지 않고 증거로서 취급한다. 즉 그는 진술을 어떤 사실1에 대한 참된 혹은 거짓된 기술記述로 보는 것이 아니라, 그에 관한 적합한 질문을 제기한다면 그 사실1을 해명해 줄지도 모를 다른 사실2로 본다는 것이다.

콜링우드에 의하면 가위와 풀의 역사학은 사실1과 진술1로, 과학적 역사학은 사실2와 진술2로 구성된다. 이를 설명하기 위해 그는 추리소설의 플롯을 원용한다. A를 살해한 용의자로 B가 지목되었다고 하자. 그런데 B를 사랑하는 C가 B를 구하기 위해 자신이 살해자라고 거짓 자백을 했다고 하자. 이 경우 "내가 A를 살해했다"라는 C의 진술이 진술1이고, 이 진술은 C가 A를 살해했다는 사실1을 기술하고 있다. 가위와 풀의 역사가가 사실1이 진실인지, 즉 C의 진술1이 참인지를 묻는 반면, 과학적 역사가는 C가 그러한 진술1을 했다는 사실2를 그에게 도움이 될지도 모를 사실로 다루기 시작한다. 예컨대 과학적 역사가는 "왜 C가 그러한 진술1을 했을까?"를 묻는다. 콜링우드는 다음과 같이 말한다.

> 가위와 풀의 역사가는 진술의 이른바 '내용' 즉 진술이 말해주고 있는 것에 관심을 갖는 데 반해, 과학적 역사가는 그러한 진술이 행해졌다는 사실 자체에 대해 관심을 갖는다. (…중략…) 과학적 역사가가 자신이 기성의 것으로 발

견해낸 진술로부터 결론을 얻는 것이 아니라 그러한 진술이 있다는 사실에 대한 자기 자신의 자율적인 진술로부터 결론을 얻은 바에야, 아무런 기성의 진술이 그에게 주어지지 않은 경우에도 그는 결론을 얻을 수 있다. 그의 논증에 있어 전제가 되는 것은 그 자신의 자율적인 진술이다.(Collingwood 1939, p.275)

이를 우리식의 표기법으로 고쳐 읽으면 다음과 같다.

> 가위와 풀의 역사가는 진술1의 이른바 '내용' 즉 진술1이 말해주고 있는 사실1에 관심을 갖는 데 반해, 과학적 역사가는 그러한 진술1이 행해졌다는 사실2 자체에 대해 관심을 갖는다. (…중략…) 과학적 역사가가 자신이 기성의 것으로 발견해낸 진술1로부터 결론을 얻는 것이 아니라 그러한 진술1이 있다는 사실2에 대한 자기 자신의 자율적인 진술2로부터 결론을 얻은 바에야, 아무런 기성의 진술1이 그에게 주어지지 않은 경우에도 그는 결론을 얻을 수 있다. 그의 논증에 있어 전제가 되는 것은 그 자신의 자율적인 진술2이다.

증거 지상주의와 회의주의의 테두리 안에서 콜링우드가 인정하는 방법은 인용문이 보여주고 있듯이 역사가 자신의 자율적 추리이다. 이 추리는 진술이 무엇을 말하고 있느냐가 아니라 왜 이러한 진술이 행해졌는가를 묻고 있다는 점에서 메타meta적 추리이기도 하다. 그러나 역사가가 전개하는 추리의 자율성은 시대나 전통에서 자유로운 자의성이어서는 안 될 것이다. 역사가의 자율성은 시대나 전통에 접맥되어 조율되어야 한다. 그리고 그가 전개하는 추리는 콜링우드의 주장과는 달리 사료가 무엇을 증언하고 있느냐에 무관심해서도 안 될 것이다. 이에 무관심한 그의 메타적 추리는 역사학적 추리가 아니라 문헌학적 추리일 뿐이기 때문이다. 역사가가 그 자신이 속해 있는 시대나 전통에서 자유로울 수는 없겠지만 무엇보다도 그의 추리는 그가 다루는 사료가 속해 있는 시대나 전통, 아울러 그 사료가 증언하고 있는 시대나 전통에 접맥되어 조율되어야 할 것이다.

4. 과학

지금까지 살펴본 바와 같이 콜링우드는 일관되게 역사학이 과학적이어야 한다는 견지를 지지하고 있다. 과학이 철학을 포함하는 모든 학문의 모범으로 추앙받고 있는 근대 이후의 경향을 감안할 때 놀라운 바는 아니지만, 과연 그는 자신의 이러한 주장에 대한 소위 과학적인 근거를 제시하고 있는가? 이와 관련해 콜링우드는 역사학이 과학이요, 그 이상도 이하도 아니라는 베리J. B. Bury의 논제(Bury 1930, p.223)를 검토한다. 베리의 논제는 다음과 같이 분석될 수 있다.

① 역사학은 과학이다.
② 역사학은 과학 이상이 아니다.
③ 역사학은 과학 이하가 아니다.

콜링우드는 ①과 ③에 대해서 다음과 같이 말한다.

'과학'이라는 말은 체계적인 지식의 집합체를 의미한다. 이러한 의미에서라면 역사학은 과학이요 그 이하가 아니라는 베리의 말은 분명 옳다.(Collingwood 1939, p.249)

이것이 ①과 ③에 대한 논증인가? 아마 콜링우드는 다음과 같은 논증을 생각하고 있는 것 같다.

과학은 체계적인 지식의 집합체이다.

역사학은 체계적인 지식의 집합체이다.

∴ 역사학은 과학이요 그 이하가 아니다.

비록 콜링우드가 명시하지는 않았지만 위의 인용문에서 그는 두 번째 전제를 가정하고 있는 것처럼 보인다. 이렇게 재구성한 논증을 "콜링우드의 논증 1"이라 부르기로 하자.

콜링우드의 논증 1은 타당한가? 이 물음에 답하기 위해 우리는 잠시 논증의 타당성과 부당성을 가르는 기준을 살펴볼 필요가 있다. 논증의 전제가 논증의 결론을 함축할 때 그 논증은 타당하고, 그렇지 않을 때 부당하다. 논증의 타당성을 증명하기 위해서는 그 전제가 결론을 어떻게 함축하는지를 보이는 연역의 과정을 제시하면 된다. 논증의 부당성을 증명하기 위해서는 그 논증과 형식에서는 같지만 전제가 참이고 결론이 거짓인 논증을 제시하면 된다.[2] 문제를 선명히 하기 위해 콜링우드의 논증 1을 형식화하면 다음과 같다.

p는 q이다.

r은 q이다.

∴ r은 p이다.

콜링우드의 논증 1은 이를 다음과 같이 번역한 것이다.

번역 매뉴얼

p	과학
q	체계적인 지식의 집합체
r	역사학

그런데 우리는 이 논증과 형식은 같지만 부당한 다음과 같은 논증을 만들 수 있다.

과학은 체계적인 지식의 집합체이다.

스콜라 철학은 체계적인 지식의 집합체이다.

∴ 스콜라 철학은 과학이요 그 이하가 아니다.

이 논증의 전제는 참이고 결론은 거짓이다. 따라서 이 논증은 부당하다.

2 　논증의 부당성을 증명하는 이 방법은 다음에 근거한 것이다.
　① 사실의 방법 : 전제가 참이고 결론이 거짓인 논증은 모두 부당하다.
　② 형식의 원리 : 부당한 논증과 형식을 공유하는 논증은 모두 부당하다.
　두 논증 사이에 한 논증의 개념을 그 범주를 바꾸지 않은 채 다른 논증의 개념으로 바꾸는
　일대일 대응이 성립할 때 두 논증은 형식을 공유한다.

그러므로 이 논증과 형식을 공유하는 콜링우드의 논증 1도 부당하다.[3]

　콜링우드는 베리의 두 번째 논제, 즉 "역사학은 과학 이상이 아니다"를 다음과 같이 논박한다.

> 그러나 역사학이 과학 이하가 아니라면 확실히 그 이상이다. 어떤 것이 과학이라면 그것은 그저 단순한 과학 이상으로 특정의 개별과학이어야 한다. 지식의 집합체라는 것은 그저 단순히 체계화된 것이 아니라 어떤 특정한 방식으로 체계화된 것이기 때문이다.(Collingwood 1939, p.249)

　특정의 개별 과학과 구별되는 단순한 과학이란 무엇인가? 그러한 과학이 있기나 한가? 단순한 체계화와 구별되는 특정한 방식의 체계화가 무엇을 의미하는지도 알 수 없다. 이 문제를 논외로 한다면 콜링우드의 인용문은 다음과 같은 논증으로 환원된다.

> 역사학은 단순한 과학 이상으로 특정의 개별과학이다.
> --
> ∴ 역사학은 과학 이상이다.

3　콜링우드의 논증 1이 타당한 논증이 되기 위해서는 첫 번째 전제를 "q는 p이다" 즉 "체계적인 지식의 집합체는 과학이다"로 고쳐 써야 한다는 제안이 있을 수 있다. 그러나 이는 다음과 같은 두 가지 난점을 안고 있다. 첫째, 콜링우드는 위의 인용문에서 분명 "체계적인 지식의 집합체는 과학이다"라고 말하지 않았다. 둘째, 체계적인 지식의 집합체가 과학이라면 스콜라 철학이나 조직신학도 과학이라는 추론이 가능한데 이는 사실과 맞지 않는다. 요컨대 콜링우드의 인용문에 대해 우리는 어느 경우에도 전제와 결론이 모두 참이면서 동시에 타당한 논증을 구성할 수 없다.

이를 "콜링우드의 논증 2"라고 부르기로 하자. 이 논증을 형식화하면 다음과 같다.

p이고 q이다.
- - - - - - - - - - - -
∴ p이다.

콜링우드의 논증 2는 이를 다음과 같이 번역한 것이다.

번역 매뉴얼

p	역사학은 과학 이상이다.
q	역사학은 특정한 개별과학이다.

콜링우드의 논증 2는 자연연역의 규칙 중의 하나인 단순화simplification[4]를 따르고 있는 논증이므로 형식상으로는 타당한 논증이라고 할 수 있다. 그러나 그의 논증은 정당화하고자 하는 명제("역사학은 과학 이상이다")를 이미 참인 것으로 전제하고 있다는 점에서 선결문제 요구의 오류를 범하고 있다. 따라서 콜링우드의 논증 2는 베리의 두 번째 논제에 대한 타당한 반박으로 보기 어렵다.

콜링우드의 논증 1과 2가 부당한 논증임이 입증되었다고 해서 베리의 논제 ①, ②, ③이 옹호되거나 거부된 것은 아니다. 그에 대한 콜링우드의

---

4 다음과 같은 타당한 논증 형식.

$x \& y$
─────
∴ x

옹호나 논박이 거부되었을 뿐이다.

5. 불완전성과 불확실성

역사학이 과학적이어야 한다고 주장하는 콜링우드도 결국 자신의 주장을 과학적으로 정당화하지는 못했다. 관심을 상고사로, 상고사 중에서도 우리의 상고사로 돌려보면 거기서 과학적 역사학의 이념을 구현하기는 현실적으로 어렵다는 점을 알게 된다. 워낙 오래전의 역사이기에 유물이 많이 남아 있는 것도 아닌데다 현재 우리의 강역이 한반도의 절반으로 축소되어 있는 까닭에, 지금은 다른 나라들에 속해 있는 우리 상고시대의 강역에 대한 조사나 발굴에도 어려움이 있다. 그렇다고 사료가 충분한 것도 아니다. 침입한 외세에 의해 그리고 우리 스스로의 어리석은 행위에 의해 우리의 상고사서上古史書는 거의 대부분 멸실된 상태이고, 남아있는 것들도 과학적 역사학의 엄격한 요구를 충족시키지 못하고 있다. 차선책으로 의존하고 있는 중국 측 역사서들은 애초부터 그들의 입장에서 서술된 것이기에 우리의 상고사를 밝혀주기에는 태생적인 한계가 있다.

이러한 사면초가의 상황을 결자해지結者解之할 수 있는 방법은 발상의 전환에서 찾아야 한다. 역사학을 비롯한 근대의 학문이 과학적 엄밀성과 확실성을 추구해온데 반해, 우리 상고사에 대한 철학은 불완전성과 불확실성을 인정해야 한다. 역사학이나 철학이 성찰하고자 하는 우리의 삶과 세계의 가장 두드러진 특징은 바로 이 불완전성과 불확실성이다. 그렇다고 해서 우리가 엄밀성보다 불완전성을, 확실성보다 불확실성을 더 선호하는 것은 아니다. 불완전성과 불확실성은 삶과 세계의 역사성에서 비롯되는 불가피한 현상이다. 역사성은 변화에서 비롯되며 그것은 다시 시간의 본성으로 소급되는 특징이다. 역사와 시간의 흐름 속에서 현재의 확실성과 거기에서 고립적으로 성취한 완전성은 마모되고 씻겨 내려간다.

우리는 어디에서 와서 어디로 가는가? 시원始原의 상고시대로부터 와서 다가올 미래로 나아간다. 우리는 시간의 변화가 새겨진 이 이행의 이끌음 속에 놓여 있다. 이 이끌음은 업業 혹은 연기緣起의 다른 이름이기도 하다. 우리가 살아가는 현재는 켜켜이 쌓인 업의 끝자락에 놓여 있는 역사의 표면 효과일 뿐이다. 이 효과의 안쪽으로 접혀있는 업의 궤적을 펼쳐 보는 작업이 역사학이요 철학이다. 안타까운 사실은 우리의 경우 자신의 시원을 대부분 잃어버렸으며 심지어 아예 잊도록 강요받아왔다는 것이다. 그래서 우리는 앞서의 물음에 대해 그 이상의 구체적인 답변을 할 준비가 되어 있지 않다. 우리는 출발지를 모르기 때문에 종착지를 알 수 없는 이상한 열차의 승객이다.

6. 진리와 역사

진리와 역사는 파르메니데스와 플라톤 이래로 상호 양립 불가능한 개념으로 여겨져 왔다. 진리는 영원불변한 반면 역사는 가변적이라고 생각했기 때문이다. 진리는 역사 너머에 있으므로 역사와 한데 엮일 수 없다는 것이다. 진리에는 에피스테메epime; 인식가, 역사에는 독사doxa; 의견가 대응된다. 그러나 이러한 통념은 진리와 역사, 그리고 인간의 삶 모두에 도움이 되지 못한다. 첫째, 인간의 삶이 역사에 자리할진대 진리가 역사 너머에 있다 함은 진리가 인간의 삶을 초월해 있음을 의미한다. 이는 곧 인간의 삶과 진리간의 상호 소외를 야기한다. 둘째, 역사가 진리와 한데 엮일 수 없다 함은 역사에서 어떠한 진리도 발견할 수 없음을 의미한다. 그렇다면 역사는 한갓 허위와 거짓의 파노라마로 전락하고, 거기에 놓인 인간의 삶에 대한 통찰 역시 이로 말미암아 빈곤해지고 만다.

오랫동안 물과 기름처럼 분리되어 있던 진리와 역사를 한데 마주하게 할 수는 없는가? 그 방법은 진리의 역사화와 역사의 진리화로 요약된다. 첫째, 진리의 역사화는 진리 개념을 역사와 접맥시키는 프로젝트이다. 이를 위해 먼저 대응론, 정합론 등 종래의 탈역사적 진리 개념이 지니는 한계와 문제점들을 하나하나 짚어 나갈 필요가 있다(이승종 2010, 6장 참조). 이어서 진리 개념을 그 그리스적 어원인 알레테이아aletheia로 소급시켜야 한다. 진리의 어원인 알레테이아의 의미는 드러남이다. 우리는 그 드러남의 시간과 장소를 역사로 이해하고자 한다. 이렇게 재정의된 진리는 탈역사적인 것이 아니라 오히려 역사에 산종散種된다. 즉 역사가 바로 진리의 무대인 것이다.[5]

둘째, 역사의 진리화는 역사 개념을 진리와 접맥시키는 프로젝트이다. 이를 위해서는 먼저 플라톤, 데카르트 등 역사를 진리와 양립 불가능한 주제로 파악했던 사상가들의 한계와 문제점들을 하나하나 짚어 나갈 필요가 있다. 이어서 역사 개념을 그 그리스적 어원인 히스토리아historia로 소급시켜야 한다. 역사의 어원인 히스토리아의 의미는 탐구이다. 우리는 그 탐구

---

[5] 진리의 역사화가 역사를 통한 진리의 완전한 드러남을 함축하는 것은 아니다. 하이데거가 지적하였듯이 진리는 은폐와 탈은폐의 동거 사건이기 때문이다. 이승종 2010, 3장 참조.

의 주제를 진리로 이해하고자 한다. 물론 여기서 말하는 진리는 앞서 재정의한 역사로서의 진리이다. 이렇게 이해된 역사는 탈진리적인 것이 아니라 진리를 실현하는 매체이다. 즉 진리가 바로 역사로서 전개되는 것이다. 그리고 진리의 전개에 대한 탐구가 역사이다.

진리의 역사화와 역사의 진리화를 순환논증에 빠지지 않고 각각 어떻게 수행할 수 있는가? 이를 위해서는 진리의 역사화와 역사의 진리화라는 프로젝트를, 내용과 방향을 달리하는 두 개의 독립된 트랙으로 나누어 진행해야 한다. 진리의 역사화는 대응론, 정합론 등과 같은 기존의 공시적 진리론들에 대한 공시적 접근에서 출발해 그것들의 한계를 넘어설 수 있는 통시적 역사 진리론을 다듬어낸다. 반면 역사의 진리화는 통시적 역사로부터 그것을 움직이는 힘과 흐름에 대한 진리 명제들을 다듬어낸다. 역사로부터 길어낸 이 명제들이 공시적 보편성을 지니는 것은 아니지만, 역사에 대한 반성의 귀결이라는 점에서 통시적 보편성을 확보한다. 이를 통해서 진리와 역사 사이의 상호 가역적 운동 기제를 규명할 수 있을 것이다.

7. 정신사로서의 역사

우리는 진리와 역사에 대한 기존의 형식적, 유물론적 접근을 넘어서 정신과학Geisteswissenschaft으로서의 인문학적 이해를 도모하려 한다. 참된 명제들의 총체가 자연과학이라는 청년 비트겐슈타인Ludwig Wittgenstein의 주장이 상징적으로 보여주듯이(Wittgenstein 1922, 4.11) 현대는 자연과학의 시대이다. 자연과학주의의 영향 하에 현대 사상계에서는 수리논리학과 같은 형식과학, 그리고 자연주의나 물리주의와 같은 유물론적 사조가 대세를 이루고 있다. 형식과학과 유물론은 각각 자연과학주의의 형식과 내용을 이루며 진리와 역사에 대한 탐구에서도 그 위력을 떨치고 있다. 기존의 진리론들은 명제와 사실 사이의 대응이나 명제 간의 정합성과 같은 명제 외적, 혹은 내적 관계를 진리의 기준으로서 제시하는 형식적 진리 기준론이다. 따라서 그 자체로는 진리의 내용에 대해 어떠한 공헌도 하지 못하는 불임의 형식이론이다. 역사 이론의 경우 마르크스 이래로 유물론적이고 과학주의적인 역사 인식이 종래의 사변적 역사 인식을 대체하게 되었다. 그러나 유물론적이고 과학주의적 역사 인식이 역사의 통시성과 가변성을 제대로 설명해내지 못하는 근본적인 한계를 노정하면서, 현대에 와서 역사에 대한 철학적 관심은 과거에 비해 크게 퇴조한 셈이다.

우리가 추구하는 진리 역사론은 진리와 역사에 대한 인문학적 이해를 지향한다. 인문학적 관점에서 보았을 때 진리와 역사의 문제는 각각 의미와 계승의 차원에서 논의되어야 한다. 드러남으로서의 진리 개념에서 드러나는 것은 역사의 의미이며 역사는 이 의미의 계승과 변용이기 때문이다. 우리의 역사만 보더라도 고구려는 고조선을 계승한다는 의미의 다물多勿을 국시로 삼았으며,[6] 고려와 조선은 그 이름에서 이미 각각 고구려와 고조선을 계승하고 있음을 구현하고 있다. 우리는 이 장에서 그 계승의 대상이 뭇 생명이 어우러져 성장함을 추구하는 우리의 역사 정신임을 보일 것이다. 그러나 식민사관과 사대주의를 청산하지 못한데다 서구로부터 유입된 유물론적 사유에 익숙해진 우리에게 역사 정신에 대한 탐구는 자

---

6 이는 1부 2장에서 상술될 것이다.

칫 시대착오적 국수주의나 사변철학으로 간주될 수 있다. 인문학이 고사의 위기에 빠진 우리 사회에서 쉽게 예상되는 이러한 정형화된 빈곤한 대응은 바로 그 위기의 심각성을 증언할 뿐이다. 시대의 요청에 부응하고 그것을 넘어서는 인문학적 사유를 펼쳐내지 못하고 있는 우리 학계의 문제는 인문학의 역사성과 정신에 대한 이해의 부족에 기인하기 때문이다.

우리는 우리의 역사 정신에 대한 이해를 민족사民族史라는 국지성局地性; locality을 넘어 보편성을 보듬어낼 수 있는 수준으로 이끌어 올려야 한다. 이는 기존의 보편성의 코드에 일방적으로 부합해야 한다는 의미가 아니라, 현대의 시대정신 및 감각과의 소통 가능성을 잃지 않으면서 그 정신과 감각에 새로운 전기를 마련하는 방식으로 기여할 수 있어야 함을 의미한다.

우리의 역사 정신의 과거와 현재는 각각 중화中華와 세계화라는 이름으로 밖으로부터 주어진 보편성의 코드에 자신을 자발적으로 종속시키는 데 소진되어 왔다. 과거를 예를 들자면 우리의 상고사를 보전했던 고기古記들을 잃거나 부정하고 『삼국사기三國史記』라는 사대주의적 역사서를 우리 역사학의 출발점으로 삼아왔으며, 문사철文史哲의 정신사를 보전했던 자부紫府나 신지神誌 등의 기록을 잃거나 부정하고 그보다 훨씬 뒤인 7세기의 원효나 9세기의 최치원을 우리 사상사의 출발점으로 삼아왔다. 현재의 예를 들자면 아이비리그라는 미국의 교육 브랜드와 사업단의 프로젝트라는 자본주의적 연구 형태, 그리고 SCI라는 서구의 논문 평가 지표가 교육과 연구 및 평가의 절대적 표준으로 숭배되고 있다. 우리의 역사 정신을 복권시키는 작업은 이러한 과거와 현재의 보편성의 표준과 질서와는 다른 보편성의 표준과 질서를 우리의 정신사로부터 창안해낼 수 있는 방향으로 이루어져야 한다.

참으로 오랫동안 우리의 역사는 진리로서 드러나지 못한 채 은폐되어 왔다. 우리가 모색하고자 하는 진리 역사론은 우리 자신의 역사에 대한 에피스테메의 차원에서부터 부정되어 왔다. 우리는 이 장에서 우리의 안과 밖에서 그 부정을 획책한 중화와 사대事大라는 거짓된 독사doxa를 폭로해 해체하여 우리 역사의 시원始原을 진리로서 발굴해내고자 한다.

우리는 남아있는 얼마 되지 않는 우리의 상고사에 관한 기록들을 고고학적 관점에서 찬찬히 살펴야 한다. 기록의 행간을 읽어가며 그에 대한 올바른 번역을 모색하고 기록이 훼손된 경우, 곡해된 경우 등을 찾아내 이를 바로잡고 그 의미를 되새겨야 한다. 이것이 우리가 이 장에서 구상하고 실천하려는 번역의 고고학이다.

8. 肆覲東后

우리가 상고사에 대한 철학적 방법론으로 제안하고 있는 번역의 고고학이 구체적으로 무엇이며 그것이 지니는 불완전성과 불확실성의 실제가 어떠한지를 사례를 중심으로 살펴보기로 하자. 중국 측의 가장 오랜 역사 자료인 『상서尚書』에는 다음과 같은 구절이 있다.

肆覲東后 協時月正日 同律度量衡 修五禮[7]

---

7   『尚書』,「舜典」.

『상서書經』를 처음 우리말로 옮긴 김학주 교수는 이를 다음과 같이 번역하고 있다.

> 그리하고는 [순舜임금이] 동쪽 제후들을 만나 철과 달을 맞추고 날짜를 바로잡으셨으며, 악률樂律과 도량형을 통일하시고, 오례五禮를 정리하셨다.[8]

이후에 나온 다른 번역본들도 대체로 이 번역을 따르고 있다.

이 구절에서 "肆覲東后"라는 표현에 주목해보자. 이 표현의 핵심어인 '覲'과 '后'를 사전에서 찾아보면, '覲'은 '뵙다', '알현하다', '만나다'를 뜻하는 것으로 나와 있고, '后'는 '뒤', '임금', '왕후'를 뜻하는 것으로 나와 있다. "肆覲東后"를 "그리하고는 동쪽 제후들을 만나"로 옮긴 김학주 교수의 번역은 사전의 풀이와 일치하는가? 사전대로라면 '后'는 '제후'가 아닌 '임금'이다. 제후는 '后'와 음가가 같은 '侯'이다. 여기서 '東后'가 누구인지, 그리고 그가 여럿인지는 사전에 의거한 번역의 차원을 넘어서는 문제이므로 미결의 문제로 남게 된다.

'覲'은 순임금과 동쪽 임금과의 관계에 따라 '뵙다'로 옮길 수도 있고 '만나다'로 옮길 수도 있다. 요컨대 순임금이 동쪽 임금보다 낮은 위계 하에 있다면 '뵙다'로, 동등하거나 높은 위계 하에 있다면 '만나다'로 옮길 수 있을 것이다. 이는 번역의 차원을 넘어서는 문제이므로 역시 미결의 문제로 남게 된다. '覲'의 번역 문제는 그 뒤의 "協時月正日 同律度量衡 修五禮"에 대한 번역에도 영향을 미칠 수 있다. 순임금이 다스리는 나라의 문

---

8 『書經』(개정증보판), 김학주 역, 서울 : 명문당, 2002, 56쪽.

명과 동쪽 임금이 다스리는 나라의 문명 사이의 위계와 수준에 따라 철과 달, 악률樂律과 도량형, 오례五禮의 기준이 순임금 쪽에 있을 수도 있고 동쪽 임금 쪽에 있을 수도 있기 때문이다. 이 역시 번역의 차원을 넘어서는 미결의 문제이다.

우리는 사전에만 의지해서는 『상서』의 해당 구절을 확정적으로 번역할 수 없음을 알게 되었다. 사실 『상서』는 한자로 기록된 가장 오랜 문헌의 하나로서 사전에 나오는 한자의 뜻과 용례의 원초적 근원이 되는 작품이기 때문에, 사전을 잣대로 『상서』를 읽는 것은 순서의 앞뒤가 바뀐 일인 것 같다.

한편 중국 13경經의 하나인 『이아爾雅』를 주석한 작품으로 한자 독해와 훈고訓詁의 으뜸 고전으로 손꼽히는 지침서인 『이아주소爾雅注疏』에는 '林', '烝', '天', '帝', '皇', '王', '后', '辟', '公', '侯'가 모두 '임금이다君也'라고 되어 있다.[9] 그렇다면 임금과 제후의 차이는 후대의 관점일 뿐, 순임금 당시에는 '后'나 '侯'가 같은 뜻으로 사용되었을 개연성이 있다. 실제로 '后'는 원래는 '뒤쪽', '항문'을 의미하는 말이었는데, 그 발음이 '侯'와 같아서 나중에 동의어 정도로 사용되었다고 한다.

방법을 달리해 『상서』의 해당 구절을 전후의 맥락에서, 그리고 이에 대한 후대의 주석을 통해 살펴보기로 하자. 해당 구절의 앞에서 우리는 '觀'의 용례를 확인할 수 있다.

正月上日 受終于文祖 在璿璣玉衡 以齊七政 肆類于上帝 禋于六宗 望于山川

---

9   『爾雅注疏』, 「釋詁」, 第1.

徧于羣神 輯五瑞 旣月 乃日覲四岳羣牧 班瑞于羣后[10]

주자朱子의 제자로서 『상서』에 대한 여러 주석을 갈무리한 채침蔡沈의 『서경집전書經集傳』은 이 구절에 대해 다음과 같이 말하고 있다.

> '覲'은 봄이다. '四岳'은 사방의 제후이고 '羣牧'은 '九州'의 '牧伯'이다. (…중략…) '群后'는 곧 '侯'와 '牧'이다.[11]

『서경집전』에 의거해 살펴보면 여기서 '覲'은 아랫사람이 임금을 뵈었다는 뜻이라기보다 아래 신하들을 '만났다'는 뜻으로 사용되고 있으며, '后'도 '羣神', '羣牧' 등과 함께 '羣后'로 대구對句를 이루며 임금이라기보다 '여러 제후들'의 뜻으로 사용되고 있다. "肆覲東后"의 전후 맥락은 이처럼 일관되게 순임금이 사방을 순시하는 내용으로 이루어져 있다. 따라서 김학주 교수의 우리말 번역은 정확하다고 평가할 수 있다.

지금까지 우리는 "肆覲東后"라는 표현을 사전, 『이아주소』, 『서경집전』, 표현의 전후 맥락 등 다양한 근거에서 살펴보았다. 그리고 그에 따라 표현의 의미가 어떻게 달라질 수 있는지를 검토하였다. "肆覲東后"의 번역 문제가 더 이상의 진전을 이루기는 어려운 것처럼 보인다. 그런데 우리가 검토한 자료들이 모두 중국의 것이라는 점에 대해 재고해볼 필요가 있다. "肆覲東后"는 어디까지나 '東后'에 대한 중국의 입장을 묘사한 표현이다. 그런데 중국의 역사적 정체성은 무엇인가? '東后'는 누구인가? 우리는 이

---

10 『尙書』, 「舜典」.
11 蔡沈, 『書經集傳』, 「舜典」, "覲見 四岳四方之諸侯 群牧九州之牧伯也 (…중략…) 群后卽侯牧也".

물음을 통해 "肆覲東后"의 이해에 대한 돌파구를 모색하고자 한다.

9. Us and Them

대국굴기大國崛起를 앞세운 중국의 패권주의는 자신의 이념을 역사적으로 정당화하기 위해 동북공정이라는 왜곡도 서슴지 않고 있다. 왜곡의 피해자인 우리 민족의 한 편은 잘못된 이데올로기와 국정 운용이 초래한 압제와 가난에 신음하며 중국의 원조를 바라고 있고, 다른 한 편은 상대적 풍요 속에서 민족과 국가를 신화로 치부하며 그 정체성을 부정하는 것이 세계화 시대에 걸맞은 지식인의 덕목처럼 간주되는 이상한 유행에 빠져 있다(임지현 1994; 강신주 2006, 5장 참조). 이러한 현재의 모습을 반성하기 위해 우리는 신화나 이데올로기로 왜곡되거나 오해된 한국과 중국의 민족적 정체성을 역사적으로 추적하여 그 베일을 벗겨보려 한다. 이를 위해서는 먼저 우리의 영원한 이웃인 중국의 정체를 똑똑히 해부해야 한다. 아주 오래전 언젠가부터 우리는 자신의 역사를 그들의 눈으로 보기 시작했고, 아직도 그 질곡에서 벗어나지 못하고 있기 때문이다. 이 문제에 관한 한 우리는 현대의 미국이나 근대의 일본으로부터는 고사하고, 고대의 중국으로부터도 온전히 자주 독립을 얻지 못한 상황이다. 그래서 우리는 중국이라는 중화주의적 용어의 등장이 함축하는 바를 살펴보고, 단군과 고조선을 신화와 전설로 폄하하는 제설諸說들을 비판적으로 분석할 것이다. 그 과정에서 민족 정체성에 대한 현재 한국과 중국의 인식이 모두 각기 다른 방식의 왜곡된 기억, 혹은 망각에 근거한 것임을 보일 것이다.

오랫동안 동양사에 대한 세계적 표준으로 군림해온 책으로 페어뱅크 John Fairbank, 라이샤워Edwin Reischauer, 크레이그Albert Craig가 같이 쓴 *East Asia : Tradition & Transformation*이 있다. 1,000쪽이 넘는 이 대작의 우리말 번역본은 상, 하 분권으로 나와 있다. 그중 원저서의 *Tradition* 부분에 해당되는 상권의 목차를 보자. 첫 장부터 중국으로 시작하더니 9장까지 중국으로 도배가 되어 있다. 한국은 책의 10장에서만 언급될 뿐이다. 이 책의 고작 7%에 불과한 분량이다. 세계의 독자들은 동양사는 결국 중국사라는 인상을 갖게 된다.[12]

동양사에 대한 서양의 서술에 있어서 한국사에 대한 편견은 한국사에 할애한 분량에 국한된 문제가 아니다. 다음에서 보듯이 그나마 동양사에서 한국사의 역할이 있다면 이는 오로지 중국과 일본을 위한 것일 뿐이다.

> 중국화된 조선과 후에 설치된 한사군의 중요성은 그들이 일본에 오랫동안 문화적 영향력을 미쳤다는 점에서 찾아진다. 결국 한반도는 중국 문화를 일본 열도로 유입시킨 중요한 물길이 되었다.(Cotterell 1993, pp.46~47)

한국의 독자들은 중국에 대한 열패감을 갖지 않을 수 없다. 저 역사인식에 따르자면 조선은 처음부터 중국의 속국이나 일부로서 중국 문화를 일본에 충실히 전달하는 심부름꾼에 불과했다. 배달配達의 민족인 셈이다. 중원뿐 아니라 만주와 신장 위구르까지 걸쳐 있는 중국과 두 동강난 한반도

---

12 한국이 푸대접받기는 다른 역사서에서도 대동소이하다. 예컨대 동반구 문명에 관한 퀴글리(Carroll Quigley)의 도표에는 인도, 중국, 일본만이 등장한다(Quigley 1961, p.83). 동아시아 문명권에서 한국은 존재하지 않는 것이다.

는 크기에서 비교가 되지 않는데, 역사적 무게감으로는 지금까지의 개관만으로도 양국의 차이가 이보다 더 심하다는 것을 알게 된다.

　동양의 전통 철학도 중국이 독점하다시피 하고 있기는 마찬가지이다. 한국과 관련해서는 동양사보다 상황이 오히려 더 나쁘다. 세계인들이 읽는 동양철학사들 중에는 한국에 대한 언급이 아예 없는 경우가 허다하다.[13] 너무한 것 아닌가 하는 생각에 우리나라에서 간행된 한국철학사들을 들춰본다. 대개는 단군신화에 대한 아주 소박한 해석을 소개한 뒤로는 바로 원효나 최치원으로 건너뛴다. 단군신화에 대한 언급 없이 원효나 최치원으로부터 시작하기도 한다.[14] 그렇다 해도 우리 철학사가 왜 세계인들이 읽는 동양철학사에서는 왕왕 보이지 않는 것일까?

　세계인을 상대로 한 동양철학사의 집필 자료를 모으고 있는 서양인의 눈으로 한국철학사를 검토해보자. 그는 단군, 원효, 최치원의 활동연대를 검색한다. 단군은 그가 BC 2333년에 건국했다는 고조선의 군장인 듯싶다. 원효와 최치원에 대해서는 보다 확실한 연대를 얻는다. 원효는 7세기에 신라에서 활동한 불교 승려이고, 최치원은 9세기에 당나라와 통일신라에서 활동한 학자이다. 그렇다면 단군신화로 시작하는 한국철학사에는 거의 3,000년에 해당하는 시간이 무주공산으로 방치되어 있는 것이다.

---

13 예컨대 동양철학에 대한 다음의 표준적 안내서에서 한국철학은 보이지 않는다. Kupperman 2001. 해외 동양철학계에서 한국철학이 갖는 위치를 묻는 한국의 기자에게 세턴(Mark Setton) 교수는 위치라고 할 만한 게 없다고 답변한다. 그의 인터뷰를 좀 더 들어보자. "동양철학 하면 으레 90%가 중국철학을 논했고 한국철학은 그저 중국철학을 따라간 것에 불과하다는 시각이 팽배했죠. 때론 일본철학보다도 인지도가 낮습니다."(『동아일보』, 2011.9.22)

14 몇 가지 예를 들자면 한국철학사 연구회가 펴낸 『한국 철학 사상가 연구』는 최치원에서 시작하며, 성태용, 고영섭 교수는 원효를 각각 한국철학사와 한국 사상의 새벽으로 묘사하고 있다. 한국철학사 연구회 2002; 성태용 1994; 고영섭 2009 참조.

이런 말도 안 되는 상황에서 한국의 철학사를 동양철학사에 등재하는 것이 망설여진다. 전승은 철학사의 알파요 오메가인데 한국의 철학사에는 바로 이 전승의 과정에 공백이 너무 길기 때문이다. 그렇다고 철학사의 근원에 해당하는 고대철학 부분을 빼고서 한국철학사를 소개하기도 꺼림칙하다. 그는 혹시나 해서 단군에 대해 좀 더 조사해보고는 놀라운 사실을 알게 된다. 단군의 역사적 실재성에 대해서는 한국의 주류 사학자들이 오히려 더 완강하게 부정하고 있는 것이다. 단군이 건국했다는 고조선이나 그 건국연대라는 BC 2333년에 대해서도 그들의 태도는 대동소이하다.[15]

서양인은 한국 고대사에 대한 자료를 찾으러 런던의 대영박물관을 방문한다. 그는 한국사 전시실에서 고대사 연표를 확인한다. (저 연표는 한국의 박물관들에 전시되어 있는 것과 같은 것으로 보아 한국고대사학자들이 알려준 대로 작성되었을 것이다.) 연표에 따르면 한국고대사는 기원후 원삼국시대에서 시작하고 있으며 그 이전은 공란으로 비워져 있다. 자신들의 역사가 반만년이라는 한국인들의 믿음(혹은 미신)과는 달리 한국사는 이천여 년밖에 안 되며 고구려의 전신이라는 부여, 부여의 전신이라는 고조선은 존재하지 않았던 것이다. 서양인은 2017년 4월 미국의 트럼프 대통령과의 회담에서 중국의 시진핑 주석이 했다는 말이 옳았음을 알게 된다. 기원전의 한국은 국가체제를 갖추지 못한 미개 상태로 중국에 속해 있었으며 한국은 중국에서 나왔다는 것이 시진핑의 역사관일진대 이는 저 연표와 일치한다. 그가 만난 한국의 중년들도 어린 시절 학교에서 자신들의 역사가 한사군의 지배로부터 시작되는 것으로 배웠다고 하지 않던가.

---

15 이에 대해서는 2장에서 더 자세히 살펴볼 것이다.

우리의 사학계가 인정하는 표준적 역사서인『삼국사기』는 원효나 최치원의 활동연대보다도 훨씬 늦은 1145년에 발간되었다. 이 책에 고조선이나 단군에 대한 언급은 보이지 않는다. 책의 제목이 함축하듯 우리 역사는 하나의 정체성으로 묶이지 않는 열국들에서 시작하며 그 강역은 얼마간의 예외가 있기는 하지만 한반도로 거의 고정되어 있다. 반도 내에서의 분열의 역사가 우리 역사의 과거와 현재인 것이다. 그 반도의 바깥에는 앞서 보듯 유구한 역사와 강역을 자랑하는 중국이 있어왔고, 삼국시대 이전에는 그 중국이 반도에 설치한 한사군에 의한 지배가 있었다는 것이 우리가 배운 역사이다. 대국에 의한 지배와 내부 분열이 우리의 출생증명서요 족보인 셈이다. 거기다가 우리의 고대사에 대한 기록과 기억은 많지 않은 편이어서 아직도 중국 측 역사서에 간헐적으로 등장하는 우리에 대한 극히 왜곡된 단편적 묘사들에 의존하고 있는 실정이다. 그러다 보니 천하의 중심으로 스스로를 자리매김한 중국의 역사는 한껏 부풀어 오른 반면, 그곳을 중심에 둔 원근법으로 조명된 우리 역사는 삽화처럼 작아지게 마련이다. 그에 비례해 중국을 숭배하는 사대의 마음이 우리 안에 싹트고 우리 역사에 대한 긍정적 인식도 작아지게 되는 것이다.

이러한 우리의 역사인식이 사실이라면 우리는 좀 가련한 민족이다. 이러한 식으로 연명해 아직까지도 목숨을 유지하고 있다는 것이 놀랍고 감격스러울 정도이다. 실제로 과거 우리의 역사 교과서들은 이 점을 강조했다. 그 악조건 속에서도 우리가 근근이 버텨왔다는 점을, 한때 나라를 송두리째 잃어버리는 막장에 도달하기도 했지만 이제 그 어둠의 터널을 벗어나 웅비할 차례임을 말이다. 그러나 잃어버렸던 나라는 우리 손으로 되찾은 게 아니고, 역사의 뿌리에 해당하는 고대사에 대한 망각과 그로 말미암은 중국에 대한 우리 역사의 사료적 종속 문제는 달라진 게 없다.

그런데 생각을 달리해보면 의심쩍은 것이 한두 가지가 아니다. 중국의 지배와 이어지는 분열의 역사를 지닌 민족이 어떻게 해서 그처럼 막강하고 우월한 중국에 먹히지 않고 존속해올 수 있었을까? 그렇게 기적적으로 존속해온 우리는 역사를 증언할 집단 무의식을 소유하고 있을 터임에도 불구하고 왜 정작 자신의 고대사를 스스로의 힘으로는 제대로 기억조차 못하는 상태를 개선하지 못하고 있을까? 개선의 의지는 있는가? 처음부터 작은 덩치의 우리에 비해 중국은 어떻게 처음부터 현재까지 그렇게 크고 강성하고 문화적으로도 우월한 국가를 유지해올 수 있었을까? 그런데 중국이 과연 그랬을까? 우리가 과연 그랬을까? 기억상실증에 걸린 우리의 과거가 어땠는지를 알려주는 중국의 역사서는 믿을 만한 것인가?

10. Anti-Masochism

우리가 그동안 중국中國이라 불러온 국가 명칭은 자신들의 나라가 세계의 중심이고 나머지는 자신들의 둘레를 공전한다는 천동설적 의미를 내포하고 있다는 점에서 그 이름에서부터 중화적이다. 그들이 그렇게 생각하는 것은 자유이지만, 우리가 그러한 생각을 받들어 그들의 나라를 중국이라 부를 필요는 없을 것이다. 김기봉 교수는 다음과 같이 말한다.

중국은 고대로부터 거의 고정된 지리적 단위였다. 하지만 엄밀히 말하면, 중국이란 실체가 아니라 정사의 계보가 만들어낸 역사공동체이다. 원래 중국은 기원전 3세기 말 출현한 통일 제국 진 이후 1911년 멸망한 청까지, 황하 유역의 화북을 포함한 현재 중국의 중심부인 '중원'에서 일어났다가 망한 약 30개의 왕조들을 총칭하는 보통명사로 사용됐다. 중국이 특정 국가를 지칭하는 고유명사로 사용된 것은 신해혁명 이후 중화민국이 성립한 이후 정식 국호 약칭으로 통용되면서부터다. 보통명사로서 중국을 국민국가를 지칭하는 고유명사로 전환시키는 노력으로 근대에서 발명된 것이 '중화민족'이다.(김기봉 2012, 160쪽)

1911년 신해혁명으로 손문孫文이 중화민국을 수립하기 전까지는 중국이라는 호칭을 공식 국명으로 사용하는 정체政體는 그들의 역사에서도 존재하지 않았다.[16] 중국이라는 명칭으로 그들의 역사적 정체성을 이해하는 순간 우리는 스스로를 주변 오랑캐로 낮추는데 자발적으로 동의하는 셈이다. 중국이라는 명칭 자체가 자국 중심적 세계관을 타민족에게 부과하고 있다는 점을 경계해야 한다. 따라서 우리는 적어도 이 장에서는 그들을 자신들의 원 이름인 '지나支那'라는 명칭으로 부르고자 한다.[17]

지나는 중화라는 자국 중심적 이데올로기로 자신들의 역사뿐 아니라 동아시아의 역사를 왜곡해왔다. 자신들만이 문명이요 중심이고 그 외에는 모두 비문명의 이적夷狄이라는 프톨레마이오스적 존화양이尊華洋夷가 중화 이데올로기의 핵심이다.[18] 타자에 대한 철저한 비하를 전제한 자존自尊이

---

16 본래 중국이라는 말은 왕이 도읍하는 곳이라는 의미로 그들뿐 아니라 우리의 문헌에서도 사용되어 왔다.(司馬遷, 『史記』 卷1, 「五帝本紀」 1, "帝王所都爲中 故曰中國")

17 'China'가 진(秦)에서 왔고 지나가 'China'의 가차(假借)문자라는 통념을 논박하고 있는 다음의 글을 참조. 홍동규 2008a.

18 디 코스모(Nicola Di Cosmo)는 존화양이를 지나가 자신의 생존을 도모하기 위해 짜 맞춘 정치적 이데올로기로 보고 있다(Di Cosmo 2002, 3장). 지나는 한편으로는 변경의 주

함축하는 독단적 배타성은 그들의 역사인식이 보편성을 획득할 수 없으며 그들이 애초부터 동아시아에서 명실상부한 리더로서의 자격이 없음을 보여준다. 주변과의 대등한 평화공존을 결코 인정할 수 없다는 것이 중화의 원칙이기 때문이다(이성규 1992, 48쪽). 그러나 그들의 자부심과는 달리 그들이 중화의 공간으로 규정한 영토 전부가 이적에 의해 정복되어 다스려진 기간은 무려 천여 년이나 된다.[19] 그들의 역사는 그들이 그렇게도 경멸하고 차별했던 이적의 존재 없이는 성립할 수조차 없다. 그들이 화이華夷의 이분법에 집착하면 할수록, 의도와는 달리 그들의 역사는 더욱 초라해지고 절름발이가 되어 버리고 만다. 우리는 이를 중화의 역설이라 부르고자 한다. 그들이 편협한 자기중심적 망상에서 중화의 공간으로 규정한 영토는 다수의 강력한 문화들이 드라마를 펼친 공간이며 이 드라마는 각 문화들을 중심으로 한 코페르니쿠스적 관점에서 정당하게 복권되어야 한다.

그런데 지나인들은 과연 이적과 뚜렷이 구별되는 정체성을 지니고 있기나 하는가? 그들이 자신들의 정체성의 토대로 꼽는 것은 사마천司馬遷의 『사기史記』의 「오제본기五帝本紀」이다. 거기서 사마천은 황제黃帝, 전욱顓頊, 제곡帝嚳, 요堯, 순舜 오제五帝로부터 하, 은, 주의 제왕들이 모두 하나의 공통된 조상인 황제로부터 나온 것으로 일원화하여 중화 상고사를 정리했다. 이 단선 계통이 중화문명의 원류이며 나머지는 지류이거나 한때 출몰했을

민들을 정복하고 그들의 영토를 병합하는 일을 합리화하고자 이방인들이 열등함을 강조했지만, 다른 한편으로는 이방인들을 자신의 국력을 강화하기 위한 자원으로, 혹은 동맹국으로 이용하기도 했다는 것이다.

19 서진(西晉) 이후 수(隋)의 통일까지 약 250년, 요(遼), 금(金), 원(元)이 약 400년, 청(淸)이 약 360년이다. 이성규 2015, 1671쪽 참조. 이 기간 이외에도 지나는 이적들에 의해 시달려 왔다. 예컨대 디 코스모에 의하면 전한(前漢) 초기의 한나라는 사실상 흉노의 조공국이었다(Di Cosmo 2002, 5장). 지나가 순수 한족(漢族)에 의해 유지된 것은 한(漢), 송(宋), 명(明) 정도에 불과하다. 김운회 2006, 1권 41쪽 참조.

뿐인 야만적 이적들의 해프닝에 불과하다는 것이다. 그러나 그의 이러한 작업은 역사적 사실과 기록을 무시한 허구적 창작에 가깝다. 예컨대 사마천은 『사기』의 「은본기殷本紀」에서 은나라의 시조가 되는 설契을 제곡의 둘째 왕비인 간적簡狄의 아들로 기술하고 있다. 은민족을 황제의 증손인 제곡의 후예로 보고 있는 것이다. 마찬가지로 『사기』의 「주본기周本紀」에서는 주나라의 시조가 되는 후직后稷에 대해서도 오제의 하나인 제곡의 왕비의 소생으로 기술하고 있다. 그러나 노사광이 입증했듯이 은이나 주에 관한 여타의 기록 어디에도 설이나 후직이 제곡과 연관이 있다는 증거는 없다 (勞思光 1988, 34~45·50쪽). 결국 사마천의 『사기』는 객관적 사실이나 사료보다 황제 중심의 인위적 대일통사관大—統史觀이 우선하는 허무맹랑한 이데올로기적 역사서라고 할 수 있다(김성기 2007, 143쪽). 이런 의미에서 지나의 역사공정歷史工程은 그들의 뿌리 깊은 전통이다.

화이華夷의 구분에 근거해 집필된 푸스녠傅斯年의 「이하동서설夷夏東西說」은 양자를 서로 대립되는 역사적 존재자로 보고 있지만, 이夷에 대한 하夏의 문명적 우월성은커녕 하夏의 독자적 문명이 어떤 것이었는지도 온전히 밝히지 못하고 있다. 하夏를 이夷와 가를수록 하夏는 문명적으로 빈곤해지고 이夷는 풍성해지는 반비례의 역설을 우리는 「이하동서설」에서 확인할 수 있다. 그럼에도 불구하고 중국문화사나 사상사의 이름을 한 책들을 보면 현재 기준으로 지나의 영토 내에 있었던 모든 이질적 문명과 사상을 자기들의 것으로 쓸어 담고 있다. 이러한 흐름대로라면 현재 지나가 강점하고 있는 티벳의 유구한 불교전통이 통째로 중국사상사의 일부로 편입될 날도 멀지 않을 것이다. 그러나 저 문명과 사상들은 현재 시간과 공간의 기준에 의해서가 아니라 그것들이 태동한 시간과 공간에서 해석되어야 하고 그 시공간으로 되돌려주어야 한다.

한국에서 연구되는 동양철학은 대개 중국철학과 동의어로 사용되고 있다. 인도철학은 동양철학으로 묶기에는 외래적인 사상으로 밀쳐지고, 일본철학이나 한국철학은 중국철학에서 파생된 아류쯤으로 폄하된다. 특히 한국철학 연구는 조선 시대의 철학에 대한 연구에 묶여 있고, 조선은 주희라는 단 한 명의 중국철학자에 의해 독점 지배되는 것으로 되어 있다.

동양철학이 곧 중국철학이라는 등식은 동양사를 중국이라고 불리는 단일한 계통이 지배해왔으며 동양철학은 그 계통의 철학이 독점해왔다는 지나의 반反사실적 가정을 전제하고 있다. 그리고 그 증거로 드는 것이 동양철학이 한문이라는 단일한 언어로 이루어진 철학이라는 점이다. 실제로 한국에서 동양철학은 한문학과 쉽게 구별되지 않고, 동양철학자와 한문 잘하는 사람이 쉽게 구별되지 않는다.

그러나 한때 독일이나 프랑스가 유럽의 대부분을 점령했다 해서 유럽사가 독일사나 프랑스사로 불리어지지 않으며, 한때 그리스어나 라틴어가 유럽 문화를 석권했다 해서 유럽사가 그리스사나 라틴사로 불리어지지 않는다. 미국이 현재 세계를 주도하고 있고 영어가 세계 공용어로 사용되고 있다고 해서 세계사가 미국사가 되는 것은 아닌 것처럼 말이다. 어이없게도 바로 이러한 억지논리가 동양에서는 중국이라는 허구적 용어가 조장한 집단최면하에 아직까지도 전용되고 있는 것이다.

한국에서 연구되는 동양철학에는 현대철학이라 불릴 만한 연구가 거의 없다. 열에 아홉은 고전 문헌에 대한 연구로 편중되어 있어 동양철학은 사양 산업이고 과거에 단종된 제품에 대한 호고 취미처럼 보인다. 그 이유의 하나는 동양철학과 동의어로 간주되어온 중국철학이 서양의 현대철학에 비해 그 덩치에 걸 맞는 역량 있는 작품을 내지 못하고 있다는 점에, 다른 하나는 동양철학의 전통에서 온고이지신溫故而知新해야 할 한국 고대의 철학적 전통이 절맥되어 있다는 점에 기인한다. 현대의 지나는 자신만의 것도 아니고 자신에게는 걸맞지도 않는 과분한 과거의 유산을 무위독식하고 있으며,[20] 이러한 지적 폭력 하에 한국에서의 동양철학은 마조히즘의 길을 걷고 있는 것이다.[21]

11. 자부와 황제

그렇다면 지나의 진정한 정체는 무엇인가? 지나支那가 가차문자가 아니라 중국의 옛 이름이며 문자 그대로 변방, 주변부를 의미할 뿐이라면, 지나라는 명칭 자체가 그들이 주장하는 화이華夷의 이분법을 스스로 해체하고 있는 셈이다. 이러한 근원을 감추기 위해 그와는 정반대의 이데올로기인 중화에 매달리는 것처럼 보이기도 한다.[22] 그러나 그들로서는 감추고 싶은

---

[20] 다음의 책에서 이에 대한 고백과 반성을 엿볼 수 있다. 南懷瑾 1991, 80쪽.

[21] 이러한 사대주의는 철학을 비롯한 우리 문화 전반에 건재해 있다. 이승종 2018, 7장; 2020, 5장 참조.

[22] 범엽(范曄)의 『후한서(後漢書)』는 우리의 옛 이름인 이(夷)에 대해 다음과 같이 설명하고 있다.
"동방을 '이(夷)'라 한다. 이라는 것은 나무의 뿌리(柢; 싹을 틔우는 근본)로서 '어질어서(仁) 살리기를 좋아하니 천지만물이 땅에 뿌리박아 나오는 것'을 말한다. 천성이 유순하기 때문에 도(道)로써 다스리기 쉬우며 군자가 (끝내) 죽지 않는 나라이다. (…중략…) 따라서 공자가 구이(九夷)에 살고자 하였다."
范曄, 『後漢書』 卷85, 「東夷列傳」 第75, "東方曰夷 夷者柢也 言仁而好生 萬物柢地而出 故天性柔順 易以道御 至有君子不死之國焉 (…중략…) 故孔子欲居九夷也".
이(夷)를 나무의 뿌리로 규정하는 『후한서』의 구절은 지나를 주변으로 새기는 우리의 해석과 어우러진다. 아울러 우리는 여기서 이(夷)를 설명하는 과정에서 유교와 도교의 중심

비밀이 하나 더 있다. 그들을 비롯한 동아시아의 문명이 사이四夷의 중심인 동이東夷에 의해 시작되고 주도되었다는 사실이다.

동이의 지리적 기원이기도 한 현재의 요서 지역에서는 지나가 이제껏 자랑해온 황하문명보다 시대적으로 앞서 있는 여러 문명들이 차례로 발굴되고 있으며, 중원 지역에서는 발견되지 않는 북방문화 계통의 빗살무늬토기, 지자문之字紋토기, 평저형平底形토기, 비파형 동검 등이 출토되고 있다. 고조선을 건국하는 예·맥족계 사람들이 건설한 요하문명은 지나의 중원문명과는 뚜렷이 구별되는 독자적인 문명을 형성하고 있었으며, 이들의 선진문명이 지나의 문명에 영향을 미친 것으로 보인다(우실하 2007, 2 ‐ 4부 참조).[23]

문명적 차이의 흔적은 고고학적 유물의 지평에 국한되지 않는다. 단편적이나마 전하는 문헌들에서 우리는 그 차이가 물질적인 차원을 넘어서는 것이었음을 확인할 수 있다. 예컨대 진晉나라의 갈홍葛洪이 지은『포박자抱朴子』에는 다음과 같은 기록이 있다.

개념들인 인(仁), 도(道), 군자 등의 용어가 사용되고 있음에 주목할 필요가 있다.『산해경(山海經)』,『설문해자(設文解字)』,『강희자전(康熙字典)』등에 의하면 '夷'의 원래 글자는 '尸'인데 이는 본래 어질(仁) 이자로서 '夷'와 '仁'의 옛글자이다. 이 구절은 이 장의 18절과 19절에서 다시 논의될 것이다.

23 그러나 이는 세계인들에게 널리 알려진 다음의 책에는 거꾸로 묘사되어 있다.
"BC 2000년 경 탁월한 색감과 빗살무늬의 새로운 토기 문화가 중국에서 한국으로 퍼졌다."(Cumings 1997, p.25)
요서 지역과 한반도를 아울렀던 빗살무늬토기 문화에 대해 한반도는 한국, 대륙은 지나라는 현대 동북아의 지형도를 중화주의와 함께 4천 년 전의 동북아 역사에 투영하고 있는 저러한 해석이 아무 비판 없이 전 세계에 그대로 유포되고 있는 것이다. 당시에 한국이나 지나라는 국체(國體)는 존재하지도 않았는데, 반도와 대륙을 저러한 국체에 대응시켜 전자를 후자의 문화적 수혜자로 일찌감치 자리매김하는 논리가 바로 동아시아 역사인식에서 여전히 살아 숨 쉬고 있는 중화주의이다.

황제가 동東으로 청구靑丘에 와서 풍산風山을 지나다가 자부紫府선생을 보고
『삼황내문三皇內文』을 받았다.[24]

이능화는 청나라의 『일통지一統志』와 진晉나라의 『천문지天文志』를 근거로
청구를 동이의 나라로, 『열선전列仙傳』을 근거로 자부선생을 동방의 선인仙人
으로 해석하고 있다(이능화 1959, 45쪽). 『삼황내문』은 곧 『음부경陰符經』인데
상, 중, 하 세 권으로 이루어져 있으며 그 내용을 요약하면 다음과 같다.

> 상권은 천황天皇, 중권은 지황地皇, 하권은 인황人皇이다. (이래서 즉 『삼황내
> 문』이다.) 상권은 신선과 우주론에 대한 것이 담겨 있고, 중권은 부국안민의
> 법이 담겨 있고, 하권에는 강병전승强兵戰勝의 술術과 천지 음양 만물의 조화 원
> 리가 담겨 있으니, 치국治國, 제가齊家, 지신持身 (…중략…) 등은 모두 이 경에서
> 나온 것이다.[25]

『삼황내문』은 인문학, 사회과학, 응용과학을 아우른 지식의 백과사전이
었던 것 같다. 그 체제도 동이족 신앙의 특징인 천天, 지地, 인人 삼신(삼황)
으로 되어 있고, 치국이 제가나 지신보다 앞에 놓인다는 점에서 지나의 유
가 경전(『大學』)과 차이를 보이고 있다.[26] 갈홍의 기록과 이에 대한 이능화
의 해석에 따르자면, 지나의 시조라는 황제는 동이의 사상가로부터 당대

---

24 葛洪, 『抱朴子』, 「內篇」, 〈地眞〉, "黃帝東到靑丘 過風山 見紫府先生 受三皇內文".
25 『道書全集』, 『陰符經』, 「三皇玉訣 序」, "上卷 天皇 中卷 地皇 下卷 人皇 (是卽所謂三皇內文)
    上卷 按神仙抱一之道 中卷 按富國安民之法 下卷 按强兵戰勝之術 與天地陰陽萬物 爲祖宗 治
    國齊家持身 (…중략…) 皆徒此經出"(이능화 1959, 46~47 · 366쪽에서 재인용).
26 이에 대해서는 이 장의 19절에서 다시 논의할 것이다.

의 가장 앞선 지식의 보고寶庫를 얻은 것이다. 지나가 자신의 고유 사상으로 주장해온 음양 사상과 신선도神仙道, 지신, 제가, 치국 등의 개념이 동이의 경전에서 비롯된 것이라는 점을 중화주의자들은 감추고 싶었을 것이다. 동시대인이면서도 황제는 역사적 인물로 부각되고, 그를 가르친 자부 선생은 신화와 전설로 사라져야 하는 것이 지나와 동이의 엇갈린 역운歷運이었다.[27]

12. 부루와 우

신화와 전설로 사라진 것은 자부선생만이 아니라 그가 놓여 있는 동이의 상고사 전체이다. 그중에는 그보다 훨씬 뒤의 인물인 고조선의 부루가 있다. 신채호는 지나의 역사서 『오월춘추吳越春秋』에 등장하는 현이玄夷의 창수사지蒼水使者가 부루였다고 본다. 현玄은 고조선 5부 중의 현부玄部를, 창수는 고대에 황해와 발해를 일컫던 이름으로, 부루가 바다를 건너왔기 때문에 창수사자라고 한 것이다(신채호 1931b, 56~57쪽). 신채호의 해석에 따르면 『오월춘추』에는 단군의 태자 부루가 하夏나라의 시조인 우禹를 회계산에서 만나 치수治水의 도道를 가르친 이야기가 아주 상세하게 실려 있다.

『오월춘추』에 대한 신채호의 해석에 의하면 지나의 우가 동이의 부루에게 배운 것은 치수 하나만이 아니었다. 우는 부루로부터 『황제중경黃帝中

經』을 얻었고, 나라를 "다스리는 도治國之道"를 크게 깨우쳤다. 우는 또한 부루로부터 고조선의 홍수를 다스릴 때 쓰던 취국橇栃[28]과 거부巨斧: 큰 도끼 등과 같은 테크놀로지를 얻었고, 고조선의 제도를 본떠서 "저울이나 되와 말을 조정하여 통일하고 정전井田을 만들어 백성들에게 보여주고 법도로 삼게 하였다".[29] 신채호는 청나라의 모기령毛奇齡의 고증을 토대로 오행五行, 오제五帝 등의 개념과 명칭도 아울러 고조선에서 건너간 것으로 보고 있다(신채호 1931b, 57~58쪽). 그러나 동시대인이면서도 우는 사마천에 의해 역사적 인물로 부각되고, 부루는 단군과 함께 신화와 전설로 사라지거나 우를 가르친 일을 부정당해야 하는 것이 지나와 동이의 또 한 번의 엇갈린 역운이다.[30]

부루가 우를 가르친 사실을 뒤집어 묵자는 "우가 동으로 구이九夷를 가르치러 가다 회계산에서 죽었다"[31]고 주장하기도 하고, 장빙린章炳麟과 류스페이劉師培는 "우의 오행을 난교亂敎이며 반교叛敎"(신채호 1931b, 58쪽에서 재인용)라고 비난하기도 한다. 그러나 회계산이라는 명칭의 유래를 추적해보면 묵자의 주장이 잘못되었음을 알 수 있다. 회계산의 원래 이름은 도산塗山인데 우가 신도神道를 배워서 알게 된 것을 기념해서 지은 이름이니, 회계산會稽山이란 하늘의 뜻을 크게 깨달아 알게 된 산이라는 뜻이다. 『오월춘추』에 의하면 우는 늙어서까지 회계의 인연을 잊지 못하여 "내가 죽거든 회계산에 묻어 달라"[32]고 유언했다.

---

28 취(橇)는 진흙 위를 이동할 때 사용하는 썰매이고 국(栃)은 산에서 타는 산썰매이다. 北崖, 『揆園史話』, 「檀君記」, "泥行乘橇 山行則栃".

29 趙曄, 『吳越春秋』, 「越王无余外傳」, "調權衡 平斗斛 造井示民 以爲法度".

30 여기에도 중화주의와 사대주의, 식민사학과 민족주의 사학 등의 문제가 착종되어 있다. 이 문제는 이 장의 15절 이후에서 보다 자세히 논의할 것이다.

31 墨子, 『墨子』, 「節葬」 下 第25, "禹東敎乎九夷 道死 葬會稽之山".

우의 오행을 난교요 반교로 간주하는 지나 학자들의 주장으로부터 우리는 우가 도입한 오행이 동이족의 사상이었음을 추론할 수 있다. 그것이 지나에 미친 파장이 컸던[33] 이유도 오행이 외래 사상이었기 때문이었을 것이다. 치수의 공로로 우가 하나라의 왕이 되면서 파문은 잦아들었지만, 우가 세상을 떠난 뒤로 유호씨有扈氏를 필두로 고조선의 사상에 반대하는 운동이 점증하여 주나라의 문왕文王에 이르러 고조선으로부터의 사상적 독립을 이루게 된다(신채호 1931b, 102~105쪽).

부루가 우를 가르친 일은 우리의 역사서에서조차 왜곡된 형태로 기록되어 있다. 안정복은 『동사강목東史綱目』에서 우가 하나라의 왕으로 즉위하여 제후들을 도산으로 모으자 단군이 아들 부루를 파견하여 그 조회에 참석하게 한 것으로 보고 있다.[34] 고조선이 하나라에 대해 사대정책을 편 것으로 해석하고 있는 것이다(김문식 2000, 39쪽). 사대주의에 깊이 빠져 있던 조선시대에 씌어진 『응제시주應製詩註』, 『동국여지승람東國輿地勝覽』, 『동국역대총목東國歷代總目』, 『세종실록世宗實錄』에서도 사정은 마찬가지이다.[35]

13. 기자와 「홍범」

부루가 우에게 전해준 『황제중경』의 내용은 후에 기자箕子가 그 대의를

32 　趙曄, 『吳越春秋』, 「越王无余外傳」, "吾百世之後 葬我會稽之山".

33 　司馬遷, 『史記』, 「封禪書」 참조.

34 　安鼎福, 『東史綱目』, 「附上」 中, 〈怪說辨證〉, "古記云 檀君娶非西岬河伯之女 生子曰夫婁 禹會塗山 遣夫婁朝焉".

35 　한 예로 다음을 참조. 『世宗實錄』, 「地理志」, 〈平壤府條〉, "至禹會塗山 遣太子夫婁朝焉".

풀어서 설명한 「홍범구주洪範九疇」를 통해 간접적으로 엿볼 수 있다. 「홍범구주」의 첫 조목은 오행五行인데 만물의 생성과 연관관계를 설명하는 형이상학이다. 둘째 조목인 오사五事는 태도와 자세貌, 말하기言, 관찰하기視, 듣기聽, 생각하기思라는 인간의 기본적 도리를 설명하고 있다. 셋째 조목인 팔정八政은 농업 생산食, 상업과 교역貨, 제사祀, 건축과 토목司空, 교육과 행정司徒, 사법司寇, 외교賓, 군사師 등 정치와 행정 조직을 설명하고 있다. 넷째 조목인 오기五紀는 년歲, 날日, 달月, 별의 운행星, 역법과 절기曆 등 세월과 자연의 흐름을 설명하고 있다. 다섯째 조목인 황극皇極은 다스리는 자가 지녀야 할 마음에 대해 말하고 있다. 여섯째 조목인 삼덕三德은 정직正直, 강경책剛克, 유화책柔克 등 다스림의 방법에 관해 설명하고 있다. 일곱째 조목인 계의稽疑는 점치는 방법에 대한 설명이다. 여덟째 조목인 서징庶徵은 비雨, 햇빛陽, 따뜻함燠, 추위寒, 바람風에다 시간時을 적용하여 다스리는 자가 행할 도리에 대해 설명하고 있다. 아홉째 조목인 오복五福과 육극六極은 장수壽, 부귀富, 건강과 안녕康寧, 훌륭한 덕을 닦음攸好德, 천명을 다한 후 죽음考終命 등 오복과, 요절凶短折, 질병疾, 우환憂, 가난貧, 흉악함惡, 허약함弱 등 육극을 설명하고 있다. 이는 자부선생이 황제에게 건네준 『삼황내문』과 내용상 일맥상통하면서도 그 폭과 깊이에 있어 확장되고 심화된 것으로 평가된다.

지금까지 살펴본 사상과 문화의 전파를 토대로 우리는 당시 지나와 동이의 문명 수준과 그 얼개를 헤아려볼 수 있다. 문명은 교류를 통해 상호 형성되는 것이기 때문에 어느 한쪽이 배타적 독점권을 갖는 것이 아니다. 자부와 부루가 어떤 대가를 바라지 않고 지나인들에게 당시의 첨단 학문과 기술을 전수傳授한 것도 이러한 호혜정신의 표현이었을 것이다.[36] 그러나 지나인들은 이러한 교류의 이념과 사실을 인정할 여유와 도량을 갖추지 못했다. 그들의 역사왜곡은 『황제중경』과 기자, 그리고 「홍범구주」에 대해서도 광범위하게 그 손길을 뻗치고 있다. 우왕이 부루로부터 『황제중경』을 받았다는 사실을 감추기 위해 하도락서河圖洛書라는 이름하에 거북이, 용, 봉황 등을 동원하는 온갖 괴설로 진실을 흐리는가 하면, 주나라 무왕武王의 책봉을 받아 고조선에 온 기자가[37] 「홍범」을 전해주었다는 식으로 본말을 전도하고 있다. 즉 『황제중경』과 「홍범구주」 모두 지나의 것이며 고조선은 지나의 제후국으로서 역시 지나 사람인 기자가 다스렸다는 것이다.[38]

그러나 기자는 동이계 나라인 은의 왕족으로서 「홍범」에 대한 그의 이해를 통해 추론할 수 있듯이 고조선의 사상에 조예가 깊었는데, 은이 주나라의 무왕에 의해 멸망하자 자신의 사상적 조국인 고조선으로 망명한 것

---

36 우실하 교수는 동북아시아 고대사가 수많은 민족과 문화가 서로 교류하고 이동하는 흐름과 교류의 역사임을 강조하고 있다. 우실하 2007, 13장 참조. 분명 옳은 주장이지만 그가 제시하는 흐름과 교류의 구체적 경로에 대한 이론 중에는 받아들이기 어려운 것들이 있다. 특히 그가 원용하는 정형진의 대담한 가설들이 그러하다.

37 司馬遷, 『史記』 卷38, 「宋微子世家」, "封箕子於朝鮮".

38 이러한 해석의 단초는 지나뿐 아니라 우리 측 자료나 그에 대한 해석에서도 발견된다. 노태돈 교수는 기자에 대한 『제왕운기(帝王韻紀)』의 기록을 놓고 다음과 같이 평가하고 있다. "기자는 BC 12세기 사람으로서, 중국에서 일찍부터 현인으로 숭앙되던 이였다. 그러한 이가 일찍이 우리나라에 와서 교화를 베풀었다는 것은 곧 당시 세계 문명의 중심이었던 중국에 비해서도 우리가 결코 뒤지지 않았음을 나타내는 바로서, 기자는 문명화의 상징으로 내세워졌던 것이다."(노태돈 2000a, 24쪽)

그의 해석은 "당시 세계 문명의 중심이었던 중국에 비해서도 우리가 결코 뒤지지 않았음"을 역설하고 있는 것처럼 보이지만, 문명화의 공을 기자에 돌림으로써 지나의 은혜를 받기 이전의 우리가 문명화되지 않은 상태였음을 전제하고 있다.

재미 역사학자 배형일 교수는 한국사에서 국가의 형성은 한나라가 고조선을 멸망시키고 한반도 북부 평양 유역에 설치한 낙랑군의 문화적 영향을 받아 훨씬 뒤에야 이루어졌다고 주장한다(Pai 2000). 국립중앙박물관 고조선실과 부여삼한실의 영문 설명과 지도의 내용도 그녀의 이러한 주장과 일치하고 있다. 이병도는 고구려가 태조왕에 이르러 고대국가에 도달하였다고 본다. 그는 고구려가 이때에 비로소 중국식 왕호를 사용했다는 것을 그 첫째 이유로 꼽고 있다(이병도 1959, 198쪽). 중국식 호칭의 도입이라는 자의적인 기준으로 우리 역사에서 국가의 출현 시기를 재단하고 있는 것이다.

이다. 그가 고조선에 전해주었다는 「홍범」은 우가 고조선의 부루로부터 받은 『황제중경』의 일부를 번역하고 해설한 것이므로 사실은 고조선에서 받은 것인 셈이다. 그리고 당시 주나라와 맞먹는 적수였던 고조선에 대해 주나라의 무왕이 함부로 책봉을 한다는 것은 납득하기 어려운 일이다(정인보 1946, 상권, 177쪽).[39] 여기에는 주나라보다 훨씬 전에 개국하여 더 오래 존속한 고조선을 그보다 일천한 역사를 지닌 주나라의 제후국으로 끌어 내리려는 의도가 깔려 있다. 패망한 조국에 대한 군신의 의리를 지키기 위해 단행된 기자의 정치적 망명을 지나인들은 무왕이 고조선으로 책봉한 것으로 왜곡하여 기자를 지조 없는 선비로 만들고, 망명한 외로운 사상가에 불과한 그를 사대주의에 젖은 우리의 사가史家들은 기자조선의 시조로 삼아 지나와 우리 사이에 있지도 않은 혈통적 연관성을 맺으려 까지 했으니 이는 그야말로 환부역조換父易祖라 할 수 있다.[40]

---

39 기자봉작설을 제창한 사마천은 바로 이어서 "[주나라 무왕이 기자를] 신하로 삼지 못했다"(而不臣也)고 말하고 있다(司馬遷, 『史記』 卷38, 「宋微子世家」). 그러나 책봉한 자를 신하로 삼지 못했다는 것은 상식적으로도 앞뒤가 맞지 않는 말이다. 『상서』에는 "나는 [주(周) 무왕의] 신하가 되지 않을 것이다(我罔爲臣僕)"라는 기자의 말이 인용되어 있다. 반고(班固)는 『한서』(漢書)에서 사마천의 설을 삭제하고 "기자가 [무왕을] 피해 조선으로 갔다(箕子避地于朝鮮)"고 바로잡았다.

40 그러한 혐의는 김부식의 『삼국사기』에서도 발견된다. 그는 고구려의 시조인 고주몽을 지나인들이 황제(黃帝)의 증손이라고 주장하는 제곡 고신씨의 후예로,* 신라와 가야를 역시 지나인들이 황제의 후손이라고 주장하는 소호 금천씨의 후예로** 기술하고 있다. 『동국통감(東國通鑑)』과 『동사강목』에서도 이와 유사한 주장이 일부 반복되고 있다. 그러나 이를 근거로 황제, 고신, 금천 등은 모두 동이 계열이며 그들과 연관이 있다는 고구려, 신라, 가야의 뿌리는 모두 그들의 시대로 소급된다는 역발상의 가설도 고려해볼만 하다. 여기에 고구려와 함께 부여에서 나왔다는 백제를 추가한다면, 고구려, 신라, 백제, 가야 등은 이미 고조선을 형성하는 제후국으로 있다가 고조선의 중추였던 부여의 힘이 약화되면서 독자적 세력으로 분화되어 나온 것으로 추정할 수 있다. 이는 마치 주나라에 속해 있던 제후국들이 주나라의 봉건제가 와해되면서 독자적 세력으로 분화되어 나온 것과 같은 이치이다.

* 金富軾, 『三國史記』 卷28, 「百濟本紀」 6 〈義慈王〉, "高句麗亦以高辛氏之後 姓高氏".

** 金富軾, 『三國史記』 卷41, 「列傳」 1 〈金庾信〉, "羅人自謂少昊金天氏之後 故姓金 庾信碑亦

14. 反轉

다시 『상서』의 "肆覲東后"로 돌아가 보자. 그리고 이번에는 우리 측의 역사서에서 관련 자료를 찾아보기로 하자. 이맥李陌은 『태백일사太白逸史』에서 순임금이 파견한 우가 단군왕검의 아들 부루와 도산에서 만나 오행치수의 법을 배워서 지나의 9년 홍수를 성공적으로 다스렸고, 낭야성琅耶城에서 구려九黎의 정치를 나누는 문제를 매듭지은 것을 서술한 다음 "『상서』에서 말한 "東巡望秩 肆覲東后"란 바로 이것이다"라는 해석을 제시하고 있다.[41] 이 기록은 "肆覲東后"의 '東'이 고조선이고 '后'가 '부루'임을 알게 하는 것으로서, 이를 인정한다면 지나 측의 역사 해석과 정면으로 상충되는 결정적인 기록이 될 것이다.

그러나 『태백일사』를 위서僞書로 보는 학자들이 있어 이를 사료로 이용하는 데는 아직 문제가 있으므로[42] 다른 근거를 보기로 하자. 조선 중기에 작성된 (임채우 2009)[43] 북애北崖의 『규원사화揆園史話』에는 다음과 같은 구절이 있다.

云 軒轅之裔 少昊之胤 則南加耶始祖首露與新羅 同姓也".

41 李陌, 『太白逸史』, 「三韓觀境本紀」, 〈番韓世家 上〉, "及九年洪水 害及萬民 故檀君王儉 遣太子扶婁 約與虞舜 招會于塗山 舜遣司空禹 受我五行治水之法 而功乃成也 於是 置監虞於琅耶城 以決九黎分政之議 卽書所云 東巡望秩 肆覲東后者 此也".

42 전승경로가 증명되지 않는 한 저 텍스트의 위서논쟁은 끊이지 않을 것이다. 우리는 텍스트를 비판적으로 읽어야 한다. 텍스트는 일정한 관점에서 시대를 보여준다. 텍스트를 통해 우리는 시대를 본다. 그러나 우리는 동시에 텍스트가 택하는 관점을 비판적으로 점검해야 한다. 이는 『사기』, 『삼국사기』, 『삼국유사』에 대해서도 마찬가지이다.

43 이 서적에 대해서도 위서논쟁이 있지만 1972년 국립중앙도서관 고서심의위원인 이가원, 손보기, 임창순은 귀중본 『규원사화』의 지질(紙質)을 비롯한 사항을 심의한 결과, 조선 숙종때 쓰여진 진본임을 확인하여 인증서를 작성한 바 있다. 『규원사화』가 위서라고 주장하는 사람들의 논점은 '천주'(天主)라는 말이 숙종 당시에는 쓰이지 않았다는 것인데, 이미 1607년에 마테오리치의 『천주실의(天主實義)』가 간행되었다. 반면 『규원사화』는 1675년의 작품이다.

처음에 부루가 임금의 자리에 올랐을 때 우순虞舜이 남국藍國에 인접한 땅을 영주營州로 삼은지가 무릇 수십 년이기에, 부루가 뭇 가加로 하여금 그 땅을 정복하게 하고 그 무리들을 모두 내치게 하였다. 이 때 천하의 제후 가운데 들어와 알현하는 자가 수십 명에 이르니, 이에 '어아의 노래於阿之樂'를 지어 이로써 사람과 신이 어울려 화합하였다.[44]

이 기록도 "肆覲東后"의 '東后'를 '고조선의 부루'로 해석할 수 있는 단서가 된다. 순임금은 고조선의 문명을 배우는 처지에 놓여 있기 때문에, '覲'은 '만나다'보다는 '알현하다'로 새기는 것이 합당하다. 순임금의 전임자인 요堯임금이 100호도 되지 않는 고을을 소유하던 상태였다는『회남자淮南子』의 기록을 감안할 때, 그를 계승한 순임금의 나라도 규모와 문명의 수준에 있어 고조선에 비해 보잘 것 없었으리라 짐작된다.[45]

그러나 이를 확대 과장해 고조선을 고대의 거대제국으로 오해해서는 안 된다. 고조선은 단군이라는 제사장이 지배하는 제정일치의 무속국가였다. 무속으로는 광활한 영역을 장기간 다스릴 수 없다. 광활한 영역의 장기 지배를 위해서는 형이상학, 이데올로기, 제도화된 종교가 필요하다. 고대 일본도 문자와 불교를 받아들이면서 비로소 시스템을 갖추게 된다. 고조선은 광활한 나라가 아니라 무속왕이 지배하는 흉노를 닮은, 분권화되고 지역화된 나라였을 것이고, 단군은 흉노의 대 칸처럼 부족연맹체의 조정자였을 것이다. 우리 역사에서 삼국은 불교를 받아들여 비로소 시스템을 구

---

44 北崖,『揆園史話』,「檀君記」, "初 夫婁踐位之際 虞舜以藍國隣接之地爲營州 凡數十年 夫婁使諸加征其地 盡逐其衆 是時 天下諸侯 來朝者數十 於是作於阿之樂 以諸人神".

45 『淮南子』,「氾論訓」, "堯無百戶之郭".

축했는데, 이는 역으로 고조선이 그러한 시스템을 갖춘 국가가 아니었음을 뜻한다. 『맹자』의 기록에 의하면 고조선의 세금은 5%에 불과했다고 하는데[46] 이는 시스템 운용비가 필요가 없었기 때문으로 풀이할 수 있다. 고조선은 시스템 없이 문화적 정체성만으로도 운용이 가능했던 나라였다.

결국 "肆覲東后"의 번역 문제는 『상서』에 대한 종래의 일반적인 해석법과는 다른 차원에서 접근해야 한다. 이 구절에서 우리는 고대 동아시아의 문화전파사文化傳播史를 읽어낼 수 있기 때문이다. 지금까지 우리는 위에 인용한 우리 측 『태백일사』와 『규원사화』의 기록이 사실일 수 있다는 근거를 제시하려 노력했다. 수량 상에서 지나의 사서史書가 우리의 사서를 압도하는 상황에서 저 두 책만으로 지나의 인해전술에 대적할 수는 없을 것이다. 그러나 우리의 시도는 아직 중과부적인 전세를 진리의 이름으로 역전시키기 위한 작은 노력일 뿐이다. "肆覲東后"의 번역 문제는 궁극적으로는 우리와 지나 양측이 앞으로 더 엄밀한 고증과 공동연구를 통하여 확정해야 할 사안이다.

15. 단군 죽이기

우리 역사를 숙주로 기생하는, 사대주의만큼이나 질기고 단단한 또 하나의 자멸적 역사인식으로 식민주의가 있다. 일제 강점기에 반도의 식민화를 정당화하기 위해 일본 사학자들이 구축한 식민사관은 유구한 우리

---

46 『孟子』, 「告子」 下 10, "白圭曰 吾欲二十而取一 何如 孟子曰 子之道 貉道也".

역사를 일본의 역사보다 더 일천한 것으로 끌어내리고자 우리 상고사의 근원을 도려내는 작업을 시도하였으니 단군의 부정이 바로 그것이다. 그들이 이 땅에서 물러간 이후 단군의 의미와 위상에 대한 폄하가 우리 사학계에서 오히려 더 위세를 떨쳐왔다는 점에서 식민주의는 과거의 악몽으로만 치부될 문제가 아님을 확인할 수 있다. 식민주의를 걷어내고 잃어버린 우리 역사의 원형을 되찾기 위해서는 단군 부정론에 대한 비판적 논의를 건너뛸 수 없다. 이제 단군 부정론의 대표적 논거들을 차례로 검토해보기로 하자.[47]

① 고구려를 건국한 주몽의 양아버지가 금와이고, 금와의 양아버지가 부루이며, 부루의 친아버지가 단군이므로 단군은 고조선의 선조가 아니라 고구려의 선조라는 시라토리 구라키치白鳥庫吉의 주장이 있다. 그는 단군이 강림한 태백산, 그가 도읍으로 정한 평양, 그가 신이 된 아사달산 등이 모두 고구려의 영역 안에 있음을 그 유력한 근거로 들고 있다.

그러나 단군은 특정인의 이름이 아니라 고조선 왕이나 왕조에 대한 칭호로 보아야 한다. 따라서 단군을 특정한 한 개인으로 전제하고 추론해낸 시라토리의 결론은 역사적 사실과 부합하지 않는다. 아울러 태백산, 평양, 아사달산 등이 고구려의 영역 안에 있다는 것은 단군이 고구려의 선조라는 주장의 근거라기보다는 고구려가 과거 고조선의 강역을 다스렸음의 근거로 보는 것이 논리적으로 더 합당한 추론이다.

② 고조선의 분열적 형세를 감안할 때 단군신화와 같은 통일적 신화의 성립이 의심스럽다는 미우라 히로유키三浦周行의 주장이 있다. 단군의 도읍

---

47 이하 일본인들의 주장은 다음을 참고하여 정리하였다. 최남선 1926.

이라는 평양만 해도 그 유적으로는 겨우 단군의 사당으로 제사를 받드는 숭령전崇靈殿이 있을 뿐이니, 단군전설은 지나 문화가 농후한 반도 북방의 것이고 조선 고유의 한민족이 거주하는 반도 남방과는 관계가 없다는 것이다. 조선총독부 발행『보통학교 국사교수참고서 조선역사교재』도 이러한 주장을 되풀이하고 있다.

이러한 주장은 우리 고유의 정신세계나 역사관에 대한 기본 인식 없이 역사학을 고고학과 같은 것으로 생각하는 근대 이후 인문학계에까지 만연된 실증주의와 유물론의 편견을 보여주고 있다. 종으로는 단군 부정을 발판으로 우리의 상고사를 도려내고 횡으로는 반도사관을 잣대로 조선을 남방과 북방으로 갈라 조선 고유의 역사 무대를 남방만으로 축소하여, 우리의 역사를 일본의 역사보다 왜소하게 만들려는 식민사관의 이데올로기를 우리는 경계해야 한다.

③ 기자전설과 단군전설은 모두 고려 시대에 창작된 것으로서 기자전설은 고려 지배층의 대외적 필요(사대주의)에 의해 만들어진 공적 이데올로기인 반면, 단군신앙은 사회 기층 민중의 민족적 요구에 사회 저변에서 면면히 내려오다가 기미독립운동으로 인하여 왕성해졌다는 이나바 이와키치稻葉岩吉의 주장이 있다. 오다 쇼고小田省吾는 이를 부연하여 단군전설이 몽고의 고려 침입에 대한 반항정신에서 고려 대장경과 비슷한 시기에 성립된 것으로 추정한다. 고려를 온당치 못한 방식으로 무너뜨린 이조에 와서도 고려인들의 민심을 얻으려는 정책으로 단군을 추앙하였지만 주자학의 합리주의를 신봉하는 학자들에 의해 배척되다가, 이조 말에 와서 민족적 정신이 고취되면서 대외적 필요에 의해 단군이 국조國祖로 이용되기에 이르렀다는 것이다.

하지만 역사가 오래된 어느 나라에나 있는 건국에 대한 유서 깊은 이야기가 우리에게만 결여되어 있다는 편견부터가 일본인들이 우리를 낮추어 보고 있다는 증거가 된다. 그들의 주장대로 단군이 전설에 불과하다면 수천 년 뒤에 급조된 전설이 왜 금세 일반 민중의 지지를 얻게 되었는지가 문제시 된다. 단군이 전설이고 그것이 민족적 반항정신의 산물이라는 것은 역사의 원인과 결과를 뒤집는 본말전도의 오류를 범하고 있다.(최남선 1926, 94~95쪽)

고대의 구전 설화가 문자로 기록되어 역사서에 올랐다면 그만한 생명력과 실체성을 고려하는 것이 정당할 것이다. 그래서 우리는 단군을 한갓 신화나 전설의 인물로 치부할 위험이 있는 단군신화, 단군전설 등의 표현을 지양하고 단군사화史話라는 중립적 표현을 사용하고자 한다. 사화는 역사史를 신화나 설화와 같은 이야기話와 대립적으로 보지 않으려는 융합적 관점을 반영하고 있는 용어이다. 오랜 역사를 지니는 어느 민족이나 국가도 그 상고의 시원은 신화와 역사가 착종된 사화의 형태로 전승되는 것이 통례이며 이는 일본의 역사나 우리의 역사나 매한가지이다.

④ 단군전설은 지나의 서적에는 보이지 않는 조선에서만 유포된 전설에 불과하다는 조선총독부 발행 『보통학교 국사교수참고서 조선역사교재』의 주장이 있다.

우리의 역사를 지나의 서적을 기준으로 재단하려는 이러한 태도에는 네 가지 문제점이 있다. 첫째, 이 주장은 지나의 서적만이 우리 역사에 대한 진실을 담고 있다는 전제 밀수의 오류를 범하고 있다. 둘째, 세상 그 어느 나라도 다른 나라의 서적을 잣대로 자기 나라의 역사를 저울질하지 않는다. 우리의 사대주의를 역이용해 우리의 상고사를 스스로 부정하게 하는 이이제이以夷制夷의 논법을 우리는 경계해야 한다. 셋째, 지나의 서적에 보이지 않는 단군전설이 조선에서만 유포되어왔다는 사실은 단군사화가 사대주의로도 없애지 못하리만치 단단한 본질을 지니고 있음을 반증하는 근거가 될 수 있다. 넷째, 지나의 서적에도 단군에 대한 기록이 있다. 북제北齊의 위수魏收가 찬술한 『위서魏書』,[48] 명나라의 오명제吳明濟가 편찬한 『조선세기朝鮮世紀』와 동월董越이 지은 「조선부朝鮮賦」,[49] 청나라의 오임신吳任臣이 지은 『산해경광주山海經廣注』의 12, 18권 등이 그 예이다.

16. 富之不軾 一然之下?

⑤ 김부식이 『삼국사기』의 「고구려본기高句麗本紀」에서 평양을 "선인 왕검의 집"[50]이라고 기재한 것을 근거로 단군이 고구려 말에 수도 평양의 옛 이름으로 전해지던 왕검에서 비롯된 것이라는 나카 미치요那珂通世와 이마니시 류今西龍의 주장이 있다. 원래 지명地名이었던 왕검이 김부식이 『삼국사기』를 편찬하던 고려 인종때 평양 지방에서 숭앙되던 선인仙人의 이름으로 변하더니 고려 중기에 와서 단군이라는 존칭과 함께 단군왕검이라 불리다가 이조에 와서 마침내 단군으로 고착되었다는 것이다.

그러나 왕검은 사마천의 『사기』에 위만衛滿과 관련하여 이미 도읍의 이름으로 사용되고 있으니,[51] 고구려가 아닌 고조선때부터 전승된 오랜 내

---

48 지금은 실전(失傳)된 이 사료에 대해서는 1부 2장 3절에서 보다 자세히 논의할 것이다.
49 「조선부」는 『사고전서(四庫全書)』 집부(集部) 편에 역대의 부(賦)를 모은 「어정역대부휘(御定歷代賦彙)」에 수록되어 있다.
50 金富軾, 『三國史記』 券17, 「高句麗本紀」 5 〈東川王〉, "平壤者 本仙人王儉之宅也".

력을 지닌 이름임을 알 수 있다. 최남선은 왕검의 검이 신神, 수장首長, 존귀
尊貴의 의미를 지니고 있음을 규명함으로써 고조선의 도읍으로서의 왕검
이 신앙의 중심지이자 그 신앙의 수장을 동시에 의미한다고 해석한다.(최
남선 1926, 110·117쪽)[52]

⑥ 시라토리를 위시한 일제 강점기 일본사학자들이 구축한 단군 부정론
의 가장 유력한 주장은 단군사화가 승려 일연一然의 창작이라는 것이다. 일
연의『삼국유사三國遺事』에 처음 등장한 단군사화에 사용된 환국桓国, 환웅桓
雄의 환이 환인제석桓因帝釋의 환에, 환웅천왕桓雄天王의 천왕이 수미사천왕須彌
四天王의 천왕에, 단군檀君의 단이『관불삼매해경觀佛三昧海經』에 나오는 우두전
단牛頭旃檀의 단에 연관된다는 것이 그러한 주장의 근거이다. 이 근거들을
차례로 살펴보기로 하자.

첫째, 환국을 제석과 연관 짓는 것은『삼국유사』의 본문이 아니라 일연
의 주석註釋이다. 일연은 본문과 자신의 주석을 구분함으로써 단군사화의
객관성을 훼손하지 않고 있다. 그런데 환국桓国의 환이 환인제석桓因帝釋의
환에 연관된다면 본문에서 왜 환인이라고 하지 않고 환국이라고 했을까
하는 의문이 생긴다. 환인과 환국은 각각 사람과 나라(혹은 땅)라는 서로
다른 범주에 속하는 이름이다.[53]

---

51 司馬遷,『史記』券115,「朝鮮傳」, "稍役屬眞番朝鮮蠻夷及故燕齊亡命者王之 渡王儉".

52 이에 대한 사료적 근거로 최남선은 앞서 인용한『삼국사기』의 구절에 바로 이어지는 다
음의 구절을 꼽고 있다. 金富軾,『三國史記』券17,「高句麗本紀」5〈東川王〉, "或云 王之都
王險".

53 이러한 문제를 인식한 나이토 코우지로(內藤虎次郞)와 이마니시가『삼국유사』경도제대
영인본을 간행할 때 환국의 '国'을 '因'으로 변조했다는 주장이 있다(최태영 2000, 222~
226쪽). 그러나 이 영인본을 검토한 이능화는 그것이 본래 안정복의 장본(藏本)에 속하
며 환국의 '国'을 '因'으로 변조한 사람이 안정복이라고 보고 있다(이능화 1929, 30~31
쪽). 실제로 안정복의『동사강목(東史綱目)』에도 환국이 아닌 환인으로 표기되어 있다

둘째, 환웅천왕桓雄天王의 천왕이 수미사천왕須彌四天王의 천왕과 연관된다는 주장은 천왕의 개념이 동북아 상고사의 유서 깊은 천자, 군주 관념에서 비롯된 것임을 무시한 몰역사적 견강부회이다.

셋째, 단군檀君의 단이 우두전단牛頭旃檀[54]의 단에 연관된다는 주장은『삼국유사』에 등장하는 단군이 나무목 변檀君이 아니라 흙토 변壇君임을 간과하는 오류를 범하고 있다.[55]

우리 고대의 언어에는 불교의 영향을 받아 불교 용어로 가차된 경우가 적지 않음이 사실이다. 하지만 가차는 가차하는 언어와 아울러 가차되는 언어가 있을 때에만 가능한 일이다. 가차되는 언어가 지칭하는 고유한 요소와 사실을 부정하고 가차하는 언어의 의미만을 인정하는 것은 고대의 언어와 사실에 대한 올바른 태도가 아니다.『삼국유사』의 단군사화에서 불교를 선교하는 어떠한 메시지도, 일연이『삼국유사』를 편찬하던 당시 시대사조의 반영도 발견되지 않는다는 점은 그것이 이러한 고유한 요소와 사실에 토대를 두고 있음을 시사한다. 아울러 우리는 단군사화에서 곰과 호랑이 등을 가족으로 거느리는 발상이나, 풍우명곡風雨命穀, 신시神市, 천왕, 선인(『삼국사기』) 등의 표현이 불교가 아닌 도교에 귀속될 수 있는 것들임을 적시하는 최남선과 이능화의 대안적 해석에도 귀를 기울일 필요가 있다.(최남선 1926, 105쪽; 이능화 1959, 46쪽)[56]

(安鼎福,『東史綱目』,「附上」中,〈怪說辨證〉). 아울러『삼국유사』의 본문이 환인이 아닌 환국일 경우 그 환국은 문맥상 지상이 아닌 천상의 국가가 되며, 환웅의 아버지가 밝혀지지 않는 문제가 남는다.

54 인도의 우두산(牛頭山)에서 나는 향나무로서 우전왕(優塡王)이 불상을 만들 때 이 나무에 조각하였다고 전하는데 이것이 인도에서 최초로 만들어진 불상이라고 한다.

55 『삼국유사』와 거의 같은 시기에 편찬된 이승휴의『제왕운기(帝王韻紀)』를 비롯『삼국유사』이후의 문헌에는 단군이 나무목 변(檀君)으로 바뀌어 기록되어 있다. 그러나 이능화는 이것이 잘못된 것임을 논증하고 있다. 이능화 1929, 2장 참조.

17. 단군 잠재우기

일본 사학자들이 이 땅에서 물러간 이후로도 단군에 대한 오해는 현대 우리 사학계의 일부에서 면면히 이어져 내려오고 있다. 단군이 고조선의 신화인 점은 인정하면서도 그 의의와 영향력을 축소하는 것이 우리 사학계 일부의 입장인 것 같다. 그 대표적 사례들을 차례로 살펴보자.

① 노태돈 교수는 단군신화가 삼국시대에 들어 그 현실적 기능과 의미를 상실케 되었으며, 고조선에 대해 삼국 모두에서 어떤 뚜렷한 계승 의식을 갖기가 어려웠다고 주장한다. 고대 왕권을 수식하는 천손天孫 의식의 경우 천신天神은 어디까지나 핏줄로 연결된 현 왕실의 조상신의 모습으로 형상화 되었기에 현 왕실 외에 또 다른 왕실이 앞서 있었다는 것을 인정키 어려웠다는 것이다.(노태돈 2000a, 21쪽)

그러나 이는 타당한 견해로 보기 어렵다. 고구려는 고조선의 옛 땅을 되찾는다는 의미인 '다물'을 이념으로 건국했으며, 백제는 자신이 고조선을 계승한 부여의 후예임을 천명하는 뜻에서 국명을 '남부여'로 바꾸었다. 신라 역시 고조선의 유민遺民들이 세운 나라로서 이들이 남긴 것으로 추정되는 경주평야 등지의 고조선 계통 문화 유적들에서 고조선 계승의 흔적을 찾을 수 있다. 백제의 사비소부리, 신라의 서라벌새벌, 소벌, 쇠벌은 어원적으로 단군사화의 신시(신불로도 읽을 수 있다)와 연결된다.

단군 계승의 흔적은 단군 탄일을 맞아 삼국과 가야에서 여러 이름으로 행해진 제례에서도 발견된다. 『삼국지三國志』, 『진서晉書』 등의 「동이전東夷傳」

56　여기서의 도교는 지나의 도교가 아니라 그 원류가 되는 우리의 도교, 즉 선가(仙家)를 말한다. 이에 대해서는 이 장의 19절에서 다시 논의할 것이다.

에는 "나라마다 한 사람을 뽑아 천신을 제사하게 하였는데 천신을 일러 천군이라 하였다"[57]라고 기록되어 있다. 우리는 지나와 달리 시조 단군을 뛰어난 인간인 동시에 하느님과 일체라고 생각했던 것이다. 따라서 인용문의 천신은 환인, 환웅과 아울러 단군까지를 포함하며 천군은 특히 단군을 지칭하는 것으로 볼 수 있다(정인보 1946, 하권, 548쪽).[58] 「동이전」의 기록은 하늘에 제사지냈던 제사장으로서의 단군의 역할을 천군이 재현하는 제의를 묘사하고 있는데, 그런 점에서 그 제의는 단군제라고 이름 부를 만하다.

② 송호정 교수는 단군신화가 "고조선이 국가 체제를 갖추었을 때 지배를 합리화하기 위해, 즉 하늘에서 신성한 기운을 타고 내려온 자신들의 지배는 절대적이며 백성들을 널리 이롭게 하기 위한 것이라는 이데올로기 차원에서 만들어 낸 것"(송호정 2002, 229쪽)이라고 본다. 이어서 그는 이렇게 말한다.

물론 그 속에는 고대 국가 건설 초창기의 경험이 담겨 있다. 다만 외부로부터 선진 집단이 이주해오고 지배와 피지배등 계급이 일부 발생하고 그 가운데 등장한 지배자가 제사장적 성격을 강하게 가졌고 행정적인 통치 행위도 했다는 것 이상의 어떠한 사실도 알 수 없다.(송호정 2002, 229쪽)

그러나 이러한 주장은 두 가지 오류를 저지르고 있다. 첫째, 이 주장은

---

57 陳壽, 『三國志』, 卷30 「魏書」, 〈東夷傳〉, 【韓條】, "國邑各立一人 主祭天神 名之天君"; 『晉書』 卷97, 「列傳」 67 「馬韓」, "國邑各立一人 主祭天神 謂爲天君".
58 단군이 하늘을 의미하는 터키/몽고어 '텡그리'(tengri)를 음사(音寫)한 것이라는 최남선의 주장(최남선 1925, 6장·8장)은 저 「동이전」의 기록과 잘 어우러진다. '단군'='텡그리'='천군'의 등식이 성립하는 것이다.

국가와 계급, 지배와 그 정당성에 대한 근대 이후 서양의 이론적 틀을 그 적용의 타당성에 대한 아무런 검증 없이 무비판적으로 우리 상고사에 적용하고 있다. 단군사화가 체제 옹호의 이데올로기에 불과하다는 과감한 독법은 당시의 상황에 대한 역사적 고찰에서 비롯된 것이라기보다, 현재의 시각으로 상고사를 재단하려는 선입견이 아닌가 싶다.[59][60] 둘째, 이 주장은 단군사화의 해석에 대한 독점성을 주장하고 있다는 점에서 위험한 견해이다. 텍스트에 대한 단 한 가지 독법만을 인정하고 그 이외의 어떠한 사실도 더 알 수 없다고 단언하는 것은 학문 정신과 양립하기 어려운 독단에 가깝다.

지금까지 살펴본 우리 사학계 일부의 입장은 단군신화에 대한 신화학적 연구에도 일정 영향을 미치고 있다. 송현종은 ⓐ "단군신화는 구석기 시대의 변환의 장소인 동굴을 공유하고는 있지만"(송현종 2020, 102쪽) 거기서 이루어지고 있는 "식물을 통한 금기와 단계적 부활의례는 (…중략…) 신석기 문화의 산물에서 유래한 것이기 때문"(송현종 2020, 103쪽)에, 후자는 "후대에 첨언된 것임을 미루어 짐작할 수 있게 한다"(송현종 2020, 103쪽)고 추론한다. 아울러 ⓑ 단군신화에서 "곰이 시조부가 아니라 시조모인 것도 후대에 변화를 겪은 것으로 보인다"(송현종 2020, 106쪽)고 부연한다.

ⓐ는 신화가 현실의 긴 시간을 신화 속의 시간에서 압축적으로 보여주는 역할을 하곤 한다는 사실을 간과하고 있는 섣부른 추론이다. 단군신화

---

59 조여적은『청학집(靑鶴集)』에서 단군이 작은 정자와 버들대궐에 살면서 소를 타고 다니면서 백성을 다스렸다고 전하고 있다.(趙汝籍,『靑鶴集』, "檀君繼業 (…중략…) 九夷共尊之 立爲天王 蓬亭柳闕而居 絢髮跨牛而治")

60 송호정 교수의 해석은 독창적인 것도 아니다. 그는 출처를 밝히지 않고 있지만 저 해석은 백남운에게서 빌어온 것이다. 백남운 1933, 2장 참조.

에는 송현종이 적시한 구석기 시대와 신석기 시대 외에 국가의 탄생과 같이 청동기 시대를 함축하는 소재도 등장한다. 신화 시대로부터 역사 시대로의 이행을 하나의 신화 안에서 나름의 방식으로 재현하고 있는 것이다. 이를 후대에 첨언된 것으로 단정하는 것은 신화와 역사를 불신하는 모더니티의 영향인 것 같다.

ⓑ에서도 사유의 경직성을 본다. 송현종이 같은 논문에서 "단군신화에서처럼 (⋯중략⋯) 샤먼은 동물을(시베리아 지역에서 주로 고라니나 곰에 해당하는) 어머니로 두는 동물 기원의 성격을 지니기도 한다"(송현종 2020, 109쪽)고 시인하고 있듯이, 곰을 시조모로 보는 신화는 뿌리가 깊다. 곰은 환웅으로 표상되는 백신百神보다 시기적으로 앞서는 흑신黑神 계열의 상징이며, 이는 우리말에서 곰과 검정이 같은 음가를 지닌다는 사실에서도 엿볼 수 있다. 죽음처럼 깊은 잠을 의미하는 그리스어 'kōma'는 곰의 동면과 연관이 있어 보이는데 이것이 k(ㄲ/ㅋ)→g(ㄱ)→h(ㅎ)→o(ㅇ)의 음성적 변형로를 통해 고마(곰)로, 다시 엄마(웅녀)로 이행됨을 추론할 수 있다. 겨울잠을 자는 곰은 대지모의 상징인 것이다. 고구려의 첫 번째 수도인 홀본/졸본도 위의 변형도식에 대입해 역추적해보면 곰본本, 즉 곰의 중심이 되며, 이는 유화가 해모수를 만나 고주몽을 잉태했다는 산의 이름인 웅심熊心과 의미상으로 연결된다.(이승종 · 홍진기 2015, 33쪽)

ⓒ 송현종은 "연대적으로 큰 차이를 보이는 구석기의 특징을 역사시대의 신화와 연관이 있다고 보는 것은 무리일 수 있다"면서 "단군의 경우 오히려 역사시대의 인물을 신화화하였다고 보는 것이 더욱 자연스러워 보인다"(송현종 2020, 111쪽)고 말한다. 같은 맥락에서 ⓓ 신이치의 연구를 근거로 "곰−신과 곰−왕은 동일시할 수 없는 관념"(송현종 2020, 112쪽)이라

고 말한다. "왜냐하면, 신과 소통하며, 신이 되는 샤먼 또는 곰 신은 자연성에 기반을 둔 신비롭고 초월적인 존재임에 비해 '왕'은 자신의 부족을 지키고, 전쟁을 수행하는 지도자로서 곰−신과는 상반되는 문화적인 존재이기 때문"(송현종 2020, 112쪽)이라는 것이다.

ⓒ와 ⓓ는 동아시아 신화와 역사에 대한 무지를 보여준다. 환웅과 웅녀 사이에서 태어난 단군왕검이야말로 제정일치를 구현하고 있는 곰−신이자 곰−왕, 즉 샤먼 왕임을 놓치고 있는 것이다. 이러한 전통은 우리 역사의 경우 해모수(부여)−유화(고구려)에게로 계승되고 있으며, 신과 왕의 신화적 결합은 중국이나 일본의 고대사에서도 쉽게 발견된다. 요컨대 동아시아의 신화는 역사시대의 인물을 신화화하였다기보다 그 반대, 즉 신화 속의 인물들이 모두 나름의 역사성을 지니고 있다고 보는 것이 더 합당하다. 중국의 삼황오제 전설이나 일본의 건국신화에 대한 최근의 연구들은 대체로 이러한 작업가설을 전제로 전개되고 있음에 주목할 필요가 있다.

18. 철학 줍기

그렇다면 우리는 단군사화로부터 무엇을 더 알아낼 수 있는가? 『삼국유사』 「고조선조」는 '왕검조선'이라는 부제를 달고 있다. 이는 뒤에 나오는 「위만조선조」와 구별하기 위함이기도 하지만, 고조선이 위만이 아닌 단군왕검에서 시작함을 분명히 하기 위한 의도로 보인다. 단군왕검이 개국한 나라의 국명이 조선임에도 불구하고 고조선이라 칭한 것도 마찬가지이다. 단군왕검의 조선이 여타의 조선보다 가장 앞선 나라였음을 강조하기 위한 것이다.

단군은 하늘을 뜻하는 텡그리를 음사한 것이며, 왕검은 땅을 표상하는 곰(>검)의 왕으로 풀이된다. 단군이 백신白神의 전통을 표상하고 있는 용어라면, 왕검은 흑신黑神의 전통을 표상하고 있는 용어이다.[61] 이 두 용어가 조합된 단군왕검은 태극기를 구성하는 음양의 태극 문양과 4괘가 표상하는 하늘과 땅, 빛과 어둠(검정>검)이 교차 배열된 이름으로, 그가 이처럼 상이한 권역을 하나로 이어 소통하는 샤먼 왕이라는 점을 묘사하고 있다. 단군사화는 이 상이한 요소들이 단군왕검에 이르러 하나로 통합되는 과정을 신화와 역사의 내러티브 형태로 구현한다.

단군사화에 의하면 환국의 환웅이 하늘 아래에 뜻을 두어 인간 세상을 구하기를 탐하여貪求人世 인간 세상을 널리 이롭게 하려는弘益人間 이념으로 풍백風伯, 우사雨師, 운사雲師와 무리 3천을 거느리고 태백산太白山 꼭대기 신단수神壇樹 아래로 내려와 곡식, 수명, 질병, 형벌, 선악 등 인간 세상의 360여 가지에 이르는 일을 주관하고 세상을 이치로 다스렸다在世理化.[62] 태백산 신단수를 거쳐 하늘에서 땅으로 하강한 환웅은 골고다 언덕의 십자가에 못박힘으로써 땅에서 하늘로 승천한 예수와 어우러진다. 태백산과 골고다 언덕은 우주산이라는 신화소로, 신단수와 십자가는 우주나무라는 신화소로 풀이된다. 우주산과 우주나무는 환웅과 예수에 의해 (인간 세상을 널리 이롭게 한다는) 하늘의 뜻이 땅에서도 이루어질 수 있도록 하늘과 땅을 연결하

---

61 흑신과 백신에 대한 논의로는 다음을 참조. Golan 2003; 이승종·홍진기 2015.

62 一然, 『三國遺事』, 「紀異」, 〈古朝鮮條〉, "古記云 昔有桓国 庶子桓雄 數意天下 貪求人世 父知子意 下視三危 太佰可以弘益人間 乃授天符印三箇 遣往理之 雄率徒三千 降於太白山頂 神壇樹下 謂之神市 是謂桓雄天王也 將風伯雨師雲師 而主穀主命主病主刑主善惡 凡主人間三百六十餘事 在世理化".

는 신화적 가교로서 배치된다. 태백산의 '백'과 신단수의 '단'은 환웅의 뿌리가 하늘로 표상되는 백신의 계보에 속하며 그를 계승할 아들이 단군임을 암시한다.

하늘에서 일어나는 자연현상과 연관된 신화적 명칭인 풍백, 우사, 운사와는 달리, 환웅이 주관한 곡식, 수명, 질병, 형벌, 선악 등은 땅으로 상징되는 인간 세상을 형성하는 주요한 항목들이다. 환웅이 내려온 신시神市는 하늘의 신神이 땅에 일군 문명市을 상징한다. 그가 주관했다는 일이 360여 가지였다는 표현은 1년이 365일임을 감안할 때 당시에 이미 모종의 역법曆法에 대한 이해가 있었을 가능성을 암시한다.

우리는 단군사화가 360여 가지에 이르는 일 중에서 특히 곡식, 수명, 질병, 형벌, 선악을 별도로 열거한 것에 주목해야 한다. 이들은 앞서 살펴본 『삼황내문』 및 「홍범구주」에서도 중요한 주제로 다루어지고 있기 때문이다. 단군사화가 전하는 사건이 역사적으로 위의 두 작품들 사이에 놓여 있다는 점을 감안할 때, 『삼황내문』과 단군사화와 「홍범구주」는 내적 일관성을 지니면서 하나의 연속선상에서 순차적으로 파악되어야 할 것이다.

단군사화에서 우리는 최초의 철학적 명제들과 만나게 된다. 홍익인간과 재세이화가 바로 그것이다. 이 명제들이 어디로부터 나왔느냐에 대해서 두 가지 학설이 있다. 가장 널리 유포된 학설은 단군으로부터 비롯되었다는 단군 기원설이다. 임재해 교수는 환웅으로부터 비롯되었다는 환웅 기원설을 제창하고 있다(임재해 2007, 285쪽; 2008, 322 · 324쪽).[63] 그러나 『삼국유사』의 원문을 꼼꼼히 읽어보면 비록 하늘 아래에 뜻을 두어 인간 세

---

[63] 송현종은 환인에 대해 "뒤로 물러나 휴지(休止)상태를 유지하고"(송현종 2020, 106쪽) 있다고 해석한다.

상을 구하기를 탐했던 이는 환웅이지만, 홍익인간은 단군이나 환웅이 아닌 환국에 있는 환웅의 아버지(환인)가 삼위태백을 내려다보고 품었던 이념임을 알 수 있다.[64]

인간 세상을 구하려는 것은 환웅의 뜻이지만, 이는 아버지의 이념인 홍익인간과 동일시되어서는 안 된다. 전자는 일차적으로 환웅의 의중을 나타내는 사실명제이고, 후자는 철학적 명제이기 때문이다. 양자는 아들의 뜻이 아버지의 이념에 의해 인도되고 구체화되는 방식으로 연관된다. 그리고 아버지의 이러한 이념을 세상에 실현시킨 이는 환웅이므로 재세이화는 환웅에게 귀속된다. 정리하자면 홍익인간과 재세이화는 각각 환국(혹은 환웅의 아버지 환인) 기원설과 환웅 기원설로 나뉘어 다루어져야 할 것이다. 단군은 그의 할아버지가 품었던 홍익인간의 이념과 그의 아버지가 행한 재세이화의 실천을 계승한 이로 간주함이 옳다. 단군사화는 환웅을 중심으로 그의 아버지와 아들(단군) 간의 3대에 걸친 통시적 계승을 환국(하늘)－신시(하늘神과 땅市)－고조선(땅)의 공시적 연속성과 역사적 정통성으로 구현하고 있다.

홍익인간과 재세이화의 두 명제는 홍익/인간, 재세/이화 이렇게 두 짝의 철학소들哲學素; philosophemes로 이루어져 있다. 이 철학소들의 의미와 함축을 차례로 헤아려보자.

㉠ 홍익 : 널리 이롭게 한다는 의미이다. 이로움이라는 일상적 용어를 보편성의 경지로 끌어올리는 철학소이다.

---

[64] 아버지가 알아챈 아들의 뜻은 홍익인간이 아닌 탐구인세(貪求人世)이다.

ⓛ 인간 : 이 철학소는 우리 조상들이 일찍부터 인간을 여타의 존재자와 뚜렷이 구별되는 존재자로서 사유했음을 보여준다. 그리고 여기서의 인간은 원 뜻대로 인간ㅅ 사이間, 즉 인간세상으로 새겨야 한다.

ⓒ 재세 : 세계에 있음을 의미한다. 우리 조상들의 사유가 초월적 피안이 아니라 바로 이 세계에 터해서 전개되었음을 보여주는 철학소이다.

ⓔ 이화 : 이치를 구현함을 의미한다. 이치理라는 추상적 정태성을 구현化이라는 구체적 작동성에 접맥시키는 철학소이다.

이들 철학소를 교차배열하면 다음과 같은 여섯 명제를 얻을 수 있다.

① 홍익인간, ② 재세이화, ③ 재세홍익, ④ 이화인간, ⑤ 이화홍익, ⑥ 재세인간

네 철학소로부터 구성된 여섯 명제를 계열화하면 첫째, 홍익에 관계된 명제가 ①, ③, ⑤, 둘째, 인간에 관계된 명제가 ①, ④, ⑥, 셋째, 재세에 관계된 명제가 ②, ③, ⑥, 넷째, 이화에 관계된 명제가 ②, ④, ⑤이다. 이제 이들 명제들의 의미와 함축을 차례로 헤아려보자.

① 홍익인간 : 인간 사이를 널리 이롭게 한다는 의미이다. 우리 조상들은 이 명제를 세상의 모든 판단과 평가의 척도가 되는 이념으로 보았던 것 같다. 인간 사이를 널리 이롭게 하지 못하는 사유와 행위를 멀리 하고자 하는 지혜가 담겨 있다.

② 재세이화 : 세상에 이치를 구현한다는 의미이다. 우리 조상들은 이치를

구현과 독립시켜 사유하지 않았던 것 같다. 초세계적인 사변을 경계하면서 이치의 주소를 세계에 정위함으로써 사유의 건강한 현장성을 강조하고자 하는 지혜가 담겨 있다.

③ 재세홍익 : 세상을 널리 이롭게 한다는 의미이다. 인간 세상의 구원이라는 환웅의 의지貪人世와 어울리는 명제이기도 하다. 그 의지를 하늘에서가 아닌 이 땅에서在世 구현하고자 했다는 점을 주목할 필요가 있다.

④ 이화인간 : 인간 사이를 이치로써 다스린다는 의미이다. 이치에 바탕을 둔 인간의 교화는 교화를 가능케 하는 공동체를 전제로 한다. 그 공동체가 바로 고조선이었고 그 공동체의 질서가 교화의 이치였음을 추정해 볼 수 있다.

⑤ 이화홍익 : 이치로써 널리 이롭게 한다는 의미이다. 고조선 공동체를 떠받치는 일반 이념의 양대 핵심이기도 하다. 이치의 구현이라는 인식론적, 존재론적 이념을 널리 이롭게 한다는 실천적, 윤리적 이념과 서로 통하게 하는 명제이다.

⑥ 재세인간 : 인간이 사이間 존재이며 세계에 터한다는 의미이다. 하이데거의 터있음Dasein, 세계-내-존재In-der-Welt-sein와 어울리는 명제이기도 하다. 단군사화는 하늘과 땅을 창조적으로 융섭融攝하는 재세인간과 그가 이끄는 고조선 공동체의 탄생으로 귀착된다.

『삼국유사』가 전하는 단군사화의 후반부는 곰과 호랑이가 사람이 되기를 원하여 쑥과 마늘을 먹으며 금기하였으나, 곰만이 여자의 몸을 얻어 환웅과 혼인하여 단군왕검을 낳는 것으로 되어 있다.[65] 그중에서도 인간의 탄생에 그 초점이 맞추어져 있다. 단군으로 표상되는 인간은 하늘에서 내려온 환웅이나 곰이 환생한 웅녀와는 다른 차원의 새로운 존재자이다. 동아시아의 공통문자이기도 한 한자의 기원인 갑골문에서는 인人으로써 동방족을 표시하였다. 인人은 사람이라는 보통명사가 아니라 인방족人方族; 東方族을 가리키는 고유명사로서 앞서 이 장의 11절에서 인용한 『후한서』의 구절에서 알 수 있듯이 공자의 유가 사상의 중심인 인仁의 원형이기도 하다(유승국 1974; 何新 1987, 371~374쪽). 고조선은 바로 이 인을 천상계天上界나 내세가 아닌 현세의 인간 세계에서 널리 실현하려 했던 공동체였기에, 지상의 동물(곰과 호랑이)은 물론 천상의 신(환웅)마저도 인간이 되기를 바랐던 것이다.

19. 고조선의 문화철학

하늘을 상징하는 환웅과 그의 무리들이 땅을 상징하는 곰과 호랑이를 만나고, 사람의 몸이 된 웅녀로부터 환웅의 아들인 인간 단군이 탄생하는 과정은 하늘과 땅, 토착 세력인 곰족과 호랑이족, 이주 세력인 환웅족과 곰족의 결합, 그 접점에서 탄생하는 새로운 인간(단군) 등 다양한 요소들로 이루어져 있다. 환웅족, 곰족, 호랑이족과 그들 각각의 문화 등을 입력되는 자료들로 보고, 이 자료들이 환웅족의 이주, 환웅족에 의한 곰족의 교화, 환웅족과 곰족의 결합의 과정을 거쳐 단군과 고조선을 출력시키는

---

65 一然, 『三國遺事』, 「紀異」, 〈古朝鮮條〉, "時有一熊一虎 同穴而居 常祈于神雄 願化爲人 時神遺靈艾一炷 蒜二十枚曰 爾輩食之 不見日光百日 便得人形 熊虎得而食之忌三七日 熊得女身 虎不能忌 而不得人身 熊女者無與爲婚 故每於壇樹下 呪願有孕 雄乃假化而婚之 孕生子 號曰 壇君王儉".

것으로 본다면, 이 요소들은 다음과 같은 모델로 도식화할 수 있다.

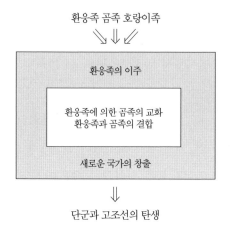

『삼국유사』의 단군사화에서 우리는 세 세력 간의 위계를 가늠해볼 수 있다. 이주 세력인 백신 계열의 환웅족은 인간의 360여 가지에 이르는 일을 주관할 수 있는 능력을 지닌 집단이었다는 점에서 토착 세력인 흑신 계열의 곰족이나 환웅족과의 결합에 실패한 호랑이족에 비해 우월한 입장에 섰을 것이다. 그럼에도 우월한 환웅족이 열세의 곰족이나 호랑이족을 제거하지 않고 서로 한 가족을 이루는 조화를 일구어냈다는 점을 주목할 필요가 있다.[66] 이는 환웅과 웅녀의 자손인 단군왕검의 이름에서뿐 아니라 그가 건국한 고조선의 도읍 이름에서도 확인된다.

『삼국유사』의 단군사화에 의하면 고조선은 도읍을 백악산 아사달로 옮겼는데, 그곳은 궁홀산 또는 금미달이라고 불렸다. 백악산의 '백'이나 아사달의 '아사'는 백신을 표상하고 있는 반면, 궁홀산의 '궁홀'이나 금미달

---

66 이는 앞으로 살펴볼 접화군생(接化群生)의 이념이 실현된 중요한 예이다.

의 '금미'는 각각 '곰곰'과 '고마〉곰'을 음사音寫한 것으로 흑신을 표상하고 있다.[67] 비록 이주한 백신 계열의 신문명 세력에 헤게모니를 내주긴 했지만, 그보다 더 오래되었을 토착의 흑신 계열 세력은 여전히 자신들의 정체성을 보전할 수 있었다. 이는 그들을 상징하는 왕검, 궁홀산, 금미달 등 곰 계열의 낱말들에서 확인된다. 이들이 각각 백신 계열의 단군, 백악산, 아사달 등의 낱말과 함께 사용되었다는 사실은 한번 음陰하고 한번 양陽하는[68] 『역易』의 음양사상과 일맥상통한다.

단군사화에서 볼 수 있는 다양성은 실증적 연구들과도 부합한다. 고조선의 강역에서는 거석巨石 문화, 채도彩陶 문화, 빗살무늬토기 문화, 세석기細石器 문화 등 신석기 시대를 대표하는 4대 문화가 모두 발견된다(정수일 2001, 70쪽). 이 지역은 천손天孫 신화와 난생卵生 신화가 중첩되는 곳이기도 하고(김병모 2006, 1권 175쪽), 북방의 유목 문화와 남방의 농경 문화가 해양 문화와 중첩되는 곳이기도 하다. 고조선이 이 문화들의 총본산인지 아니면 총집결지인지에 대해서는 더 많은 연구가 있어야 하겠지만,[69] 그 어느 경우이든 이 문화들도 단군사화의 관점에서 앞의 모델에 따라 정리될 수 있을 것이다. 요컨대 이주 문화와 토착 문화가 입력되어 퓨전fusion 문화, 혹은 제 3의 새로운 문화를 형성하고 이들이 고조선과 같은 국가에 의해 균형적 평형과 발전을 유지하다가 고조선의 해체를 통해 부여, 고구려, 백제, 신라 등의 다양한 국가 체제와 문화들로 분화 출력된다.

---

67 같은 맥락에서 『삼국유사』에 등장하는 졸본부여의 '졸본'은 '곰' 본의 음사이고 금와왕의 '금와'는 고마〉곰의 음사로 볼 수 있다.

68 『周易』, 「繫辭傳」, 上 5, "一陰一陽之謂道".

69 전자가 최남선(1925)의 견해이고 후자가 정형진(2006)과 우실하 교수(2007)의 견해이다.

거석 문화 / 채도 문화 / 빗살무늬토기 문화 / 세석기 문화
유목 문화 / 농경 문화 / 해양 문화
천손 신화 / 난생 신화
이주 문화 / 토착 문화

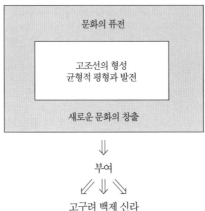

우리는 요하유역의 홍산문화 유적지의 발굴로 인해 환웅족과 결합하기 이전의 곰족과 호랑이족의 토착 문화를 어느 정도 알 수 있게 되었다. 우리가 지금까지 알고 있던 고조선의 문화에서 곰족과 호랑이족의 토착 문화를 빼면 환웅족의 이주 문화와 고조선에 의해 새로이 창출된 문화의 윤곽을 가늠할 수 있을 것이다.

　　고조선의 문화 − 곰족과 호랑이족의 토착 문화 = 환웅족의 이주 문화 + 고조선이 창출한 문화

그리고 환웅족의 이주 문화에 대해 알 수 있다면 다음의 등식에 의해 이주 문화와 토착 문화의 퓨전을 통해 고조선이 새로이 창출한 문화를 추출

해낼 수 있을 것이다.

> 고조선의 문화−(곰족과 호랑이족의 토착 문화 + 환웅족의 이주 문화)=고
> 조선이 창출한 문화

우리 조상들은 하나의 문화로 다른 문화를 말살하지 않고 다양한 문화를 공존하게 하고 그를 통해 문화의 퓨전과 창조를 일구어내는 넉넉한 그릇과 지혜를 지니고 있었다. 이를 두고 최치원은 다음과 같이 말하고 있다.

> 우리나라에 현묘한 도가 있으니 이를 일러 '풍류'라 한다. 이 가르침의 연원
> 은 선사仙史에 상세히 실려 있거니와, 근본적으로 세 가르침[유교, 불교, 도교]
> 을 이미 자체 내에 지니고 있는데 그 내용은 뭇 생명이 어우러져 성장함이다.[70]

우리 상고사에서 보이는 다양한 문화의 균형적 융섭接化群生[71]의 지혜는 우리의 선가仙家인 풍류도에 바탕을 둔 것이며 이러한 기반 하에 유교, 불교, 도교 등의 사상을 조화로이 혼용하여 성장하도록 했던 것 같다. 『후한서』에서 우리의 옛 이름인 이夷를 설명하는 과정에서 사용된 인仁, 도道, 군

---

[70] 金富軾, 『三國史記』券4, 「新羅本紀」4〈眞興王〉, "國有玄妙之道 曰風流 設敎之源 備詳仙史 實乃包含三敎 接化群生".
　　선사(仙史)의 선(仙)에 새겨진 사람 인(人)자와 뫼 산(山)자는 선사의 가르침이 태백산에 내려온 환웅, 그의 아버지와 아들인 환인, 단군의 계보에 귀속됨을 함축한다. 『삼국사기』에 단군왕검이 선인(仙人)으로 불리고 있음이 그 근거가 된다. 선도사서(仙道史書)인 『청학집』도 선가(仙家) 도맥(道脈)의 원류를 환인−환웅−단군의 계보로 정리하고 있다. 최남선은 풍류가 부루에서 나온 말로 밝은 세상을 의미하는 '밝의 뉘'가 변전(變轉)한 것이라고 풀이한 바 있는데(최남선 1937, 56쪽) 앞서 보았듯이 부루는 단군의 아들 이름이기도 하다.
[71] 균형적 융섭의 지혜는 장자의 철학에서 제물(濟物), 천균(天鈞) 등의 개념으로 계승된다.

자 등의 개념도 유교와 도교의 중심 개념이기에 앞서 그 원류가 되는 풍류도의 용어였을 것으로 추론해볼 수 있다.[72] 『후한서』의 저자가 이夷에 대해 "어질어서 살리기를 좋아하니好生 천지만물이 땅에 뿌리박아 나오는 것을 말한다"고 한 구절에서도 우리는 시원始原의 풍류도가 지녔던 생명력을 간접적으로나마 더듬어볼 수 있다.

뭇 생명에 접맥되어 공감하고 공명하는 샤먼의 내재적 체험의 경지를 묘사하는 접화군생은 홍익인간의 인본주의보다 더 오래되었을 호생好生의 생명사상과 한 짝을 이루어 애니미즘적 세계관을 보여준다. 알타미라나 라스코의 동굴벽화에 등장하는 들소가 그러하듯이 단군사화에 등장하는 곰과 호랑이도 고대인들의 사냥감이자 먹잇감이었을 것이다.[73] 생명의 양식이 되어주는 이 동물들을 신성한 토템으로 기려 공동체의 명칭으로 삼았던 기억이 단군사화 후반부에 등장하는 곰과 호랑이의 내러티브를 이룬다. 접화군생과 호생은 양식이 되어주는 동물들이 더 많이 나타나 인간 공동체와 공영하기를 염원하는 상생의 철학을 표현하고 있다.

---

72 도교가 지나로부터 전래되기 이전인 동명왕(BC 58~19)의 다음과 같은 유언이 광개토대왕 비문에 새겨져 있다.
  "세자 유류왕에게 도로써 다스리라고 유언하였다(顧命世子儒留王 以道興)."
  정인보는 여기서의 도를 풍류도로 보고 있으며 이를 다시 홍익인간의 도로 해석하고 있다(정인보 1946, 하권, 526쪽). 이(夷)를 두고 "도(道)로써 다스리기 쉬웠다(易以道御)"고 서술한 『후한서』의 구절은 광개토대왕의 비문과 잘 부합한다.
  신채호는 세상을 피하여 사는 것을 숭상하고 죽음을 겁내어 오래 사는 길을 추구하는 지나의 도교와 달리, 우리의 선교(仙敎)는 자신보다 나라를 먼저 위하고 나라를 위하여 죽는 것을 당연한 것으로 여겼다고 본다(신채호 1910, 520~521쪽). 이 장의 11절에서 살펴본 자부선생의 『삼황내문』에서 치국(治國)이 제가(齊家)나 지신(持身)보다 앞에 놓여 있다는 점, 우리의 선교를 계승한 신라 화랑의 세속오계(世俗五戒)에도 충(忠)이 효(孝)보다 앞에 놓여 있으며 임전무퇴(臨戰無退)라는 경신중족(輕身重族)의 덕목이 들어 있다는 점 등이 이를 뒷받침하는 간접적 증거일 수 있다.
73 호랑이 사냥은 고구려 고분벽화의 수렵도에서도 재현되고 있다.

20. 재야의 종

현재 우리 사학계는 소위 주류 사학계와 재야 사학계로 양분되어 있다. 세계 그 어느 나라에서도 그 예를 찾기 어려운 재야 사학의 의미는 무엇인가? 재야 사학이라는 용어는 사전에서 찾을 수 없다. 다만 재야에 대한 다음과 같은 정의를 검색할 수 있을 뿐이었다.

> ① 초야에 파묻혀 있다는 뜻으로, 공직에 나아가지 아니하고 민간에 있음을 이르는 말.
> ② 일정한 정치 세력이 제도적 정치 조직에 들어가지 못하는 처지에 있음.
> (네이버 사전)

재야의 이러한 의미로 미루어 우리는 재야 사학자를 초야에 파묻혀 공적 연구 기관이나 교육 기관에 소속됨 없이 역사를 공부하는 민간인일 것으로 생각한다. ②는 정치와 연관된 정의이므로 역사와 같은 학문에는 적용되지 않을 것이라고 생각한다.

그런데 재야 사학자를 정의한 송호정 교수의 다음과 같은 단언은 우리의 추론에서 크게 벗어나 있다.

> 강단에 있는 이들을 포함해 한국 상고사가 동아시아 역사의 시작이라고 설명하려는 이들을 흔히들 재야 사학자라고 한다. 철저한 사료 비판이라는 역사학의 기본 원칙을 무시하고 글을 쓰기 때문이다.(송호정 2002, 297쪽)

이 정의는 감정에 치우친 잘못된 것이다. 어떤 주장이나 설명을 하려 하는 사람을 그 이유만으로 재야 사학자라고 부르는 것은 감정적인 것이다. 그가 어떤 주장이나 설명을 하려 한다고 그를 재야다 아니다 편 가르기 전에 그의 주장이나 설명의 잘잘못을 가리면 되는 것이다. 아마 송호정 교수의 원 의도는 재야 사학자를 철저한 사료 비판이라는 역사학의 기본 원칙을 무시하고 글을 쓰는 사람으로 정의하는 것이었으리라 생각해본다. 그러나 이 정의는 재야건 아니건 사학자에 대한 것이 될 수 없다는 점에서 잘못된 것이다. 철저한 사료 비판이라는 역사학의 기본 원칙을 무시하고 글을 쓰는 사람은 사학자로 간주될 수 없기 때문이다.

우리는 재야 사학자에 대한 송호정 교수의 정의가 우리의 예상과는 달리 강단에 있는 이들까지 포함하고 있음을 주목할 필요가 있다. 이 정의를 내릴 때 그는 강단에 있는 일군의 사학자들을 사학자가 아니라고 말하고 싶지는 않았던 것 같다. 그렇게 말할 권리가 그에게 있는 것도 아니다. 그렇다면 결국 재야 사학자란 사학자이긴 한데 송호정 교수가 인정하지 않는 주장이나 설명을 하려 하는 사람을 지칭한다.[74] 그러나 송호정 교수와 재야 사학자들이 모두 사학자의 자격을 갖추었다면 (1) 한국 상고사가 동아시아 역사의 시작이라는 설명이 타당한지, (2) 철저한 사료 비판이라는 역사학의 기본 원칙의 구체적 적용 기준이 무엇을 의미하는지, (3) ①에서의 설명이 ②의 원칙을 무시하고 있는지를 학술적으로 논의하면 되는 것이다.

---

[74] 송호정 교수가 수학한 서울대에서 우리 역사를 가르쳤던 이병도는 최태영과 같이 쓴 저서에서 종래의 자신의 입장을 바꾸어 우리가 현재 지나의 땅에 지나인보다 먼저 정주하였으며 그들보다 선진 강대 민족이었음을 주장한 바 있다(이병도·최태영 1988, 15·17쪽). 송호정 교수의 정의에 의하면 서울대 교수 이병도도 이러한 주장으로 말미암아 재야 사학자가 되는 셈이다.

이러한 작업이 이루어지지 않은 상태에서 어느 사학자에 대해 재야다 아니다 하는 것은 재야에 대한 앞서 사전적 정의 중에서 우리가 택하지 않은 두 번째 정치적 정의를 가지고 상대를 사문난적斯文亂賊시 하는 정치적인 의도의 표명으로 보일 수 있다.[75]

한국고대사 연구의 지형도는 권력에 의해서 갈라진다. 반도사관이 권력을 쥔 쪽이고 대륙사관이 권력이 없는 쪽이라고 보면 대체로 맞다. 여기서 반도사관이란 한사군의 위치가 반도에 있다는 사관이고, 대륙사관이란 그 위치가 대륙에 있다는 사관이다. 한사군은 위만조선이 붕괴된 곳에 설치되었으므로 한사군의 위치는 바로 위만조선의 위치를 가늠할 수 있는 바로미터인데, 여기서 권력을 쥔 쪽과 그렇지 못한 쪽이 갈리는 것이다. 일제의 반도사관 수립에 일조한 사람들이 해방 후에도 제도권의 한국사학계를 장악하는 바람에 그의 후예들이 자연히 기득권자들이 된 데 반해, 대륙사관의 양대 인물인 신채호와 정인보는 각각 옥사와 납북의 비운으로 한국의 제도권에 후예를 남기지 못하면서 대륙사관 전체가 재야로 밀려나게 되었다. 반도사관의 옹호자들을 식민사학자들이라 비판해온 재야 사학자들은 반도사관의 옹호자들로부터 역풍을 맞아 이제는 유사역사학자로 낙인찍히는 신세가 되어버렸다. 즉 기득권자들은 반대편을 재야의 잠룡으로 두기도 불안해 아예 경기장 밖으로 완전히 쫓아내버리겠다는 전략이다. 사실에 입각한 진리와 건전한 토론이 오고가야 할 학문의 전당

---

[75] 이는 소위 '젊은역사학자모임'을 앞세워 한국 상고사에 대한 다른 목소리를 사이비 역사학, 유사(類似) 역사학으로 낙인찍어 학계에서 영구 추방하려는 주류 사학계의 기획으로 관철되고 있다. 젊은역사학자모임 2017; 2018; 이문영 2018 참조. 다른 목소리에 대해서도 마땅히 옥석을 가려 비판해야겠지만, 주류 사학계의 집중 지원하에 출간된 저 기획 작품들은 출간 과정과 제목에서부터 학문적 논박보다 의견이 다른 상대를 무차별적으로 박멸하려는 정치적 의도가 더 두드러져 보인다.

이 날선 이데올로기에 따른 편가름과 권력 추수의 온상이 되고 만 것이다.

학문과 이데올로기의 근본적인 차이는 전자가 자료를 바탕으로 추론을 통해 결론을 찾아감에 비해, 후자는 이미 주어진 결론을 사후적으로 정당화하는데 있다. 그런 점에서 이데올로기는 학문과 양극인데 한국사는 이데올로기적 굴레에 갇혀 있다. 돌이켜보면 동아시아를 대표하는 한·중·일 삼국이 모두 이데올로기 프레임에 갇혀 있다. 자국의 역사를 축소하려는 한국의 축소지향적 이데올로기와는 달리, 지나와 일본은 자국의 역사를 부풀리려는 확대지향적 이데올로기에 빠져 있다는 차이가 있을 뿐이다.

한국의 고대사학계는 국내의 적들에게는 집요하고 무자비하지만 지나나 일본의 역사공정에 대해서는 겉으로만 대응의 시늉을 취할 뿐 실제로는 별로 대응할 의지가 없다. 겉으로의 대응도 매우 한가한 편이다. 홍산문화를 비롯한 고대사의 이슈들에 대해 민족주의적 일국사관에 머물지 말고 글로벌화 시대에 걸맞게 동아시아의 공동 자산으로 공유하자는 점잖은 태도를 취한다. 주변국들은 사생결단의 전의戰意로 남의 고대사까지 빼앗아 자국의 역사를 극대화하는데 혈안이 되어 있는데, 무장해제에 가까운 저러한 허황된 고담준론은 그들의 의욕을 고조시키는 역할을 할 뿐이다. 설령 공동 자산으로 공유한다 해도 수적으로 우세한데다 민족주의로 똘똘 뭉친 지나가 이니셔티브를 쥐게 될 것은 불 보듯 뻔하다. 우리는 동아시아 공동체라는 허황된 놀이터에서조차 들러리가 되고 말 것이다. 우리에게는 사실 어떠한 진지한 공동체 의식도 없기 때문이다.

송호정 교수는 "신채호의 『조선상고사』의 내용들도 당시대 상황에 맞추어 쓴 사서이지 결코 사료로서 기능하는 것은 아니다"(송호정 2002, 226쪽)라고 주장한다. 사서와 사료는 물론 구분해야 한다. 그러나 『조선상고사』가 당시대 상황에 맞추어 쓴 사서인가? 저러한 경고의 저의는 무엇인가? 『조선상고사』가 독립운동의 일환으로 애국심을 고취하기 위해 지어낸 과장된 글에 불과하다는 것인가? 사료를 찾아 온갖 문헌을 뒤지고 대륙과 반도를 발로 뛰었으며 당대의 어느 누구보다도 비판적 실증 정신에 투철했던 신채호의 탁월한 업적은 저렇게 간단히 취급되어서는 안 된다. 혹시 신채호도 다른 이유에서가 아니라 바로 한국 상고사가 동아시아 역사의 시작이라는 주장을 했기 때문에 경원시되고 있는 것이 아닌가 추측해본다.

낙랑이 평양이 아닌 요동에 있다는 주장을 편 이익의 『성호사설』, 단군을 「세가世家」로 설정하여 단군조선의 역사를 적극적으로 재평가한 허목의 『동사東事』, 「동이총기東夷總記」를 설정하여 동이문화권을 인식한 한치윤의 『해동역사海東繹史』는 신채호와 정인보의 한국사관이 일제 강점기에 애국심으로 만들어진 사관이 아니라, 역대의 한국사관을 계승하는 정통사관임을 보여준다. 즉 저 책들이 신채호와 정인보의 역사서를 낳게 한 것이다. 신채호와 정인보의 사관이 특정 목적으로 만들어진 사관이라면, 이익, 허목, 한치윤의 사관은 어떤 목적으로 만들어진 사관이라 할 것인가? 이들도 유사 역사학자인가? 누가 진정한 역사학자인가?

경원시 되는 것은 신채호를 위시한 민족주의 사학만이 아니다. 우리 사학계의 일부에서는 사람에 대해서 뿐 아니라 사서史書에 대해서도 고정된 서열을 매겨놓고 있다. 지나측 사서가 기준이 되고 우리의 사서 중에서는 유가 사서만이 믿을만하며, 불교 사서에 오면 가치가 훨씬 내려간다. 도교, 선가仙家, 대종교 측의 사서는 사료로서의 가치가 없으며, 주류 사학계의 반도사관과 어긋나는 사서들은 후대에 조작된 위서로 낙인찍혀있다.

우리 역사의 도교적, 선가적 맥을 연구했던 최남선과 이능화는 친일파로 분류되어 그들의 업적과 함께 외면되고 있다. 이러한 서열을 옹호하는 사학자들은 유가의 합리주의를 자신들의 근거로 내세운다. 그러나 불교나 도교, 혹은 선가가 불합리하다는 그들의 숨은 전제는 동양철학에 대한 편중된 이해, 혹은 몰이해를 보여줄 뿐이다. 사서에 대한 정당화될 수 없는 일방적 서열화에서 우리는 과거로부터 면면히 내려오는 지배세력의 사대주의나 식민주의와 같은 이데올로기의 흔적을 감지할 수 있다.

21. 종횡사대

우리의 역사서술이 배제와 축소에 경도되어 있다면 지나의 역사서술은 포용과 확장을 지향해왔다. 지나는 하족夏族이라는 정체불명의 소수 종족에서 출발해 현재 56개 민족을 거느리는 대제국으로 성장해온 반면, 우리는 이족夷族이라는 복잡다기한 종족에서 출발해 과거의 강역과 부모형제를 잃고 자신의 역사적 정체성을 상실한 채 두 동강난 반도에 갇힌 신세가 되었다.[76]

신채호는 단군시대를 추장정치가 가장 성했던 시대라고 하면서 삼국 초기까지도 여전히 무수한 소국들이 병립하여 고구려가 통솔하는 나라가 17개국, 신라가 통솔하던 나라가 32개국, 백제가 통솔하던 나라가 45개국이나 되었다고 말한다(신채호 1908, 228쪽). 고구려, 백제, 신라의 뿌리도

---

[76] 하족의 정체불명성과 이족의 복잡다기성에 대해서는 다음을 참조. 안호상 1971.

고조선이며 심지어 고조선에는 삼국시대의 고구려와는 다르지만 같은 이름의 거수국渠帥國: 소국이 있었다. 이는 소국 연합이 우리 상고사의 전통임을 입증한다. 즉 고조선은 동이 소국 연합의 명칭이었고 단군은 소국들을 하나로 묶어주는 구심점의 역할을 한 정치/종교 지도자였던 것이다.

공자가 주나라를 자신의 이상향으로 꼽았다면, 노자는 산동반도를 중심으로 지나의 해변가에 옹기종기 모여 살던 동이의 소국들에서 소국과민小國寡民의 실현을 보았던 것 같다. 그러한 소국들이 은나라와 주나라에 의해 차례로 정벌되어 춘추전국시대에 거의 소멸되는 과정은 동이의 거수국 체제가 제대로 작동하지 않았음을 입증한다. 소국들 간의 연대성이 작동하지 못한 데다 고조선의 지원도 부족했다고 볼 수밖에 없다. 구이九夷가 고조선의 단군을 받들었다고는 하지만 고조선 역시 거수국 체제였기 때문에 고조선에 속한 거수국들 사이에도 손발이 맞지 않았던 것이다. 춘추전국시대의 분열을 극복하고 중원을 통일한 진나라의 만리장성 구축은 장성 안쪽의 동이를 바깥족의 동이와 영구적으로 단절시킨 상징적인 사건이다. 이로 말미암아 장성 안쪽의 동이는 하족에 동화되는 운명을 겪으면서 역사의 심층으로 잠수하게 된다. 즉 장성 안쪽의 동이는 지나의 문명 안의 미분적微分的 요소로만 평가될 수 있을 뿐, 독자적 위상을 부여받지 못하게 되고 마는 것이다.[77]

---

77 송옥진은 동이라는 명칭이 지나 측 입장에서 동쪽 상대국들을 낮추어 부른 것으로서 자신들로부터 그저 먼 동쪽의 나라들을 가리켰는데 이마저도 지나의 성장과 함께 그 지시체가 이동하였다고 주장한다. 결국 동이는 지나 동쪽의 잡동사니들에 불과했는데 그것도 지나의 팽창과 맞물려 그 외연이 달라졌다는 것이다. 이러한 주장이 성립하려면 동이들 사이에 실제로 아무런 연관이 없었음이 증명되어야 한다. 송옥진은 다음과 같이 말한다.
"최근 고고학의 입장에서 밝혀진 고조선시대의 문화는 하가점 하층문화이다. 이 시기의 무덤유적과 황하 유역의 상나라 유적을 비교해보면 두 문화 간에 확연하게 드러나는 차이점을 발견할 수 있다. 예컨대 황하 유역의 상나라에서는 순장풍습이 만연한 반면 고조

하족의 중앙집권적 패권국가들의 대두로 장성 안쪽의 동이와의 연계를

선시대의 무덤에는 순장이 없다는 것이다. 이러한 단순한 순장풍습의 차이점은 사람에 대한 두 나라의 인식이 현저히 다르다는 것을 반영한다(송옥진 2013, 420~421쪽)." 이는 잘못된 해석이다. 요동반도에 위치한 강상(崗上)·누상(樓上)의 청동기시대 집단 돌 덧널무덤(石槨墓)들에서 순장이 확인되었으며, 기원전 3011년의 평안북도 성천 용산리 순장묘에서도 순장이 확인된 바 있다.『삼국지』「위서(魏書)」〈동이전(東夷傳)〉【부여조 (夫餘條)】에 보면 부여에서는 귀인(貴人)이 죽으면 "사람을 죽여서 순장을 하니, 그 수가 많을 때는 100명에 이르렀다"고 하여 순장의 풍속을 전한다.『삼국사기』고구려 동천왕 22년(248)조에는 왕이 죽자 가까운 신하들이 스스로 죽어 순장되려 하자, 사왕(嗣王)이 이는 예(禮)가 아니라 금했으나 장례일에 이르자 스스로 목숨을 버린 자가 매우 많았다고 기록되어 있다. 부여는 고조선을 계승한 나라이고 고구려는 부여에서 나온 나라임을 감안 할 때, 이는 고조선에서 고구려에 이르는 일관된 순장풍습을 확인할 수 있는 유물과 사료 인 셈이다.

송옥진은 공자가 그리워한 이(夷)의 땅이 자신의 고향인 노나라였다고 주장한다. "공자는 '이'(夷)의 땅에서 살고 싶다고 하였는데, 그것은 자기의 고향에서 살고 싶다는 뜻이다. 그의 고향이 중국 행정구분상 이(夷)의 땅이었기 때문이다. 노나라는 주나라를 세운 주공의 봉지이다. 주공은 주나라에서 특별한 대우를 받는 사람이다. 그러므로 주나 라의 모든 예법은 노나라에서도 그대로 행해졌다. 그러나 노나라는 주나라의 도읍과 거 리를 계산하였을 때 이족의 땅이었던 것이다. 그럼에도 불구하고 주공의 봉지였기 때문 에 주나라의 예법이 모두 있었고 공자는 그것을 배운 것인데 훗날 공자가 동이(東夷)를 그리워하였던 것은 이를 배경으로 한 것으로 보인다."(송옥진 2013, 421쪽)

이는 잘못된 해석이다. 허신은『설문해자』에서 다음과 같이 말하고 있다. "공자가 말하기를 도(道)가 행해지지 않으니 뗏목을 타고 바다 건너 구이(九夷)로 가고 싶다고 한 것은 까닭이 있다."(許愼,『說文解字』,「羊部」, "孔子曰 道不行 欲之九夷 承宇 浮 於海 有以也")

지나 산동성에 위치한 노나라는 공자가 뗏목을 타고 바다를 건너야 갈 수 있는 곳이 아니 다. 반면 공자가 살고 싶어 한 구이는 바다 건너에 있었다. 공자가 그리워한 동이는 그의 모국 노나라가 아니었던 것이다.

송옥진은 지나 고대사에서 이(夷)의 중요성을 환기시킨 푸스녠의「이하동서설」을 고대 산동지방의 동이와 조선을 한데 묶어 지나의 역사로 편입시키려는 동북공정의 초석으로 본다(송옥진 2013, 431쪽). 그러나 설령「이하동서설」에 대한 송옥진의 평가가 참이라 해도 이것이 동이와 조선을 한데 묶는 게 틀렸다는 근거가 될 수는 없다. 동북공정은 역사 이데올로기의 문제이지만 동이와 조선을 한데 묶을 수 있느냐의 여부는 사실의 문제이기 때문에 일단 서로 다른 범주에 속한다.

오명제의『조선세기』에 의하면 동이의 다른 이름인 구이(九夷)는 고조선의 단군을 임금 으로 삼았고, 푸스녠과 정재서 교수(정재서 2007; 1996)에 의하면 양 계통은 많은 신화 소들을 공유하고 있다. 비록 진나라에 와서 만리장성 이남의 동이는 지나에 동화되며 역 사의 전면에서 사라졌지만, 그 계통은 장성 너머의 영역에서 부여, 고구려, 백제 등으로 부활해 면면히 이어져 내려왔다고 볼 수 있다.

잃고도 여전히 거수국 체제를 고수하던 고조선은 한나라와의 접경지역에서 일어난 위만조선이 한나라에 정복되는 것을 계기로 와해되고 만다. 고조선이라는 중심체제가 무너진 빈자리에 과거의 거수국들이 차례로 독립해 열국시대가 시작된 것이다. 분열된 열국들은 시간이 흐르면서 고구려, 백제, 신라로 환원되고 고구려와 백제가 한때 고조선과 장성 안쪽 동이 소국들의 강역을 부분적으로 회복하기도 했지만, 삼국간의 치열한 경쟁으로 끝내 통합을 이루지 못한 채 신라와 당나라의 공격에 의해 차례로 무너지고 만다. 그 후 발해가 옛 고구려의 강역에서 일어났지만 228년을 지속한 뒤 역사에서 사라지면서 고구려-발해의 강역은 이어지는 한국사에서 온전히 회복될 기회를 잃게 된다.

신라-고려-조선으로 오면서 한국사의 강역은 반도로 고착되었으며 딱 그에 걸맞은 만큼의 국력만을 유지하게 된다. 점점 벌어져만 가는 중원 국가들과의 국력 차이로 말미암아 고토의 회복을 의미하는 다물의 의지는 사라지고, 반도에의 안주를 보장받으려는 사대주의가 다물의 현실적 대안으로 자리하게 된다. 이런 상태가 오래 지속되다 보니 동이의 소국들이나 고조선에 대한 기억들은 더 이상 역사가 아닌 신화와 전설로 치부되어 희미해져만 갔고, 고구려의 멸망 후 장기 지속되어 온 반도의 역사를 토대로 굳어진 반도사관으로 고구려 이전의 역사를 투영하는 것이 자연스러운 일이 되어버렸다. 이를 반영하고 있는 『조선왕조실록』을 위시해 정약용의 『아방강역고我邦疆域考』, 안정복의 『동사강목』 등을 돌이켜볼 때, 반도사관은 지나나 일본뿐 아니라 조선에서도 연원함을 알 수 있다. 일본의 식민사학이나 지나의 동북공정은 이를 자신들의 정치논리에 맞춰 실증하려 했던 것이다. 요컨대 우리 역사의 왜곡에 대한 1차적 책임은 우리를 이용한 저들에 앞서 우리 자신에 있는 것이다. 우리 역사의 철학은 자기비판에서부터 시작해야 한다.

지나의 중화주의는 우리의 사대주의와 한 짝을 이루어 반도가 애초부터 우리의 원래 자리인 것으로 위조해왔다. 중화/사대사관은 지나의 수치스런 기사를 숨기고位中國諱恥, 지나는 높이고 이적夷狄은 깎아내리는衿鞘而陋夷狄 필법으로 역사를 공정工程해왔다. 사마천의『사기』와 김부식의『삼국사기』는 이를 실천하고 있는 대표적 역사서이다. 이들로 말미암아 삼국 이전의 우리 상고사는 한갓 신화와 전설로 치부되어 역사의 무대에서 말소되고, 지나의 신화와 전설은 황제의 위대한 상고사로 포장되어 그들 역사에 편입된 것이다. 중화와 사대의 동맹은 이러한 원칙에서 한 걸음 더 나아가 상고시절 그들이 우리로부터 전수傳受한 사상과 문물을 지나의 것으로 가로채고 고조선을 하나라와 주나라의 속국으로 둔갑시켰다.

중화주의와 사대주의라는 거짓된 역사관으로 해석되어 온 지나와 우리의 역사에 대한 고찰로부터 우리는 다음의 두 가지 사실을 추론할 수 있다. 첫째, 타자를 인정하고 그와 공존하는 정상적 관점에서 크게 벗어나 자신만의 우월성에 집착하는 지나의 중화주의가 사실은 그들의 역사와 문화의 원류에 놓여 있는 타자에 대한 열등감의 콤플렉스를 감추기 위해 고안된 것일 수 있다는 점이다. 둘째, 우리의 사대주의는 지나의 중화주의를 액면 그대로 수용해 노예적 정신 상태에 빠진 우리의 유교 지식인들과 중화 중심적 동북아 질서에 편승해 그로부터 반사 이익을 챙겨 자신들의 입지를 확고히 하려는 지배집단의 야합에 의해 유지되어 왔다는 점이다. 우리의 사대주의가 조선조에 와서 소중화小中華로 전이되는 것에서 볼 수 있듯이 사대와 중화는 공생과 모방의 근친 관계를 맺어왔다.

사대주의와 중화주의는 상대에 대한 열등감이 각각 표면과 이면으로 드러나고 숨는다는 점에서만 차이가 있는 것이 아니다. 사대주의는 그것이 비록 눈앞의 자기 이익과 영달에는 도움이 될지 모르지만, 궁극적으로는 매판과 매국의 자멸적 종속 이데올로기라는 점에서 중화주의보다 더 폐해가 심각하다. 설령 유교적 지식인들이 자신들의 지향점이 맹목적 사대가 아니라 민족주의였다 강변해도, 그들의 역사의식이 결국 그들이 종주국으로 삼은 지나에 대한 종속을 문명으로 간주하는 소중화에 자족하는 것이었다면 그것은 진정한 민족주의와는 구별되는 사이비 민족주의라는 한계를 갖는다.(송영배 1992, 71쪽)

지나와 일본, 그리고 서구 열강의 도전에 차례로 크게 꺾이고 위축되긴 했지만 우리가 그들에 완전히 흡수되어 절멸되지 않았다는 점에서 우리의 질긴 생명력을 스스로 격려해야 할지도 모르겠다. 우리는 그 과정에서 일본으로부터 근대를 배웠고, 미국을 통해 근대적 의미의 국가를 세웠다. 그러나 사대의 대상이 지나에서 일본을 거쳐 미국으로 바뀌었을 뿐 사대주의는 아직도 우리를 철저하게 옭아매고 있다. 지나로부터 바통을 이어 근대 이후 우리의 정신과 문화를 식민화시켜온 일본과 미국 역시 지나의 중화주의를 방불케 하는 대동아 공영론과 팍스 아메리카나를 지향하는 패권주의 국가였지만, 우리의 자기 속박이 상당 부분 자발적이라는 점에서 우리는 사대라는 맹독의 치명성을 본다. 이제 우리는 자신의 유구한 역사를 지나로부터 회복해 역사의 자주독립을 실현하지도 못한 채, 어느덧 미국이 주도하는 세계화라는 더 큰 세력의 흐름에 자신의 운명을 송두리째 의탁할 처지에 놓이게 되었다.

자신의 역사를 잃고 스스로의 정체성을 부정하는 상황에서 우리는 그 어떠한 유의미한 창조적인 작업도 일구어내기 어렵다. 창조는 무로부터가 아니라 전통이라는 뿌리로부터 발아하는 생명 현상이기 때문이다. 우리가 진리의 이름으로 역사를 주체적으로 바로 쓰지 않는 한 사대라는 병리 현상에 의해 우리의 마음에 깊이 드리워진 주름은 치유되지 않은 채 앞으로도 우리를 거짓과 기만의 종속적 노예성으로부터 놓아주지 않을 것이다. 중화주의와 사대주의를 떨쳐내는 일은 동아시아의 과거와 현재에 가로놓인 질곡을 바로 펴기 위한 첫걸음이기도 하다. 뭇 생명이 어우러져 성장하는 조화의 건강한 비전을 우리의 과거로부터 계승하는 데서, 유물론과 패권주의로 수렴되는 이 시대의 어두움을 극복할 수 있는 창조적 실마리를 얻을 수 있지 않겠는가.

제2장

하늘과 땅과 사람

1. 장성

『문명 이야기』라는 총 10권의 방대한 세계문명사를 낸 바 있는 미국의 역사학자이자 철학자인 듀란트Will Durant는 대부분의 역사는 추측이고 그 나머지는 편견이라고 말한 바 있다(Durant 1935, 12쪽). 추측을 정당화할 수 있는 사료나 유물이 상대적으로 빈곤한 상고사의 경우 그의 말은 더욱 일리가 있어 보인다. 여기서 편견으로 번역한 'prejudice'는 선입견으로도 번역될 수 있는데 이는 역사를 보는 눈, 입장, 혹은 사관史觀의 단초端初이기도 하다. 독일의 철학자 가다머Hans-Georg Gadamer도 20세기 철학의 기념비적인 저서인 『진리와 방법』에서 바로 이 선입견의 중요성을 역설한 바 있다(Gadamer 1960). 선입견의 문제로 이 장을 시작하는 까닭은 중국의 동북공정과 그에 대한 우리의 대응이 사료나 유물의 차원뿐 아니라 이를 아우른 선입견의 차원에서 거론되어야 할 논쟁임을 적시하기 위함이다.

역사학은 일차적으로 탐구의 기본 자료인 사료와 유물을 준거로 이루어져야 한다. 사료와 유물은 해석을 동반한다. 우연적으로 발견되고 그 내용에 있어서 단편적일 수밖에 없는 사료와 유물을 토대로 역사가는 그것들을 자리매김할 수 있는 역사적 지형도를 그려내야 한다. 여기에 그의 선입견이 작용하지 않을 수 없다. 그는 자신이 그려내는 지형도를 단편적인 사료나 유물보다 긴 호흡으로 이야기할 수 있어야 하고, 그것이 가리키는 방향성을 깊은 안목으로 제시할 수 있어야 하기 때문이다.

중국의 동북공정은 동북 3성(길림성, 요령성, 흑룡강성) 일대에서 발원한 모든 민족과 역사를 중국민족과 역사에 편입시키는 역사공정을 말한다. 중국에서는 이미 고구려사뿐 아니라 발해사와 고조선사도 모두 중국사에 편입시킨 바 있다. 한걸음 더 나아가 요하 지역의 신석기 유물들을 자신들의 역사로 삼기 위해, 황하를 중화문명의 시작으로 삼아온 기존의 입장을 버리고 요서 지방과 요하 일대를 중화문명의 시발점으로 규정하고 있다. 이 지역이 신화와 전설의 시대부터 자신들의 시조인 황제黃帝의 영역이었으며, 요서 지역 신석기 문화의 꽃인 홍산문화 주도세력들은 이 황제의 후예들이고, 따라서 요하 일대에서 발원한 모든 고대 민족과 역사도 중화민족의 일부이고 중국사라는 것이다.(우실하 2007, 6쪽)

중국의 동북방 영토에서 펼쳐졌던 우리 상고사를 자신들의 역사로 흡수하려는 중국의 동북공정을 대놓고 지지하는 국내의 학자는 없을 것이다. 그러나 동북공정의 논리를 반박하는 일이 생각보다 그리 쉬운 일만도 아니다. 심지어 지금까지 우리 학계가 의존해온 사료와 (거기에는 중국뿐 아니라 우리 측 사서史書들도 포함된다) 그에 대한 해석을 원용하면 동북공정은 오히려 정당화가 가능하다. 중국을 비난하기에 앞서 우리 자신의 이러한 내부적인 문제부터 점검할 필요가 있는 것이다.

김기협 교수는 동북공정에 대해 다음과 같이 말한다.

단군조선이 존재하지 않았다는 주장, 기자조선과 위만조선을 중국인이 세웠다는 주장, 한사군이 중국의 영토였다는 주장은 중국에서만 나온 주장이 아니다. 한국 학자들에게서도 꽤 나왔고, 나 자신 대체로 동의하는 주장들이다.(김기협 2012)

김기협 교수는 10여 년 전 국내의 언론이 중국의 동북공정을 국가가 주도적으로 벌인 사업인 것처럼 보도한 것은 오보라고 비난한다. 동북공정은 어설픈 애국심을 앞세운 미숙한 연구자들의 자기중심적 해석에 불과하며 중국의 학계와 사회 내에서도 용납되지 못한다는 것이다.(김기협 2012)

그러나 중국의 역사왜곡과 날조는 김기협 교수의 말과는 달리 오히려 갈수록 심해져 이제는 사료와 유물에 대한 자의적 해석의 수준을 넘어서고 있다. 그 한 예가 만리장성이다. 만리장성은 기원전 221년 중국을 통일한 진시황이 북방 민족의 침입을 막기 위해 쌓은 산성山城으로 중국의 경계를 역사적으로 상징한다. 장성의 동쪽 끝에는 하북성의 산해관, 서쪽 끝에는 감숙성의 가욕관이 자리 잡고 있으며 전체 길이는 6,300여km라는 것이 중국 학계의 정설이었다. 그러던 중국이 2009년 장성의 동쪽 끝을 압록강 하구에 있는 호산장성으로 수정하면서 장성의 총길이가 8,851km라고 주장하더니 2012년에는 다시 동쪽으로는 흑룡강성의 목단강까지, 서쪽으로는 신장 위구르 자치구의 합밀까지 늘려 장성의 총길이를 2만 1,196km로 확대해 발표했다. 장성의 총 길이가 4년 사이에 무려 3배 이상으로 늘어난 셈인데 중국의 1리는 500m이니 환산하면 기존의 만리장성이 사만리장성으로 둔갑한 것이다.

장성의 실체는 어떠한가? 달에서도 보이는 유일한 인공 건축물이라는 속설과 달리 우주에서는 육안으로 관측되지 않는다. 2006년에 열린 중국 장성학회의 보고에 의하면 장성이 보전되고 있는 지역은 전체의 20%도 안 되며 전체의 50% 이상은 아예 모습이 사라지고 없다.[1] 2012년에 늘린 길림성과 흑룡강성 일대의 허구의 장성은 중국식 성이 아니라 고구려나 부여의 성으로 판별되는 것들을 지도에서 그어 붙인 것이다. 과거 '관'關자가 붙은 곳은 대개 한 영역에서 다른 영역 혹은 한 국가에서 다른 국가로 넘어가는 국경도시였다. 산해관은 중국 관내지역과 만주지역(현 동북지역)을 구분했던 경계였고, 가욕관은 유목민족인 위구르족과의 경계였다. 17세기 초반 청나라가 건국하기 직전까지 명나라는 동북 지역을 통치한 적이 없었음에도 중국은 길림성 통화通化의 고구려 산성을 만리장성의 유적이라고 주장하고 있다(서상문 2012; 역사스페셜 2010).

우리는 중국이 2009년까지만 해도 장성의 동쪽 끝이라고 주장했던 호산장성을 2013년 12월에 윤명철 교수와 함께 답사했다. 호산장성은 고구려가 세운 박작성의 중국 이름이다. 648년 고구려의 성주 소부손이 당나라의 대규모 공격에 저항하던 곳으로, 1990년대 발굴 당시에 고구려 시대의 목선과 나무 노가 출토되기도 했다(윤명철 2011, 94쪽). 이처럼 고구려가 중국에 대항해 쌓은 산성을 중국은 외부의 적을 막기 위해 세웠던 자신들의 장성에 포함시키고 있는 것이다. 지금은 명나라 장성의 동쪽 끝이라고 하여 웅장한 형태로 복원하면서 고구려와 관련된 유적을 모두 없애버렸지만, 복원한 장성 아래쪽에서 우리는 중국이 메워버린 고구려의 우물터와 성벽을 찾을 수 있었다. 만리장성을 서쪽으로 약 500km 확장시킨 것 역시 역

---

1 http://ko.wikipedia.org/wiki/%EB%A7%8C%EB%A6%AC%EC%9E%A5%EC%84%B1

사적인 근거가 있을 수 있지만, 무엇보다 티벳 등 독립을 갈망하는 민족들을 계속 복속시키기 위한 방편으로 활용하려는 측면이 강하다.

답사를 통해 우리는 중국이 공정을 뒷받침하기 위해서는 있는 유물도 없애고 있지도 않은 유물도 만들어낼 수 있는 나라임을 알게 되었다. 그쪽의 유물을 발굴할 권한은 중국이 독점하고 있으며 발굴된 유물에 대해 중국은 독점권을 주장한다. 이는 유물의 해석에 있어서도 중국이 아주 유리한 위치에 있음을 함축한다. 유물을 공개할 때 자신들의 입맛에 맞춰 필터링, 변조, 날조할 수도 있는 것이다. 그리고 우리가 이를 막을 수 있는 방도는 현실적으로 없다. 그들은 아시아의 유일한 맹주를 지향하는 중화 패권주의를 역사적으로 정당화하기 위해서 편견으로 추측을 지어내고 이를 사료와 유물에 대한 자의적 해석과 날조로 검증(?)하는 방법론적 악순환을 서슴지 않고 있는 것이다.

중국의 학계와 사회가 중국의 역사왜곡을 용납하지 않는다는 김기협 교수의 말도 사실과 다르다. 중국이 발표한 사만리장성에 대해 국내 언론의 비판이 있자 중국의 언론은 "한국인과는 무관한 일"이라며 사만리장성을 옹호하는 보도로 재빨리 응수하였다.[2] 중국 학계의 중화 패권주의는 이보다 더 뿌리가 깊다. "중국 전통은 학술이 주가 되어 정치를 지도하였고 결코 정치가 학술을 지도하지는 않았다"(錢穆 1976, 35쪽)는 전목의 말은 믿을 수 없다. 저러한 주장을 하는 전목도 중국이 진시황 때 이미 조선의 대동강변까지 길고 긴 방위선을 쌓았다고 하면서 장성의 동쪽 끝이 결코 산해관이 아니라고 강조하고 있다(錢穆 1976, 58쪽). 한반도에서까지 중국 장성

2 　『環球時報』, 2012.6.8.

을 날조해내려는 것이다.

그동안 우리 학계에서 중국에게 자발적으로 역사 왜곡의 빌미를 제공했다는 사실은 반성해야 할 일이다. 윤내현 교수는 다음과 같이 말한 바 있다.

한 번은 중국 중학교 역사시간 수업을 견학해본 적 있다. 중국 지도를 그려 놓고 설명을 하는데, 거기에 청천강까지 만리장성이 그려져 있다. 그 근거가 한국의 유명한 역사학자가 고증한 내용이라고 가르친다.(윤내현 2012)

인용문에서 언급된 지도는 1982년에 간행된 중국학자 탄치상譚其驤의 『중국역사지도집』 2권에 근거하고 있으며, 한국의 유명한 역사학자의 사관은 다음에서 보듯이 다소 변형된 형태로 노태돈 교수에 의해 계승되고 있다.

『사기』에서 전하는 연·진 장성의 동단이 오늘날의 요하선에 이르렀음은 실물 유적을 통해 확인되는 바이다.(노태돈 1990, 51쪽)

연·진 장성은 중국 고고학자들이 요령성 북부에서 발굴했다는 성벽과 초소의 흔적들에 대해 붙인 이름으로, 이들은 저 흔적들을 만리장성의 연장으로 간주한다. 그러나 앞서 보았듯이 성은 중국에서만 쌓았던 것이 아니며 실물 유적이 그것이 연·진의 성임을 확인해주는 것도 아니다(윤내현 1994, 202~207쪽 참조). 중국학자들은 만주가 원래부터 중국의 영토였다고 주장하기 위해 만주에서 성터가 발견되면 그것을 만리장성과 연결 지으려 하는데,[3] 노태돈 교수는 이러한 중국학자들의 주장을 무비판적으로 받

아들이고 있는 것이다.[4]

2. 파르마콘

중국의 역사에서 장성은 화하華夏와 사이四夷를 차별하는 화이관華夷觀의 상징이었다. 이는 중국을 중심으로 그 주변부를 동이東夷, 서융西戎, 남만南蠻, 북적北狄으로 가른 뒤 최종적으로 중국에 일방적으로 편입시키려 했던 극단적 자문화중심주의이며 대외 팽창주의였음을 기억할 필요가 있다. 장성에 대한 중국의 집착은 아직도 그들이 장성으로 대변되는 울타리치기식 사고에서 벗어나지 못하고 있음을 보여준다. 장성에 의해 공간이 안과 밖으로 구분되고 중국인과 이민족이 구분되는 순간, 공유와 소통의 개념은 사라지고 배타적 소유만이 남게 된다.

하지만 이후의 새로운 고고학적 발견에 의해 전통적으로 언제나 오랑캐의 영역이라 치부되던 만리장성 밖의 요하 지역에서 중원의 역사보다 훨씬 오래되었으며 매우 선진화된 문명이 있었다는 것이 밝혀지자, 중국은 한편으로는 장성을 늘리고 다른 한편으로는 현재 시점에서의 중국의 영토 안에 있었던 모든 세력들과 역사들을 중국인과 중국의 역사로 규정하는 화하일통華夏一統이라는 새로운 역사관을 내놓고 있다. 현재 기준으로 요하 지역에

---

3   다음의 글들이 이에 해당한다. 王鍾翰·陳連開 1979; 黃麟書 1972.
4   노태돈 교수는 중국학자 차오순(曹汛 1980)의 고고학 논문에 의거하고 있다(노태돈 1990, 46쪽). 노태돈 교수의 제자인 송호정 교수는 중국의 주장을 좇아 호산을 요동장성의 종단으로 표기하며 "현재는 명대에 쌓은 유적만 남아 있다"고 말하고 있다(송호정 2003, 294쪽). 거기서 고구려 박작성의 유적이 발굴되었다는 사실에 대한 언급을 빠뜨리고 있는 것이다.

황하 지역에서보다도 훨씬 오래된 최초의 문명이 시작되었으므로, 그 문명은 바로 중국의 역사가 되며 중국의 역사는 더욱 유구해진다는 것이다. 장성을 늘이는 것과 역사를 공정하려는 중국의 시도는 결국 동일한 이념과 논리의 서로 다른 두 표현일 뿐이다.

우리는 이 시점에서 역으로 중국 역사관의 몰락을 목격한다. 중국의 역사공정에서 우리가 발견할 수 있는 것은 오직 중국의 번영과 팽창을 위한 주변과 이웃의 역사에 대한 무차별적 공격과 왜곡일 뿐이기 때문이다. 더이상 우리는 중국의 역사관과 이념에서 동아시아의 평화와 공존을 기대할 수 없게 된다.

동북공정은 사실史實의 왜곡과 날조라는 점에서 학문적으로 비판받아야 하며 중화 패권주의의 도구라는 점에서 국제정치적으로 비판받아야 한다. 우리는 그동안 학문과 패권이 동북공정의 양면이라는 점을 충분히 숙지하지 않은 상태에서 다소 산만하고 비효율적으로 대응해왔다. 한 마디로 대응의 전략과 철학이 부족했지 않았나 싶다. 우리는 이러한 교착 상황을 타개할 수 있는 방법론적 돌파구를 마련해야 한다. 이를 위해서는 역사에 대한 듀란트의 정의, 즉 추측과 편견의 두 항목을 중심으로 동북공정의 주체인 중국과 객체인 한국의 역사 연구를 점검할 필요가 있다.

동북공정을 기획한 중국의 편견은 현재의 중국이 지향하는 패권주의를 과거의 역사로 투사하는 것이다. 중국은 과거에나 현재에나 여러 민족을 거느린 대제국이었고 앞으로도 그러할 권리가 있다는 것이다. 이러한 전제하에 중국 문명의 기원으로서의 요하문명론이 창안되고 고구려, 발해, 고조선이 중국의 지방정권이라는 주장이 제시되는 것이다.

우리가 명심해야 할 것은 중국의 역사공정이 어제오늘의 일이 아니라 아주 오래전부터 지속적으로 이루어져 왔다는 점이다. 그 한 예를 우리는 저들의 『수서隋書』에서 읽을 수 있다.

> 구태가 (…중략…) 대방의 옛 땅에 처음 나라를 세웠다. 한나라의 요동태수 공손도公孫度가 딸을 주어 아내로 삼게 하였으며, 나라가 점점 번창하여 동이東夷 중에서 강국이 되었다. 당초에 백가百家가 바다를 건너왔다濟고 해서 [나라 이름을] 백제라 불렀다. [이때부터] 십여 대 동안 대로 중국의 신하 노릇을 하였다.[5]

당唐 태종 때 완성된 중국 정사正史의 한 구절이라는 점에서 이 인용문은 백제의 역사에 대한 당대 중국의 공식 견해라고 할 수 있다. 그 요지는 ① 한나라 요동태수 공손도가 자신의 딸을 백제의 시조에게 아내로 주었고, ② 나라 이름 백제도 중국에서 백가가 바다를 건너왔다는 데서 연유하며, ③ 백제가 대대로 중국의 신하 노릇을 하였다는 것이다. 이는 저 사료가 완성된 지 24년 후 있게 되는 백제 침략의 근거를 제공하고 있다. 저 해석 대로라면 백제 침략은 중국의 정당한 권리 행사가 되는 셈이다.

그러나 ①은 공손도가 자기 딸을 백제 왕이 아닌 부여 왕 위구태에게 시집보냈다는 『삼국지』「위서」〈동이전〉의 기록과 상충한다.[6] 『삼국지』는 『수서』보다 앞서 작성된 신뢰할 만한 사료이므로 우리는 『수서』의 저 기록을 단순 오류나 고의적 왜곡으로 의심할 수밖에 없다. ②는 백제의 연원

---

5 『隋書』卷81,「東夷列傳」2,〈百濟傳〉, "仇台者 (…중략…) 始立其國于帶方故地 漢遼東太守 公孫度以女妻之 漸以昌盛 爲東夷强國 初以百家濟海 因號百濟 歷十餘代 代臣中國".

6 陳壽, 『三國志』卷30,「魏書」,〈東夷傳〉,【夫餘條】, "夫餘本屬玄菟 漢末 公孫度雄張海東 威服外夷 夫餘王 尉仇台更屬遼東 時句麗鮮卑彊 度以夫餘在二虜之間 妻以宗女".

이 대륙임을 시사하지만 이로부터 백제가 중국의 속국이라는 결론은 따라 나오지 않으며, ③은 중국 측 사료들이 일관되게 견지하는 중화사관의 표현에 불과하다. 결국 우리는 『수서』의 저 구절이 백제를 비롯한 삼국을 침략하는 구실을 합리화하기 위한 공정의 일부임을 알 수 있다.

다음의 사료는 중국의 역사공정이 지향하는 조선관을 잘 보여준다.

> 조선은 기자에게 봉封하여 준 나라이다. 한나라 이전에는 조선이라 하였다. 일찍이 연나라 사람 위만에게 점거되어 있었으나, 한무제가 이를 평정하고 진번, 임둔, 낙랑, 현도의 4군을 설치하였다. 한말에 부여 사람 고씨가 그 땅을 차지하여 국호를 고려로 고쳤다. 고구려라고도 하는데 평양에 자리 잡고 있었으니 곧 낙랑의 [땅]이었다. 그 뒤 당나라에게 격파되어 동쪽으로 옮겨갔다. 후당後唐 때 왕건이 고씨를 대신하여 [일어나] 신라와 백제의 땅을 겸병했다.[7]

18세기에 나라의 칙령을 받들어 편찬한 중국 정사正史의 한 구절이라는 점에서 이 인용문은 조선의 역사에 대한 당대 중국의 공식 견해라고 할 수 있다. 신라에 의한 삼국통일은 언급조차 되어 있지 않다는 점이 주목할 만하다. 요컨대 중국의 입장에서 신라의 삼국통일은 없는 일이다.[8] 위의 인

---

7   『明史』卷320,「外國列傳」1,〈朝鮮傳〉, "朝鮮 箕子所封國也 漢以前曰朝鮮 始爲燕人衛滿所據 漢武帝平之 置眞番臨屯樂浪玄菟 四郡 漢末 有扶餘人高氏 據其地 改國號曰高麗 又曰高句麗 居平壤 卽樂浪也 已 爲唐所破 東徙 後唐時 王建 代高氏 兼倂新羅百濟地".

8   우리는 중국의 이러한 판단에 동의한다. 신라가 통일했다는 고구려와 백제는 각각 발해와 일본에서 부활했다고 보기 때문이다. 반면 중국은 삼국 모두를 중국의 속국으로 보기 때문에 속국들 사이의 통일(의 의미)을 인정하지 않는다. 판단은 같지만 그 이유가 서로 완전히 다른 것이다.

용문에서 조선사는 중국의 기자와 위만이 통치한 조선에서 시작해 한사군으로 이어졌으며, 그 한사군을 점거한 고구려는 다시 당나라에 의해 격파되어 밀리고, 그 고구려를 계승한 고려가 신라와 백제의 땅을 강역으로 삼은 것으로 되어있다. 조선과 한사군과 고구려의 강역은 서로 다르지 않으며 역사적으로 중국의 통치권역 내로 자리매김 되는 셈이다. 그리고 나머지 신라와 백제는 고려에 흡수되고 그 고려를 무너뜨린 이성계는 명나라로부터 유서 깊은 조선이라는 국호를 수여받는다.[9]

우리는 18세기의 중국이 왜 조선사를 이러한 식으로 서술했는지를 살펴야 한다. 위의 사료에 따르자면 조선사는 (기자)조선에서 시작해 (명나라 및 청나라와 각각 신속(臣屬)관계 하에 있던) 조선으로 되돌아온 셈인데, 조선의 역사는 중국인에 의한 통치에서 출발했으므로 중국사의 일부이고 그 영역은 그 조선을 계승한 18세기 당시의 조선이 되돌아온 자리, 곧 한반도라는 데자뷰deja vu를 암시한다. 이로써 중국은 고조선과 고구려를 한반도로 밀어 넣고 조선에서 시작해 조선으로 되돌아오는 조선사 전체를 중국사로 편입하려는 것이다. 그리고 이러한 구도는 현재에도 적용될 수 있다. 한반도에는 여전히 조선(북조선과 남조선)이 있고 대외적으로도 그들은 조선의 전신인 고려Korea로 불리기 때문이다. 조선사에 대한 18세기 중국의 이러한 인식은 당대에 급조된 것이 아니라, 『사기』 이래로 면면히 이어져 내려온 중화 전통을 계승한 것이다.

이를 감안한다면 21세기 중국의 동북공정은 조선에 대한 중국 정사의 전통적 역사전략의 연장선상에 있다고 볼 수 있다(이성규 2004 참조). 그중

---

9   『明實錄』卷223, 洪武 25年 閏 12月 乙酉 참조.

에서는 단순히 무지로 인해 잘못 본 것도 있지만, 앞서의 인용문들과 같이 중화 이데올로기에 의해 왜곡된 것도 상당수이다. 대체로 각론보다는 총론에 해당하는 대목에서, 역사가 오래된 사서史書보다는 상대적으로 그렇지 않은 사서에서 더욱 이데올로기를 조심해야 하며 앞서 인용한 구절들이 바로 이 경우에 해당한다.

물론 중국 정사는 단편적이나마 우리 상고사의 사실들을 증언하고 있기도 하다. 이데올로기로 윤색된 앞서의 인용문에서조차 우리는 중요한 사실을 건질 수 있다. 고구려가 "당나라에게 격파되어 동쪽으로 옮겨 갔다"는 표현이 바로 그것이다. 즉 중국은 고구려가 당나라에게 격파되기는 했지만 그 세력이 뿌리 뽑힌 것은 아니었고, 그 중심이 동쪽으로 옮겨 간 것으로 보고 있다. "동쪽으로"라는 표현은 당나라와의 전쟁 당시 고구려의 강역에 대해, 그리고 "옮겨 갔다"는 고구려−발해의 계승문제에 대한 아주 귀중한 정보를 흘리고 있다. 격파된 고구려의 세력이 동쪽으로 옮겨 갈 수 있기 위해서는 그 무대가 한반도일 수 없다. 한반도의 동쪽은 동해이기 때문이다. 그리고 동쪽으로 옮겨 간 뒤 고구려를 계승한 나라로 우리는 발해 이외의 다른 나라를 상상할 수 없다.

『삼국사기』이전의 사서가 멸실되었고 그 이후의 사서도 많지 않은 우리로서는 우리 상고사 연구를 위해 중국 측 사서에 의존하지 않을 수 없는 것이 현실인데, 그들의 사서들은 약이면서 독일 수 있는 파르마콘pharmakon의 성격을 지니고 있다는 사실을 잊어서는 안 된다. 다음의 구절은 그들의 사서가 우리 상고사 연구에 아주 중요한 약이 되는 경우에 해당한다.

고구려의 땅은 본래 고죽국입니다. 주나라 때에 그곳에 기자를 봉하였고,

한나라 때에는 그곳을 나누어 3개의 군郡을 만들었는데 진晉나라도 요동을 통합했습니다.[10]

『삼국유사』「고조선조」에도 그 일부가 인용되어 있는 저 구절은 수나라와 당나라 때의 유명한 정치가였던 배구裵矩가 수나라의 황제에게 올린 상소문인 까닭에, 다른 사료에서와는 달리 사관도 함부로 위조할 수 없었던 신뢰할 만한 내용을 담고 있다. 중국은 고죽국의 위치를 하북성 노령현으로 비정하고 있는데 배구의 상소문에 의하면 ① 그곳이 기자가 망명한 곳이고, ② 위만조선을 무너뜨린 한무제가 한사군을 설치한 곳이며,[11] ③ 진나라 때만 해도 그곳이 요동이었다. 가히 1타3피라 부름직한 저 귀중한 세 명제는 우리 상고사에 대해 그동안 잘못 알고 있던 아주 중요한 사실을 일깨워주고 있다. 즉 저 사료는 우리가 한반도 내에 있었던 것으로 배워온 기자의 망명지, 위만조선, 한사군의 위치가 모두 고죽국 부근이었으며(1타 3피), 당시의 요동은 지금의 요동보다 훨씬 서쪽을 일컬었음을 그 어느 사료에서보다도 가감 없이 명확하게 증언해주고 있다.[12]

---

10 『隋書』卷67,「裵矩列傳」, "高麗之地 本孤竹國也 周代以之封于箕子 漢世分爲三郡 晉氏亦統遼東". 『구당서(舊唐書)』 63권 「배구열전(裵矩列傳)」에도 이와 동일한 내용이 실려 있다.

11 이 구절을 인용한 일연은 인용문에서의 세 군이 현도, 낙랑, 대방이라면서 "『한서』에는 진번, 임둔, 낙랑, 현도의 네 군으로 되어 있는데 여기서는 세 군으로 되어 있고 그 이름도 같지 않으니 무슨 이유인가?" 하고 묻고 있다. 윤내현 교수는 한사군이 처음에는 낙랑, 진번, 임둔, 현도의 네 개 군이었으나 오래지 않아 낙랑과 현도의 두 개 군이 되었다가 다시 낙랑군을 나누어 대방군을 설치함에 따라 현도, 낙랑, 대방의 세 개 군이 되었다고 본다. (윤내현 1994, 447쪽)

12 나필(羅泌)의 『로사』(路史), 27권에도 조선성이 있는 평주 노룡현이 ① 기자의 망명지이자, ② 한사군의 하나인 낙랑군이 있던 곳으로서, ③ 요(遼)에 속했다면서, 고구려도 그 지역에 있었다고 밝히는 구절이 있다.*(평주 노령현은 오늘날의 하북성 노령현을 말한다.)
  * 羅泌, 『路史』卷27, "箕子後封遼之樂浪 今平州之盧龍 有朝鮮城 故武德以遼爲箕州八年 而高麗亦其地".

다음 절에서부터 시작해 우리는 천지인天地人이라는 동양의 전통적 범주를 빌어 우리 상고사의 체계를 세워보려 한다. 하늘을 뜻하는 천天은 순환을 상징하는 원으로 표기되곤 하는데 순환은 곧 변화를 함축하며 변화는 다시 시간이라는 역사의 한 축을 형성한다. 우리는 하늘이라는 범주 하에 우리 상고사의 종적 계통을 살펴볼 것이다. 땅을 뜻하는 지地는 사방을 의미하는 사각형으로 표기되곤 하는데 사방은 곧 강역을 함축하며 강역은 다시 공간이라는 역사의 다른 한 축을 형성한다. 우리는 땅이라는 범주 하에 우리 상고사의 횡적 강역을 살펴볼 것이다. 사람을 뜻하는 인人은 서있는 사람을 의미하는 삼각형으로 표기되곤 하는데 사람은 곧 민족을 함축하며 민족은 종과 횡으로 뻗치는 연대성으로 역사의 또 다른 한 축을 형성한다. 이 세 축을 바로 세워야 중국이 걸어오는 동북공정이라는 역사적 도전에 제대로 맞설 수 있다.

3. 하늘

동북공정이 겨냥하고 있는 우리 상고사에서 가장 오랜 국가로 꼽히는 고조선은 우리 학계가 공인하는 가장 오래된 역사서인『삼국사기』에 아예 언급조차 되지 않고 있다. 고조선의 건국자인 단군 역시 누락되어 있다.[13] 단군과 고조선에 대한 언급은 같은 고려시대이기는 하지만『삼국사

---

[13] 평양을 "선인 왕검의 집"*이라고 기재한 것이『삼국사기』에서 단군에 대해 우리가 찾을 수 있는 유일한 흔적이다.
*金富軾,『三國史記』券17,「高句麗本紀」,〈東川王條〉, "平壤者 本仙人王儉之宅也".

기』에 비해 늦게 작성된 『삼국유사』와 『제왕운기』에 나온다. 그러나 『삼국유사』는 승려가 쓴 야사野史정도로, 『제왕운기』는 운율시의 형태를 띤 문학작품으로 간주되어 『삼국사기』보다 그 사료적 가치가 낮은 것으로 평가되고 있다. 아쉬운 대로 두 작품에 언급된 고조선사를 차례로 살펴보기로 하자. 먼저 『삼국유사』는 다음과 같이 적고 있다.

> 단군왕검은 당요가 즉위한 지 50년이 되는 경인년에 평양성에 도읍을 정하고 비로소 조선이라고 불렀다.
> 다시 도읍을 백악산 아사달로 옮겼는데 (…중략…) 그는 1500년 동안 백악산에서 나라를 다스렸다. 주나라 무왕이 즉위하던 기묘년에 기자를 조선에 봉하니 단군은 장당경으로 옮겼다가 그 후 아사달로 돌아와 은거하다가 산신이 되었는데 이때 나이가 1908세였다.[14]

여기서 1908년은 한 개인의 수명으로 볼 수 없으므로 단군은 고유명사가 아니라 임금을 호칭하는 보통명사로, 1908년은 단군이 통치한 고조선의 존속기간으로 각각 읽어야 할 것이다.

한편 『제왕운기』는 단군과 그의 나라에 대한 역사를 다음과 같이 적고 있다.

> 처음으로 어떤 사람이 나라를 열고 바람과 구름을 인도하였던가.

---

14 一然, 『三國遺事』, 「紀異」, 〈古朝鮮條〉, "壇君王儉 以唐高(堯) 卽位五十年庚寅 都平壤城 始稱朝鮮 又移都於白岳山阿斯達 (…중략…) 御國一千五百年 周虎(武) 王卽位己卯 封箕子於朝鮮 壇君乃移於藏唐京 後還隱於阿斯達爲山神 壽一千九百八歲".

석제의 후손으로 그 이름은 단군이었다.

요임금이 일어난 시기와 같은 해 무진년에 나라 세워

순임금 시대를 거쳐 하나라 시대를 지나기까지 왕위에 있었다.

은나라 무정 8년 을미년에

아사달산에 들어가 신이 되었다.

나라를 다스리기 1028년인데,

어쩔 수 없는 그 변화 환인으로부터 전해왔다.

그 뒤 164년 만에 어진 사람이 나타나

겨우 군주와 신하를 부활시켰다.[15]

비록 인용된 『제왕운기』의 구절에 단군이 세운 나라의 이름은 표기되어 있지 않지만 인용된 『삼국유사』의 구절과 함께 읽었을 때 그 이름이 고조선임은 쉽게 추론할 수 있다.

노태돈 교수는 위에 인용된 우리 측 사서들이 전하는 기원전 2333년의 단군조선 건국의 기록을 실제 역사적 사실과는 무관한 것으로 일축한다.[16] 국가가 형성되려면 최소한의 객관적 조건으로 농업경제와 청동기 문화가 어느 정도 성숙한 다음에야 가능한데, 한반도와 남만주 지역에서 그러한 객관적 조건의 마련은 기원전 12세기를 올라갈 수 없다는 것이다

---

15 李承休, 『帝王韻紀』 卷下, 「前朝鮮紀」.
初誰開國啓風雲 釋帝之孫名檀君 / 並與帝高興戊辰 經虞歷夏居中宸 / 於殷虎丁八乙未 入阿斯達山爲神 / 享國一千二十八 無奈變化傳桓因 / 却後一百六十四 仁人聊復開君臣

16 노태돈 교수가 대변하고 있는 한국 주류 사학계의 『삼국사기』와 『삼국유사』의 초기 기록 불신론은 그 계승의 여부를 떠나 일제의 식민사학과 별로 다르지 않은 입장인데 우리 측 사료에 대한 이러한 불신론은 한국사에 대한 서양학자들의 시각에도 그대로 반영되고 있다. Fairbank, Reischauer, and Craig 1960, 11장 참조.

(노태돈 2000a, 16쪽). 노태돈 교수의 주장은 고조선의 강역이 한반도와 남만주 지역에 국한해 있었음을 전제하고 있다. 그러나 이는 아직 확정되지 않은 가설일 뿐이다.

청동기 문화가 국가 형성의 필요조건인 것도 아니다. 잉카나 마야 제국에서 보듯이 청동기 문화 없이 국가의 단계에 진입한 경우가 있기 때문이다. 아울러 여러 면에서 고조선을 연상케 하는 요서 지역의 가장 이른 청동기 문화인 하가점 하층문화는 기원전 2410±140년의 교정연대로 측정된 바 있는데, 이는 단군조선의 건국 시점에 접근한 연대이기도 하다.

쑤빙치(蘇秉琦 1993)는 이 시기에 요서 지역에 방국方國 단계의 대국大國이 있었다고 보며, 쉐즈차앙(薛志强 1995)은 이를 하夏나라보다 앞서서 건설된 문명고국古國이라고 부른다. 중국학계에서는 자신들의 역사 속에서 저 국가에 해당하는 이름을 발견할 수 없기 때문에 저런 표현을 사용하고 있는데, 우리의 역사 속에서 이 지역과 연결될 수 있는 대국 혹은 문명고국은 바로 고조선이다(우실하 2018, 73쪽).[17]

---

[17] 하가점 하층문화를 고조선의 문화로 보는 한국과 북한의 대표적 연구로는 다음을 꼽을 수 있다. 윤내현 1994; 한창균 1992; 김영근 2006. 송호정 교수의 『한국 고대사 속의 고조선사』에도 「요서 지역 청동기문화와 고조선」이라는 장이 있다. 그러나 그 장의 주장은 양자가 관련이 없다는 것이다. 송호정 교수는 하가점 하층문화를 담당한 집단이 융적(戎狄), 융호(戎胡)의 선조들이었던 것이 분명하다고 본다(송호정 2003, 109쪽). 그러나 우리는 송호정 교수의 책에서 그 분명하다는 근거를 발견할 수 없었다. 낙후된 문화의 대명사인 저 집단들(송호정 2003, 131쪽)이 하가점 하층문화를 위시한 요하문명의 건설자들이라는 주장은 요하문명에서 고조선을 배제시키려는 중국 측 역사공정을 자발적으로 인정하는 것으로밖에는 볼 수 없다.
송호정 교수는 산융으로도 불리는 융적에 고죽도 포함시키는데(송호정 2003, 96 · 133~134쪽) 앞서 배구의 상소문에서 보았듯이 고죽에서 고구려가 나왔으므로 산융은 고구려가 계승하는 고조선계를 지칭하는 것으로 볼 수 있다(리지린 1962, 702쪽). 신채호(신채호 1931a, 121쪽)와 윤명철 교수는 송호정 교수(송호정 2003, 88쪽)가 산융 세력의 한 종족으로 본 동호(東胡) 역시 고조선일 가능성이 크다고 진단한다. 윤명철 교수는 다음과 같이 말한다.

노태돈 교수는 다음과 같이 말한다.

기원전 2333년이란 연대의 의미는 중국의 신화에 등장하는 이들 중에서 이상적인 인문의 시대를 열었다는 첫 성군으로 공자가 칭송하였던 요임금과 같은 시기에 우리나라가 건국되었다는, 즉 우리가 중국 못지않은 오랜 역사를 지녔다는 의식을 반영한 것이다.(노태돈 2000a, 16쪽)

노태돈 교수는 저 의식이 고려 후기인들에 의해 본격적으로 제기되었고, 그 뒤까지 이어졌는데 "실제 사실이 그러하였다는 것은 아니다"(노태돈 2000a, 17쪽)라고 못 박는다. 중국에 대한 열등 콤플렉스에서 고려 후기인들이 기원전 2333년 단군조선 건국설을 만들어냈다는 말인데, 이는 1부 1장에서 비판적으로 살펴보았던 일제 강점기 일본 사학자들의 견해이기도 하다.

노태돈 교수의 주장과는 달리 요임금과 그의 나라는 더 이상 신화가 아니다. 중국 측에서는 최근의 발굴 성과를 바탕으로 도사 유적지를 포함해 산서성 임분시 요도구 일대를 요임금의 도성인 평양으로 비정하고 있다(中國社會科學院考古研究所·山西省文物局 2015). 도사 유적지의 도성 유적은 기원전 2500~2400년이 그 상한연대임이 측정된 바 있는데(張江凱·魏峻 2004,

"동호는 특정한 종족을 가리키는 종족명칭은 아니다. 서기전 3세기 무렵에 동아시아 지역에서 가장 강력한 군사력과 정치력을 가진 나라 또는 정치집단을 가리키는 일반명사이다. (…중략…) 그 시대 요서 지역은 이미 하가점 하층문화와 상층문화를 거치면서 동아시아 지역에서는 문화가 가장 발달하였고, 유적의 국호와 종류에서 드러나듯이 강력한 정치세력들이 있었다. 서기전 5~6세기부터 동아시아 지역에서는 전국 시대의 강국인 제(齊) 및 연(燕), 조(趙), 조선 등이 상호 각축전을 벌이면서 전쟁을 벌이고 있었고, 그 세력은 조선 또는 조선과 연관된 '국(國)'들이었다. 그렇다면 당시 동쪽 흉노, 또는 동쪽 오랑캐(중국 측 사관)로 불리워진 정치체는 '조선'일 가능성이 크다.(윤명철 2018, 397쪽)

230~231쪽), 이는 단군조선의 건국 시점과 근접한 연대이기도 하다. 요임금의 평양은 요서와는 멀리 떨어진 곳에 위치하므로, 그의 세력이 요서 지역에까지는 미치지 못했을 것이다. 요임금과 그의 나라가 신화가 아닌 역사적 실체임이 밝혀진 이상, 우리는 요임금의 나라와 단군조선이 같은 시기에 건국했다는 기존의 사료들을 새로운 시각에서 연구해야 한다.

『삼국유사』에서 일연은 단군조선 건국 연대를 『위서魏書』와 『고기古記』를 인용하여 고증하고 있다. 『위서』는 북제北齊의 위수魏收가 찬술하였는데 일연이 인용한 『위서』는 단군사화가 빠진 상태로 지금 전하는 북송대의 교감본 『위서』가 아니라, 지금 전하지 않는 그 이전의 고본古本 『위서』로 추정된다(박대제 2001). 『고기』는 여러 종류의 사서를 가리키는듯한데 이 역시 지금은 전하지 않는다(이강래 1992). 노태돈 교수는 아마 원전들의 미확인을 빌미로 『삼국유사』 「고조선조」의 기록을 고려 후기인들의 창작으로 단정하는 것 같다. 이 역시 일찍이 최남선(1954, 44쪽)에 의해 비판된 일제강점기 일본 사학자들의 견해이기도 하다(那珂通世 1894; 今西龍 1929; 1937). 인용문의 출처를 반드시 명기하고 인용문에 본인의 비판적 주석을 적절히 곁들이면서도 이를 본문과는 철저히 분리해 표기했던 일연이 『삼국유사』의 첫머리부터 가공의 창작문을 인용문으로 둔갑시켜 기록했다는 근거는 없다. 인용된 문헌들이 후대에 실전失傳된 경우는 『삼국유사』 이외에도 많으므로 그것만을 이유로 인용문을 불신해서는 안 된다.

『삼국유사』의 「고조선조」가 우리도 중국 못지않은 오랜 역사를 지녔음을 보일 목적으로 고려 후기인들이 만들어낸 것이라는 견해는 중국이 만든 화이관華夷觀을 고려 후기인들에 투사한 것이다. 그러한 투사는 별 근거가 없는 소급 추정에 불과하다. 단군이 요임금과 같은 시대의 인물이라는

『삼국유사』와『제왕운기』의 기록은 단군의 아들 부루가 하나라의 우임금과 도산에서 회동하였다는 다른 기록들에 의해서도 간접적으로 뒷받침된다.[18] 이 기록들까지 모두 부정해야 하는 부담을 안고 있는 노태돈 교수와 일제 강점기 일본 사학자들의 견해가 식민사학에 대한 선학의 비판에도 불구하고 현재까지 우리 학계에서 정설로 군림하고 있다는 사실은 우리가 아직도 중국에 대한 콤플렉스에서 벗어나지 못했기에 가능한 일인지도 모른다.[19]

앞서 인용한『제왕운기』로 돌아가 이를『삼국유사』와 대조해보자. 고조선의 역사를『삼국유사』는 1908년으로,『제왕운기』는 1028년으로 각각 달리 표기하고 있다. 그 이유는 무엇일까? 이어지는『제왕운기』의 다음과 같은 구절에서 그 해답을 찾을 수 있다.

> 후조선의 조상은 기자로서
> 주나라 무왕 원년 기묘 봄에
> 도망해 와 이곳에 이르러 스스로 나라를 세웠는데
> 주나라 무왕은 멀리서 그를 봉하고 명을 내려 다스리니,
> 이에 감사하지 않을 수 없어 들어가 인사를 올렸다.[20]

---

18 권람의 『응제시주』, 허목의 『동사(東事)』,『세종실록』「지리지」 등 조선시대의 사료 외에도 고려 말 안향이 지은 시 「충선왕을 시종하여 연경에 가는 감회(侍從忠宣王如元時感吟)」에서 해당 기록을 찾을 수 있다. 1부 1장에서 보았듯이 신채호는 중국의 역사서『오월춘추』도 부루가 우임금을 만나 치수(治水)의 도(道)를 가르친 이야기를 기록하고 있는 것으로 해석한다.(신채호 1931b, 56~57쪽)

19 윤명철 교수는 "중화문명이 고조선문명 또는 우리의 역사를 압도했다"는 믿음을 자타가 공유하고 있다고 시인한다.(윤명철 2018, 414쪽)

20 李承休,『帝王韻紀』卷下,「後朝鮮紀」.
後朝鮮祖是箕子 周虎元年己卯春 / 逋來至此自立國 周虎遙封降命綸 / 禮難不謝乃入觀

이 구절에서의 기자는 앞선 인용 구절에서 고조선의 1028년 역사가 끝난 "뒤 164년 만에 나타나 겨우 군주와 신화를 부활시켰다"는 바로 그 "어진 사람"이다. 그런데 그러한 기자가 『삼국유사』에는 단군이 통치하던 시기에 고조선에 온 것으로 되어 있다. 『제왕운기』와 『삼국유사』가 전하는 고조선의 역사는 여기에서 다음과 같이 결정적으로 차이가 나고 있는 것이다.

『제왕운기』에 의하면 고조선은 요임금이 일어난 시기와 같은 해 무진년에 건국되어 1028년을 존속하다가 은나라 무정 8년 을미년에 망하였고, 164년 뒤인 주나라 무왕 원년인 기묘년 봄에 도망해 온 기자가 세운 후조선은 주나라의 제후국이다. 반면 『삼국유사』에 의하면 고조선은 요임금이 즉위한 지 50년이 되는 경인년에 건국되어 주나라 무왕이 즉위하던 기묘년 봄에 조선에 봉해진 기자가 조선에 온 뒤로도 400여 년간 더 존속되어 총 1908년의 역사를 남겼다. 『삼국유사』와 『제왕운기』의 이러한 차이는 이 두 사료가 고조선 건국이라는 동일한 사건과 그 이후의 조선상고사에 대해 서로 다른 사관과 전승의 경로를 밟아온 앞선 사료들에 의거해 편찬되었음을 시사한다.

중국 내륙에 위치해 있던 은나라로부터 출발한 망명객인 기자가 도달한 고조선은 주나라로부터 아주 멀리 떨어진 곳이라고 보기 어렵다. 주나라 무왕이 멀리서 그를 봉했다는 『제왕운기』의 표현은 기자의 망명지가 주나라로부터 먼 곳에 있었다는 의미가 아니라 무왕이 있던 곳, 즉 주나라의 도읍지로부터 먼 곳에 있었다는 의미로 보는 것이 더 자연스럽다. 기자 당시 고조선의 서쪽 국경은 주나라 초기의 동쪽 국경에서 멀지 않았을 것이다.

이형구 교수는 기자가 고조선에 오자 단군이 장당경으로 도읍을 옮겼다는 『삼국유사』의 구절을 기자의 이주로 말미암아 단군조선에서 기자조선으로의 정권교체가 일어난 것으로 해석한다(이형구·이기환 2009, 297쪽).[21] 그러나 이는 그 구절이 놓여있는 전후 맥락과 서술의 스타일을 감안할 때 받아들이기 어려운 과잉 해석이다. 『삼국유사』는 고조선의 건국과 도읍지 이주를 일관되게 중국의 역사적 사건에 견주어 그 년도를 표기하고 있다. 중국의 역사적 사건과 고조선의 역사적 사건은 인과 관계 하에 놓여 있는 것이 아니라 동시대 사건으로 병렬되어 있는 것으로 읽어야 한다. 당요가 즉위한 것이 원인이 되어 단군이 도읍을 정했다거나 기자가 조선에 온 것이 원인이 되어 단군이 도읍을 옮긴 것이 아니라, 당요가 즉위한 지 50년 후에 단군이 도읍을 정했고 기자가 조선에 온 즈음에 단군이 도읍을 옮긴 것이다.

망명객 기자가 『제왕운기』의 기록처럼 후조선을 세웠거나 이형구 교수의 해석처럼 단군조선의 정권교체를 이루었다면, 이후의 조선상고사는 동북공정이 주장하는 바대로 중국인의 지배하에 놓이게 되는 것으로 해석될 위험이 있다. 우리에게 익숙한 조선상고사의 체계에 의하면 주나라에서 망명한 기자가 세운 소위 기자조선이 그의 41대손인 준왕까지 지속되다가 기자조선을 찬탈한 연나라의 장수 위만이 세운 소위 위만조선이 들어서고, 위만의 손자 우거왕에 이르러 위만조선이 한무제의 공격으로 무너진 다음에 조선은 한사군의 지배를 받는 것으로 되어 있다. 비록 기자조선, 위만조선이라는 표현은 사용하고 있지 않지만 『제왕운기』가 함축

---

21 윤내현 교수도 단군이 도읍을 장당경으로 옮긴 것이 기자가 조선으로 망명 온 것과 관계가 있다고 보고 있다(윤내현 1994, 80쪽). 다음에서 보듯이 우리는 이 역시 잘못된 해석일 수 있다고 본다.

하는 3조선설은 조선상고사를 분해해 자신들의 역사로 흡수하려는 동북공정의 기획자에게는 호재가 아닐 수 없다.

이형구 교수의 해석과는 달리 기자의 이주 후에도 단군조선은 한 번 더 수도를 옮기면서 400여 년을 존속하였다. 1,900여 년의 긴 역사를 지녔고 도합 네 번이나 도읍지를 옮길 정도의 넓은 강역이었던 단군조선은 이주한 망명객에게 정권을 내줄 정도의 약소국이나 미개국이 아니었던 것이다. 그럼에도 이러한 무리한 해석이 건재한 배경에는 고려 이래 지속되어온 기자에 대한 존숭의 전통이 놓여있다. 그 존숭의 전통은 기자가 조선으로 망명해 예의와 농사, 누에치기, 길쌈 등을 가르치고 8조의 가르침을 제정했다는 『후한서』「동이열전」과 『삼국지』「위서」〈동이전〉의 기록에 근거하고 있다.[22]

그러나 『한서』「지리지」의 다음 구절은 좀 다른 기록을 남기고 있다.

> 기자는 조선으로 갔는데 그곳의 주민들을 예의로써 가르치고 농사짓고 누에 치고 길쌈하면서 생활했다. 낙랑조선 주민의 범금 8조는 사람을 죽이면 바로 죽음으로써 배상하고….[23]

기자가 농사, 누에치기, 길쌈을 가르쳤다는 것이 아니라 그런 일을 하며 살았다는 것인데 이는 농사, 누에치기, 길쌈 등이 기자가 망명한 BC 1100년 무렵에 이미 보편화되어 있었다는 고고학적 발굴결과와도 잘 어울린다.

---

22 范曄, 『後漢書』, 「東夷列傳」, 〈濊條〉, "箕子敎以禮義田蠶 又制八條之敎"; 陳壽, 『三國志』卷 30, 「魏書」, 〈東夷傳〉, 【濊條】, "濊昔箕子旣適朝鮮 作八條之敎以敎之".
23 班固, 『漢書』, 「地理志」, 〈燕條〉, "箕子去之朝鮮 敎其民以禮義田蠶織作 樂浪朝鮮民犯禁八條 相殺以當時償殺".

앞서 언급된 '8조의 가르침'에서의 8조를 지칭하는 범금 8조도 그가 제정한 것이 아니라 이미 그가 망명한 낙랑조선 지역에 그러한 법이 있어 시행되어왔음을 말해주고 있다.(정인보 1946, 상권, 190~191쪽; 이병도 1975, 66쪽)

조선으로의 망명 후 기자의 행적에 대한 『한서』, 『후한서』, 『삼국지』에 대한 기록이 이처럼 달라진 이유는 무엇인가? 윤내현 교수는 이에 대해 다음과 같은 해석을 내린다.

> 『한서』는 『후한서』나 『삼국지』보다 앞서 편찬된 역사서이므로 사료로서 가치가 더 높다. 그러므로 『한서』의 기록을 택하는 것이 옳다. 『후한서』와 『삼국지』의 내용은 화이사상華夷思想이 팽배해지면서 중국 중심으로 윤색하여 기자를 미화했음을 알 수 있다.(윤내현 2007, 164쪽)

기자는 예의를 가르친 사상가였지 농업혁명가나 법령 제정자, 정권 탈취자, 후조선 건국자는 아니었던 것이다. 그리고 고조선에 이미 범금 8조와 같은 법이 행해지고 있었다는 사실로부터 우리는 고조선이 법 체제와 그것을 집행하는 공권력을 갖춘 국가였음을 추론할 수 있다.(윤내현 2007, 164쪽)

준왕이 위만에게 빼앗긴 나라도 고조선 전체라기보다는 기자가 망명했던 국경 근처의 나라(고조선의 거수국)일 가능성을 열어두어야 한다. 김정배 교수는 위만이 중국 측 사서인 『사기』와 『한서』에는 '만'으로만 표기된 것에 착안해 "그의 성이 중국인에게 알려지지 않았다는 사실은 그가 중국인이 아닌 조선인이었음을 반영하는 것"(국사편찬위원회 1990, 18쪽)이라고 추론한다. 그러나 그러한 중국 측 사서에도 그는 연나라 사람으로 표기되어 있다. 설령 김정배 교수의 추론이 맞다 해도 위만은 문화적으로는 이미 연나라에 동화된 사람이었을 것이다. 그렇지만 ① 위만의 왕위 찬탈 이후에도 '조선'이라는 국호는 그대로 유지되었고 ② 수도의 이름도 고조선을 건국한 단군왕검의 또 다른 표기인 '왕험'이라 했으며 ③ 정권의 고위직에 조선인들로 보이는 사람들이 상당수 포진되어 있었다는 점을 감안할 때 위만조선 역시 우리 역사의 일부에 포함시키는 것이 옳다. 일본인 후지모리가 페루의 대통령이었다 해서 후지모리 통치 시절의 페루 역사가 일본사의 일부가 되는 것이 아니고 일제가 조선을 통치했다 해서 일제 강점기의 조선사가 일본사의 일부가 되는 것이 아니듯이, 연나라에서 온 위만이 위만조선을 통치했다고 해서 위만조선의 역사가 바로 중국사의 일부가 되는 것은 아니다.[24]

『삼국유사』보다 늦게 간행된 『제왕운기』가 조선상고사의 전통적 준거로 채택되어왔다는 것은 단군에 대한 표기를 통해서도 확인할 수 있다. 단군의 존재를 우리 역사에 활자로는 처음 알린 삼국유사에는 단군이 '壇君'으로 표기되어 있건만 『제왕운기』는 단군을 '檀君'으로 표기했고 후대에 단군을 언급한 대표적 텍스트인 『고려사』「지리지」, 『세종실록』「지리지」, 『응제시주』 등도 『삼국유사』가 아닌 『제왕운기』의 표기를 따르고 있다. 단군의 이러한 상이한 표기는 단군이 원래 우리 고유의 말이었는데 이를 한자로 전사轉寫하는 과정에서 생겨난 것일 수 있다.

『삼국유사』를 준거로 했을 때 기자는 고조선의 왕이나 기자조선의 건국자가 아니었다. 설령 기자의 후손이 왕위에 올랐다 해도 그들은 이미 조선에 동화된 조선인이었을 것이다. 한 사람이 조선인이냐 중국인이냐는 핏

---

24 따라서 우리는 위만조선을 우리 역사에서 배제하고 있는 신채호와 윤내현 교수와 입장을 달리한다. 신채호 1931b, 194쪽; 윤내현 1994, 77쪽 참조.

줄보다는 그를 형성한 문화적 정체성에 의해서 결정되어야 하는 문제이기 때문이다. 이는 한국에서 미국으로 이민 간 사람의 몇 세대 후손들을 미국인으로 간주하는 것과 같은 맥락에서이다.[25] 지금까지의 논의만으로도 『삼국유사』와 『제왕운기』 중 동북공정에 맞서기 위해 우리가 준거해야 할 상고사에 관한 사료가 어떤 것인지는 분명해진다. 둘 다 귀중한 사료이고 상호보완적으로 사용해야 하겠지만, 양자가 불일치를 보이는 상고사에 관한 부분에서는 『삼국유사』에 더 무게를 두어야 할 것이다.

4. 땅

고조선이 도읍지를 여러 번 옮겼다는 사실은 고조선의 성장과 쇠퇴와 맞물려 그 중심지가 이동했음을 함축한다. 사료에 명기된 도읍지들이 구체적으로 어디인지, 그리고 고조선의 국경선이 어디였고 어떻게 변화했는지에 대해서는 더 많은 연구와 논의가 필요한 것이 사실이다.[26] 이 절에서는 동북공정과 직접 관련이 있는 고조선의 서쪽 국경으로 논의의 초점을 국한하기로 한다.

위만조선과 한나라가 대치하던 때의 전후로 양국의 국경은 패수나 그 근방이었던 것 같다. 위만이 고조선으로 망명할 때 건넜던 강이 패수이고[27] 한무제의 군사가 위만조선의 마지막 왕 우거를 격파한 곳도 패수라

---

25 따라서 우리는 기자와 그 후손을 우리 역사에서 배제하고 있는 신채호와 윤내현 교수와 입장을 달리한다. 신채호 1908, 243쪽; 윤내현 1994, 77~78쪽 참조.

26 이에 대해서는 그동안 다음의 연구들이 준거점의 역할을 해왔다. 서영수 1988; 노태돈 1990.

27 司馬遷, 『史記』, 「朝鮮列傳」, "滿亡命 聚黨千餘人 魋結蠻夷服而東走出塞 渡浿水 居秦故空

는[28] 중국 측 사료가 그 근거이다. 그러나 패수가 어디인지를 찾기는 쉬운 일이 아니다. 패수라는 이름의 강이 여럿이기 때문이다. 중국의 삼국시대에 저술된 지리서인 『수경』은 패수의 위치에 대해 다음과 같이 서술하고 있다.

> 패수는 낙랑군 루방현에서 발원하여 동남으로 임패현을 지나 동으로 흘러 바다로 들어간다.[29]

이보다 앞서 동한시대에 허신에 의해 편찬된 『설문해자』도 패수에 대해 거의 같은 서술을 남기고 있다.

> 패수는 낙랑(군) 루방(현)을 나와 동쪽으로 바다에 들어간다.[30]

이로부터 우리는 위의 두 인용문에 나오는 패수가 동일한 패수임을 추론할 수 있다. 이 패수는 낙랑군에서 발원한다고 했으므로 위만조선을 격파한 뒤 한무제가 세웠다는 한사군의 하나인 낙랑군의 위치를 살피는 데에도 도움이 될 수 있다. 이 두 인용문의 저술시기를 바탕으로 우리는 동한시대부터 삼국시대까지에는 낙랑군에서 발원해 동쪽 바다로 들어가는 강의 명칭이 패수였음을 확인한다.

조선상고사에 대한 반도사관을 정당화해야 하는 동북공정의 관점에서

地上下部".
28 司馬遷, 『史記』, 「朝鮮列傳」, "左將軍破浿水上軍".
29 酈道元, 『水經注』卷14, 「浿水」, "浿水出樂浪郡鏤方縣 東南過臨浿縣 東入於海".
30 許愼, 『說文解字』卷11上, "浿水出樂浪鏤方 東入海".

패수와 낙랑군에 대한 『수경』과 『설문해자』의 해당구절은 문제가 아닐 수 없다. 패수와 낙랑군이 한반도 안에 있다면 패수가 흘러들어가는 바다는 동해가 되는데 낙랑군에서 발원하여 동해로 흘러들어가는 강을 한반도 안에서 찾을 수 없기 때문이다. 그런데 북위의 역도원이 지은 『수경주』의 다음 구절과 이에 대한 노태돈 교수의 해석이 문제를 해결하는 것처럼 보인다.

옛날에 연지방의 사람 위만은 패수의 서쪽으로부터 조선에 이르렀는데 조선은 옛날 기자의 나라였다. 전국시대에 위만이 그곳의 왕이 되었다. 위만의 손자 우거 때에 이르러 (한)무제는 원봉 2년 누선장군 양복(楊僕)과 좌장군 순체筍彘를 파견하여 우거를 토벌하였는데 패수에서 우거를 격파하여 마침내 그 나라를 멸망시켰다. 만약 패수가 동쪽으로 흘렀다면 위만이나 양복, 순체가 패수를 건넜을 수가 없다. 그 지역은 지금의 고구려 도읍이었다. 그래서 나는 고구려 사신을 방문하여 물어보았더니 그는 말하기를 "고구려 도성이 패수의 북쪽에 있다"고 하였다. 그 강은 서쪽으로 흘러 옛 낙랑군 조선현을 지난다. 조선현은 낙랑군의 치소로서 한무제가 설치한 것이다. 패수가 서북쪽으로 흐르기 때문에 『한서』 지리지에서 말하기를 패수는 서쪽으로 증지현에 이르러 바다로 들어간다고 하였고, 한나라가 일어났으나 조선이 멀기 때문에 요동의 옛 요새를 다시 수리하고 패수에 이르러 경계로 삼았다고 하였다. 패수의 흐름을 고금의 사실을 통해 살펴볼 때 『수경』의 기록은 사실과 차이가 있는데 아마도 『수경』이 잘못 고증한 듯하다.[31]

---

31 酈道元, 『水經注』 卷14, 「浿水」, "昔燕人衛滿 自浿水西至朝鮮 朝鮮故箕子國也 戰國時 滿乃王之 至其孫右渠 武帝元封二年 遣樓船將軍楊僕左將軍筍彘討右渠 破渠於浿水遂滅之 若浿

노태돈 교수는 역도원과 고구려 사신의 문답 중에서 "그 강은 서쪽으로 흘러 옛 낙랑군 조선현을 지난다"는 구절을 고구려 사신이 한 말로 보고 있다. "역도원의 조상이 낙랑군과 어떤 관계가 있었던 것으로 여겨"지는데 "모처럼 만난 고구려 사신에게 그 수도와 패수의 관계만을 질문하였을 것으로 여겨지지는 않는다"(노태돈 1990, 45쪽)는 것이다.

조상이 낙랑군과 어떤 관계가 있을 것이고 그래서 "낙랑군에 각별한 관심을 지녔을 것은 분명하다"(노태돈 1990, 45쪽)는 노태돈 교수의 희망 섞인 단정에도 불구하고 조선상고사에 대한 역도원의 지식은 신통치 않은 것이었다. 서한 때 망명하여 나라를 세우고 왕이 된 위만을 전국시대에 왕이 되었다고 잘못 서술하고 있는 것부터 그렇다. 아울러 처음부터 역도원은 패수와 낙랑군이 한반도 안에 있다는 전제를 가지고 자신의 추론을 시작하고 있다. 그런 패수가 동쪽으로 흘렀다면 문제가 생기므로 패수는 서쪽으로 흘러야 하는데, 바로 이 근거를 고구려의 사신으로부터 얻어내고 있다. 전제 밀수의 오류를 범하고 있는 것이다.

노태돈 교수는 역도원 당대에는 고구려에서 대동강이 패수로 불렸는데 그의 대화 상대자인 고구려 사신이 그 패수에 대해서 말한 것으로 본다. 고구려가 현재의 평양으로 도읍을 옮긴 것은 427년이므로 인용문에서 사신이 말하는 고구려의 도읍은 현재의 평양을 지칭한다는 것이다(노태돈 1990, 44쪽). 노태돈 교수는 "그 강은 서쪽으로 흘러 옛 낙랑군 조선현을 지난다"는 말에 대해 "역도원이 참조한 이전 시기의 문헌에서 패수의 흐

水東流 無渡浿水之理 其地今高句麗國治 余訪蕃使 言 城在浿水之陽 其水西流逕故樂浪朝鮮縣 卽樂浪郡治 漢武帝置 而西北流 故地理志曰 浿水至增地縣入海 考之古今 於事差謬 蓋經誤證也".

름과 위의 두 지점과의 위치 관계를 기술한 것이 없는데도, 이렇듯 명기하였던 것은 고구려 사신과의 문답을 통한 지식에 의해서라고 보아야겠다" (노태돈 1990, 45쪽)고 추론한다. 그러나 역도원이 참조한 이전 시기의 문헌에서 패수의 흐름을 이렇게 기술한 것이 없다는 사실 자체가 이미 "그 강은 서쪽으로 흘러 옛 낙랑군 조선현을 지난다"는 말의 신빙성을 떨어뜨리고 있다. 역도원이 참조한 이전 시기의 문헌에서 패수의 흐름을 이렇게 기술한 것이 없는 이유는 그 기술 자체가 사실과 맞지 않기 때문이다.

설령 역도원이 패수가 서쪽으로 흘러 옛 낙랑군 조선현을 지난다는 정보를 고구려 사신으로부터 얻었다 해도, 이를 바탕으로 위만조선과 한나라의 국경이었던 패수가 서쪽으로 흘러 옛 낙랑군 조선현을 지난다고 추론해서는 안 된다. 그러한 추론은 권위에 호소하는 오류를 범하고 있기 때문이다. 5세기 말에서 6세기 초에 북위를 방문했던 고구려 사신이 기원전의 조선상고사에 대한 권위자인지도 매우 의심스러운 마당에 그의 말만 토대로 동한시대의 『설문해자』나 삼국시대의 『수경』에 나오는 패수의 방향을 바꾸는 무리수를 두고 있는 역도원의 『수경주』를 믿어서는 안 될 것이다.

믿기 어려운 것은 노태돈 교수도 마찬가지이다. 그는 같은 논문에서 역도원의 『수경주』를 옹호하면서도 정작 패수는 압록강이라고 주장한다(노태돈 1990, 68쪽). 앞서 보았듯이 역도원의 결론은 패수가 대동강이라는 것이었다. 그렇다면 노태돈 교수가 취할 수 있는 입장은 역도원에 따르면 그가 살던 시기에는 고구려인(북위에 와 역도원을 만난 사신)이나 중국인(역도원)이나 패수를 대동강으로 보았는데 그들은 모두 잘못되었고 사실 패수는 압록강이라는 것이다. 그렇다면 노태돈 교수는 왜 그 자신도 믿지 않는 역도원의『수경주』를 옹호했던 것일까? 같은 논문에서 노태돈 교수는 역도원의『수경주』를 낙랑군 조선현이 평양 일대가 아닌 남만주 지역에 있었다는 견해와 패수가 대릉하라는 견해 등을 비판하는 근거로 사용하고 있다. 그러나 역도원과『수경주』의 역할은 거기까지만이다.

노태돈 교수 이전에 역도원의『수경주』에 주목한 학자로는 노태돈 교수의 은사인 이병도가 있다. 그는 대동강과 압록강 사이에 있는 청천강을 패수로 보았다(이병도 1933).[32] 세 강은 거의 평행선처럼 나란히 서쪽으로 흘러 황해로 들어간다. 그런데 역도원이 인용한대로 위만은 패수의 서쪽으로부터 조선에 이르렀다. 위만조선이 한반도에 있고 패수가 대동강이나 청천강이라면 패수의 서쪽은 황해가 된다. 그렇다면 위만은 패수가 아닌 황해를 건넌 셈이 되는 것이다. 아마도 노태돈 교수는 이러한 문제점을 인식하고 대동강이나 청천강이 아닌 압록강으로 관심을 돌린 것 같다. 그러나 대동강이나 청천강과 마찬가지로 압록강도 서쪽으로 흐르는 강이기에 위만은 여전히 이 강들을 서쪽으로부터 건널 수 없다. 패수가 대동강, 청천강, 혹은 압록강이라면 위만이 패수를 건너 조선에 올 수 있는 유일한 가능성은 북쪽으로부터 남쪽으로 건너는 것이다.

설령 역도원을 좇아 패수의 방향을 바꾸는 무리수를 둔다 해도, 혹은 이병도나 노태돈 교수의 주장을 따라 패수를 청천강이나 압록강으로 본다 해도, 그들은『수경』은 고사하고『수경주』에 묘사된 패수의 방향에도 맞출 수 없다.『수경』에 의하면 패수는 동남쪽으로 흐른다. 역도원은 이를 거꾸로 돌려 패수가 서북쪽으로 흐른다고 보았다. 그런데 역도원이 패수

---

32 이병도와 노태돈 교수 모두 패수를 청천강으로 보았다는 윤내현 교수의 주장은 잘못된 것이다. 윤내현 1994, 233·241쪽 참조.

로 보는 대동강이나 이병도가 패수로 보는 청천강이나 노태돈 교수가 패수로 보는 압록강은 모두 서남쪽으로 흘러 바다로 들어간다. 세 강 모두 『수경』이나 『수경주』의 서술과 맞지 않게 흐르고 있는 것이다. 사실 이 모든 문제는 패수의 방향 이전에 패수를 한반도에 위치시키려는 데서 생겨난다. 역도원설의 아류인 이병도, 노태돈 교수의 설이 지니는 문제의 근원도 결국은 마찬가지이다.

『수경』이 말하는 패수가 위만조선과 한나라의 국경이었다면 위만조선은 한반도 바깥에 있었다. 낙랑군에서 발현해 동해로 빠지는 강은 한반도에 없기 때문이다. 「잃어버린 편지」의 저자 애드거 앨런 포의 메시지는 평범한 사실에 진실이 깃들어 있다는 것이었다. 『수경』의 원문을 고쳐가면서까지 역도원이 찾으려 했던 강이 한반도에 있을 수 없다는 이 평범한 지리적 사실의 재확인은 반도사관에 입각한 동북공정에 맞설 수 있는 작지만 의미 있는 발걸음이 아닐 수 없다.[33]

그렇다면 패수와 낙랑은 어디에 있었을까? 이에 대한 답을 찾기 위해 중국 측 사서를 살펴보자.

> 낙랑군은 옛 조선국인데 요동에 있다.[34]

> 『지리지』에서 말하길, 패수는 요동의 요새 바깥에서 나온다.[35]

---

33 중국학자 탄치상이 편찬한 『중국역사지도집』은 한국 학자들의 학설을 반영한 듯 패수를 청천강으로 명기하고 있으며 『내셔널 지오그래픽』도 이를 답습하고 있다. *National Geographic* 한국판, 2003.1, 13쪽 참조.
34 范曄, 『後漢書』, 「光武帝 本紀」, "樂浪郡 故朝鮮國也 在遼東".
35 張守節, 『史記正義』, 「朝鮮列傳」, "地理志云浿水出遼東塞外".

조선왕 만滿은 옛날 연나라 사람이다. 당초 연나라의 전성기일 때 진번과 조선을 침략하여 복속시키고, 관리를 두어 장벽과 요새를 쌓았다. 진나라가 연나라를 멸한 뒤에는 [그곳을] 요동 바깥의 경계에 소속시켰는데, 한나라가 일어나서는 그곳이 멀어 지키기 어려우므로 다시 요동의 옛 요새를 수리하고 패수까지를 경계로 하여 연나라에 복속시켰다[36]

인용한 사료들은 패수와 낙랑이 모두 한반도의 바깥 요동에 있음을 확인해주고 있다.[37]

패수와 낙랑이 모두 한반도 안에 있었다고 주장하는 학자들은 그 근거로 다음의 사료를 인용하곤 한다.

『괄지지』에서 말하길, 고[구]려는 도읍이 평양성인데 평양성은 원래 한나라 낙랑군 왕험성이다. 곧 고조선 땅이다.[38]

패수와 낙랑이 모두 한반도의 바깥에 있었다고 주장하는 이덕일 교수는 이 사료가 고의성은 없지만 427년에 현재의 평양으로 도읍을 옮긴 고구

36　司馬遷, 『史記』, 「朝鮮列傳」, "朝鮮王滿者 故燕人也 自始全燕時 嘗略屬眞番朝鮮 爲置吏 築鄣塞 秦滅燕 屬遼東外徼 漢興 爲其遠難守 復修遼東故塞 至浿水爲界 屬燕".

37　이병도는 세 번째 인용문의 후반부를 다음과 같이 번역하고 있다.
　　"한(漢)이 진(秦)에 대신하여 일어나자 한은 (조선·진번)이 멀어서 지키기 어렵다는 이유로 물러가 요동의 고새(故塞)를 수리하는 동시에 패수(청천강)로써 경계를 삼고, 그 이남의 진번·조선은 한의 연후국(燕侯國)에 속(형식상)하였다."(이병도 1975, 74쪽)
　　그러나 본문에는 한이 물러갔다거나 패수가 청천강이고 그 이남이 진번·조선이라는 표현은 없다. 진번·조선이 한의 연후국에 속한다는 표현 역시 마찬가지이다. 패수가 청천강이라는 자신의 주장을 정당화하기 위해 본문을 자의적으로 번역한 것이다.

38　張守節, 『史記正義』, 「朝鮮列傳」, "括地志云高驪都平壤城 本漢樂浪郡王險城 又古云朝鮮地也".

려의 평양성을 고조선이나 위만조선의 왕험성으로 혼동하고 있다고 본다
(이덕일 2009, 64~65쪽). 중국 측 사료 중에서도 옥석을 잘 가려야 한다는
것이다.

『괄지지』의 해당 구절은 이덕일 교수가 주장하듯이 틀린 것일까? 고구
려의 도읍이 평양성이고 평양성이 한나라의 낙랑군이었음을 증언하는 사
료는 『괄지지』 말고도 『구당서』, 『신당서』, 『통전』, 『사기정의』 등 많다.
과연 이들 모두를 틀렸다고 할 수 있을까? 해답은 다름 아닌 바로 이 사료
들에서 찾을 수 있다.

> 고[구]려는 본래 부여와 갈라진 종족이다. 그 나라는 평양성에 도읍하였으
> 니, 곧 한나라 낙랑군의 옛 땅이다. 장안에서 동쪽으로 5천 1백리 밖에 있다. 동
> 으로는 바다를 건너 신라에 이르고, 서북으로는 요수를 건너 영주에 이른다. 남
> 으로는 바다를 건너 백제에 이르고, 북으로는 말갈에 이른다.[39]

위의 두 인용문에 등장하는 고구려는 대동강 유역에 있던 고구려가 아
니며 평양성도 현재의 평양에 있을 수 없다.[40] 동으로 바다를 건너 신라에

---

39 『舊唐書』, 「東夷列傳」, 〈高句麗條〉, "高麗者 出自扶餘之別種也 其國都於平壤城 卽漢樂浪郡之
故地 在京師東五千一百里 東渡海至於新羅 西北渡遼水至于營州 南渡海至于百濟 北至靺鞨".
같은 내용의 구절을 『신당서』 「동이열전」 〈고구려조〉에서도 찾을 수 있다.

40 고대 한국어에서 평양은 대읍(大邑)이나 장성(長城)을 의미했다(이병선 1982, 132쪽).
따라서 평양은 한 곳에만 있었던 게 아니라 도읍의 이동에 따라 변경했을 것으로 보는 게
합당하다. 윤내현 교수는 고구려의 평양성이 오늘날의 평양에 있지 않았을 가능성을 제
기한다. 윤내현 1984, 33쪽 참조. 그의 제자 복기대 교수는 한 걸음 더 나아가 패수와 관
련해 『수경주』의 기록도 맞고 역도원이 만난 고구려 사신의 기록도 맞는다고 해석한다.
고구려의 도읍은 여러 번 옮겼는데 역도원이 고구려 사신을 만났을 때의 도읍은 요양부
근이었고, 그 북쪽에 위치한 태자하를 포함한 혼하 수계가 패수였다는 것이다(복기대
2010, 232쪽). 그러나 태자하를 포함한 혼하 수계는 대동강, 청천강, 압록강과 마찬가지

이르고, 서북으로 요수를 건너 영주에 이르며, 남으로 바다를 건너 백제에 이르고, 북으로 말갈에 이르는 고구려와 평양성은 한반도의 바깥에 있어야 한다. 대동강 유역의 평양에서 신라나 백제에 이르는데 각각 동이나 남으로 바다를 건너야 할 필요가 없기 때문이다. 위의 사료는 한반도 바깥에 있던 고구려의 평양성이 낙랑군의 옛 땅이고 고조선의 땅임을 말하고 있다. 패수와 낙랑이 모두 한반도 안에 있었다고 주장하는 학자들이 대는 근거의 바로 다음 구절에 그 근거를 뒤집는 구절이 나오는 것이다.

5. 사람

동북공정의 논리를 펴는 중국인들은 한민족이 통일신라시대에 와서야 형성되었다고 본다. 그에 앞선 나라들은 한민족이 형성되기 이전 시기에 속하므로 한민족의 역사에 포함시키는 것은 무리라는 것이다. 이는 통일신라의 북쪽 한계선이었던 대동강 이북의 영토와 역사를 자신들의 것으로 흡수하기 위한 정략적 포석이다. 그들의 공정工程은 공정攻征을 함축한다. 고조선, 부여, 발해 등의 역사를 다루지 않고 있는 『삼국사기』가 우리 사학계가 인정하는 가장 오래된 역사서인 점도 그들에게는 호재이다. 『삼국사기』의 제목이 시사하듯이 우리 역사는 통일이 아닌 분열로 시작하는 것처럼 보이기 때문이다.

우리 학계에도 통일신라에 앞선 나라들과 우리의 연관성을 부정하는 목

로 서남쪽으로 흐른다. 복기대 교수의 설에서 이끌어져 나올 수 있는 결론은 역도원이 고구려 사신을 만났을 당시의 패수가 『수경주』가 언급하고 있는 패수가 아니라는 것이다.

소리가 유행하고 있다. 한민족은 후대에 와서 만들어진 상상의 공동체요 신화라는 것이다(임지현 1999; 2005; 신형기 2003 참조). 이러한 목소리는 학계를 넘어 일반 대중에게도 무비판적으로 널리 유포되고 있다. 영향력 있는 대중작가인 유시민은 다음과 같이 말한다.

> 우리의 민족의식과 애국심은 통일신라 이후 중국과 일본 등 주변국가의 침략과 억압을 받으면서 형성된 것이다. 통일신라가 들어서기 전까지 한반도 전역에 통용되는 민족의식은 존재하지 않았다는 뜻이다. 그런 것이 있었다면 신라가 당나라와 손잡고 고구려 백제를 상대로 전쟁을 하지는 못했을 것이며, 백제의 '삼천궁녀'가 신라 군대를 피해 낙화암에서 뛰어내렸을 리가 없다. 그런데 대한민국이 미국·일본과 동맹하여 북한과 군사적으로 대결하는 오늘의 상황은 우리의 민족의식과 충돌한다.(유시민 2011, 134~135쪽)

유시민은 통일신라가 들어서기 전까지 한반도 전역에 통용되는 민족의식이 존재하지 않았다는 가설의 근거로 신라가 당나라와 손잡고 고구려 백제를 상대로 전쟁을 했다는 역사적 사실을 들고 있다. 그러나 이러한 논법대로라면 한반도 전역에 통용되는 민족의식은 아직도 존재하지 않는다는 귀결이 따라 나온다. 북한이 소련과 손잡고 한국을 상대로 전쟁을 했기 때문이다.[41] 전쟁의 상흔에도 불구하고 분단된 조국의 통일을 염원하는

---

41 유시민은 이 사실마저 뒤집으려 하는 것 같다. 대한민국이 미국·일본과 동맹하여 북한과 군사적으로 대결하고 있다는 그의 서술은 마치 그 대결의 책임이 대한민국에 있는 듯한 뉘앙스를 주고 있다. 이는 한국전쟁이 남침에 의한 것이 아니라는 커밍스(Bruce Cumings)의 이미 논파된 가설을 연상케 한다(Cumings 1981; 1990). 유시민의 주장과는 달리 대한민국은 일본과 군사동맹을 맺지도 않았다.

민족의 소원은 한반도 전역에 통용되는 민족의식이 존재함을 입증한다. 따라서 유시민의 논법은 틀렸다. 요컨대 그의 가설과 그가 대는 근거 사이에는 논리적 연관성이 없다. 같은 민족끼리 전쟁을 벌였다는 사실은 그 민족이 민족의식을 공유하지 않았다는 가설의 근거가 될 수 없다.

　민족을 상상의 공동체로 폄하하는 논조는 서양사에서 사용된 'nation'을 일본의 영향으로 '민족'이라고 번역해 그와는 맥락과 흐름의 형세가 다른 동아시아 역사에 무비판적으로 적용한 데서 비롯된 잘못된 평가이다. 국민을 의미하는 'nation'이 민족과 같지 않고 민족이라는 용어가 급조된 번역어라고 해도 우리에게 겨레나 동포라는 용어와 의식이 있었다는 사실마저 부인할 수는 없다.[42] 덧붙여 지적할 것은 민족 개념을 둘러싼 작금의 소동은 단순한 무지의 소산만이 아니라 우리 안에 내재한 분열의식의 한 표출일 수 있다는 점이다. 우리 역사를 통해 끊임없이 재생산되어온 이러한 분열의식을 반성하지 않는다면 앞으로 몇백 년 후에는 경상도의 학자가 전라도에 대해 우리와 상관이 없는 지역이라고 말할지도 모른다. 서로가 서로를 인정하지 않고 서로에 대해 무관심한 이 살벌하고 황량한 우리 시대의 근본 분위기를 과거에까지 투사한다는 것은 이 시대가 저지르고 있는 죄악을 역사로 소급하는 자폭행위이다.

　통일신라와 그 이전 사이의 역사적 계승성을 부정하는 주장은 무엇보다도 사료와 맞지 않는다. 『후한서』「동이열전」에는 다음과 같은 구절이 보인다.

---

[42] 노태돈 교수는 겨레나 동포와 같은 용어들이 민족 구성원 전체로 확대 적용되기 위해서는 최소한 신분제의 해체가 전제되어야 한다고 주장한다(노태돈 2000a, 27쪽). 그러나 지배층이 역사의 담당자였던 신분제 시대에 현대의 사관을 적용해 당시에 민족의식이 없었다고 단정하는 것은 시대착오의 오류를 범하는 것이다. 이에 대한 자세한 논의는 2부 1장 5절 3)항에서 계속될 것이다.

예는 북쪽으로는 고구려와 옥저, 남쪽으로는 진한과 접하였고, 동쪽은 넓은 바다로 막혔으며, 서쪽은 낙랑에 이른다. 예, 옥저, 고구려는 본래 모두 조선의 땅이었다.[43]

여기서의 조선은 예, 옥저, 고구려에 앞선 나라로서 고조선을 지칭함을 추론할 수 있다. 물론 이 구절로부터 이들 나라들이 고조선을 계승하고 있다고 단정하기는 어렵다. 그러나 다음의 구절을 보자.

동이들이 서로 전해오기를 부여와 갈라진 종족이라 한다. 그러므로 언어와 법속이 거의 같다.[44]

유사한 내용이 『삼국지』 「위서」 〈동이전〉에도 보인다.

동이들의 옛 말에 이르기를 그들은 부여와 갈라진 종족이라 한다. 그러므로 언어와 여러 가지 일들이 여러 면에서 부여와 같다.[45]

이 사료에 실려 있는 동이들은 부여, 고구려, 읍루, 옥저, 예, 한 등을 지칭한다. 우리는 이들 중 고구려, 옥저, 예가 본래 고조선의 땅이었음을 보았다. 이들이 부여와 갈라진 종족이라면 부여에 대해서도 고조선과의 연

---

43 范曄, 『後漢書』, 「東夷列傳」, 〈濊條〉, "濊北與高句驪沃沮 南與辰韓接 東窮大海 西至樂浪 濊及沃沮句驪 本皆朝鮮之地也".

44 范曄, 『後漢書』, 「東夷列傳」, 〈高句驪條〉, "東夷相傳以爲夫餘別種 故言語法則多同".

45 陳壽, 『三國志』 卷30, 「魏書」, 〈東夷傳〉, 【高句麗條】, "東夷舊語以爲夫餘別種 言語諸事 多與夫餘同".

계성을 검토해볼 필요가 있다. 그리고 앞으로 보겠지만 한에 대해서도 마찬가지이다.

언어와 법속이 같은 사람들은 서로 갈라지기 전에 오랜 기간 동일한 공동체에 속해 있었을 것이다(윤내현 2007, 124쪽). 우리 측 사료에는 그 공동체가 어떤 것이었는지 보다 구체적으로 명시되어 있다.

> 조선은 물론이요 시라, 고례, 남북옥저, 동북부여, 그리고 예와 맥국은 모두 단군이 다스리던 나라였다.[46]

이 구절은 이들 나라들의 왕의 칭호가 모두 단군이었다고 읽힐 수 있지만, 이들 나라들이 단군의 고조선을 계승하는 나라였다는 것으로도 읽힐 수 있다. 이 구절을 이들 나라들의 왕의 칭호가 모두 단군이었다고 읽는 경우에도, 그 이유가 이들 나라들이 단군의 고조선을 계승하는 나라였기 때문이라는 추론이 가능하다. 즉 어느 방식으로 읽어도 이들 나라들과 고조선 사이의 계승성은 확보된다고 할 수 있다. 이를 뒷받침할 수 있는 근거로 다음의 구절들을 들 수 있다.

> 단군은 당요와 같은 날에 나라를 세워 국호를 조선이라 하였다. (…중략…) 그는 또 비서갑의 하백녀와 혼인하여 부루라는 이름의 아들을 얻었다. 이분이 뒤에 동부여왕이 되는 분이다.[47]

---

46 『世宗實錄』, 「地理志」, 〈平壤府條〉, "朝鮮尸羅高禮南北沃沮東北扶餘濊與貊 皆檀君之理".
47 權擥, 『應製詩注』, "曰檀君 與唐堯同日而立 國號朝鮮 (…중략…) 娶非西岬河伯之女 生子曰 夫婁 是爲東扶餘王".

부여왕 해부루는 단군의 아들이다.[48]

『삼국유사』「왕력 제1」은 고구려의 시조 동명왕에 대해서 같은 표현을 사용하고 있다.

> 동명왕은 (…중략…) 성은 고씨요 이름을 주몽이라 한다. 일명 추몽이라고
> 도 하는데 단군의 아들이다.[49]

『삼국유사』「기이」〈고구려조〉에는 고구려의 시조 주몽의 아버지는 해모수인데 그가 바로 단군인 것으로 되어 있다. 뒤의 두 인용문에서 아들이라는 말은 문자적인 의미보다 계승에 대한 상징적 표현으로 받아들이는 것이 바람직하다. 그렇게 읽었을 때 우리는 이 구절을 통해 고구려를 포함해 그 모태가 되는 부여 역시 단군이 다스리던 고조선에 자신의 뿌리를 귀속시키고 있음을 확인할 수 있다.

『후한서』「동이열전」과 『삼국지』「위서」〈동이전〉은 고구려가 부여의 별종으로 언어와 법속이 거의 같음을 증언하고 있다. 『논형論衡』「길험吉驗편」, 『후한서』「동이열전」, 『삼국지』「위서」〈동이전〉에 나오는 부여의 건국신화는 『삼국사기』「고구려본기」, 『삼국유사』「고구려조」, 광개토대왕비, 『위서魏書』「고구려전」에 나오는 고구려의 건국신화와 유사하다. 이것이 부여와 고구려의 밀접한 연관성을 뒷받침하는 강력한 근거로 간주되기도 한다. 그러나 『삼국유사』「북부여조」에는 고구려의 건국신화와는 다른 내용의 건국

---

48 權擥, 『應製詩注』, "夫餘王解夫婁 檀君之子也".
49 一然, 『三國遺事』, 「王曆第1」, "東明王 (…중략…) 姓高 名朱蒙 一作鄒蒙 檀君之子".

신화가 수록되어 있다.

우리는 고구려의 건국신화로 알려진 내용과 유사한 부여의 건국신화가 모두 중국 측 사서에만 수록되어 있음에 주목할 필요가 있다. 이 사서들에 따르면 탁리櫜離국(『논형』), 혹은 색리索離국(『후한서』), 혹은 고리高離/櫜離국(『삼국지』)에서 왕의 시녀가 낳은 동명東明이 활솜씨가 탁월하여 주위의 질시와 위협을 받다가 나라를 탈출해 엄수를 건너 부여의 땅에서 왕이 된다.

『삼국유사』의 관점에서 보자면 활 잘 쏘는 동명은 동명제 주몽을, 부여의 땅은 고구려의 도읍지인 졸본을 지칭하며 졸본부여가 곧 고구려이다. 중국 측 사서들은 고구려의 건국신화를 부여의 건국신화로 착각한 것이다. 탁리나 색리는 하늘을 뜻하는 텡그리를 서로 다르게 음사한 것으로 탁리국이나 색리국은 단군조선을 계승한 부여의 다른 이름이다.[50]

『삼국유사』「고구려조」는 중국 측 기록인『주림전珠林傳』으로부터 영품리寧櫜離왕의 시녀가 낳은 아들에 관한 신화를 인용하고 있는데 그 내용은 앞서 언급한『논형』의 신화와 유사하다. 일연은 이 신화 속의 영품리를 부루왕의 다른 명칭이라고 본다.[51] 부루왕은 부여의 왕이므로 일연 역시 저 신화를 부여의 건국신화가 아니라 부여에서 나온 고구려의 건국신화로 보고 있는 것이다. 부여와 고구려의 건국신화의 혼동은 중국 측 사서의 오류가 원인이지만, 그만큼 부여와 고구려가 그 계통수에서 같기 때문에 빚

---

50 탁리(櫜離), 색리(索離), 고리(高離/櫜離)는 그 글자체가 유사하기 때문에 다른 나라를 가리키는 것이 아니라 후대에 역사책을 편찬하거나 판각하는 과정에서 글자에 변화가 있었거나 잘못 기록되었다고 보는 것이 합리적이다. 그러나 저런 나라를 부여 이전에 설정하여 그로부터 부여가 나왔다고 보는 것은 신빙성이 없다. 부여는 고조선에서 나왔기 때문이다.

51 영품리의 품(櫜)은 탁리의 탁(櫜), 색리의 색(索), 고리의 고(高/櫜)와 자형(字型)이 유사하며, 품리, 풍류, 부루, 부여는 음성학적으로 유사하다.

어진 일이기도 하다.

삼국 중에서도 고조선에 대한 귀속의식이 가장 투철했던 나라는 고구려였던 것 같다. 『삼국사기』「고구려본기」〈시조 동명성왕조〉에 보면 다음과 같은 구절이 있다.

> 송양이 나라를 가지고 와 항복하니 그 땅을 다물도라 하고 송양을 봉하여 주를 삼았다. 고구려 말에 옛 땅의 회복을 다물이라 하므로 그와 같이 이름하였다.[52]

고구려가 첫 번째로 병합한 지역을 회복, 수복을 뜻하는 터키, 만주어 'tamir'이라는 말의 한자 음가로 추측되는 다물이라 불렀다는 점은 당시의 고구려보다 더 위대한 과거가 있었다는 사실을 함축한다. 뒤에서 보겠지만 이는 결국 고조선의 옛 땅과 전통을 회복하겠다는 의지를 담고 있으며, 이어지는 열국列國시대는 이 과거의 영광을 누가 차지할 것인가를 놓고 벌어진 경쟁으로 풀이된다.(홍진기 2003, 75~76쪽)

백제의 경우에는 부여 및 고구려와의 관계가 더욱 뚜렷하다. 『삼국사기』「백제본기」를 보면 다음과 같은 구절이 있다.

> 그 세계世系가 고구려와 같이 부여에서 나왔다.[53]

---

52 金富軾, 『三國史記』卷13, 「高句麗本紀」, 〈始祖 東明聖王條〉, "松讓以國来降 以其地爲多勿都 封松讓爲主 麗語謂復舊土爲多勿 故以名焉".
53 金富軾, 『三國史記』卷23, 「百濟本紀」, 〈始祖 溫祚王條〉, "其世系與高句麗同出扶餘".

472년 백제의 개로왕이 북위에 보낸 국서國書에서도 백제가 "고구려와 함께 원래 부여에서 나왔다"는 말을 찾을 수 있다(金富軾, 『三國史記』 卷25, 「百濟本紀」, 〈蓋鹵王條〉). 그러한 부여는 앞서 보았듯이 고조선에서 나왔으므로 백제도 고조선을 계승하고 있다고 볼 수 있다.[54] 『송서』 「백제전」에는 백제의 시원과 위치에 대한 다음과 같은 기록이 있다.

> 백제국은 본래 고구려와 함께 요동의 동쪽 천여 리 되는 곳에 있었다.[55]

백제는 반도로 내려오기 전에 고구려와 함께 요동의 동쪽 지역에 있었다는 것이다.

부여 및 고구려와의 연관성 면에서는 신라와 가락국도 예외가 아니다. 고주몽, 박혁거세와 석탈해, 김수로 등 세 나라의 건국신화의 주인공들은 모두 알에서 나왔으며, 고주몽이 송양과 기이한 기술을 겨룰 때와 석탈해가 수로왕과 기이한 기술을 겨룰 때의 묘사도 서로 겹친다. 해모수가 자신을 천제天帝의 자식이라고 칭하였듯이 가락국의 신정神政도 천신天神이 낳은 바라고 하였다. 고구려와 신라는 태백산, 계룡산, 묘원산 등 같은 이름의 산천이 매우 많으며, 관제官制 면에서도 고구려의 태대형, 서불한, 구사자는 신라의 태대각간, 서발한, 구간과 각각 짝을 이룬다. 이 외에도 성곽,

---

54 이성규 교수는 고구려와 백제가 부여라는 공통의 근원으로부터 나왔다는 설은 중국이 조선상고사를 자신들의 역사에 복속시키기 위해 조작한 것으로 본다. 고구려와 백제를 당이 멸망시켜 병합한 것으로 만들고 이로 말미암아 고구려와 백제까지의 동이의 역사 전체를 중국사의 일부로 기획하려 했다는 것이다(이성규 2004). 그러나 중국인들이 『삼국지』나 『후한서』를 편찬할 때부터 그러한 의도적 기획을 했다고 단정하기는 어렵다. 그보다는 고구려와 백제가 실제로 부여에서 연원했다고 보는 것이 더 타당한 해석이라고 여겨진다.

55 沈約, 『宋書』, 「夷蠻列傳」, 〈百濟傳〉, "百濟國 本與高驪俱在遼東之東千餘里".

가옥, 음식, 풍속 등에 서로 같은 것들이 많다.(신채호 1908, 248~249쪽)

고조선과 신라의 연관성에 대해서는 『삼국사기』「신라본기」의 다음과 같은 구절이 주목할 만하다.

　　일찍이 조선의 남겨진 백성들이 산의 계곡 사이에 나뉘어 거주하여 여섯 촌락이 되었다. (…중략…) 이들은 진한 6부가 되었다.[56]

고조선에 대한 언급이 없는 『삼국사기』에서 발견되는 이 희귀하고도 소중한 구절은 후에 신라를 건국한 중심 세력인 진한 6부의 사람들이 조선의 남겨진 백성이라고 증언하고 있다. 고조선이라는 언급은 없지만 여기서의 조선이 고조선이고 조선의 남겨진 백성이 고조선이 분열된 뒤에 남겨진 백성임을 추론할 수 있다. 그리고 이는 다음의 사항들을 함축한다. 첫째, 신라는 고조선의 남겨진 백성들이 건국한 국가라는 점에서 고조선의 계승성을 인정할 수 있다. 둘째, 조선의 남겨진 백성遺民이라는 표현은 이들이 한반도 북부에서 흘러들어온 사람들流民이 아닌 토착인들이었다는 말이다.[57] 그리고 이들이 살던 한반도 남부는 고조선의 강역이었음을 알 수 있다. 한반도 남부에 위치한 신라의 전신 진한 6부가 고조선의 강역이었다는 점은 고조선의 강역을 한반도 북부 대동강 유역으로 한정하는 통설의 시정을 요한다(윤내현 2007, 120쪽).

56　金富軾, 『三國史記』卷23, 「百濟本紀」, 〈始祖 溫祚王條〉, "先是 朝鮮遺民分居山谷之間 爲六村 (…중략…) 是爲辰韓六部".

57　노태돈 교수는 "경주평야 등지에서 출토되고 있는 고조선 계통의 세형동검 문화 유적은 고조선 유민들이 실제 남으로 내려와 남긴 것으로 볼 수도 있다"(노태돈 2000a, 21쪽)고 말한다. 이러한 추측에도 남겨진 백성(遺民)과 흘러들어온 사람들(流民) 간의 혼동의 여지가 보인다.

『삼국유사』는 조선의 남겨진 백성遺民의 범주가 신라에 국한되는 것이 아님을 말해주고 있다.

> 『통전』에서 말하길, 조선의 남겨진 백성들은 일흔이 넘는 나라로 나뉘어 졌다.[58]

『제왕운기』는 일흔이 넘는 나라에 대해 다음과 같이 말하고 있다.

> 일흔이 넘는 그 숫자 어찌 다 밝혀지겠는가?
> 그 가운데 큰 나라가 어느 것인가?
> 먼저 부여와 비류가 이름 떨치었고,
> 그 다음은 시라(신라)와 고려(고구려)이며,
> 남북옥저, 예, 맥이 따르더라.
> 이들 나라 여러 임금님들 누구의 후손인가 묻는다면,
> 그들의 혈통 또한 단군으로부터 이어졌다.[59]

이를 바탕으로 우리는 고조선의 강역이 이 일흔이 넘는 나라를 두루 포함했음을 추론할 수 있다. 앞서의 인용문들과 함께 엮어 읽는다면 우리 상고사의 흐름은 고조선에서 부여로, 부여로부터 다시 일흔이 넘는 나라로 이어진 셈이다. 고조선의 강역은 일흔이 넘는 나라를 두루 포함했으며 그

---

58 一然, 『三國遺事』, 「紀異」, 〈七十二國條〉, "通典云朝鮮之遺民 分爲七十餘國".
59 李承休, 『帝王韻紀』 卷下, 「漢四郡及列國紀」.
　　數餘七十何足徵 於中何者是大國 / 先以扶餘沸流稱 次有尸羅與高禮 / 南北沃沮穢貊膺 此諸
　　君長問誰後 / 世系亦自檀君承

것이 부여를 거쳐 이들 열국列國으로 분화되었음을 추론할 수 있다.

우리 학계의 일부에서는 이 분화의 시기를 신라, 고구려, 백제를 중심으로 한 삼국시대의 전신인 원삼국시대로 부르기도 한다. 하지만 그렇게 되면 위의 세 나라를 제외한 열국들을 ① 국가나 그것에 준하는 세력들로 인정하지 않거나, ② 우리 역사와 관련이 없는 것으로 보거나, ③ 우리의 진정한 역사가 그 열국들이 사라진 이후부터 시작된 것처럼 보게 되는 오류를 범할 수 있다.(홍진기 2003, 73~74쪽)

『후한서』는 앞서 열거한 동이들 중에서 읍루의 언어만이 다를 뿐이라고 적고 있다.[60] 정인보는 읍루는 문화가 다소 낙후되고 사투리가 없지 않았지만 나중에는 전부 같아졌다고 보고 있다(정인보 1946, 상권, 251쪽).[61] 이러한 사정은 삼국 시대에도 적용된다. 여타의 동이들과 언어가 같았던 고구려는 말할 것도 없고 신라와 백제의 언어도 다르지 않았던 것 같다. 신라의 악곡인 반섭조般涉調를 백제인들이 노래하였고, 고구려의 래원성來遠城과 백제의 무등산이란 노래를 신라인들이 노래하였으며, 고구려의 왕자 호동이 낙랑의 공주와 연애를 하였으며, 백제의 태자 서동이 신라의 선화공주를 유혹한 사실 등은 모두 삼한·낙랑·고구려 등의 언어가 서로 원활하게 소통되었음을 보여준다(신채호 1925a, 441쪽).

『양서梁書』「동이열전」〈신라조〉에는 다음과 같은 구절이 있다.

[신라] 언어는 백제를 거쳐야 통했다.[62]

---

60 范曄, 『後漢書』, 「東夷列傳」, 〈挹婁條〉.
61 읍루의 토착민인 아이누족은 유전학적으로 한국이나 몽골 등과는 구별되며 수렵을 하는 민족이었는데 고조선의 한 계열인 숙신이 읍루로 이동하면서 문화변용을 겪고 동화 내지는 정복된 것으로 보인다. Han and Kim 2003; 김운회 2006, 1권, 9장; 윤내현 1998, 336쪽 참조.

이 구절은 그 배경 지식이 없으면 자칫 신라와 백제가 언어가 달랐다는 뜻으로 잘못 해석될 수 있다. 『양서』는 중국 측 사료인 만큼 이 구절은 중국의 관점에서 신라와 백제가 자신들과 소통이 되는지를 말하고 있다는 점을 숙지해야 한다. 중국과의 교류가 잦았던 양나라 당시의 백제와는 달리 그렇지 못했던 신라는 중국과의 직접적인 소통이 어려워 백제가 대신 통역을 해주었던 것이다. 이로부터 우리는 신라와 백제가 같은 언어를 썼을 것이라는 추론을 할 수 있다(정인보 1946, 상권, 251쪽). 미국 여행 중에 영어가 안 되는 부모를 대신해 자녀가 통역을 해주는 경우를 생각하면 저 인용문이 전하는 당시의 사정을 이해할 수 있다.

하늘에서 내려온 환웅의 아들인 단군을 건국 시조로 삼고 하느님을 최고 신으로 섬겼던 고조선의 종교 사상은 역시 하늘에서 내려온 해모수를 건국 시조로 삼는 부여나 그의 아들인 고주몽을 건국 시조로 삼는 고구려, 그리고 고구려와 같은 종족임을 자처하는 동예, 하느님을 받드는 천군天君이라는 종교지도자가 있었던 한韓 등의 제천의식을 통해 계승되었다. 부여의 영고, 고구려의 동맹, 동예의 무천, 한의 5월제와 10월제 등이 그것이다.[63]

같은 언어를 사용하고 같은 종교를 믿고 같은 뿌리에서 나왔으며 그 사실을 기억하고 있는 고조선의 후예들이 부여, 고구려, 백제, 신라 등의 열국이며 그 뒤를 잇는 것이 통일신라, 고려, 조선, 그리고 지금의 우리들이라면 이들을 하나의 역사 계통으로 보는 것이 합당하다. 그 허리를 잘라 고조선, 부여, 고구려를 자신들의 역사로 흡수하려는 중국의 동북공정은 명백히 잘못되었을 뿐 아니라 우리의 역사 자체의 근간을 뒤흔드는 최대

---

62 『梁書』, 「東夷列傳」, 〈新羅條〉, "語言待百濟而後通焉".
63 范曄, 『後漢書』, 「東夷列傳」; 陳壽, 『三國志』, 「魏書」, 〈東夷傳〉 참조.

의 위협이 아닐 수 없다.

6. 시각

동북공정에 대한 그간의 산만한 대응에서 보듯이 한국상고사 연구는 마땅히 전제되어야 할 기본 준거 축들에 대해서조차 학문적 합의와 담보가 이루어지지 못했다는 것이 큰 문제로 지적된다. 기초가 흔들리다 보니 상대가 그 허점을 노리고 공략해 들어올 수 있는 것이다. 이 장에서 우리의 논의는 새로운 역사적 사실을 밝혔다기보다 중국의 동북공정 시정에 필요한 한국상고사 연구의 기본 축들을 하나하나 점검하는 것이었다. 초석을 놓는 작업에 불과하지만 여기에도 이견이 있을 수 있다. 동북공정에 깔린 중국의 의도를 비판하는 것도 중요하지만, 우리가 한국상고사의 기본 축들을 어떻게 정초시킬지에 대한 논의의 장을 개방해 합의와 정당화가 가능한 것들에서부터 이견을 좁혀 이해를 수렴해나가는 것도 절실히 요청되는 작업이라고 생각한다.

동북공정에 대한 우리의 대응은 중국을 비난하는 것으로 그칠 일이 아니다. 우리는 그에 앞서 역사에 대한 우리 자신의 태도가 암암리에 중화주의 및 그와 짝을 이루는 사대주의에 의해 자발적으로 공정되어 있지는 않은지를 반성해야 한다. 사대주의는 고려 중엽부터 고개를 들기 시작해 조선에 와서 만개했다. 식민사학의 뿌리는 바로 우리 자신인 것이다. 정합성을 진리의 척도로 삼는 학문들은 첫 단추를 잘못 끼면 자칫 정합성의 자체 추진력에 의해 잘못된 시각을 낳게 되고 그로 말미암아 잘못된 길로 브레이크 없는 질주를 하게 된다. 거기에 어떤 이데올로기나 권력이 장착이 되는 날에는 주변 학자와 학계, 더 나아가 그 학문들에 관련된 모든 것까지 돌이킬 수 없는 수렁에 빠지게 된다. 한번 붙은 관성은 좀처럼 깨지기 어렵다. 그 학문들을 정당화하기 위해 고안된 온갖 잡설과 왜곡이 활개 쳐도 비판적 안목을 상실한 이상 그것의 오류가 눈에 들어오지 않게 된다. 오히려 그 오류를 지적하는 반대 이론에 대한 편견이 저도 모르게 한쪽에서 독버섯처럼 자란다. 진리의 공동체여야 할 학계가 오류의 공동체로 화하고 마는 것이다.

중국 측 사료로 우리 상고사를 이해하는 데에서부터 스며들기 시작한 우리의 중국적 편견은 사료의 해석뿐 아니라 유물의 해석에도 영향을 미친다. 그 한 예를 우리는 백제금동대향로에 대한 해석에서 찾을 수 있다. 1993년 백제금동대향로가 1,400여 년 만에 우리에게 모습을 드러내었을 때 최몽룡 교수는 그것이 중국에서 만들어져 백제로 전해진 것이 아니냐는 견해를 개진하였다.[64] 발굴된 지 얼마 되지 않은 시점에서 충분한 연구가 이루어지기 전에 한국의 고고학과 고미술사학을 대표하는 학자가 내렸던 추정이라는 점에서 오히려 우리의 관심을 끈다. 유물의 유래에 대한 우리 학계의 선입견이 여과 없이 표현된 것처럼 보이기 때문이다. 이후의 연구에 의해 이러한 성급한 견해는 자취를 감추었지만, 그렇다고 그 견해에 서려있는 중국중심적 관점마저 그러한 것은 아니다.

백제금동대향로에 대한 국립중앙박물관의 공식 안내서인『금동용봉봉래산향로』는 백제금동대향로가 중국의 박산향로의 양식을 바탕으로 하고

---

64 『문화일보』, 1994.12.27.

있으며, 중국의 신선사상과 불교의 연화화생蓮華化生이 그 사상적 토대라고 적고 있다(국립중앙박물관 1994). 국내 학계의 연구도 여기서 크게 벗어나지 않아 백제금동대향로를 한나라, 북위, 혹은 남조의 향로에서 유래하는 것으로 보고 있다. 그러나 중국 박산향로는 서역의 향로가 중국에 전해지면서 만들어진 것이고, 신선사상은 고대인들의 보편적인 사유로서 굳이 중국에 국한시켜 해석할 필요가 없다.[65] 한나라 때의 향로가 사라진 뒤 수백 년이 지나서 백제인들이 그것을 답습해 향로를 만들었다고 보기 어려우며, 신선사상을 담은 남조의 향로는 보고된 바조차 없다(서정록 2001, 375쪽). 백제금동대향로는 북위 향로에는 없는 수렵도가 장식되어 있다는 점에서 북위의 향로와도 구별된다. 아울러 백제금동대향로에는 연꽃을 제외하고는 불교와 직접 관련된 상징물이 없으며 그 연꽃조차 불교의 전유물인 것도 아니다. 예컨대 서정록은 그 연꽃을 "태양의 광명의 의미"를 지니고 있는 고대 동이계의 '광휘의 연꽃'으로 해석하고 있다.(서정록 2001, 23~24쪽)

국내의 학자들이 백제금동대향로를 중국의 향로와 사상을 근거로 연구하고 있는데 반해, 오히려 중국의 학자가 고대 동북아 전통사상의 관점에서 새로운 해석을 제안하고 있다. 원위청은 백제금동대향로의 봉황을 고대 동북아에서 신성시해온 천계天鷄로, 백제금동대향로에 나타나 있는 5악사와 기러기의 구성을 부여, 고구려, 백제에서 실행된 5부部로 각각 해석한 바 있다(원위청 1997). 우리 유물의 전승 경로를 중국에 한정시키고 우리 자신의 연원을 한반도의 경계 안에 가두려는 우리 학계의 선입견을 중

---

[65] 서정록은 중국의 신선사상을 초나라와 산동성 발해 연안 출신의 방사(方士 : 음양가 내지 주술가)들의 사상으로 해석하고 있다(서정록 2001, 25쪽 참조). 그 역시 신선사상을 북방계와 다르게 보고 있는 것이다. 그러나 신선사상에 대한 이러한 국소적 해석은 지양되어야 한다. 북방계와의 대립이 아닌 포함 관계로 신선사상의 연원을 보는 것이 맞다.

국의 학자가 타파하고 나선 것이다.

우리 학계에서는 국내에서 유물이 출토되는 유적의 연대를 중국의 유적보다 수백 년 늦게 잡아오기도 했다.[66] 중국의 황하문명이 동아시아에서는 가장 먼저 발달한 지역이라고 가정해 그로부터 우리에게 유입되는 시간을 배려한 것이다(윤내현 1998, 28쪽). 황하문명보다 오래된 요하문명의 발굴로 이러한 가정은 깨졌지만, 중국에 대한 우리 학계의 배려까지 그러한 것은 아니다. 오랫동안 몸에 밴 중국에 대한 우리의 자발적인 저자세가 중국의 동북공정에 대한 우리의 대처에 스스로의 발목을 잡고 있는지도 모른다.

그 한 예로 송호정 교수의 고조선사 연구를 들 수 있다. 그는 우리 측 사서인 『삼국유사』에 나오는 단군조선은 "단지 신화일 뿐, 역사적 사실로서 그 증거를 찾는다는 것은 사실상 불가능하다"(송호정 2003, 64쪽)면서 중국측 사료인 『관자管子』를 조선에 대한 최초의 언급으로 인정한다(송호정 2003, 45쪽). 이때의 조선은 그나마 어떤 정치집단을 형성하기 이전의 막연한 지역 단위집단 정도였다고 본다. 『관자』는 춘추시대 제齊나라의 관중이 편찬했다지만 실제로는 중국 전국시대 사람들이 저술한 위서僞書이다. 이처럼 전국시대에 위작된 문헌에 의해서야 비로소 중국인들에 인지된 고조선이 국가 형성과 동시에 곧바로 그들에 의해 멸망했다는 것이 소위 "국내 1호 고조선 박사"라는 송호정 교수의 고조선 사관이다(송호정 2003, 36쪽). 이보다 더 초라한 고조선 사관이 또 있을까?

---

[66] 신용하 교수는 한국 고고학계와 중국 고고학계 사이에는 전반적인 보정편년이 필요하다고 본다. 예컨대 한강에서 발굴된 뾰족밑 빗살무늬토기를 한국 고고학계에서는 BC 5000년경으로 추정하고 있는데, 중국 고고학계의 연대 기준으로 보정하면 그 유적의 편년은 BC 6500~BC 5000년이 된다는 것이다.(신용하 2010, 56쪽)

우리 상고사를 증언해줄 우리 측 사료가 부족한 상태에서 우리는 중국 측 사료에 의존할 수밖에 없는 불리한 위치에 놓여 있는 것이 사실이다. 그러다 보니 우리의 역사에 대해서조차 객홍의 입장에서 보게 되는觀 3인칭적 역사학에 그치게 되는 것이다. 이러한 역사학을 객관적 실증주의라고 옹호할 수 있지만 거기에 역사의 진리가 깃들어 있는지는 별개의 문제이다. 사료의 편중 때문에 우리의 객관은 아주 쉽게 중국의 관점으로 전용될 수 있다는 위험성을 경계해야 하며, 자신의 역사를 이처럼 남의 입장에서 서술하는 것이 과연 온당한 것인지를 문제 삼아야 한다. 남이 그 범위와 수위를 조절해 놓은 3인칭적 객관성만을 강조하는 순간 그것은 이미 남의 것이 되어 버린다. 이것이 냉엄한 국제정치적 현실을 무시한 실증사학이 빠지곤 하는 함정이다.

『한국 고대사 속의 고조선사』에서 송호정 교수는 "실제 고조선 관련 사료로 이용할 수 있는 내용은 A4 용지 한두 페이지에 불과하다"(송호정 2003, 18쪽)고 말한다. 그러면서도 그 책 말미에 고조선사 관련 사료로 17 페이지를 전재하고 있다. 이 중 대부분은 이용할 수 없다는 것인데 그 기준은 무엇일까?[67] 사실 고조선 관련 사료는 생각보다 많다. 다만 국내외의 정치적/학술적 이해관계를 고려해 사료들을 편향적으로 사용하고 있을 뿐이다. 예컨대 김교헌·박은식·유근은『단조사고檀祖事攷』에 단군 관련 사료를 집대성해놓기도 했지만, 저 귀중한 사료집은 송호정 교수 책의 참고문헌 목록에 빠져 있다.[68] 같은 책에서 송호정 교수는 "자신도 모르게 중국 학계

---

67 송호정 교수가 꼽는 "기본 문헌자료는『사기』「조선열전」이고, 부분적으로『위략(魏略)』, 『관자』,『전국책(戰國策)』,『염철론(鹽鐵論)』등을 참고"(송호정 2003, 39쪽)하는데 모두 중국 측 자료이다.
68 『단조사고』는 그 제목이 시사하듯이 주로 단군조선에 관한 사료집이다. 단군조선을 부정

의 시각을 따라가게 되었던 점"(송호정 2003, 478쪽)을 실토하고 있다. 중국의 사료만을 고집하면서 사료와 유물에 대한 중국 측 해석만을 좇는다면, 중국 학계의 시각을 따라가게 마련인 것이다.[69]

우리의 역사를 객관적으로 보아야 하지만 그렇다고 그것을 남의 집 불구경하듯 3인칭적으로만 보아서는 안 된다. 과거의 우리 역사와 그 주체가 현재의 우리와 무관한 타자가 아니기 때문이다. 한반도 바깥의 만주와 요하 일대를 흐름과 교류의 공동장으로 보자는 제안은 그 취지의 타당성에도 불구하고 그 지역 역사에 대한 중국의 노골적인 전유화에 대한 효과적인 대응으로 보이지 않는다.[70] 그 지역에서 벌어진 역사에 대한 주체적 시각이 결여되어 있기 때문이다.

하는 송호정 교수는 저 사료집의 사료들을 신뢰하지 않고 있는 것이다. 그는 한국의 학계가 "신뢰할 만한 문헌자료를 바탕으로" 고조선의 중심을 현재의 평양으로, 고조선사의 진정한 출발을 기원전 4세기 이후인 중국 전국시대로 각각 보았다면서(송호정 2003, 30쪽) 다음의 선행 연구를 그 근거로 열거하고 있다. 김철준 1973; 윤무병 1987.

[69] 송호정 교수는 "요서 지역 청동기문화 유적을 돌아보면서 이들을 산융족의 문화로 보고 있는 현지 대다수 연구자들의 견해에 동의할 수 있었다"(송호정 2003, 88쪽)고 말한다. 같은 지역에 대한 우리의 답사와 탐방 경험으로 미루어보건대, 중국의 "현지 대다수 연구자들"이 과연 저런 문제에 대해 중앙이 정해놓은 지침과 다른 목소리를 낼 수 있거나 한지 지극히 의심스럽다. 중국 학계는 요서 지역은 현재 중국 영토이므로 저 문화의 주체 세력도 중국인의 선조라는 속지주의를 주장하고 있다.(복기대 2019, 342쪽)
송호정 교수는 "중국 고대 문헌에서 난하 유역이나 대릉하 유역을 '조선'이라고 한 일이 없으며, 산융은 물론이고 거기에 거주한 영지·고죽·도하 등이 고조선의 주민이 된 일도 없다"(송호정 2003, 77쪽)고 주장한다. 즉 그는 요서 지역 청동기문화 유적을 고조선과 무관한 것으로 보려 하는 중국학자들에게 동의하고 있는 것이다. 그러나 그의 주장은 아주 일방적인 것이다. 윤내현 교수는 각종 사료를 동원해 조선이라는 지명이 난하 유역에 존재했음을 고증한 바 있으며(윤내현 1984, 88~93쪽), 우리는 앞서 산융과 고죽을 고조선과 무관한 것으로 간주할 수 없음을 살펴본 바 있다.
고고학으로 선회하는 한국의 고대사학계는 의미의 이해가 아닌 사실의 설명을 추구한다. 해석학이 아니라 과학을 추구하는 것인데 역사학은 해석학이지 과학이 아니라는 점을 망각하고 있다. 고고학이 역사학을 대체할 수는 없는 것이다.

[70] 따라서 우리는 요동이나 요서를 그 실체가 애매모호한 역사공동체에 귀속시키는 김한규 교수(2004)나 우실하 교수(2007)와 입장을 달리한다.

또한 우리의 역사를 우리의 입장에서 보는 것이 필요하지만 그렇다고 그것을 주관적으로, 혹은 자기중심적으로 1인칭적으로만 보아서도 안 된다. 과거의 우리 역사와 그 주체가 현재의 우리와 정확히 일치하는 것도 아니기 때문이다. '우리 역사'라는 표현에서 '우리'는 역사의 시원始原에 놓인 어떤 불변의 본질을 지칭하지 않는다. 민족주의가 범하곤 하는 민족에 대한 본질주의는 비현실적이고 관념적인 형이상학에 불과하다. '우리'는 한 핏줄로 이어지는 실체가 아니라 역사 속에서 끊임없이 섞이고 분화되는 가운데 형성된 흐름 중에서 현재의 우리에 가장 직접적으로 관련이 있는 갈래와 그 계보의 주체를 지칭한다(Foucault 1971). 그리고 그 관련성은 생물학적 유전자보다는 문화적 유전자의 공유 여부와 정도에 의해 가늠된다.

우리 역사를 풍성히 드러내주려는 선의지를 잃지 않으면서도 3인칭적 실증주의나 1인칭적 주관주의의 양극단을 비껴가는 중도中道의 균형 잡힌 자세를 우리는 2인칭적 접근이라고 이름 부를 수 있을 것이다.[71] 우리 역사라 해도 그 주체는 우리라는 1인칭이 아니라 우리의 선조인 당신들이라는 2인칭이기 때문이다. 2인칭적 접근은 3인칭적 접근이 초래할 수 있는 무책임한 수수방관과 1인칭적 접근이 초래할 수 있는 독선적인 집착에서 벗어나 있는 그대로의 역사와 열린 마음으로 대화하고 소통할 것을 제안한다. 역사를 대상화하는 3인칭적 접근과 역사를 보는 자신의 눈에 구속된 1인칭적 접근과 달리 2인칭적 접근은 현재 우리의 눈과 역사가 만나는 접점과 경계에 초점을 둔다. 2인칭적 역사해석은 바로 그 접점의 사건이다.

---

[71] 2인칭이 지니는 의의에 대한 자세한 논의를 위해서는 다음을 참조. 이승종 2007.

2인칭적 관점은 현재 우리의 입장을 과거의 우리 역사에 그대로 투사하거나 동일시해서는 안 됨을 역설한다. 현재 우리의 지평과 과거 우리 역사의 지평 사이에는 망각과 단절과 변이와 차이가 놓여 있기 때문이다. 한반도를 우리 역사의 시작과 끝으로 보고 한반도의 정착민을 현재의 우리와 동일시하는 반도사관은 역사를 이루는 역동적 혼융과 변화의 과정을 놓치고 있다.[72] 우리의 과거와 현재는 가다머가 말하는 해석학적 지평 융합의 과정을 거쳐 만나야 한다(Gadamer 1960 참조). 이 과정에서 우리 역사를 애정 어린 눈으로 볼 줄 아는 공감의 정서가 있어야 그로부터 어떤 교훈과 메시지를 얻을 수 있다.

우리는 2인칭적 역사학이 중국의 동북공정 시정에 필요한 한국 상고사 연구의 방법이라고 본다. 이 장은 그러한 방법을 우리 상고사 연구의 실제에 적용하여 씌어졌다는 점에서 2인칭적 역사학의 이론과 실제를 반영하는 것으로 평가되기를 희망한다.

---

[72] 신용하 교수는 한반도 북부를 통치하고 있던 환웅족이 한반도 서북방향에서 이동해온 곰 토템 맥족의 혼인동맹으로 고조선이 건국되었다고 본다(신용하 2015). 그러나 이는 환웅족을 이주 세력으로, 곰족을 토착 세력으로 묘사하고 있는 『삼국유사』의 기록과 맞지 않는다. 한반도와 토착 세력을 중심으로 우리 상고사를 정립하려다 보니 1차 사료를 부정하는 무리수를 두고 있는 것이다. 임재해 교수 역시 농경 토착 문화를 중심으로 우리 상고사를 조명하는 과정에서 고조선의 유목 문화와 해양 문화, 이주 문화를 간과하거나 배격하는 잘못을 범하고 있다(임재해 2015). 우리 상고사의 주체와 문화가 중층 복합적이라는 사실에 대한 입체적인 이해가 부족한 것이다. 정수일 2001 참조.

제2부

우리
근·현대사와의
대화

제1장

한·일관계의 역사철학

---

1. 왜 한·일관계가 중요한가?

이 장에서 우리는 현재까지 요원해 보이는 한국과 일본의 협력체제 구축의 가능성을 역사철학적으로 탐구하려 한다. 그리고 이를 위해 그동안 한국과 일본의 협력체제 구축을 불가능하게 했던 여러 요소들과 문제들을 비판적으로 조명하고 해체하려 한다. 이런 요소들은 이미 고대로부터 시작해서 근대에 결정적으로 부각되었는데, 이에 대해 한·일 양국이 겪어야 했던 역사적 충격으로 인해 아직까지 미제未濟로 남아있다. 우리는 한국과 일본의 진정성 있는 문제 해결 의지를 독려하고, 이를 토대로 하는 한·일 협력체제의 구축이야말로 양국과 동북아에 영구적 안정과 큰 이익을 도모할 수 있음을 논증하고자 한다.

한국과 일본은 숙명적으로 연결되어 있어서 그 둘을 서로 분리시키고 독립적으로 접근하거나 어느 한 편에서 문제를 다룰 경우 아무것도 밝힐 수 없으며 문제 해결에 도움이 될 수 없다. 그래서 한국의 입장에서 한·일 간의 문제를 다루거나, 반대로 일본의 입장에서 그 문제를 다뤄왔던 기존의 연구들은 의미 있는 성과를 얻기 보다는 오히려 상존하는 갈등의 골을 더 깊게 하는 결과를 초래할 수밖에 없었다.

일본은 고대사와 관련해서 아킬레스건이 있는 반면에, 한국은 근·현대사와 관련해서 숨기고 싶은 비밀이 많다. 이 두 나라는 각자 자신들이 원하는 독립적 국가 정체성을 위해 명백한 진실을 부정해 왔으며, 오류와 거짓에 기초한 역사/문화적 관점을 형성하는데 혈안이 되어 있었다.

현재의 한국과 일본의 갈등은 결코 어느 한쪽의 일방적 책임이 아니다. 우리는 역사적으로, 그리고 거시적 관점에서, 한국과 일본이 상호 호혜적 관계를 맺어왔음을 밝히면서, 현재까지도 한국과 일본 양국은 상대로부터 받은 문화/문명적 이익을 인정하지 않고 있으며, 그런 부정적 태도로 인해서 서로 간의 불신과 갈등이 증폭되어 왔음을 밝힐 것이다.

왕인과 김옥균은 각각 고대와 근대에 한국과 일본의 상호 호혜적 교류를 상징적으로 대표하는 인물들이다. 일본은 왕인을 대표로 하는 한국의 문화/문명적 세례를 통해서 고대 국가로 발돋움 할 수 있었으며, 이런 바탕에서 현대 일본 통합의 중심인 천황가가 형성되었다. 한국은 김옥균을 대표로 하는 일본 문화/문명적 수용을 통해 근대화의 토대를 마련할 수 있었다.

지정학적으로 한반도는 태평양의 패권자가 아시아 대륙으로 들어오는 관문이며, 아시아 대륙의 패권자가 태평양으로 뻗어나가는 발판이기도 하다. 현재 태평양과 아시아 대륙의 패권자는 각각 미국과 중국이다. 두 대국은 한반도의 분단 상황으로 말미암아 각각 반도의 남과 북을 동맹국으로 삼아 직접적 대결의 완충지대로 삼고 있다.

한반도의 지정학적 가치는 미국과 중국에 국한된 것만이 아니라 역사적으로 러시아와 일본에도 절실하게 다가왔다. 부동항不凍港을 얻기 위한 러시아의 전통적 남진정책, 대륙진출의 교두보를 얻기 위한 일본의 일관된 정한론征韓論이 두 나라의 대표적인 대 한반도 정책이었으며 이로 말미암아 한민족은 임진왜란, 정유재란, 러일전쟁, 일제 강점을 겪어내야 했다.

한반도를 둘러싼 4개국의 이해가 한꺼번에 정면충돌한 곳도 한반도에서 발발한 한국전쟁에서였다. 북한의 김일성이 소련으로부터 중국의 지원 하에 한국을 침공하는 것을 허락받고 소련제 탱크를 앞세워 한국전쟁을 일으켰을 때, 일본에 주둔하던 미군 병력을 위시해 미국이 이끄는 UN군이 북한의 남침을 낙동강 방어선에서 막아냈고, 이후 패주를 거듭한 북한은 중국의 참전과 소련의 후원에 힘입어 극적으로 되살아났다. 소련의 허락과 지원이 없었다면 한국전쟁은 일어나지 않았을 것이며, 주변국의 지원이 없었다면 한국과 북한은 각각 낙동강과 압록강에서 그 운명을 다했을 것이다.

그렇다면 현재 한반도의 상황은 어떠한가? 공산주의가 무너지면서 소련이 러시아로 탈바꿈했고, 일본과 중국이 차례로 강국의 자리에 올랐고, 남북의 경제력이 역전되어 그 차이가 크게 벌어졌다지만 핵심은 달라진 게 없다. 북한은 핵무기를 앞세워 한국을 위협하고 있고, 중국과 러시아는 여전히 미국과 일본에 대립각을 형성하고 있다. 냉전시대의 이데올로기적 대립은 전 세계적으로 퇴조하고 있어 이데올로기의 종언(다니엘 벨Daniel Bell), 심지어 역사의 종말(프랜시스 후쿠야마Francis Fukuyama)이 회자되고 있는 세상이지만, 한반도를 둘러싼 군사적 긴장은 최고조에 달해 있다. 일촉즉발의 남북관계, 선제공격도 불사하겠다는 북미관계, 아시아의 해상지배권을 둘러싸고 각축전을 벌이는 미·중관계와 중·일관계 모두 한반도를 위협하는 악재들이다.

태평양전쟁에서 일본에 승리했고 미군정과 한국전쟁을 통해 한국과의 동맹관계를 공고히 한 미국은 전략적 차원에서 그 동맹의 폭을 한·미, 미·일에서 한·미·일로 확대하기를 원한다. 북한, 중국, 러시아의 전략적 연대 가능성과 현실적 위협 앞에서 미국의 이러한 구상은 한국과 일본에게도 득이 되는 것이다. 논리와 당위의 측면에서는 양국이 이 동맹에 반대할 이유가 없다. 그러나 현실은 논리와 당위만으로 굴러가는 게 아니다. 한·일 양국은 동맹은 고사하고 적대적인 언행을 일삼는 게 일쑤이다. 국공합작 하에 일본의 제국주의라는 공동의 적을 상대하면서도 내전을 벌이던 중국의 국민당과 공산당을 연상케 하듯이, 현재 한국과 일본은 언제 깨질지 모르는 불완전한 적대적 제휴의 살얼음판을 걷고 있다. 경우에 따라서는 한·미·일의 반대편에 선 나라들과의 관계보다도 허약한 연결고리를 안고 있는 삼각 협력체제의 현재와 미래는 불확실하기만 하다.

한·일관계의 어려움은 어제 오늘의 문제가 아니다. 역사에도 업業이라는 것이 있다면 한·일관계의 어려움은 바로 역사의 업보 때문에 풀기가 어렵다. 불과 70여 년 전만 해도 한국은 일본의 식민지였다. 식민지 시대를 살았던 세대가 아직도 한국과 일본에 생존해 있고, 그 한과 자부심, 피해와 가해의 흔적이 기억의 형태로 후손들에게 전승되어 왔다. 한국에서는 아직도 친일파, 위안부, 역사 교과서 문제가 끝없이 이슈화되고 있으며, 이때마다 한·일관계는 원점으로 때로는 심지어 마이너스로 돌려진다.

한반도는 이데올로기의 종언이 적용되지 않는 곳이다. 민족주의[1]와 공산주의[2]는 끝없이 재생되어 그때마다 한·일관계를 갈라놓는다. 일본의

---

1   민족주의는 독립적 민족 국가의 성취와 유지를 목표로 하는 민족의 정체성 찾기 운동을 지칭하는 이데올로기로 정의할 수 있다.

한반도 강점은 반도의 민족주의자들에게 민족말살의 악몽으로, 공산주의자들에게는 자본주의, 제국주의, 식민주의, 파시즘의 만행으로 기억된다. 해방 이후 한반도를 지배해온 두 이데올로기는 일본에 대한 원한감정을 제고하는데 경쟁적으로 앞장서왔다.

일본의 입장에서 한·일관계의 어려움은 더 오랜 연원을 지니고 있다. 일본은 고대에 한반도에서 일본 열도로 온 소위 도래인渡來人들에 의해 반도와 대륙의 문명이 전래되었다는 사실을 불편해한다. 불과 70여 년 전만해도 일본의 식민 통치를 받았던 천출賤出 반도인들의 조상이 고대 일본 건설의 주역이자 일본인의 스승이었다는 사실이 껄끄러운 것이다. 일본인들이 살아있는 신으로 모셔온 일본 황실에 반도(백제)인의 피가 흐르고 있다는 것은 만세일계萬世一系를 신봉하는 일본의 자부심을 뒤흔드는 천기누설에 가깝다. 이러한 사실들을 도저히 수용할 수 없는 일본은 한·일고대교류사를 자신들의 편의대로 왜곡하는 역사공정을 서슴지 않았다. 한반도의 남부를 정복했다는 신공황후를 창조하고, 정복지를 경영했다는 임나일본부설을 창작해내고, 도래인을 포로들로 둔갑시킨 것이다.

한반도 역시 역사 콤플렉스에서 자유롭지 못하다. 고려 때만 해도 일본과 우리가 같은 계열系임이 인정되었다. 그런데 우리는 조선에 와서 자신

---

2   공산주의는 공동생산과 공동분배를 원칙으로 하여 사유재산제도를 부정하는 이데올로기로 정의할 수 있다. 반면 사회주의는 공동생산만을 추구한다는 점에서 공산주의와 구별되지만 한국에 미친 영향의 경중을 감안해 편의상 양자를 차별 없이 공산주의로 단일화하여 논의하기로 한다. 마르크스주의라는 대안적 용어도 생각해봄직 하지만 한국에 영향을 미친 공산주의가 마르크스-레닌-마오주의임을 감안해 사용하지 않기로 한다. 한 가지 유의해야 할 점은 공산주의 국가는 공산주의 이데올로기를 추구하는 국가이지 그 이데올로기를 실현한 국가는 아니라는 것이다. 공산주의를 실현한 국가는 역사상 존재하지 않는다. 공산주의 국가는 사실 공산주의의 실현을 최종 목표로 하는 사회주의 국가인 셈이다.

의 정체성identity을 중화中華로 바꾸었다. 명나라의 계승자를 자처하며 중화질서에 스스로 편입된 조선은 일본과 공유하던 이夷의 정체성을 부정하고 소중화를 실천하는 작은 중국인으로 거듭난 것이다. 그런 반도인들에게 일본은 중국의 천하질서에 편입되지 못한 미개한 쪽발이 왜구에 불과한 것으로 비쳐졌다. 고려 때만 해도 한·일관계의 문제는 누가 맏이고 누가 방계냐 하는 것이었는데, 조선에 와서는 누가 정통이고 누가 이단인가 하는 문제로 바뀌게 된 것이다.

조선과 일본은 영국과 미국, 아랍과 이스라엘의 관계에 견줄 수 있다. 양국 간의 역사적 갈등은 장자권 싸움, 주도권 싸움이지만 계열은 같은 것이다. 그런데 임진왜란과 정유재란이라는 두 차례의 조일朝日전쟁을 모두 명나라의 개입으로 막아낸 뒤에, 중국—조선 대 일본의 대립구도는 더욱 굳어져 이는 조선이 망할 때까지 지속되었다. 때문에 한반도가 일본의 식민지가 되면서 일본에 의해 비로소 근대화되었다는 사실을 반도의 학자들은 받아들일 수 없었다.[3] 그래서 조선 후기에 이미 자본주의가 싹트고 있었는데 그만 일제 강점으로 말미암아 짓밟히고 말았다는 자본주의 맹아론萌芽論을 고안해 식민지 근대화론에 맞서는 내재적 발전론이라는 희망적 대안을 창안해낸 것이다.

조선 후기의 세도정치의 문벌들은 지금도 건재한데, 식민지 근대화를 부정하는 사람들은 바로 이들이거나 아니면 시대착오적 주체사상주의자들로서 모두 퇴락한 중화주의자들이다. 그들이 주창하는 소위 내재적 발

---

3   박정희 대통령 시절 한국의 공업화와 경제발전도 이미 세계 유수의 기술수준에 올라와 있던 일본으로부터의 기술지원에 힘입은 바가 크다. Amsden 1989, 23쪽 참조. 반면 이승만은 일본과 등을 지면서 저러한 지원의 혜택을 스스로 박차는 바람에 경제발전의 지체를 초래했다.

전론은 비서구사회에서 일본을 제외하고는 식민지 경험 없이 자생적으로 근대화한 경우가 없다는 세계사의 상식을 부정하는 난센스를 저지르고 있다. 그들이 자신들의 입론의 근거처럼 삼는 실학자들의 글을 읽어보면 실학이 내재적 발전론과 상관이 없으며 기본적으로 유학의 테두리 속에 있음을 알 수 있다. 지금도 우리는 한국의 역사를 조선에 치중해 연구하며 그 이전은 판타지라는 자의식을 지니고 있다. 이러한 자의식의 관점에 서다 보니 식민지 근대화의 인정은 자폭, 자기부정으로 비쳐지는 것이다.

중국–조선 대 일본이라는 시각은 한국전쟁으로 잠시 수면으로 가라앉았지만 질긴 생명력으로 부활하였다. 한국을 이끄는 민주화 세대에 큰 영향을 미친 리영희의 『전환시대의 논리』는 한·미·일 협력체제에 맞서는 친중·반일·반미의 정서적 기틀을 마련하였고, 이는 이질화된 한국과 북한을 하나로 묶는 획기적인 대안적 시각으로 평가되어왔다(리영희 1974). 한국에서조차 한·일협력관계는 당위로 합의된 것이 아니다. 남남갈등의 중심에 한·일관계가 놓여 있는 것이다.

2. 이정표

한·일 협력체제에 대한 기존의 논의는 유구한 역사를 지니는 한·일관계에 대한 역사철학적 바탕이 없는 상태에서 각론별로 전개되어 왔다. 그러다 보니 나무는 보되 숲은 보지 못하는 한계에서 벗어나기 어려운 실정이다. 나무로 상징되는 각론들 중에는 분명 유익한 정보와 방안을 제시하는 훌륭한 연구들이 있다.

① 윤명철 교수의 『동아지중해와 고대일본』(윤명철 1996)은 동아시아적 국제관계 속에서 고대 일본사를 독창적인 틀에서 아주 입체적으로 파악하고 있다. 이 연구서는 일본 고대사를 지정학적 요소들을 고려해서 동아지중해라는 창의적인 개념 판도 하에서 분석하고, 이를 현재 우리의 상황과 연결 짓고 있다. 한민족이 한반도와 대륙의 일부를 활동의 주된 범주로 삼았다는 점에서 한륙도를 일본 고대사의 중요 교섭 파트너로 인정하면서 양자 사이의 역학관계를 묘사하고 있다. 그러나 그 연구 범위가 고대사로 한정되어 있는 까닭에 그것을 현재 한·일관계에 직접 연결 짓는 데에는 보완적 후속연구가 필요하다. 지정학적 요소들은 상수로 고정되어 있지만 그 외의 변수들과 주변 상황들은 상당한 변화를 겪었기 때문이다.

② 최남선의 『불함문화론』(최남선 1925)은 동아시아의 초고대사를 불함이라는 종교, 문화소素에 초점을 맞추어 거시적으로 조명하면서 이로부터 한·일 상고사를 구성해내고 있다. 동방문화의 연원을 불함문화로 보고 이것이 어떻게 세계사에 투영되고 있는지를 비교언어학, 지리학, 비교역사학의 방법을 원용해 추적해내고 있다. 그러나 이 연구서는 붉(불함)의 요소들이 한·중·일의 지명과 언어에 깊이 새겨져 있음을 발굴해내고 있지만, 단순 나열에 그치고 있다. 아주 대담하고 독창적인 가설과 방법론을 선보이고 있음에도 초고대사가 지닐 수밖에 없는 추상성과 자의성에서 자유롭지 못한 것도 사실이다. 우리는 불함문화론의 이러한 한계를 보완하고 업데이트하는 연구를 수행한 바 있다.(이승종·홍진기 2015 참조)

③ 코벨Jon Carter Covell의 『부여기마족과 왜』(코벨 2006)는 기마족이 일본열도를 정복함으로써 일본에 고대의 국가 체제가 형성되었다는 가설을 뒷받침하는 여러 근거들을 조목조목 짚어나가고 있다. 이 연구서는 기마

족의 일본 정복설을 주창한 에가미-레드야드Gary Ledyard 이론에서 진일보해 그 기마족이 선진문명으로 무장한 부여족임을 입증하는 데 초점을 두고 있는데, 한·일 간의 교섭을 완정完整하게 그려내는 데까지는 이르지 못한다. 기마족의 일본 정복설을 실증적 유물들에 대한 경험적 연구와 사료들에 대한 해석학적 독해로 증명하고 있기는 하지만, 단편적이어서 체계적이지 못한 한계가 있다. 아울러 부여족이 우리 상고사에서 지니는 위상에 대한 역사적 이해가 깊지 못한 까닭에 다소 추상적인 묘사에 그치고 있다는 점도 아쉬움으로 남는다.

열거한 선행연구들은 한·일 협력체제에 대한 중요한 자료를 제공해주고 있고 각자의 연구 분야에서는 선구적 시도로 평가한다. 우리는 이들을 통합적으로 아우르는 역사철학적 관점에서 한국과 일본이 처한 현재의 상황에 걸맞은 바람직한 미래지향적 한·일 협력체제를 구상해내려 한다.

이 장은 한·일관계를 시대별로 셋으로 대별해 각 시기별로 다음과 같은 3개의 작업가설들을 전제로 이들을 차례로 증명하는 방법으로 전개된다.(괄호 안은 해당 가설이 논증되는 부분의 절과 항의 표기이다.)

A. 고대 한·일 교섭사의 가설들

1. 일선동조론日鮮同祖論이라는 제국주의 이데올로기로 악용되었다는 낙인이 찍혀 금기시되고 있지만, 한국과 일본은 계보학 상 같은 뿌리에서 나왔다.(3.1)

2. 고대 한·일 교섭사는 임나일본부설이나 기마민족 정복설과 같은 쌍방 간의 정복이 아닌 한반도에서 일본 열도로의 개척으로 이해해야 한다.(3.2)

3. 고대 일본은 한반도의 국가들에 종속된 속국이 아니라 동맹국으로서 한반도의 문물을 빠른 속도로 캐치업catch-up했다.(3.3)

B. 식민지시기의 재인식 가설들

4. 한·일 간의 문물 교류는 구한말부터 일본 문물의 한반도로의 일방적 전래로 방향 전환되었지만, 이 와중에 한반도에는 식민지 자본주의화에 따른 식민지 근대성이 피어났다.(4.1, 4.2, 4.4)

5. 식민지 근대화론, 내재적 발전론, 식민지 반半봉건사회론, 자본주의 맹아론 등 식민지 시대를 조명하는 기존의 이론들은 역사적 사실과 부합하지 않는다.(4.4, 4.5)

6. 예속자본론을 위시한 공산주의 이론이나 그에 바탕을 둔 투쟁은 한국의 독립을 위한 투쟁이라기보다 계급투쟁으로 보아야 한다.(4.3, 5.1)

C. 해방 이후 한·일관계의 가설들

7. 해방 이후 일본에 대한 한국의 일관되지 못한 임기응변식 정책이나 그에 맞서는 반일 공산주의 이데올로기 모두 한·일 협력체제에 걸림돌이 되므로 발전적 지양이 요청된다.(5.1, 5.2)

8. 한·일관계는 전략적으로 한·미·일의 삼각체제 내에서 자리매김하는 것이 바람직하며, 한국이 미국으로부터 이탈하는 순간 한·일관계도 악화될 것이다.(5.2)

9. 한·일 협력체제는 김옥균과 안중근의 역사철학을 비판적으로 계승해 동아시아 삼국의 공존과 평화를 도모하는 방향으로 정위되어야 한다.(5.3)

이 장의 말미에서는 한·일관계가 양국의 안보와 동북아의 평화를 최우선순위에 놓고 정립되어야 하며(원칙 1), 사실에 입각한 합리적 접근(원칙 2)과 정책의 일관성(원칙 3)이 뒷받침되어야 한다는 세 협력의 원칙을 제안한다.

이 장에서 각 가설들은 괄호 안에 표기된 해당 항들의 내용을 이끄는 방향타 역할을 한다. 따라서 각 항들에서 거론되는 사실들은 그 항에 연관된 가설에 의해 조명된다. 과학철학자 핸슨Norwood Russell Hanson이 주장한 관찰의 이론 적재성theory ladenness 논제에 비견되는 방법이다(Hanson 1958). 가설 자체의 진위는 가설에 의해 조명된 사실들에 대한 해석이 적절한지, 가설이 이끄는 논지가 설득력이 있는지의 여부에 의해 가려질 것이다.

가설을 입론으로 삼아 전개되는 논지로 바로 그 가설의 진위를 평가하는 방법은 일견 선결문제 요구의 오류와 순환론의 오류를 범하는 것처럼 보일 수 있다. 그러나 이론이나 가설, 혹은 선입견 없이는 어떠한 관찰이나 지각, 사실도 성립할 수 없다는 점을 감안할 때 선결문제 요구의 오류 혐의에서 벗어날 수 있으며, 결국 가설은 그것이 이끄는 사실 해석이나 논지의 적절성에 의해 가려질 수밖에 없다는 점에서 순환론의 오류에서 벗어날 수 있다.

우리의 연구 방법은 다음과 같은 순환적 도식으로 요약해볼 수 있다.

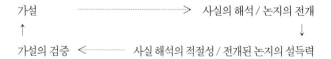

가설 ················> 사실의 해석 / 논지의 전개

↑ ↓

가설의 검증 <············· 사실 해석의 적절성 / 전개된 논지의 설득력

이 순환은 그로 말미암아 사실과 논지의 내포와 외연이 심화되고 확장될 계기를 얻는다는 점에서 동어반복적 악순환惡循環; vicious circle이 아닌 선순환善循環; virtuous circle, 즉 가다머가 해석학의 정당한 방법론으로 인정한 해석학적 순환으로 자리매김 되어야 할 것이다(Gadamer 1960). 이성으로 이성을 비판하는 칸트의 『순수이성비판』, 언어로 언어를 비판하는 비트겐슈타인의 『논리 – 철학논고』나 『철학적 탐구』 역시 넓은 의미에서 해석학적 순환의 방법을 차용하고 있다.

3. 고대 한·일 교섭사

1) 한·일 상고사의 계보

한·일관계의 어려움이 역사의 업業 때문이라면 이를 결자해지結者解之하기 위해서는 그 역사의 계보를 먼저 추적해볼 필요가 있다. 일제는 반도의 병합을 정당화하기 위해 내세운 내선일체內鮮一體의 근거를 일선동조론日鮮同祖論에서 찾으려 했다. 일본과 조선의 조상이 같다는 저 이론은 분명 식민지배를 정당화하기 위한 목적으로 악용되었다는 점에서 일제가 날조한 이데올로기에 가깝다. 그러나 일본과 조선의 조상이 정말 같은지는 이데올로기가 아닌 학술적 차원에서 가려봄직한 사안이다. 설령 한·일의 뿌리가 같다는 결론이 나온다 해도 그것이 곧 일제의 반도 강점을 정당화해주는 것은 아니라는 점도 명심할 필요가 있다.

김운회 교수는 일본의 가장 오랜 이름인 왜倭가 나타난 지역을 다음과 같이 지도에 표기하고 있다(김운회 2006, 2권, 146쪽).

이를 동북지역 이夷들의 활동 분포도와 비교해보면 이夷와 왜倭는 지역적으로 서로 겹침을 알 수 있다(張傳璽·楊濟安 1984, 3쪽).

해산물이 풍부한 해변을 낀 노른자위 땅을 차지했던 이夷들이 하夏에 밀려(傅斯年 1935) 만리장성 밖으로 이동하면서 왜倭 역시 이夷들을 따라 자

〈그림 1〉 왜(倭)의 활동 분포도

리를 옮겼고, 다시 한반도로 남하하여 일본 열도로까지 진출하게 된 것으로 추론해볼 수 있다.

이夷와 왜倭의 밀접한 관계는 『삼국유사』에서도 확인되는데, 『논어정의論語正義』에 의거해 왜倭를 구이九夷의 하나로, 『해동안홍기海東安弘記』에 의거해 일본을 구한九韓의 하나로 보고 있다.[4] 장보취엔과 웨이춘청은 다음의 지도에서 산동반도에 나타나는 우이嵎夷의 우嵎자가 왜倭의 동음이자同音異字라고 보는데 이는 산동반도를 왜倭의 활동영역으로 본 첫 번째 지도와도 잘 어우러진다(張博泉·魏存成 1988, 106쪽).

이夷와 왜倭의 밀접한 관계는 활동영역과 이동경로에서 뿐 아니라 그들이 공유했던 태양숭배 사상에서도 확인된다. 그 근거를 왜倭가 속해 있었다는 구이九夷에서 찾을 수 있다. 『설문해자』에 의하면 구이九夷의 구九자는 "태양의 변형된 모습으로 구부러짐이 다한 형상"(이기훈 2015, 134쪽)이다.

4　一然, 『三國遺事』, 「紀異」, 〈馬韓條〉, "論語正義云 九夷者 一玄菟 二樂浪 三高麗 四滿餙 五鳧臾 六素家 七東屠 八倭人 九天鄙 海東安弘記云 九韓者 一日本 二中華 三吳越 四毛羅 五鷹遊 六靺鞨 七丹國 八女眞 九穢貊".

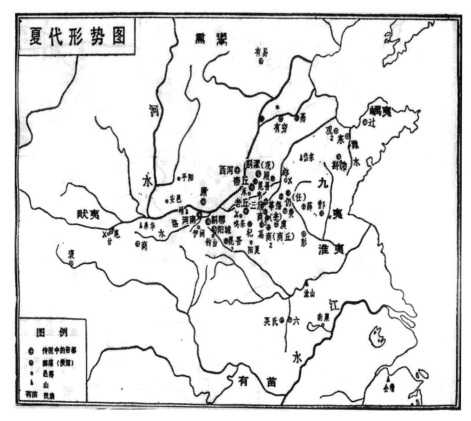

〈그림 2〉 이(夷)의 활동 분포도

이를 바탕으로 이기훈은 구九자의 원형이 동이족 왕(제사장)의 상징적 장신 구였던 동그란 귀고리 모양의 고리에서 시작한 것으로 보고 있다(이기훈 2015, 135쪽). 이는 구이와 고리 사이의 발음상의 유사성에 착안한 것 같은 데, 양자 모두 태양의 둥근 모양을 지칭한다는 점에 주목할 필요가 있다.

구九자는 구이九夷에만 국한되어 나타나는 음가가 아니다. 기원전 3세기 까지 존속했을 것으로 추정되는 구려九黎에서부터 고구려句驪, 高句麗, 고려高麗 에 이르기까지 코리아의 전신前身들이 저 음가를 공통적으로 지니고 있다는 점은 예사롭지 않아 보인다. 구이九夷의 이夷나 구려九黎의 려黎는 고대에 사람들을 의미하던 글자였으므로 구이九夷와 구려九黎는 모두 태양을 상징하는 고리를 찬 사람들을 의미하는 셈이다.

『삼국지』「위서」〈동이전〉에는 239년부터 248년까지 9년에 걸친 기간 중에 일본 열도의 북 규슈에 파견된 중국 사절들의 보고를 중심으로 하는 【왜인조倭人條】가 수록되어 있다. 그 보고는 히미코 여왕이 다스리는 나라 야마이치邪馬壹에 대한 묘사를 포함하고 있는데, "귀신을 다루고 사람들을 미혹시켰다"[5]는 것으로 보아 히미코는 샤먼왕이었던 것 같다. 야마이치의 '야마'가 하늘을 의미하고 히미코의 '히'가 해日를 의미한다는 점에서 히미코는 태양의 딸 혹은 태양의 무녀巫女라는 의미를 가진 호칭으로 추정된다(야마모토 시치헤이 1989, 39쪽) 중국 사절들이 방문했던 당시의 일본은 태양을 숭배했음을 알 수 있다.

일본신화의 천조대신天照大神 아마테라스는 하늘天, 야마, 비춤照, 해, 여신의 구도를 따왔다는 점에서 히미코를 신화화한 것으로 해석할 수 있다. 해의 이미지는 그 이후 해 뜨는 하늘밑 마을을 의미하는 야마토邪馬壹, 大和, 일본日本, 일장기와 욱일승천기에 이르기까지 일본 열도의 전통에서 일관되게 계승되어 왔다. 일본신화와 단군신화에서 보듯이 일본과 한국은 천손민족天孫民族이라는 신화소를 공유하고 있는 것이다.

최남선은 『불함문화론』에서 해와 관련된 지명地名이 일본 열도를 뒤덮고 있음을 보여주는데 이 지명들은 조선의 역사와 연결되어 있다. 일본을 옛 이름인 야마토를 해 뜨는 하늘밑 마을로 읽을 때 거기서 우리는 자연히 고

---

5   陳壽, 『三國志』, 「魏書」, 〈東夷傳〉, 【倭人條】, "事鬼道能惑衆".

조선의 도읍지였던 해 뜨는 땅 아사달을 연상하게 된다. (일본의 대표적 신문과 맥주의 이름인 아사히(朝日)는 아사달의 '아사'와 히미코의 '히'를 합쳐 만든 용어로 아침 해를 뜻한다. 공교롭게도 이는 조선과 일본의 첫 글자를 딴 것처럼 보이기도 한다.) 『서경』은 왜倭의 다른 이름인 우이嵎夷가 곧 양곡暘谷, 즉 해 돋는 곳(아사달)을 의미함을 명시하고 있다.[6] 이로부터 우리는 왜倭도 곧 해를 지칭했음을 추론할 수 있다.

해의 이미지와 조선 역사와의 연결성은 일본의 지명地名에서뿐 아니라 인명人名에서도 두드러지는데, 그 대표적인 예로 초대 천황인 진무神武 천황을 들 수 있다. 그는 천황에 오르기 전 이와레磐余 왕자로 불렸는데, 그가 해의 나라인 부여 백제계임을 그 이름에서 짐작할 수 있다. 이와레의 '이와'는 곧 바위磐인데 이는 바위→비류→부루의 동음이의어적 연결성을 지니며, 부여와 백제가 그러하듯이 해를 상징하는 'ㅂ(붉)'의 음가를 공유하고 있다. 비류는 백제를 창건한 온조의 형이고, 부루는 단군의 아들이자 부여와 동음이의어로 연결된다. 히미코의 '히'가 부여의 해모수, 해부루의 '해'와 연결되는 것과 같은 맥락에서이다. (해모수는 해 머슴아이(소년)이다. 해모수와 히미코는 각각 태양의 아들과 딸인 셈이다.) 이와레에 새겨진 또 하나의 음가인 '레'여; 余는 백제왕의 성씨인 부여를 단성單性으로 표기한 것으로 역시 부여와 연결된다.

일본 열도의 고대사에 대해 한국과 일본은 자기 입맛대로 과잉 해석이나 의도적 왜곡을 서슴지 않아왔다. 양국이 인정하는 사실은 고대 일본에 반도에서 건너온 소위 도래인들이 엄청났다는 점이다. 하니하라 가즈로에 의하

6　『書經』, 「虞書」, 〈堯典〉, "嵎夷曰暘谷".

면 BC 3세기에서 AD 7세기 초까지 도래인들은 약 150만으로 7세기를 기준으로 도래인은 선주민의 8.6배에 달하였다(埴原和郎 1995).[7]

일본의 학자들은 이 도래인들이 ① 일본에 항복한 포로이거나, ② 일본이 조선을 경영한 결과 일본에 귀화한 사람들이거나, ③ 나라 없는 유민들이거나, 혹은 ④ 조작된 이야기이므로 믿을 수 없다는 식으로 거부하거나 왜곡하고 있다(최재석 2001, 60~65쪽 참조). 그러나 ① 철기와 기마병으로 무장한 한반도를 재래식 병기와 보병을 위주로 한 일본 열도의 군대가 정복한다는 것은 불가능한 일이며,[8] ② 같은 이유에서 일본의 조선 경영설은 근거가 없는 낭설이다. ③ 아울러 당시 한반도 남쪽에는 나라가 오히려 너무 많아 150만의 나라 없는 유민들이 있었다고 보기 어려우며,[9] ④ 도래인의 숫자는 일본의 자료들에 바탕을 둔 계산이므로 그것이 조작되었다는 것은 자가당착이다.

일본 학자들은 도래인을 그저 대륙 문화를 일본에 전파한 사람들로 그 위상을 가능하면 과소평가하려는 경향이 있다. 한때는 필요에 의해 일선동조론을 내세워 한국 병합의 당위성을 강조하기도 했지만, 실은 한·일 간의 공통 계통을 인정하고 싶지 않은 것이다. 집단 이주설의 주창자인 하니하라 가즈로도 그 도래인을 애매하게 한반도 북쪽의 북방계 민족으로 표현했는데 이는 한반도와의 직접적 관계를 회피하려는 일본 학계의 대

---

7   최재석 교수도 이와 유사한 수치를 제시하고 있다. 최재석 1989 참조.
8   『삼국지』「위서」〈동이전〉의 【왜인조】에 따르면 중국 사신들이 방문했던 3세기 일본 열도에는 말(馬)이 없었다. 일본 열도에서는 5세기 초부터 철기가 급증했지만 실은 6세기에야 일본 열도에서 사철(沙鐵)이 발견되었으며 그 이전까지 철은 한반도로부터의 수입에 의존해야 했다.
9   『후한서』「동이열전」의 〈한조〉와 『삼국지』「위서」〈동이전〉의 【한조】에 따르면 한반도 남쪽에 위치한 한(韓)에는 무려 78개의 국가가 있었다고 한다.

세를 거스르지 않으려 하는 포석이다.

반면 한국의 일부 연구자들은 일본이 백제의 속국(구자일 2006)이나 망명정권(김성호 2012)이었다는 식으로 고대 일본의 주권을 부정하고 있다. 2002년 월드컵의 한·일공동개최를 앞두고 양국 간의 우호적인 분위기에서 개최된 한 심포지엄에서 있었던 일이다. 심포지엄 발표자인 김현구 교수는 "왕자 전지腆支, 直支의 파견은 『삼국사기』에는 '인질'로 되어 있지만 사실은 백제가 고구려나 신라와 대립하면서 장기적으로 일본과 관계를 강화하려는 포석으로 보낸 것"이라는 요지의 발표를 했는데, "당시 일본은 백제에 종속되어 있었는데 어째서 백제와 일본이 대등한 관계였다고 하느냐"는 질문을 받았다. 『삼국사기』(아신왕 6년 5월조 기록)에 "백제가 왕자 전지를 왜국倭國에 인질로 보냈다"고 되어 있는 것을 그가 '대등한 관계'라고 말하자 나온 질문이었다.(김현구 2002, 31∼32쪽 참조)

김현구 교수는 그의 저서 『임나일본부설은 허구인가』로 말미암아 임나일본부설을 옹호하는 식민사학자로 비판받은 바 있다. 책의 요지는 왜倭가 지배한 임나일본부란 일본 측 사서史書가 지어낸 허구이며 사실은 백제가 가야지역에 설치한 기관이라는 것이었다. 그런데도 비판자는 김 교수가 임나가 한반도에 있었음을 인정한 것, 일본을 백제와 대등한 관계로 본 것, 일본의 백제 파병을 인정한 것을 문제 삼아 마치 김 교수가 임나일본부를 인정했고, 백제를 일본의 속국으로 보았고, 백제가 일본에게 군사원조를 구걸한 것으로 과잉 해석한 것이다(이덕일 2014). 이는 김현구 교수의 저서에 대한 명백한 오독誤讀이다. 이를 둘러싸고 명예 훼손 혐의로 항소심까지 가는 법정 공방이 있었지만 혐의명이 시사하듯이 학술토론과는 거리가 먼 해프닝이었다.

우리는 고대에 전남, 경남, 대마도, 구주 지역에 있었던 왜倭가 일본이 주장하는 소위 임나일본부의 실체라고 본다. 그러다가 왜倭가 5세기에 이르러 반도에서 열도로 내쫓기게 된 것인데, 특히 광개토대왕비문에 나오는 '임나가야' 및 '백잔百殘'과 왜는 같은 계열을 지칭하는 것으로 읽혀진다. 반도에서 밀려난 임나가야 및 백잔(백제)과 왜가 열도로 건너가게 된 것이다.[10] 이 엄연한 사실을 인정하지 않는 기존의 삼국사 프레임과 거기에 바탕을 둔 왜의 경시는 우리가 자신의 정체성을 이夷가 아닌 중화中華로 변경한데 따른 소중화의식의 표현이며, 이것이 현재의 친중·반일의 계보로 이어지고 있는 것이다.

한국과 일본은 국민들은 고사하고 학자들조차도 상호 관련된 고대사의 역사적 사실들에 대해서 아직 객관적인 중도의 자세를 견지하거나 수용할 여유가 부족한 편이다. 제3자의 시각에서 보면 인종이나 문화에서 닮은꼴인데도[11] 양국의 학자들은 이를 쉽게 인정하려들지 않는다. 각자가 자신들의 관점에서 과거사를 보는 것을 넘어서 아직도 자부심 아닌 집단 트라우마나 콤플렉스에 가까운 민족주의 이데올로기에 사로잡혀 있는 것은 아닌지 의심이 들 때가 있다. 만일 그렇다면 한국과 일본은 서로 간에 치유하고 교정해야 할 모난 구석이나 상처가 남아 있는 것이다. 이는 오직 사실을 있는 그대로 봄으로써만이 결자해지될 수 있을 것이다.

---

10 임나가야와는 달리 8세기 초에 작성된 『일본서기(日本書紀)』에만 등장하는 임나일본부는 후대에 만들어진 용어가 아닌가 추정해본다.

11 『총, 균, 쇠』의 저자 다이아몬드(Jared Diamond)는 한국과 일본을 "성장기를 함께 보낸 쌍둥이 형제와도 같다"(Diamond 1998)고 말한다.

2) 기마민족 정복설 비판

한반도와 일본 열도 사이의 대한해협은 고대인들에게는 결코 만만한 장애물이 아니었다. 항해술, 기상 지식, 선박건조술 등의 수준을 감안할 때 한 배에 승선 가능한 인원과 선단의 규모는 작을 수밖에 없었다(코벨 2006, 50쪽). 그러나 대마도를 비롯한 중간 거점들을 이용해 정기적이지는 못해도 지속적으로 한반도로부터 일본 열도로의 이주가 있었던 것으로 확인된다.(윤명철 1996, 2부)

초기에는 신라에서 건너온 것으로 추정되는 스사노오가 이즈모에서, 히미코가 규슈에서 통치를 했지만 그것이 어떤 성격의 통치였는지를 알 수 있는 역사적 기록은 거의 없다. 이어서 가야에서 건너온 세력이 일본 열도에 명확하고도 광범위한 흔적을 남기고 있는데, 일본 열도에서 발견되는 가야와 연관된 다수의 지명地名들이 그 근거이다(윤내현 1998, 490~497쪽). 그러나 이는 한반도 남단의 바다를 면한 지역에서 활동하던 왜倭 집단이 국력을 키운 신라와 고구려에 쫓겨 일본 열도로 이주한 것으로 볼 수 있다. 이 과정에서 임나 역시 한반도에서 일본 열도로 밀려났을 것이다.

일본 열도에 가장 큰 영향을 미친 한반도의 세력은 한국과 일본의 사서史書들이 공동으로 입증하고 있는 백제이다. 비록 일본 열도에 미친 신라나 가야의 영향보다 시기적으로 늦기는 했지만, 도래인의 숫자와 출신에서나 그들이 열도로 가져온 문물과 제도의 색깔에서나 백제는 일본에 총체적으로 그리고 온전히 이식되었다고 해도 과언이 아니다. 일본 열도의 왜倭는 백제 왜倭라고 부를 수 있을 정도로 백제화되었는데, 당시 한반도와 일본 열도의 문화적 수준 차이가 현격했음을 시사한다.(홍원탁 2003)

에가미 나미오江上波夫는 일본 열도에서 일어난 이 변화의 주체가 가야와 백제였음을 은폐하는 기마민족 정복설을 제창하였다. 그는 5세기 후반부터 고분古墳의 규모가 커졌을 뿐 아니라 출토물들에서도 차이가 뚜렷하다는 점에 주목한다. 즉 그 이전만 해도 야요이때부터 지속되어온 의식儀式적이고 주술적이고 종교적인 문화를 반영하는 출토물들이 주종을 이루었는데, 5세기 후반부터는 실용적이고 군사적이고 침략적인 북방적 성격을 나타내는 연장과 무기들로 대체되었다는 것이다. 특히 재갈, 마갑馬甲, 안장과 같은 마장품馬裝品들은 그 주인공들이 일본을 정복한 기마민족이었음을 입증한다는 것이다.(Egami 1962)

에가미 나미오는 일본 열도의 정복을 이끈 기마민족의 지도자가 한반도의 임나를 통치하던 미마키이리히코御眞木入日子였는데 그가 곧 스진崇神 천황이라고 주장한다(Egami 1964). 그러나 스진 천황은 일본의 역사가들이 자신들의 역사를 늘이기 위해 창작한 가공의 천황들 중의 하나이다. 에가미 나미오는 미마키이리히코를 4세기 초의 인물로 보는데, 그렇다면 미마키이리히코가 이끄는 기마민족의 일본정복을 고고학적 단절이 일어나는 때로부터 적어도 반세기 이상 소급해야 하는 어려움이 있다. 에가미 나미오 스스로도 인정하듯이 4세기 초의 고분 출토물들 중에는 기마민족이 일본 열도를 정복했음을 입증해주는 증거가 발견되지 않고 있다.(Egami 1964, p.53)

기마민족 정복설은 이후 레드야드, 에드워즈Walter Edwards 등 서양의 학자들이 참여하면서 세계적인 논쟁으로 확산되었고 그 과정에서 여러 버전으로 분화되었다. 레드야드는 일본 열도를 정복한 기마민족의 실체에 대해 애매한 입장을 취했던 에가미 나미오에 비해, 기마민족을 북방의 부여족으로 간주함으로써 진일보를 이루었다. 레드야드는 그 부여족이 352년에서 372년 사이의 20년 동안 백제를 건국한 다음 바다를 건너 일본 열도에 도착해 야마토 정권을 수립했다고 본다(Ledyard 1975). 그러나 부여와 백제가 같은 계열인 것은 맞지만, 백제는 레드야드가 추정한 것보다 훨씬 이른 기원전에 건국된 고대국가이다.

홍원탁 교수는 일본 열도를 정복한 기마민족이 백제인들이었음을 적시함으로써 기마민족 정복설의 논지를 보다 선명히 하는데 공헌하였다(Hong 1994; 2010). 이로써 기마민족 정복설의 논쟁사에서 기마민족의 실체가 일본 열도에서 멀리 떨어진 북방의 민족에서 바다를 경계로 일본 열도와 마주하고 있는 한반도의 백제인으로 좁혀진 셈이다.

백제가 철제 무기로 무장한 기마병을 앞세워 일본 열도를 정복했다는 홍원탁 교수의 학설은 여타의 정복설과 마찬가지로 정복의 과정이 있었음을 전제로 한다. 그러나 정복이 수반하게 될 일본 열도 전쟁의 흔적은 유물로도 사료로도 입증되지 않는다. 『일본서기』는 오진應神 천황 15년에 백제로부터 공물貢物로서 온순한 한 쌍의 말馬이 아직기와 함께 도착한 것으로 기록하고 있다. 기마병이 아닌 학자 아직기가 공물인 말과 함께 일본에 왔다는 것은 기마민족에 의한 일본 열도 정복설과 어울리지 않는다.

당시 백제와 일본의 국력 격차는 기마병은 물론이고 철제 무기의 유무에 의해 이미 정복 전쟁이 필요 없을 만큼 컸다. 백제가 일본 열도를 식민지 속국으로 삼았다고 보기도 어렵다. 식민지는 제국주의의 동반물인데 백제는 서양적 의미의 제국이 아니라 바다를 연결망으로 삼아 자신들만의 독특한 분국 시스템을 지향하는 탈영토적 해양국가였다. 그런 백제에게 일본 열도는 분국의 해양거점 기반이 될 수 있는 개척지였을 것이다. 말과 철기도 그러한 개척의 필요에 의해 건너간 것으로 볼 수 있다.

에드워즈는 고대 일본의 거대한 고분군이 시사하는 강력한 정치 세력의 존재는 기마민족에 의한 정복이라는 사건에서 유래하는 것이 아니라면서 이를 자생적 발전의 과정이라는 관점에서 보아야 한다고 주장한다(Edwards 1983). 그는 국제 무역을 통해 권력의 수단과 상징을 얻으려 했던 토착 엘리트의 출현과 함께 국내적 통일 과정이 있었을 것으로 추정한다. 일종의 내재적 발전론인 셈인데, 한국의 내재적 발전론이 한국의 학자들에게 널리 수용되었듯이 에드워즈의 내재적 발전론도 일본의 학자들에게 널리 수용되고 있다.

에드워즈는 오진 천황릉을 위시한 대형 고분들은 대륙으로부터의 대규모 유입이 발생하기 전의 것들이며 거기에는 어떠한 종류의 기마 장구나 대륙적인 그 무엇도 들어 있지 않을 것으로 믿고 있다. 저 능들에 대한 발굴이 금지된 현재 이는 긍정도 부정도 어려운 가설에 머물 수 있다. 그러나 1872년 오진 천황의 아들인 닌토쿠仁德 천황의 분묘로 추정되는 무덤의 앞부분 일부가 조그만 산사태로 허물어져 철제 갑주와 무기, 말방울馬鐸 등이 발견되었으며, 오진 천황릉에 딸린 무덤으로 추정되는 묘에서도 말안장이 출토된 바 있는데, 이는 한반도의 제품과 유사하다(Kidder 1985). 또한 무덤에서 말 장식품이 나오는 것과 때를 같이해서 발견되는 스에키須惠器 토기는 1950년대까지는 조선 토기라 불리다가 조선이라는 말을 지우고 대신『만엽집萬葉集』에 나오는, 그릇을 지칭하는 '스에'라는 표현으로 대체되었다고 하는데 블리드는 "중기中期의 고분에 부장副葬된 무기, 보석, 갑주, 말 장식물, 스에키 등은 한반도에서 유래한 것으로 대부분 수입된 것이거나 한반도에서 들여온 원료로 만들어진 것"으로 단언한다.(Bleed 1983, p.161)

에드워즈 자신도 일본에서 발견되는 거대한 중기의 고분들은 대륙으로부터 배운 선진 측량술과 건축술이 없이는 축조될 수 없었다는 점을 인정한다. 그러면서도 그는 일본의 토착 세력이 한반도 남단을 침공하여 그곳에서 철을 입수하고, 그 철로 만든 무기와 갑주를 가지고 일본을 통일했으며, 그로 말미암아 엄청난 양의 철제품을 부장하고 있는 거대한 고분들을 만들 수 있게 되었다고 본다. 앞뒤가 맞지 않을뿐더러 역사의 흐름을 역행하는 궤변임에도 그의 이론은 일본 학계에서 정설로 받아들여지고 있다.

근대 한국의 내재적 발전론이 그러하듯이 고대 일본의 내재적 발전론도 선진국으로부터 받은 엄연한 문물의 수혜를 부정하고 사실과 맞지 않는 내적 발전의 맹아萌芽에 집착하는 기형적 발상법이다. 이 이론이 유난히 기승을 부리는 동아시아에서는 민족주의적 판타지와 실제 역사가 아직도 구분되지 않고 있는 것이다.

3) 캐치업 이론과 동맹 이론

현대의 한국이 그러했듯이 고대의 일본도 선진 이웃으로부터 발달된 문물을 받아들이고 이를 바탕으로 빠르게 성장해나갔다. 소위 캐치업을 달성한 것이다. 후발 주변국가가 선진 중심국가를 결코 따라잡을 수 없다는 종속이론은 고대 한·일관계에서도 부정된다. 심지어 일본은 한반도의 국가들에 비해 더 일찍 중앙집권제를 완성하였다. 이것이 가능했던 까닭은 일본의 경우 한국에서 건너간 지배계층과 토착 피지배계층의 이질성과 함께 양자 간의 힘과 수준의 차이가 워낙 컸기 때문이다.

백제 무령왕릉에서 출토된 의자손수대경과 일본 다이센릉 출토 수대경을 비교해보면, 일본 유물이 5세기경의 것인데도 6세기경의 백제 유물보다 오히려 더 세련되어 보인다.

건축물이나 전방후원분 규모도 일본이 더 크다. 유물과 유적에서 확인

〈그림 3〉 백제 무령왕릉 출토 의자손수대경(宜子孫獸帶鏡), 6세기

되는 이러한 사실은 일본에서 중앙집권이 먼저 완성되었기 때문으로 풀이된다.

불교는 384년에 백제에 전래되었지만 이를 국가에 접속시켜 왕권을 강화하려던 침류왕의 때 이른 사망(바로 그 시도 때문이었던 것으로 추정할 수 있다) 이후 오랜 시간이 걸려 성왕 때에 이르러서야 불교를 토착화하고 왕권을 강화함으로써 중앙집권제를 완성할 수 있었다. (그러한 성왕을 계승하려 했던 이가 백제의 마지막 왕이 되고 만 의자왕이라는 점을 감안할 때 백제의 중앙집권제는 끝내 빛을 보지 못했던 것 같다. 지금도 한반도 이남은 지방 세력이 강해 중앙집권이 어렵다.) 반면 552년에 불교를 전수한 일본은 그보다 먼저 중앙집권제를 이룩한 것이다.

〈그림 4〉 일본 다이센릉 출토 수대경(獸帶鏡), 5세기

한국이 미국의 문물을 수용했다고 해서 미국의 속국으로 볼 수 없는 것처럼 일본이 백제의 문물을 수용했다고 해서 백제의 속국으로 볼 수는 없다. 고대에 일본은 고구려, 백제, 신라 3국 모두와 관련을 맺고 있었다. 502년에 일본에 온 고구려의 승륭僧隆과 혜총惠聰은 아스까시飛鳥寺에 머물렀고, 625년에 온 혜자惠慈는 20여 년간 쇼오토쿠聖德 태자를 가르치며 고구려와 일본과의 가교 역할을 했다. 아스까촌에 있는 이시부따이石舞臺고분은 고구려척尺을 사용하여 건축되었으며, 타까마쯔총高松塚 천장의 별자리는 키또라 고분의 별자리와 더불어 평양에서 관측된 것과 일치한다.(김현구 2002, 101~102·110쪽)

645년 일본에서 실권을 잡고 있던 백제계 소기蘇我씨를 타도하고 들어선

다이까 개신大化改新 정권의 핵심인물들은 신라와 관계가 깊었고, 647년 김춘추가 일본에 오기도 했다. 김현구 교수는 이때 신라-당-일본의 삼국 연합체제가 체결된 것으로 본다(김현구 2002, 122~124쪽). 그러나 개신세력을 제압한 사이메이齊明 천황은 백제, 고구려와 손을 잡고 신라와 당에 대결하는 원래의 노선으로 방향을 선회했으며, 이것이 나당 연합군에 무너진 백제를 구원하러 파병한 백촌강 전투로 이어진다.

일본이 신라-당의 세력과 백제-고구려의 세력을 번갈아 자신의 협력 파트너로 삼을 수 있었던 것은 일본이 한반도의 여러 나라들과 두루 교류해왔기에 가능했으며, 일본이 백제의 속국이 아니었음을 입증하는 결정적인 근거가 된다. 일본과 백제의 관계는 현대의 한미동맹과 유사한 성격이었을 것이다. 두 나라는 각자 자국의 안보와 이익을 잣대로 서로가 윈윈 win-win하는 동맹을 맺었으며, 백촌강 전투 역시 이러한 맥락에서 이해해야 한다.

백제가 일본의 속국이었다는 일본 측의 주장도 근거가 없는 날조인 것이 만일 백제가 일본의 속국이었다면 백제를 정복하려는 신라-당과 일본이 한 때나마 연합체제를 구축해 자신의 속국을 압박할 이유가 없는 것이다. 백제로의 파병을 준비하다가 사이메이 천황이 세상을 떠나고 이어서 텐지天智 천황 정권도 백촌강 전투에서의 패배 후유증으로 말미암아 진신壬申의 난으로 무너지게 되는데, 속국의 구원하기 위해서 저런 엄청난 대가를 치렀다고 보기도 어렵다. 일본이 한반도의 정세에 적극적으로 개입한 이유는 백제가 아닌 자국의 안보를 위해서였다.

미국이 한국전쟁에 참여할 때 소련(과 중국의 공산주의)에 맞서 싸운다는 명분 대신 한국정부의 요청으로 한국을 구원하는 것을 명분으로 삼았듯이(김영호 1997, 299쪽), 일본도 백촌강 전투에 참여할 때 당과 맞서 싸운다는 명분 대신 백제 부흥운동을 이끈 복신의 요청으로 백제를 구원하는 것을 명분으로 삼았다. 중국에 이어 한반도까지 공산화되면 아시아 전체가 위험해진다고 생각한 미국으로서는 소련(과 중국)을 직접 자극하지 않는 저 명분이 적합한 선택이었듯이, 당이 백제에 이어 고구려를 멸망시킨 다음에는 일본을 침입할 것이라고 생각한[12] 일본으로서는 당을 직접 자극하지 않는 저 명분이 적합한 선택이었을 것이다.

일본은 지리적으로도 대륙과 떨어져 있는 탓에 한반도를 비롯한 대륙의 여러 나라들에 비해 미개한 상태에서 도래인들을 맞이하였다. 그럼에도 그들이 일본 열도로 가져온 선진 문물과 제도를 빠르게 습득하면서 야마토 정권[13]에 이르러서는 강력한 중앙집권체제를 형성하였다. 일본은 그 여세를 몰아 전란에 빠진 한반도의 국가들을 일거에 따라잡고 동아시아의 세력 판도에 직접 뛰어드는 수준으로까지 비약적인 발전을 이루었다. 거기에는 백제와의 동맹을 위시해 일본이 한반도의 나라들과 다방면으로 맺었던 현명한 교류 관계가 큰 몫을 했다. 한반도는 일본이 고대 동아시아 세계와 만나는 창window이었고 그 창을 통해 문명을 배운 일본은 세계의 일원으로 일약 발돋움하게 된 것이다.

고대에 있었던 한반도와 일본의 만남은 양 지역의 문명적 격차로 말미

---

12 일본의 이러한 생각은 당의 정책에 대한 오판이었다. 당이 고구려와 백제를 친 것은 영토욕보다는 안보와 헤게모니 때문이었으며, 따라서 일본을 칠 의사는 애초부터 없었다고 보아야 한다. 그럼에도 일본이 저러한 오판을 했다는 사실은 일본이 독자적 관점이 아니라 백제의 관점에서 동아시아 판세를 보고 있었음을 함축한다.

13 야마토(大和)라는 용어 자체가 토착 세력과 도래인 사이의 화해와 공존을 의미하는데, 이는 토착 세력인 곰족과 이주 세력인 환웅족의 연합체인 신시와 이를 계승하는 고조선이 지향했던 홍익인간을 연상케 한다. 환웅이 그러했던 것처럼 야마토 정권의 천황이 신격화되었다는 점도 주목할 만한 공통점이다.

암아 일방적인 것이었지만 결과적으로는 윈-윈win-win이었다. 일본으로서는 엄청난 축복이었고 한반도로서도 자신들의 선진 문명을 일본 열도에 아낌없이 전파하는 성과를 이루었다. 당시의 양자 간 관계를 어느 한쪽이 다른 한쪽을 정복하거나 지배해 식민지나 속국으로 삼았다고 보는 현대의 시각은 양자가 일구어낸 풍성한 결실을 왜곡하는 반反사실적 오류를 범하고 있다.

4. 식민지시기의 재인식

1) 구한말 조선과 일본의 사회 성격

백제의 패망을 분기점으로 한반도와 일본 열도 사이의 밀접했던 관계는 역사가 되어버렸다. 그후 1,000여 년간 서로 다른 길을 걸어온 양측은 서로를 교류의 파트너로 보다는 먼 타자로서 바라보게 되었다. 그 긴 세월동안 일본 열도는 전국戰國시대를 겪으면서도 내적 에너지를 축적해왔고, 한반도는 동이東夷의 정체성을 버리고 중국의 천하질서를 받드는 제후국으로 변모했다. 조선인들에게 일본은 자신들과 직접 상관이 없는 미개한 섬나라에 불과했고, 일본인들에게 조선은 대륙으로 뻗어나가기 위해서는 언젠가 정벌해야 할 폐쇄적 약소국에 불과했다.

고대 한반도로부터의 문물 유입을 통해 수행한 비약적 발전의 경험을 유전인자로 가지고 있는 일본은 19세기에 선진 서구 문명의 파도가 동아시아를 강타할 때 어떻게 대처해야 하는지 잘 알고 있었다. 일본은 전격적으로 단행한 메이지 유신으로 자신을 근본에서부터 서구 지향적으로 바꾸었고 서구 열강들의 도전에 지혜롭게 대처했다. 한편으로는 서구의 문물을 빠르게 수용하면서 한 걸음 더 나아가 서구 열강들 사이의 전쟁과 이것이 동아시아에 미치는 영향을 잘 읽어내 그 틈새를 공략하는 전략을 전개하였다.

일본과는 달리 조선은 사대주의가 발목을 잡았다. 중국만을 섬기던 오랜 관습에서 벗어나지 못하고 중화질서와 조공 외교 외의 다른 질서와 국제 관계를 알지 못했다. 4통8달의 동아시아 해양 네트워크를 지녔던 백제, 동아시아의 패자霸者가 되려는 큰 야심을 지녔던 고구려, 급변하는 동아시아의 정세를 읽는 탁월한 지혜를 지녔던 신라, 국제적 감각을 지녔던 고려와 달리 조선은 주자학으로 한반도를 완전히 새로이 포맷하고 오직 그 틀 하나만을 고집하는 근본주의에 빠짐으로써 국제적 고립을 자초하였다.

조선 주변의 열강들이 보기에 근대화의 의지도 역량도 없는 조선은 좋은 먹잇감이었다. 러시아에게 조선은 부동항을 확보해 태평양으로 뻗어나갈 수 있는 관문이었고, 일본에게는 거꾸로 대륙으로 약진할 수 있는 발판이었으며, 청나라에게 조선은 전통적 속국에 불과했다. 고종과 민비는 주변의 열강들의 힘을 빌려 무너져가는 조선을 지탱하려 했으나 그들의 기회주의는 열강들에게 조선에 대한 노골적 내정간섭의 빌미가 되었을 뿐이며, 대원군의 쇄국정책도 시대와 맞지 않는 낡은 정책이었다.

동학운동은 청나라와 일본에게 봉기를 진압한다는 명목으로 조선에 군대를 진주시킬 호재였다. 동시에 한반도로 출병한 두 나라가 맞붙은 전쟁에서 일본이 승리하고 이어서 러일전쟁에서마저 승리함으로 조선은 일본에게 넘어가게 되었다. 한반도가 외국군들의 전쟁터가 되어버렸음에 반해, 정작 조선은 일본에 대해 국가 규모의 전쟁 한 번 치르지 못하고 나라를 빼앗길 정도로 허약했다. 의병들의 숭고한 저항이 있었지만 근대화된 일본군의 적수가 되지 못하였을 뿐더러, 그들의 복고주의적 비전은 비록 우국충정에서 비롯된 것이라 해도 이미 시대와 맞지 않는 것이었다.

조선의 참담한 종말을 겪고도 아직도 한국에서의 국학은 조선학 일색이다. 해방 이후 주자학은 화려히 부활했고, 영조와 정조 시대는 조선의 르네상스 시대로 추켜올려지고 있다. 조선이 스스로의 힘으로 근대화를 이룰 수 있는 역량이 있었다고 보는 내재적 발전론이 지배적 패러다임으로 군림해왔으며, 그 사상적 원천으로 조선의 실학자들이 거론되곤 한다. 조선이 내재를 강조한 나머지 외부와의 관계를 경시하다가 쇄국과 고립에 빠져 근대 열강의 먹잇감이 되었다는 사실을 망각하고 있는 것이다.

조선이 무너진 탓을 일본에 돌리려는 태도는 사실에 충실한 것이기보다는 당위나 이데올로기 혹은 열등감, 자존심 등에서 비롯된 것으로 보인다. 주자학은 종주국인 중국에서조차 학계 이외에서는 큰 영향력을 발휘하지 못했으며, 비서구사회에서 일본을 제외하고는 자력으로 근대화를 이룩한 경우는 없다. 역사적으로 비서구사회에서 가능했던 근대화론은 근대화된 외부로부터의 충격에 의한 외재적 발전론뿐이다.[14][15] 조선에서 중화 사대주의로부터 자유로운 실학자들은 드물었다. 주자학 근본주의를 붙들고

---

14 내재적 발전론은 조선이 일본이나 서구가 그랬듯이 내재적으로 발전했다는 것을 주장한다는 점에서 서구 모델을 한국사에 적용하려는 시도로 여겨진다. (미야지마 히로시 2013, 16쪽)

15 외재적 발전론은 외부의 충격을 발전의 충분조건이 아니라 필요조건으로 본다. 발전을 위해서는 외부의 충격을 발판으로 발전을 이끌어나갈 사회적 포텐셜이 절대적으로 필요하기 때문이다. 이것이 부재할 경우 외부의 충격은 발전이 아닌 외부에 대한 종속을 초래할 뿐이다.

사대주의 조공 외교만을 고수하는 한 조선은 일본이 아니더라도 선진화된 다른 나라에 넘어갈 운명이었다. 조선은 조선을 잊어야 살아남을 수 있었다.

조선에 지금까지 미련을 가지고 있다는 것은 한국인의 인식이 충분히 스스로 개명開明되지 못했거나 사대주의와 같은 다른 동기에 사로잡혀 있음을 방증할 뿐이다. 조선 왕조의 궁핍과 식민지 근대화를 모두 체험한 조선인들이 과연 조선 왕조 시대를 그리워했을지도 의문이다. 식민지의 황국신민으로 사는 것이 결코 바람직한 것은 아니었겠지만, 인구의 40%가 세습 노비였던(이영훈 1998) 가난한 조선의 백성으로 되돌아가는 것은 더 끔찍했을 것이다. 조선이 정말 바람직한 사회였고 식민지 조선이 끔찍한 사회였는지는 당위로 판단할 사안은 아니다.

사농공상士農工商의 계급질서가 말해주듯 조선은 토지에 기반을 두고 주자학적 세계관을 지닌 선비라는 양반 관료 엘리트 집단이 지배하는 자급자족적 농업국가를 추구했다. 조선은 주자학의 인간중심주의적 형이상학과 정치철학을 만고의 진리라고 여겼기에 변화와 진보를 믿지 않았고, 그러다 보니 체제에 대한 어떠한 수정 가능성도 수용할 수 없는 자기 완결적 폐쇄사회였다.

새로운 것을 추구하지 않는 보수적 농본 경제 체제는 부富를 경계하고 검약을 존중하는 선비적 청빈주의 윤리와 어우러져 부를 도모할 상공업을 억제했다. 18세기 영조와 정조 대에 상공업 진흥이 이루어졌다고 하지만 그것은 그 이전의 시기와 비교해서만 의미가 있는 평가이지 상공업을 천시해온 조선 500년의 기존 얼개와 체질을 바꿀만한 것은 못되었다.[16] 오히려 적당한 가난과 주자학적 질서에의 순응이 여전히 미덕으로 여겨졌다(조윤민 2016, 171~172쪽).

외국인들의 눈에 비친 조선은 처참한 극빈국이었다. 1886년부터 3년간 조선에서 교사생활을 했던 길모어George Gilmore는 다음과 같이 말한다.

> 산업발전과 수출입으로 판단할 때 조선은 아마도 가장 가난한 나라 중 하나일 것이다. 경작 가능한 토지의 20%도 경작하지 않고 있다. 외부 시장을 장악할 만한 제조업이 하나도 없고, 광물자원은 풍부하지만 조금 개발하고 있는 자원조차 가장 조악하고 비경제적인 방식으로 개발하고 있다.(Gilmore 1894, p.99)

1874년에 출간한 조선에 대한 책에서 달레Claude-Charles Dallet 신부는 백성이 기근으로 죽어나가는데도 조선은 지배층의 안전을 위해서 쇄국을 고집하고 있다고 비판한다.

> 서울의 정부는 중국이나 일본에서 식량을 사들이는 것을 허락하기보다는 차라리 백성의 절반을 죽게 내버려둘 것이다.(조윤민 2016, 168쪽에서 재인용)

조선은 자신이 천하의 중심인 중화문명의 적통이라는 시대착오적 자부심으로 일본이나 서방을 비롯한 어떠한 나라들과의 경제 교역에도 적극적이지 않았던 것이다.

---

16 영·정조의 상공업 진흥 정책은 계승되지 못했다. 대한제국의 농상공부 예산은 정부재정의 1~2%에 불과했고 황실 직속 기관인 내장원 예산에서의 산업비의 비중도 미미했는데, 이를 근거로 이영훈 교수는 고종에게 식산흥업(殖産興業)의 의지가 거의 없었다고 단언한다.(안병직·이영훈 2008, 119쪽)

돌이켜 비교해보면 조선 사회의 성격은 북조선 사회의 그것과 닮은꼴이다. 주자학의 자리에 무결점의 주체사상이, 백성을 자식처럼 다스리는 신성불가침의 왕의 자리에 무오류의 어버이 수령이, 농업의 자리에 공업이 들어섰을 뿐이지 지도층의 영구지배를 위한 폐쇄적 고립과 그에 따른 민중의 무한 희생, 자기 나라가 지상낙원이라는 시대착오적 자부심, 지속되는 식량난, 기근에 이르기까지 조선의 정통성(?)을 이어받은 것이다. 조선이 농업사회의 전통적 평등사상에 기초한 대동사회라는 유토피아를 꿈꾸었다는 점에서, 훗날 유사한 이념을 토대로 하는 외래 사조인 공산주의가 한반도에 쉽게 착근할 수 있었다는 점에 주목해야 한다. 양자 모두 사유재산제나 자유의 이념을 부정하는 전제국가라는 공통성이 있는 것이다(안병직·이영훈 2008, 21쪽). 공산주의가 민주주의가 뿌리내린 유럽이 아닌 전제군주의 독재와 전체주의 전통이 깊은 동양에서 더 기승을 부려온 까닭도 여기에서 찾을 수 있다.

조선을 닮은 북조선의 세습 왕조체제는 해방을 맞은 한반도 사람들에게 한국에 이식된 서구식 자유민주주의체제보다 더 자연스러운 체제였는지도 모른다.[17] 조선의 전통질서나 북조선의 공산주의체제는 개인보다 사회가 앞서는 전체주의 시스템으로 이루어져 있기 때문이다.[18] 반反봉건을 기치로 삼고도 봉건 왕조와 우상 숭배로 회귀한 북한에서 공산주의는 그 이념과는 달리 아래로부터의 혁명이 아니라, 철저히 소련과 그 추종자에 의해 밖으로부터 이식된 것이었다. 하향식 근대화의 지렛대가 일본에서 소

---

17 이처럼 서로 다른 이념과 체제가 반도의 남과 북에 이식됨으로서 체제/이념 경쟁으로 인한 이질화가 초래되었다.
18 기무라 미쓰히코(木村光彦)는 일제의 파시즘과 북한의 공산주의 모두 집산주의 경제정책을 추구했다는 점에서 양자를 연장선상에 놓고 본다.(Kimura 1999)

런으로 달라졌을 뿐이다.

조선의 민낯은 그 시대의 양반 계층이 건재한 현대 한국 사회에서 북조선의 민낯만큼이나 가려져있다. 몰락한 조선을 잊고 근대화의 대열에서 약진을 거듭해 국제 질서의 상위권으로 발돋움한 한국이 다시 조선을 긍정적으로 평가하는 것은, 동구권의 몰락으로 비빌 언덕을 잃었다가 중국의 부상과 함께 부활해 남남갈등으로 한국을 흔들려 하는 공산주의나, 핵무기로 한국을 위협하는 북조선을 긍정적으로 평가하는 것만큼이나 이롭지 못한 비현실적 자가당착이다. 망각이 역사의 사이클을 돌리는 원천이며 역사로부터 교훈을 얻지 못하는 사람은 늘 똑같은 오류에 빠져 똑같은 대가를 치르게 된다는 사실을 잊어서는 안 된다.

고대 한·일 간의 문물 교류가 한반도에서 일본 열도로의 일방적인 전래였다면 구한말부터의 한·일 간 문물 교류는 일본 열도에서 한반도로의 일방적인 전래였다. 당시 일본이 지향하던 이념과 체제는 조선의 운명을 결정짓게 되는데 이를 조목조목 정확히 이해할 필요가 있다.

첫째, 일본은 천황제를 중심으로 한 민족주의적 국가였다(Masao 1946, p.6). 조선과 달리 중국적 천하질서를 거부했고 스스로를 변방이 아닌 중심으로, 미개인이 아닌 개명한 천손민족으로 인식했다. 일본에게 조선은 노회한 청나라의 속국으로 비쳐졌다. 일본은 8, 9세기까지 천황제였다가 10세기의 막부체제를 거쳐 메이지 유신에 이르러 비로소 통일국가를 이루었다. 과거에 유럽이 교황이라는 초인간적 존재로 통합을 이루었듯이, 고대 일본에도 쇼군들의 군웅할거를 조정해줄 신화적 존재가 필요했다. 그 존재가 바로 천황인 것이다.

둘째, 일본은 아시아에서 가장 먼저 근대화를 성취한 근대주의적 국가였다. 심지어 자신은 더 이상 전근대적인 아시아와 어울리지 않고脫亞, 오히려 조선을 비롯한 아시아를 근대화할 의무가 있다고 생각했다. 일본의 발 빠른 성취는 일본이 지리적으로 동아시아의 변방에 고립되어 있었던 탓에 동아시아의 전통적 질서에서 비교적 자유로운 편이었기에 가능했다고 볼 수 있다.

셋째, 일본은 산업화와 의회민주주의 정치체제를 수반하는 서구의 자본주의를 수용했다. 서구 열강의 개항 요구가 선택 사항이 아닌 명운이 달린 중대한 요구임을 인식하고, 그에 맞춰 유신이라는 이름의 혹독한 자발적 구조조정을 단행했다. 세계의 시장 질서에 눈뜨고 거기에 편입하는 길만이 유일한 활로라는 것을 청나라나 조선보다 신속하고 선명하게 깨달은 것이다.

넷째, 일본은 세계열강들이 이룩해놓은 제국주의 질서에 편입해 그 질서를 체질화하면서 스스로 제국이 되고자 했던 제국주의 국가였다. 제국주의의 이념은 오랜 내전을 통해 무사도 정신으로 축적된 일본의 내적 에너지가 자본주의라는 새로운 동력기를 달고 외부적으로 팽창할 수 있는 계기가 되었다. 더군다나 일본 앞에는 서구열강들이 앞을 다투어 나눠먹으려 눈에 불을 켜고 있는, 중국 대륙을 포함한 광범위한 동아시아의 식민지 후보지들이 무방비 상태로 널려 있었다. 그중 일본은 대륙으로 진출하기 위한 교두보로서 조선을 택하였다.

다섯째, 일본은 자본주의의 내적 동력을 외부로 확장해 동아시아를 식민지로 분할하는 제국주의의 프로젝트에 동참하는 식민주의적 지향성을 지니고 있었다. 일본과 지리적으로 가장 가까이 있는데다 일찍부터 정한론이라는 당위론으로 조선 정벌에 대한 자기 정당화 근거를 마련하고 있었기에, 무방비 상태였던 조선을 식민지로 삼는 데는 거침이 없었다. 일본의 중국 침략도 조선이 일본의 식민지가 되어 대륙으로 향하는 발판이 되어주었기에 가능했다.

여섯째, 동아시아를 대상으로 한 일본의 제국주의와 식민주의의 멈출 줄 모르는 질주는 일본 자체를 군국주의 파시스트 국가로 탈바꿈시켰다. 마침 세계는 2차 대전의 전란에 휩싸여 있었고, 승승장구하는 군국주의 파시스트 국가인 독일, 이탈리아와 주축국의 일원으로 동맹을 맺은 일본은 태평양의 패권을 놓고 미국과의 한판 승부를 눈앞에 두고 있었다. 동아시아의 패권을 놓고 당나라와의 한판 승부를 앞둔 고구려가 그러했듯이, 일본도 동아시아에서의 정복 전쟁을 통해 이미 몸집이 커질 대로 커진 군부가 주도하는 군국주의 파시즘이라는 전쟁기계로 체제를 일신하게 된 것이다. 조선은 일제 전쟁기계의 부품이 되었다.

일본이 서구열강으로부터 받아들인 근대성의 경제적 형태는 자본주의였다. 자본주의는 상품생산과 교환을 토대로 한다는 점에서 시장의 확대를 추구한다. 그로 말미암아 시장은 외국으로까지 확대되어 세계시장과 세계경제가 형성된다. 시장의 확대는 일국내의 사회적 분업을 넘어 국제적 분업을 야기하는데, 이는 ① 자본주의 국가들 사이의 국제 분업과 ② 자본주의 국가와 후진국가 사이의 국제 분업으로 대별된다.

원칙적으로 평등한 ①과 달리 ②의 경우에는 후진 농업국이 발달된 공업국의 수출시장이자 원료와 식량의 조달지가 되면서 식민지나 반半식민지로 전락하게 된다. 오구라 히로카쓰小椋廣勝는 19세기 이전의 후진국이 정체적停滯的이긴 해도 자신의 정치－경제－사회체제를 가지고 있었지만, 19세기 후반부에 이르러 경제를 포함한 후진국의 체제는 자주성을 잃고 선진국의 지배하에 종속적으로 개조되는 운명을 맞게 되는 것으로 묘사하고 있다(오구라 히로카쓰 1960, 20쪽). 그러나 후진국 조선이 자주적이었다고 보기는 어렵다. 국가의 체제가 얼마나 합리적인지, 그리고 백성이 얼마나 잘 살고 행복한지가 자주성의 전제여야 한다. 도리와 인륜을 따지면서 백성을 도탄에 빠뜨린 조선은 저 전제를 충족시키지 못했다. 주체성을 앞세우는 북한을 거론할 때에도 저 전제의 충족여부부터 먼저 검토되어야 한다.

국제 분업에 의한 자본주의적 세계경제는 i) 생산과 자본의 집적, ii) 금융자본, iii) 자본수출, iv) 자본가의 국제적인 독점단체 성립, v) 세계의 영토 분할을 특징으로 하는 제국주의 세계체제를 초래한다(Lenin 1917). 세계시장 획득을 위한 경쟁이 과열되어 제국주의 국가 상호간의 대립은 무력충돌을 야기하게 되는데, 이로부터 제국주의 전쟁이 일어나게 된다. 세계시장 분할을 둘러싼 이해의 대립으로 영국, 프랑스, 러시아가 독일, 오스트리아, 이탈리아와 맞붙은 1, 2차 세계대전, 일본이 일으킨 청일전쟁, 러일전쟁, 만주사변, 태평양전쟁 등이 그 대표적인 예이다.

앞으로 살펴볼 조선에 대한 일본의 식민지 지배와 그 체제 하에서 이루어진 조선 경제의 종속적 발전은 그 배경이 되는 세계체제에 대한 고려 없이는 제대로 이해될 수 없다. 이 단계에서는 제국주의와 식민지 민족 사이의 대립과 제국주의 국가 상호간의 대립이라는 두 가지 결함이 자본주의적 국제 분업과 세계체제 내부로부터 생겨나기 때문이다.(오구라 히로카쓰 1960, 20쪽)

일본의 이념과 세계체제에 대한 이해가 없었던 조선은 처음부터 분명한 방향성과 매뉴얼을 가지고 접근해온 일본에 시종 일방적으로 끌려 다니다가 종국에는 병합의 수모를 겪게 된다. 근본주의와 고립주의는 자기 변신과 주위 환경에의 적응을 부정한다는 점에서 매우 위험한 전략임을 적나라하게 보여준 것이 조선이다. 주체사상이라는 근본주의와 고립주의에 빠져 극빈국가로 전락한 북한과, 자유주의와 국제질서의 일원으로 선진국으로 발돋움한 한국의 현격한 격차는 구한말 조선과 일본의 데자뷰처럼 여겨진다.

청일전쟁은 일본에게는 제국주의의 길로 들어서는 계기가 되었고 청나라에게는 조공국이던 조선에 대한 지배권을 잃고 열강들의 반(半)식민지[19]가 되는 계기가 되었으며, 조선에게는 일본의 식민지가 되는 계기가 되었다는 점에서 한·중·일의 운명을 갈라놓은 역사적 사건이었다(도야마 시게키 1963, 16쪽). 청일전쟁 후에 전쟁 당사자들 간에 체결한 시모노세키 조약의 1조는 청나라가 조선의 독립을 승인한다는 것이었다. 이는 조선에게는 청나라로부터 일본이 조선의 독립을 얻어냈다는 선전 효과를, 대외적으로는 조선에 대한 청나라의 지배권을 청나라 스스로 부인하게 함으로써 청나라와 조선의 역사적 지배 종속 관계의 종언을 공포하는 효과를 노린 것이었다.

일본은 이미 1876년에 조선과 맺은 강화도 조약 1조에서 조선이 자주국임을 인정하였으니, 이때부터 조선과 청나라 사이의 주종관계를 무너뜨려 조선으로 진출하는 발판을 마련하려는 의도를 가지고 있었다(요시노 마코토 2004, 258쪽). 고종을 위시한 조선의 지도층은 강화도 조약 이후에도

---

19 반(半)식민지란 경제적으로는 식민지와 거의 다름없이 특정 국가의 지배를 받거나 혹은 여러 나라의 세력이 서로 견제하면서 전체적으로 깊이 침투하고 있지만, 제국주의 국가 간의 이해관계 때문에 형식상 국가주권을 유지하고 있는 상태를 의미한다.(가지무라 히데키 1981a, 424쪽)

사대질서를 자연스러운 것으로 받아들여 각종 외교문서에서 조선이 중국의 속방屬邦이며 번봉藩封임을 당연시 하는 행보를 이어갔지만,[20] 조선의 언론에게 청일전쟁의 결과가 의미하는 바는 이미 명확한 것이었다.

조선의 언론들이 한글을 사용하기 시작했다는 것은 한자가 상징하는 중국적 천하질서로부터의 탈주선언이었다. 성현의 말씀 그 자체였던 유교의 경전과 직결되어 있었기에 조선에서 한문은 대체 불가능한 아우라를 지닌 권위 있는 언어로 여겨져 왔다. 한문을 배우고 쓴다는 것은 글을 배우고 쓴다는 차원을 넘어서 중화 문명을 배우고 그 문명의 계승자가 됨을 의미했다. 다른 글자를 사용하는 선진문명 앞에 맥없이 스러져가는 청나라를 목격한 조선의 언론들은 배우기 쉽고 실용적인 우수성을 지닌 우리 글인 한글을 재발견한 것이다.(Schmid 2002, 2장)

한자가 문명의 보편 언어가 아니고 한족의 글자에 불과하다는 자각, 문명의 가짓수만큼이나 다양한 언어가 존재하고 그중 어떠한 언어도 특권을 지니지 않는다는 자각은 중화주의를 배격하는 탈중심화와 자민족중심주의를 고취시켰다. 신채호에 의하면 묘청의 시대로까지 소급되는 뿌리 깊은 사대주의가(신채호 1925b) 일본에 대한 청나라의 패배로 인해 종말을 고할 역사적 계기를 맞은 것이다. 그 자각은 한글의 재발견을 넘어 민족과 민족사의 재발견으로 자연스레 확대되었다.

---

20 1882년 청나라와 체결한 조중상민수륙무역장정(朝中商民水陸貿易章程)이 그 한 예이다. 일본과의 외교문서에서 중국을 상국(上國)이라 불러 일본으로부터 자주 항의를 받기도 했다. 위정척사파는 물론이고 심지어 온건개화파도 청나라와 종속 관계의 틀을 계속 유지하려고 했다. 온건개화파의 대표적 인물인 김윤식은 『음청사』(陰晴史)에서 "우리나라가 중국의 속방임은 천하가 다 아는 바다. (…중략…) 만약 대국이 보호해주지 않는다면 실로 자립하기 어렵다"(요시노 마코토 2004, 264쪽에서 재인용)고 말하고 있다. 조선의 지도자들은 일본과 새로 맺은 외교관계보다 중국과의 전통적 사대관계를 우선시한 것이다.

조선의 언론과 지식인들은 청산해야 할 역사적 적폐로 일본이 아닌 중국을 지목했다. 대신 조선 시대에는 금기시되었던 토착 선도仙道 사상, 신화로 강등되어 있던 고조선과 단군, 수나라의 침략을 물리친 고구려의 을지문덕이 이능화, 최남선, 신채호 등에 의해 부활되고 복권되고 재조명되었다. 민족사관의 고전인 이능화의『조선신사지』, 최남선의『불함문화론』, 신채호의『조선상고사』, 정인보의『조선사연구』등 기념비적인 작품들이 봇물처럼 쏟아져 나왔다. 광개토대왕비의 극적인 발견에 고무된 이 걸작들은 조선상고사의 강역을 반도를 넘어선 만주로 상향조정했고, 고조선과 고구려가 대륙의 지배자였으며 동아시아의 불함문화의 주역이 한민족이었음을 웅변하였다. 망국亡國이라는 최악의 현실에 직면해 역사적 상상력은 그 어느 때보다도 풍성한 결실을 맺어가며 영웅적 광폭 행보를 이어갔다.

시모노세키 조약이 말해주듯 조선의 탈중국화는 일본의 외교적 노림수이기도 했다. 동아시아의 근대화를 자신의 사명으로 내세운 일본이 보기에 조선이 근대화되기 위한 선결조건은 중국의 봉건적 지배에서 벗어나는 것이었다. 우연의 일치이기는 하지만 탈중화 민족사관의 도화선이 된 광개토대왕비도 일본인에 의해 발견되었다. 조선이 중국으로부터의 독립을 추구하는 일은 그 의도와는 달리 중국의 대외적 위상을 약화시켜 침략의 표적으로 삼았던 일본의 제국주의를 도와주는 일이었다.

조선에게 바람직한 원론적인 방법은 탈중국과 탈일본을 동시에 추구하는 것이었겠지만, 조선은 그럴 여력을 가지고 있지 못했다. 두 강국을 넘어서 스스로 어디를 향해야 할지도 막막했다.[21] 중국에서 벗어나거나 거스른 적이 없는 순종적인 조선으로서는 일본과의 강화도 조약에서 조선이 자주국이라고 조약에 버젓이 명시해놓고도 사대주의를 버리지 않을 정도로 안일했다. 저무는 전통적 대국인 중국과 떠오르는 신흥 강국 일본 사이에 끼어 있는 약소국 조선의 비극적 운명은 예견된 것이나 다름없었다.

고종의 조선은 이미 돌이키기 어려울 만큼 쇠락해 있었다. 사실 임진왜란 때 조선은 이미 끝장이 난 셈이었다. 그 뒤의 조선은 슈뢰딩거의 고양이처럼 산 것도 죽은 것도 아닌 가사상태에서 환상의 역사로 함몰하고 말았다. 새로운 전기가 필요했는데 조선에는 그러한 돌파구를 마련할 만한 여력도 인재도 없었다. 코르테즈 무리들이 당도하기 전의 마야를 연상케 했다.

고종 자신도 마찬가지였다. 조선을 둘러싼 열강의 실체와 그들이 조선을 상대로 벌이는 파워 게임을 읽는 안목이 부족했다. 조선은 열강의 영향권 하에 들어갈 수밖에 없는 운명이었다. 조선이 사라지자 이 땅에서 비로소 인재들이 우후죽순으로 나타나기 시작했다. 그만큼 조선은 우리 역사의 걸림돌이었다. 진즉 사라졌어야 할 체제가 사라진 것이다.

2) 일본의 식민지 전략

일제하의 한·일관계를 수탈과 저항의 도식으로만 보는 것은 일본의 궁극적 기획과 일제하 조선 사회의 복합성을 제대로 포착하지 못하는 매우

---

21 청일전쟁 뒤에 고종은 니콜라이 러시아 황제에 친선을 보내 조선을 보호해달라고 부탁한다. 이영훈 교수는 이에 대해 "중국을 대신해서 새로운 종주국이 필요했던 것"으로 본다 (안병직·이영훈 2008, 117쪽). 사대주의는 조선의 체질이었던 것 같다. 러시아가 러일전쟁에서 패함으로서 조선을 둘러싼 열강들의 각축전에서 일본이 최후의 승자임이 가려진 셈이고, 조선은 더 이상 주변 열강들에 번갈아 기대어 생존하는 기회주의적 외교를 할 수 없게 된다. 그런데 왜 사대의 새로운 대상으로 먼저 일본을 택하지 않았을까? 고대 일본이 한반도인들 덕분에 문명에 눈을 떴기 때문에 현재 제아무리 군사력이 막강하다고 해도 조선인들은 속으로 일본을 경멸했기 때문이다.(『대한매일신보』, 1910.1.7 논설)

거칠고 성긴 접근법이다. 그 접근법은 일본이 우리 민족을 수탈했으며 우리 민족이 독립을 되찾기 위해 저항했다는 민족주의적 시각과, 일본의 조선침략이 자본주의가 수반하는 제국주의와 식민주의의 결과였으며 독립운동은 반제국주의, 반자본주의 투쟁이었다는 공산주의적 시각으로 나뉜다. 수탈과 저항의 주체는 전자에 의하면 각각 일본민족과 조선민족인 셈이며, 후자에 의하면 각각 자본주의와 반자본주의(공산주의?) 이데올로기인 셈이다.[22]

조선을 식민지로 삼은 일본의 목적은 수탈보다는 조선을 일본으로 만들어 대륙 진출의 발판으로 삼겠다는 것이었다. 요컨대 일본은 조선이 수탈로 좀비 상태가 되는 것을 원하지 않았다. 숙주가 아니라 아예 몸의 일부로 키울 생각을 가지고 있었다.[23] 몸이 그러하듯 일본과 조선 사이에도 중심과 주변의 질서가 있었고, 조선은 분명 중심이 아닌 주변이었다. 그러나 몸의 중심이 주변, 예컨대 제 사지를 빨아먹고 사는 게 아니듯이, 일본이 조선을 빨아먹지만은 않았다. 실정失政과 민란으로 이미 황폐해질 대로 황폐해진 조선은 수탈의 호재가 되지도 못했다(서용석 1993, 37~38쪽).

조선은 비록 일본이 보기에 수탈할 만한 게 별로 없는 가난뱅이였지만, 지정학적으로는 엄청난 전략적 가치를 지닌 요충지였다. 한반도는 대륙으로 밀고 올라갈 수 있는 교두보로서 중국의 노른자위인 내륙을 훤하게

22　전자의 한 예로 신용하 교수의 민족주의적 저술을, 후자의 한 예로 가지무라 히데키(梶村秀樹)의 식민지 반(牛)봉건사회론을 각각 꼽을 수 있다. 신용하 1987; 가지무라 히데키 1981a 참조. 조선에서 식민지 반봉건사회론의 효시로는 백남운의 다음 글을 꼽을 수 있다. 백남운 1934, 206쪽 참조.

23　식민지 조선의 총독으로 부임한 미나미 지로(南次郎)는 일본을 몸통, 조선을 팔, 만주를 주먹에 각각 비유한 바 있다.(「鮮滿經濟産業座談會(下)」, 『朝鮮實業俱樂部』 15, 1937.6, 90쪽, Eckert 1991, p.115에서 재인용)

들여다볼 수 있는 곳에 위치해 있다. 역으로 한반도를 다른 열강에 빼앗길 경우 일본은 자신의 명치를 겨누는 한반도에 전 열도가 노출되는 위험이 있다.[24] 그래서 조선을 중심(일본 열도)과 유기적으로 연결된 유기체의 일부로 만들려 했고, 이를 위해 막대한 투자를 했다. 그 투자가 비록 조선을 위한 것은 아니었지만, 일본의 일부(주변)로서의 조선을 위한 것이기는 했다. 아울러 자신의 법과 제도와 문화를 이식해 조선의 사회와 경제와 정신과 문화까지 일본에 동화시키려 했다.

조선병합이라는 외교적 수식으로 포장된 식민지 프로젝트를 정당화하기 위해 일본은 고대 한·일관계사를 더욱 왜곡시켰다. 조선을 정벌했다는 『일본서기』의 신공황후를 띄우고 임나일본부설을 유포하였다. 조선과 일본은 처음부터 하나였을 뿐 아니라 과거에도 이미 조선은 일본에 정복된 적이 있다는 것이다. 아울러 조선이 애초부터 식민지였음도 강조하였다. 조선의 역사에서 고조선을 도려내고 조선사를 한사군의 조선 지배에서 시작되는 것으로 못 박아 한사군에 의한 중국의 조선 지배와 일본 제국주의의 조선 지배가 조선사의 알파와 오메가인 것처럼 앞뒤를 맞추었다.[25]

그러나 일본의 조선사 왜곡은 일본의 입장과 모순되는 것이다. 일본과 조선이 같은 뿌리에서 나왔다면서도 일본의 조선 지배를 인정하면서 양자가 대등하지 않은 중심과 주변의 관계 하에 있다는 궤변이나, 조선이 중국으로부터 독립해야 한다면서도 한사군에 의한 조선 지배를 조선의 출생증명서로 달아놓은 날조가 그러하다. 조선에 대한 일본의 이중적 태도

---

24 일본이 한반도의 전략적 가치를 높게 보았다는 점은 일제하에 조선에 임명된 총독이 모두 군 출신이라는 점에서도 알 수 있다.
25 낙랑군 시대로 시작하는 세키노 타다시(關野貞)의 『조선미술사』가 그 한 예이다. 세키노 타다시 1932.

는 일본이 주장하는 내선일체나 중국으로부터의 조선 독립이 과연 선의지에서 나온 진정한 비전이었는지를 의심하기에 충분하다.[26] 식민화 하려는 세력이 식민화 되는 세력과 문화적으로나 인종적으로 동同근원적임을 인정해 서로 하나가 되자는 표어는 분명 세계사에 유래가 없는 새로운 제안이었지만, 실제로는 일본이라는 우월한 지우개로 열등한 조선을 지워나가려는 전략이었다. 일본이 조선 병합에 대해 구사한 모든 수사학은 결국 한반도의 식민화를 정당화하기 위한 이데올로기적 장치에 불과한 것이었다.

정복 전쟁 없이 일본 열도에 문화의 싹을 틔운 고대의 도래인들과 비교했을 때 식민지 조선에 대한 일본의 태도와 행위는 차이가 컸다. 지금까지도 이어지고 있는 일본에 대한 한국인들의 깊은 불신의 뿌리는 이 시기로 소급된다. 일본은 어떠한 사과나 배상으로도 치유되지 않을 잊지 못할 깊은 상처를 한국인들에게 안긴 것이다. 그 상처의 부위가 민족적 역사적 자존심이 자리한 민감한 곳이기에 양측의 여러 선의지와 노력에도 불구하고 아직까지도 고비 때마다 악령처럼 상흔이 현실로 호출되어 원한감정을 표출하게 되는 것이다. 식민지 수탈의 상실감보다 치욕의 역사에서 비롯된 불신의 트라우마가 더 큰 문제인 셈인데, 이것이 앞으로 양국이 서로 조심하며 신중히 풀어나가야 할 숙제이다.

조선이 일본에 병합되는 것을 전후해 근대화는 조선의 지식인들에게 최우선의 과제로 부각되었다. 그들은 천하질서의 중심으로 수 백 년을 섬겨온 중국이 근대화된 일본 앞에 무릎을 꿇는 것을 보고 근대화의 힘을 실감

---

26 애초에 일본은 내선일체를 궁극적 목적으로 삼고 조선의 정체성 부정을 비롯한 나머지는 이를 위한 첫 단계의 실행으로 삼는 단계적 프로그램을 구상했던 것 같다.

했다. 조선에게 일본은 새로운 문명 질서와 진보의 화신처럼 보였다. 근대화에 성공한 일본을 닮아야 했다. 그러나 이는 바로 일본이 조선에 대해 원하는 바이기도 했다. 일본은 조선 근대화의 이름으로 자신들의 조선 지배를 대내외적으로 정당화하려 한 것이다.

조선의 일부 지식인들은 일본을 닮으려는 이유가 일본을 통해 서구의 근대성을 조선에 이식하기 위해서라고 생각했다. 일본은 서양의 모조품이나 중개상에 지나지 않는다고 본 것이다. 그러나 이유야 어찌되었든 일본을 닮으려는 것은 조선에 양날의 검으로 다가왔다. 일본을 닮으려 할수록 일본에 대한 문화적 종속은 심화되었다. 근대의 학문이 일본을 통해 한반도로 유입되면서 일본은 신학문의 권위로 부각되었다. 그 신학문의 방법론을 가지고 일본은 식민지 조선에 대한 지식을 생산해냈고, 그렇게 생산된 지식을 조선이 습득하는 사이클이 만들어졌다.(Schmid 2002, pp.109·116)

더 큰 문제는 일본의 근대성이 제국주의적이라는 데 있었다. 일본이 조선에 추진하는 내선일체적 근대화의 궁극적 목적은 조선의 식민화였다. 반면 조선의 지식인이 추구하는 조선의 근대화는 조선의 독립이었다. 조선의 탈중국화가 그랬듯이 조선의 근대화에 대해서도 조선과 일본은 목표가 달랐다. 그럼에도 탈중국화와 근대화에 이의를 제기하는 조선의 지식인은 드물었다. 그것이 대세의 흐름임을 감지한 것인데 이는 옳은 판단이기도 했다.

힘의 균형추가 이미 한쪽으로 완전히 기울어진 상태에서 일본과 조선이 공동으로 추구하는 근대화의 향배는 일본이 의도한 쪽으로 가게 되었다. 김옥균을 위시해 조선의 근대화에 앞장선 조선의 지식인들이 훗날 친일파의 오명을 뒤집어쓰게 되는 것도 이 때문이다. 조선의 독립을 위해 추구했던 근대화가 조선의 식민화와 친일이라는 부메랑으로 되돌아오게 되는 이 얄궂은 운명의 덫에 조선의 민족주의자들은 하나하나 걸려들게 된다. 식민지 조선을 근대화하려는 민족주의가 일본의 문화적 헤게모니와 상호 작용하게 되면서 일본의 식민주의와 공조하게 된 탓이다. 이것이 식민지 근대화를 경험한 조선인들이 빠지게 되는 역설이었다.[27]

조선의 지식인들은 대체로 근대화는 좋은 것이고 식민주의는 나쁜 것이라는 막연한 잣대를 지니고 있기는 했지만, 양자 모두 처음 접하는 것이었기에 어디까지가 근대화이고 어디까지가 식민화인지를 제대로 분간하지 못했다. 양자는 비록 같은 것은 아니지만 일본으로부터 조선에 함께 도래하였고, 서로 복잡한 화학반응을 일으키며 빠른 속도로 조선 반도를 잠식해 들어갔다.[28] 조선인들은 무단통치의 채찍(탄압)과 문화통치의 당근(회유)을 번갈아 혹은 분야마다 선택적으로 행사한 일본의 통치의 근거가 되는 권력과 지식의 밀접한 연계성, 혹은 합리성으로서의 통치성에 무지했고,[29] 근대화가 가져다준 향상된 삶의 질이 지니는 식민성을 망각하게 되었다.

경제개혁, 일본식 법제의 이식 등을 주축으로 일본이 추진한 조선의 식민지 근대화가 성공하면 할수록, 그리고 그로 말미암아 조선인들이 전통

---

27 역설이란 p ⊦ −p의 형식을 충족시키는 논증을 지칭한다(⊦와 −는 각각 함축과 부정을 뜻하는 기호이다). 식민화된 조선을 근대화를 통해 독립을 되찾으려는 조선 지식인들의 노력이 식민성을 더욱 고착화시키는 결과를 초래한다는 점에서 역설로 보았다.

28 그 대표적인 예가 1927년에 시작한 경성방송국의 라디오 방송이다. 일본의 선전과 문화적 동화정책에 봉사하는 광범위한 정보 통제 시스템의 하나였지만, 방송과 관련된 조선인들은 문화적 헤게모니를 쥔 일본인들이 허용한 제한된 자율적 발전 공간 속에서나마 이 근대성의 이기를 자신들의 근대성으로 만들기 위해 저항했고 실제로 이는 한국의 문화생활을 변화시켰다(Robinson 1999 참조). 그 변화에서 식민성과 근대성을 구별해내는 것은 조선인들의 방송 참여에서 협력과 저항을 구별해내는 것만큼이나 지난한 일이다.

29 통치성에 대한 푸코(Michel Foucault)의 텍스트를 참조. Foucault 2004, 4강.

적 세계관에서 벗어나 근대적 관점에서 자신들이 놓여있는 식민지 현실을 바라볼수록 그들의 고민은 깊어만 갔다. 통신수단의 증가, 문자해독자의 확산, 도시화, 유교적 전통의 산물이기도 한 교육열과 맞물린 교육수준의 향상 등에 따라 조선인들은 근대적 세계관의 강력한 영향 하에 노출되었다. 이것이 그들에게 앞서의 역설과는 반대의 방향으로 작동하는 또 다른 역설을 초래하였다.[30] 일본에 의한 식민지 근대화가 일본의 조선 통치를 거부할 정치적 의식 혹은 무의식을 조선인의 마음속에 배양하는 계기가 된 것이다. 일본이 이식한 자본주의의 발전과정에서 생겨난 노동쟁의도 저항의식을 부추겼다. 이처럼 한 쌍의 역설이 서로 길항 관계에 놓이게 됨으로써 식민지시기의 조선은 중층적 역설의 상황으로 빠져들게 되는데, 이 두 역설로부터 조선의 민족주의자들과 일본의 조선 통치자들 중 어느 쪽이 먼저 탈출해 기세를 잡는지가 식민지 역사의 관건으로 부각되었다.

일본은 메이지 유신 이후 일본사회를 중앙집권화 하여 관리하면서 축적한 40여 년간의 노하우와 서구로부터 습득한 근대성을 탄압과 적절히 섞어가며 조선 통치에 십분 활용하였으며, 그로 말미암아 조선 왕조의 어느 통치자보다 더 완벽하게 조선 사회를 장악할 수 있었다(Robinson 1988, p.39). 1919년의 독립만세 사건을 계기로 무단통치를 문화통치로 바꾸면서 일본의 조선 통치는 더욱 세련되고 교묘하게 진화해갔으며, 그로 말미암아 조선에 대한 지배권은 더욱 강화되었다.

일제하 문화 운동의 기수로 떠오른 이광수와 최남선은 조선의 정치적 독립이 당장 이루어지기는 어렵다고 보고 일제 식민정책의 지침 안에서

---

[30] 일제가 추진하는 식민지 근대화가 역으로 식민지 체제에 대한 조선인들의 저항의식을 배양시켰다는 점에서 역설로 보았다.

문화, 사회, 경제면에서의 꾸준한 자강自強을 추구했는데 일본은 이들에 주목하였다.[31] 일본은 그들의 점진적 민족주의가 궁극적으로 독립에 대한 조선 청년들의 관심을 둔화시키게 될 것이라고 보고 이들을 배후에서 후원하였다. 사이토齋藤實 총독은 이광수와 여덟 차례 만나 일본의 장기적 이익을 위한 협조를 얻고자 했고, 최남선에게는 그가 운용하는 주간지『동명』의 발행을 허가했으며 뒤에 이를 일간신문으로 바꾸도록 허가했다(강동진 1979, 395쪽). 적절한 당근으로 그들의 유명세와 영향력을 문화통치에 이용하고자 한 것이다.[32]

식민지 조선의 젊은이들에게 고등교육을 받을 수 있는 기회를 확장하기 위해 민족주의자들이 민립대학 설립기금 모금운동을 벌이자, 일본은 교육령을 공표해 제국대학 창설 계획을 촉진하는 것으로 맞대응했다. 한국의 지배층과 중산층은 출세의 수단으로 국내의 민립대학보다 일본 대학으로부터 입학의 기회를 확보하는데 더 많은 관심이 있었기에 저 모금운동은 성공하지 못했다(Robinson 1988, p.105). 소수의 엘리트만이 다니게 될 대학교를 막대한 자금을 들여 꼭 설립할 필요가 있는가 하는 공산주의자들의

---

31 이광수의「민족개조론」이 그 대표적인 예이다(이광수 1922). 이 작품은 이광수를 친일파로 단정하는 결정적인 근거로 꼽히는데, 사실 그는 일본으로부터 서구의 근대성을 배우자는 것이었지, 신도(神道)와 같은 일본적인 것을 숭상하고 그것을 배우자는 것은 아니었다. 그가 숭상한 것은 개인의 자유와 같은 서구적 가치였고 그것이 조선에 필요하다고 보았을 뿐이다. 이는 최남선의 경우에도 마찬가지이다.
32 최남선은 이능화와 더불어 유학이 장악한 조선 500년 동안 멸시를 받아온 민속이나 샤머니즘 등의 조선 문화를 복권시키는 데 크게 기여하였다. 이들의 선구적 노력이 없었다면 식민지 조선의 민족주의는 민족문화와 사상의 근거를 얻지 못했을 것이다. 조선사편수회에 관여했다는 이유로 친일파로 폄하되고 있는 이 두 인물에 대한 정당한 학술적 평가가 아쉽다. 그들은 조선사편수회의 지침대로 조선사를 왜곡하기는커녕 조선사에 관련된 귀중한 사료들을 채록하고, 여성이나 무속과 같이 천대받던 주제를 발굴하였으며(이능화), 불함문화론이나 단군론과 같은 창의적인 문화·역사철학 담론을 일구어냈다(최남선).

비판과 저 운동에 대한 지원의 철회도 뼈아팠다.[33]

조선의 민족경제를 촉진하기 위해 민족주의자들이 국산품 애용을 권장하는 물산장려운동을 벌이자, 일본은 관세제도를 개정해 일본 수입품의 경쟁력을 강화시키는 식으로 물산장려운동에 부담을 가중시켰다. 이로 말미암아 일본 수입상품의 가격은 더욱 낮아진데 반해 국산품의 가격은 물산장려운동에 따른 국산품 소비의 증가로 두 배까지 치솟았다(주종건 1923). 아울러 일본은 회사령을 개정해 물산장려운동에 관심을 가진 민족 기업들에 보조금을 지급하고 총독부와 기업들의 협조체제를 마련해 운동에 대한 기업들의 지원을 차단했다. 조선에서 가장 서구화된 지도자들이 이끄는 저 운동은 조선의 소수 자본가들에만 이익을 안겨다줄 뿐인데 왜 그들을 위해 조선의 민중들이 저 외국교육을 받은 지식인들의 지시에 따라 희생해야 하는가 하는 공산주의자들의 비판도 운동 내부의 결속력을 흩뜨려 놓았다.

일제의 문화통치 기간 중 민족주의진영에서 다양한 단체들을 조직하자, 일본은 수많은 친일 개혁단체를 창설하고 지원하는 것으로 맞불을 놓았다. 민족주의진영의 개혁 이데올로기를 모방해 만들어진 이 단체는 식민지의 정치적 사회적 개혁을 주장함으로써 점진적 민족주의자들의 노선과의 차이를 흐려놓아 민족주의운동의 영향을 희석시켰다(Robinson 1988, pp.102~103). 개혁이라는 구호가 더 이상 민족주의 지식인들의 전유물이 아니게

---

33 일본인들 중 일부는 한국인 노동자가 너무 많은 교육을 받으면 잠재적으로 일본의 식민지 이익을 해칠 수도 있다고 염려했다. 닛폰 질소주식회사의 노구치 준은 한국인들이 공산주의에 관심을 갖게 만들지도 모를 폭넓은 일반교육은 하지 말고 좀 더 직업교육에 주력하도록 한국인 교육제도가 재편되어야 한다고 제안하였다(Eckart 1991, pp.148~149). 식민지 조선의 최대 고용주인 일본인 기업가가 국내의 민립대학 창설에 반대했던 공산주의자들과 같은 주장을 하고 있다는 점이 흥미롭다.

되면서 그들은 지도자로서의 설자리를 잃어갔다.

비록 한국의 문화적 주체성과 자주성이라는 이상을 강화하는데 기여했지만 민족주의가 추진한 제반 운동들은 이처럼 실패로 끝났다. 일본의 통치술과 효율적인 맞대응이 민족주의의 운동 전략을 압도한 점도 있었지만, 민족주의운동은 1920년대 이후 변화된 식민지 상황에 점차 부적합해져가면서 지속적인 민중적 지원을 얻어내지 못했다. 식민지라는 한계 내에서 일제와의 협력을 부정하지 않으면서 정당한 민족주의적 목표에 충실할 수 있는가 하는 근본적인 역설이 민족주의자들이 추구하는 점진적 개혁 운동의 발목을 잡았다(Robinson 1988, pp.103~104·106). 실제로 저 운동들은 민족주의자들과 식민당국 사이에 협상이 계속되고 있던 시점에서 일어났다. 앞서 보았듯이 비록 저마다 상이한 역설에 빠져 있기는 했지만 일본의 조선 통치자들과 한국의 민족주의자들 중 그로부터 먼저 헤어나와 기선을 제압한 쪽은 전자였다.

일본은 방어적이고 국가통합적인 민족주의가 공업화에 따라 점점 심각한 내부 계급분화와 투쟁에 자리를 내주었던 자신들의 경험을 조선에 응용하기로 했다. 조선의 자본가 계급을 하위 파트너로 포섭해 공업화를 시작하면, 일본 제국의 목표에 부합하는 조선의 경제를 건설할 수 있을뿐더러 조선 사회 내의 계급분화와 계급갈등을 조장하여 민족운동의 분열을 초래할 수 있을 것으로 보았다(Eckert 1991, pp.47~48). 야마나시山梨半造 육군차관이 사이토 총독에게 제안한 다음의 문서는 일본 통치의 전략을 잘 보여주고 있다.

근시近時 조선인 부호는 민심의 과격화를 겁내는 것이 있다. 그러므로 한편으로는 저들에게 자위의 길을 강구함과 동시에 일선융화日鮮融和의 실實을 올리게 하는 하나의 방안으로 민간 심복자日人로 하여금 하나의 기관을 설립케 하고, 차제에 일선자본가간에 분주케 하여 조선 측에 대해서는 장래 자본가 대 노동자, 지주 대 소작인 관계의 추향趨向을 설명토록 하고, 일본 측에 대해서는 일선자본가의 제휴가 조선의 개발 및 조선 문제의 해결에 극히 긴절緊切한 소이를 설명케 하여, 이의 실현을 도모할 일이다.(김준철 1984, 206쪽에서 재인용)

일본은 조선의 근대화를 통해 조선인의 정치의식이 제고되고 이것이 일본에 대한 잠재적 위협이 될 것을 알고 있었지만, 근대화가 초래할 계급분화가 조선을 분열시킬 것으로 보아 이를 이용하는 쪽으로 근대화의 역설로부터의 출구전략을 꾀한 것이다.

식민지 당국이 기획한 출구전략의 핵심은 조선의 자본가들을 식민지 근대화의 파트너로 끌어들이는 것인데, 그로 말미암아 생겨날 계급갈등이 식민지 당국에 대한 저항의식의 방향을 민족 내부의 갈등으로 돌려놓을 것으로 전망한 것이다. 위의 문건이 전망한 자본가 대 노동자의 계급투쟁에 의한 조선 민족주의의 분열은 공산주의가 조선에 들어오면서 현실화된다. 공산주의의 출현은 식민지 당국에게 반드시 골칫거리만은 아닌 셈이었다. 공산주의자들이 식민지 당국이 기대하는 조선의 내부적 분열의 촉매제 역할을 잘만 해준다면 그들을 적절히 활용하고 탄압을 통해 토사구팽하는 일은 그리 어려운 일이 아니었기 때문이다.

3) 조선공산주의 비판

배링턴 무어가 잘 갈무리하고 있듯이 근대화에의 길에 식민주의만 있는 것은 아니다(Moore 1966). 일본의 파시즘을 통해서 조선의 근대화가 이루어졌다는 것은 역사적 우연일 뿐 서유럽이나 미국의 부르주아적 민주주의와 러시아와 중국의 공산주의도 근대화에 이르는 대안들이었다. 일본은 저 두 대안을 천황체제 하의 제국주의와 양립 불가능한 위험한 것으로 여기고 전체주의적인 파시즘의 길을 고수하였다. 부르주아적 민주주의가 추구하는 개인은 가족주의적인 황국신민상과 부합하지 않았고, 공산주의가 추구하는 프롤레타리아 혁명은 제국주의와 엇각을 이루었기 때문이다.

근대화는 계몽이지 해방이어서는 안 된다는 것이 식민지 근대성에 부과된 레드라인이었다. 일제가 한반도에 이식한 근대성은 어디까지나 통치성과 짝을 이루는 것으로서 철저히 그 권역 내로 자리매김 되어야 하는 것이었다.[34] 그러나 식민지 민족주의운동의 균열에서 보듯이 공산주의는 조선에서 보수적 민족주의에 대한 대안으로 부상하게 되었다.

초기 자본주의[35] 세계체제의 결함에 근거한 제국주의 전쟁인 1차 세계대전이 초래한 결과로 러시아 공산 혁명과 윌슨의 민족자결주의民族自決主義를

---

[34] 1930년대에 와서 일제는 천황제 이데올로기를 강요하면서 서양의 자유주의적 가치에 대항하여 일본의 전통적 가치를 강조하게 된다. 그로 말미암아 일제의 공식적 이데올로기도 근대성의 추구에서 근대의 초극(超克)으로 대체되지만, 이 역시 일본 사회가 겪어온 근대화 과정의 결과이자 그 결과에 대처하기 위한 전략이었다(Lee 1999, p.51).

[35] 자본주의는 마르크스로 말미암아 널리 사용되어온 용어이지만 이는 자본이 인간을 지배한다는 부정적인 뜻을 담고 있다. 이 장에서는 공산주의가 자신과 대립되는 체제를 그렇게 불렀다는 점에서 저 악의적인 용어를 그대로 사용하기는 하겠지만, 실은 개인의 자유와 소유권을 인정하는 자유주의 시장경제체제로 부르는 것이 더 정확하다. 자본이 주인인 사회가 자본주의 사회라면 매관매직이 성행했던 조선이야말로 자본주의 체제가 되는 셈이다. 「공산당 선언」에서의 마르크스의 주장(Marx and Engels 1848, p.461)과는 달리 공산주의가 아니라 자본주의라는 용어가 유령에 해당한다.

꼽을 수 있다. 그와 함께 중앙 유럽에서는 노동자의 혁명운동이 일어났고 식민지에서는 민족 독립운동이 고양되었다. 주요 혁명운동으로는 1918년의 오스트리아 및 독일의 혁명, 핀란드 소비에트 정권의 수립, 1919년 헝가리 및 바이에른에서의 소비에트 정권의 수립, 1921년 독일 노동자의 2월 폭동, 1923년 불가리아의 반란 및 독일의 혁명적 정세, 1924년 에스토니아 반란, 1926년 영국의 총파업, 1927년 빈Wien 폭동 등이 있었고, 식민지 민족운동으로는 1919년 중국의 5·4 운동, 1919~1921년 인도 및 이집트의 반反영국 투쟁, 1920년 터키 민족혁명, 1921~1926년 모로코 민족운동, 1925년 중국 및 홍콩의 반反영국 총파업, 1926년 중국 국민혁명군의 북벌 등이 있었다.

그러나 민족자결의 원칙이 실제로 진행된 과정은 동유럽의 체코슬로바키아, 폴란드, 발트 3국 등을 영국, 프랑스의 위성국가군으로 편성하며 독일과 오스만 튀르크의 옛 영토를 위임통치령이라는 명목으로 승전국의 식민지로 귀속시키는 것이었다. 패전국이 식민지의 태반을 상실하기는 했지만, 제국주의가 세계의 세력범위를 재분배하는데 그친 것이었다. 예컨대 1차 대전 이후의 베르사이유 체제 하에서 영국과 프랑스는 식민지를 현저하게 증가시켰고, 독일은 식민지를 전부 상실했다.

조선에서도 민족자결주의에 고무되어 1919년 3·1 독립만세 운동이 타올랐지만, 민족자결의 원칙이 조선을 포함한 아시아에는 적용되는 것이 아니라는 사실을 깨닫게 되면서 서방에 대한 환멸이 점증했다. 일본의 경우 오히려 1차 대전 덕분에 상당한 자본주의적 발전을 보장받을 수 있었다.[36] 이러한 국내외의 분위기에 편승하여 서구의 자본주의적 민주주의를 조선이 따라야 할 모델로 삼아온[37] 민족주의에 정면으로 도전하여 무

산자無産者계급의 독재를 표방한 것이 공산주의였다.[38]

세계의 공산주의자들은 자본주의의 최고 단계인 제국주의 국가들이 1차 세계대전을 기점으로 하여 공산주의를 지향하는 새로운 사회형태로의 현실적 이행기에 들어선 것으로 판단했다. 제국주의 경제체제인 독점자본주의에서 생산의 사회화와 소유의 사적私的 성격 사이의 모순이 성숙했다고 본 것이다. 그래서 공산주의로 가는 초기 단계인 사회주의 사회와 모순의 성숙으로 말미암은 위기에 처해 몰락하는 자본주의가 공존하다가, 결국에는 마치 봉건사회로부터 자본주의 사회로의 이행이 유럽에서 수세기에 걸쳐 각국으로 파급되어 나갔듯이, 공산주의를 지향하는 사회형태가 전 세계로 파급될 것으로 전망했다. 그로 말미암아 노동운동을 필두로 하는 공산주의 운동이 역사를 발전시키는 힘이 되어 식민지 제도를 붕괴시키는 것이 역사적 필연이라고 믿었다. 이러한 믿음은 조선의 공산주의자들에게 그대로 이식되었다.

조선의 민족주의자들이 전개한 운동들에 대해 조선의 공산주의자들은 그

---

36 예를 들면 중국에 대한 섬유제품 수출 총액 중 일본이 차지하는 비율은 1913년의 20%에서 1923년의 51%로 급상승했다. 이 같은 일본의 진출은 중국 시장에서 영국의 기득권 및 미국의 문호개방정책과 충돌하면서 극동 정세에 불안을 가중시켜 태평양전쟁의 한 빌미가 된다(오구라 히로카쓰 1960, 59쪽).

37 이는 김옥균, 서재필을 위시한 19세기 말의 개화파들로부터 20세기 초 이광수를 위시한 식민지 조선의 지식인들에 이르기까지 주류를 이루어온 조선의 이상으로 볼 수 있다.

38 트로츠키주의자들이나 네오마르크스주의자들이 지적하듯이 공산주의자들이 꿈꾸던 무산자(無産者)계급의 독재는 실제 공산주의 국가에서는 일인독재라는 정반대의 결과를 낳았다. 일인독재를 3대째 세습까지 하고 있는 북한은 공산주의 국가들에서도 그 유례를 찾을 수 없는 경우이다. 다음에서 보듯 북한의 최고 강령인 '당의 유일적 령도체계 확립의 10대 원칙' 10조 2항은 북한이 민주주의 인민공화국이 아니라 혈통을 통한 세습왕조임을 성문화하고 있다.
"우리 당과 혁명의 명맥을 백두의 혈통으로 영원히 이어나가며 주체의 혁명전통을 끊임없이 계승발전시키고 그 순결성을 철저히 고수하여야 한다."(강동완·김현정 2015, 353쪽에서 재인용)

것이 유산자有産者를 위한 것이지 무산자無産者를 위한 것이 아니라는 점, 일제의 조선 지배에 침묵함으로써 식민지 조선의 현상유지에 동조하는 조선의 점진적 민족주의로는 독립을 성취할 수 없다는 점에 비판의 초점을 맞추었다. 여기서 유산자는 자본가, 지주 등 생산적 노동에 적극적인 의욕을 가지지 않고 비생산적 소비생활을 하는 유한계급을, 무산자는 노동자와 농민을 지칭하는 용어이다(미상 1923; ○민 1924).[39] 공산주의자들은 농경적인 조선 사회가 자본주의적 성장을 위해 유럽의 발전을 모방하려는 것은 무모하다고 비판하면서 농민대중과 뭉칠 것을 주장하였다. 민족주의자들은 처음 접하는 공산주의자들의 저 생경한 비판에 제대로 대응하지 못했고 이후의 그들의 날선 비판에 늘 수세에 몰려 끌려 다니는 신세로 전락했다.[40]

그 외형적 설득력에도 불구하고 공산주의자들의 비판은 민족주의자들로부터 운동의 주도권을 빼앗기 위한 정치적 선동이었다. 민족주의자들의 운동은 유산자라는 특정 계급이 아닌 한민족 전체를 위한 것이었다. 그들은 민족을 계급적으로 분열시킬 의사가 없었고 그런 방향으로 나아가

---

39 유산(有産), 무산(無産)의 산(産)을 생산으로 새길 때 생산에 참여하지 않는 유한계급을 유산자로, 생산의 중추인 노동자와 농민을 무산자로 부른 것은 적절한 용어 선택이 아니라고 본다. 유산(有産), 무산(無産)의 산(産)을 생산이 아닌 재산으로 해석할 경우에도 재산을 갖지 않은 무산자가 사유재산을 부정하는 공산주의를 개념적으로 선취하고 있다는 아이러니가 발생한다. 그럼에도 저러한 어설픈 용어를 사용하게 된 이유는 공산주의의 중심이론가인 마르크스가 강조한 자본가와 임금 노동자 모두 식민지 조선에는 소수에 불과했기 때문이다. 유산자와 무산자는 마르크스의 계급 이론을 식민지 조선에 적용하기 위한 시도였지만, 그런 구분으로는 엄밀한 계급 분석을 할 수 없다는 한계를 지닌다.

40 저 때만 해도 민족주의자들이 공산주의의 실체나 해외 정세에 대해서 제대로 알지 못했기 때문이었다. 서방이나 일본에서도 20세기 중·후반까지는 공산주의가 더 나은 대안 체제가 아닐까 하는 희망 섞인 막연한 전망이 있었던 것을 보면(오구라 히로카쓰 1960 참조), 당시 국내 민족주의자들의 무지를 탓할 일만도 아니다. 오히려 이념의 차이로 인한 혹독한 한국전쟁을 겪고 끔찍한 북한의 실상과 위협에 직면하고서도 아직도 공산주의에 대한 미련을 버리지 못하고 있는 일부 현대 한국인들의 기억상실증과 안보 불감증을 탓해야 할 것이다.

지도 않았다. 그럼에도 그들은 지도적 위치에 있는 지식인인 까닭에 무산자보다는 유산자에 가까웠는데, 공산주의자들은 바로 이 점을 노려 민족주의자들이 유산자의 계급의식에 빠져 무산자의 희생을 강요해 유산자의 이익을 도모하려 한다고 비판한 것이다.(신백우 1922)

그러나 이는 인간을 그가 속해 있는 계급의식의 노예나 꼭두각시로 규정하는 매우 기계론적인 발상법으로 개인의 자율성에 대한 모욕이자 민족주의자들의 사적 동기를 자의적으로 왜곡해 문제 삼는 인신공격이기도 하다. 심리철학에서도 대표적 난제로 꼽히는 타자의 마음의 문제를 공산주의는 이데올로기적으로만 규정하는 단순화의 오류를 저지르고 있다. 이 도식대로라면 유산자 계급에 속하면서도 무산자의 이익을 대변하겠다는 공산주의자들은 그 자체 범주 오류의 산물인 셈이다. 사실 그들이야말로 식민지 조선의 정세에 무지한 코민테른의 지령대로 꼭두각시처럼 움직이다 화를 자초한 이들이기도 하다. 코민테른의 지령에 의한 신간회로부터의 탈퇴가 그 대표적인 예의 하나이다.[41]

공산주의자들의 주장대로라면 식민지 조선에는 대학이 불필요하며 정치적 독립 없이는 경제발전의 논의도 무의미하다. 국산품을 애용할 필요도 없다. 그러나 이는 아무리 좋게 보아도 오로지 무산자들에게 돌아올 당장의 득실만을 고려한 매우 근시안적인 생각이다. 고등교육을 원하는 조선인들은 일본으로 유학을 가야하고 국산품은 일본으로부터의 수입품에

---

[41] 해방 후 소련의 지령에 의해 반탁에서 갑자기 찬탁으로 돌변해 민중의 신망을 잃은 것도 공산주의자들의 체질적 한계성을 노정한 사건이었다. 당시만 해도 공산주의 세력의 정치적 영향력이 민족진영보다 더 강했는데 찬탁 사건을 통해 영향력의 저울추가 역전된다. 심리적 동기를 거론하자면 공산주의자들이야말로 니체가 말하는 (사실은 그보다 오히려 저급한) 원한감정에 사로잡혀 있다는 비판이 가능할 것이다.

의해 설 자리를 잃게 되는 식민지 현실을 외면하고 있는 것이다. 이는 마치 향학열을 불태우는 고등학생에게 장차 일류대를 나와 출세해 갑질을 하려고 입시공부를 하느냐고 힐난하는 것과 마찬가지로 어리석은 비판이기도 하다. 자신들이 대부분 신식 교육의 수혜자들이거나 일부는 일본 유학까지 다녀왔음에도, 공산주의 이데올로기에 집착해 자기모순적인 주장을 펴는 셈이다. 정치만을 앞세워 경제발전까지 정치논리로 접근하려는 것은 공산주의의 심각한 문제점이기도 하다. 공산주의자들이 물산장려운동으로 이익을 보는 쪽이라 규정한 식민지 민족자본을 현대 한국의 대기업으로 치환하면, 그들의 비판 논조는 지금까지도 답습되고 있음을 알 수 있다.

교육제도가 자본가 계급의 사회 통제력을 유지하기 위한 또 하나의 수단일 뿐이라는 공산주의자들의 주장은 식민지 조선의 시계를 거꾸로 돌리려는 우민정책愚民政策으로서 일제의 교육정책만도 못한 것이다.[42] 그들은 식민지 교육제도가 학생들을 개인적 필요성이나 욕구를 고려하지 않고 상품처럼 취급한다고 비난하지만, "자본가 계급과 전투하기 위하여 일어선 오늘의 노동자의 지식 욕구를 계발할 목적으로 노동야학 또는 노동일요학교를 설치할 것"(김준엽·김창순 1967, 2권, 118쪽)을 요구하는 조선청년대회의 선언서는 공산주의자들이야말로 교육을 자신들의 이데올로기를 주입시키기 위한 수단으로 인식하고 있다는 점을 보여주고 있다.

일제의 조선 지배에 침묵하는 조선의 점진적 민족주의로는 독립을 성취

---

[42] 식민지시기에 초등학교인 보통학교의 취학률은 추정 학령아동 인구 대비 1910년대 2퍼센트 대에서 1930년대 말에는 40퍼센트에 육박했다. 오성철 2000, 133쪽 참조. 교육 확대에 따라 한글 문자 해득률 역시 괄목할 만한 향상을 이루었다.(주익종 2005, 344쪽)

할 수 없다는 공산주의자들의 비판도 일리가 없는 것은 아니다. 언제까지 주권 회복을 유보해야 하는지가 애매하기 때문이다. 그렇다고 민족주의 자들이 식민지 조선의 현상유지를 영구히 인정하는 비관적 패배주의자들 이었던 것은 아니다. 오히려 그들은 비록 식민지의 법제 내에서이기는 했어도 조선의 근대화와 개혁에 앞장섰고, 그것이 궁극적으로는 민족 독립을 가져다줄 것으로 믿었다. 일본에 나라를 빼앗긴 것이 정신적으로나 물질적으로나 국력이 쇠약해진 때문이었으므로, 민족의 정체성을 지키면서 실력을 양성하는 것이 민족 독립의 충분조건이라고 생각했던 것이다.

공산주의자들은 민족주의자들이 추구하는 민족 자강自强과 근대화가 어떻게 민족 독립을 초래할는지에 대한 (공산주의 폭력 혁명론에 견줄 만한) 구체적인 청사진이 부재하다는 점을 물고 늘어졌다. 하지만 민족주의자들은 무력으로 일본을 당장 몰아낸다는 공산주의의 투쟁이 실현 불가능한 조급하고 무모한 방법이라고 보아 보다 실용적인 운동 계획을 내세웠을 뿐이다.

유럽의 발전을 모방하는 것에 대한 공산주의자들의 회의는 그들의 중심 교리인 마르크스의 철학 역시 유럽의 발전 이론이고 그들이 따랐던 혁명 전략의 대부인 레닌 역시 유럽에 속하는 러시아인이었다는 점에서 앞뒤가 맞지 않는다. 어차피 붕괴될 자본주의를 조선의 모델로 해서는 안 된다는 것이 그들의 신념이었지만, 이후 세계사의 전개가 보여주듯이 이는 완전히 빗나간 예측이었다.

마르크스는 자본주의가 성숙한 단계에서 공산주의로의 이행이 일어날 것으로 예측했다(Marx 1859, p.9).[43] 자본주의에 의해 생산력이 제고된 다음에야 그 여유 속에 결실에 대한 평등 분배를 꿈꾸는 공산주의가 가능한 것일 텐데, 있어봐야 자본주의의 싹 정도가 전부인 (이것도 의심스럽다) 가난한 비서구 사회인 식민지 조선에서 공산혁명을 추진한다는 것은 마르크스의 공산주의와는 무관한 정치투쟁에 불과하다. 마르크스에 충실해서라도 조선은 일단 자본주의로의 길을 추진했어야 했다. 절대적 가난에서 탈출하는 것이 가난을 균등히 공유하는 것보다 더 시급했고, 그것이 이제 막 근대성과 시장경제체제를 배워가던 식민지시기에는 진정 민족을 위한 길이었다.

공산주의자들은 농민대중과 함께 뭉칠 것을 주장했지만 조선에서의 공산주의 운동은 농촌보다는 도시를 거점으로 전개되었으며, 농민을 의식화 하여 운동의 선두에 세우려는 그들의 희망은 그들이 비난하는 민족주의자들 못지않은 그들 자신의 엘리트주의와 농민들의 정치적 보수성으로 말미암아 실현되지 못했다. 한반도에서 근대화는 농업 위주의 산업을 공업으로 탈바꿈하는 방식으로 전개되었으며 소련이나 북한과 같은 공산주의 국가에서도 마찬가지였다는 점에서, 그들의 노선은 역사적 추세와도 동떨어져 있다(강진웅 2014 참조).[44] 당위로 현실을 재단하고 그것을 지나친

---

43 정확히 언제 어떤 조건에서 그러한 이행이 일어나는지에 대한 마르크스의 진단이 없다는 점이(Gardiner 1959, p.132) 이후 레닌을 위시한 폭력 혁명론자들이 이를 자의적으로 해석할 빌미를 제공하게 된다. 중국과 러시아에서 일어난 혁명의 실상은 좋은 참조가 된다. 일본 제국주의로부터 해방된 새로운 중국에 대한 중국 민중들의 열망은 진정한 것이었지만, 중국공산당이 항일투쟁보다 국민당으로부터 정권을 탈취하려는데 더 노력을 경주한 것도 사실이다. 공산당은 국민당의 부패와 무능에 편승해 효율적인 역공을 폈고 이것이 주효한 것이다. 러시아 혁명의 경우도 마찬가지다. 일찌감치 한계를 드러낸 차르 체제가 무너진 권력 공백의 상태에서 비롯된 대혼란에 편승해 효율적으로 그리고 공세적으로 한발 앞서 움직인 레닌 집단이 권력을 손에 쥐게 된 것이 러시아 혁명의 요체이다. 중국이나 러시아의 경우 공산주의는 "이데올로기"로서 작용했지만, 혁명의 전개와 완수는 철저히 현실적인 "병법"에 의해 이루어졌다. 이데올로기는 선동적이고 병법은 세속적이다. 이 둘의 합작이 혁명의 묘약이다.

44 농업을 경제의 근간으로 하는 비전은 해방 이후 한국의 급격한 산업화의 시기에 박현채

이상주의로 이끌려는 것은 공산주의 이론과 실천의 큰 문제점이 아닐 수 없다.

그렇다면 공산주의자들의 급진적 대안은 민족 독립에 과연 더 적절한 것이었는가를 되물어 비교해볼 필요가 있다. 우선 명확히 해야 할 것은 점진적 민족주의자들은 사실은 타협주의자들에 불과하며 정치적 해방과 사회혁명을 강조하는 자신들이야말로 진정한 민족주의자라는 공산주의자들의 자기주장과는 달리, 민족, 민족 국가, 국가를 모두 부정하고 무산자 독재를 지향한다는 점에서(Marx and Engels 1848, p.479) 그들은 민족 독립만이 지상의 목표였던 운동가들은 아니었다는 점이다.[45]

공산주의가 민족주의의 얼굴을 갖게 되는 것은 고전 마르크스주의에서 연원을 찾을 수 없는 비서구사회적 현상이다. 고전 마르크스주의자들은 민족주의를 자본주의와 함께 생겨난 부르주아 이데올로기로 간주했다. 그러다 아시아를 위시해 제국주의 열강들의 식민지 지배하에 있는 민족들이 공통적으로 지니고 있는 해방의 염원에 편승해 마르크스가 강조한 계급투쟁을 반외세 반제 투쟁으로 변환한 것이다.[46] 하지만 그들의 투쟁은 궁극적으로는 계급도 국가도 없는 사회의 건설이라는 자신들만의 더 큰 (혹은 협애

에게 계승된다(박현채 1981; 1983 참조). 그러나 이는 시대의 흐름에 역행하는 이상주의였을 뿐이다. 한국이 농본사회로 돌아갈 수는 없는 것이며 이는 한국인들이 원하는 바도 아니다.

[45] 북한의 공산주의자들은 1998년 헌법 개정 이후 김일성 민족이라는 반역사적인 민족 개념을 창조해낸다. 우리 민족끼리라는 구호를 포함해 그들이 주장하는 민족주의는 독립운동가들의 민족주의와는 상관이 없는, 김일성의 우상화에 초점을 둔 김일성 민족주의라는 점에 유의할 필요가 있다.(이영훈 2013, 30쪽)

[46] 그 계기는 1920년 여름에 개최된 제2차 코민테른 회의에서 있었던 레닌과 로이(M. N. Roy) 사이의 논쟁과 그 결과로 나온 「민족문제와 식민지문제에 대한 테제」이다. Weiner 1996 참조.

한 계급이익에 치중해 민족의 통합을 저해하는 폭력적 계급투쟁을 증폭시키려 했다는 점에서 더 작은) 목표를 위한 것이었고, 그 효과도 성공적이었다고 할 수 없다. 열강을 차례로 제압한 일제의 무력과 탄압이 그들이 감당하기에는 너무 강력했거니와[47] 내부적으로 잡음과 투쟁이 끊이질 않았다. 결과적으로 공산주의자들의 투쟁노선은 민족 독립에 적절한 대안이 못 되었다.

1920년대 이후 공산주의의 대두와 맞물려 식민지 조선인들 사이에서 벌어지기 시작한 이데올로기적 균열은 통일된 민족 독립의 이상 실현을 어렵게 했다. 한반도 바깥에서 벌어진 무장 독립운동에서는 더욱 심각한 악재로 작용했다. 민족을 자본주의 형성과정의 계급적 산물로 간주하는 스탈린의 테제에 입각해 공산주의 운동 내부에서는 계급혁명을 민족해방에 우선시하면서 민족주의를 파시즘의 일면으로서의 국수주의에 불과한 것으로 인식했다(방기중 1995, 121~122쪽). 공산주의자들은 민족주의는 반동적인 파시즘에서 생겼으며 그 목적은 조국과 민족을 고취한다는 미명 아래 계급적 이해관계를 감춘 채 민중을 오도하는 것이라고 주장했다. 오직 노동자 농민들의 국제적 연대를 통해서만이 한국은 사회적 파시즘과 식민주의에서 영원히 해방될 수 있다는 것이다.(Shin 2006, p.63; 황영 1933, 7쪽; 남만희 1933, 35쪽; 한설야 1933, 4~5쪽)

공산주의가 대두하기 전까지는 의병, 독립군, 광복군으로 이어지는 무장 독립운동이 상해 임시정부와 느슨하나마 연계성을 맺고 있었다. 유생儒生, 농민, 그리고 일제에 의해 해산된 대한제국의 병력을 중심으로 한 의병 투

---

[47] 일제는 공산주의에 대해서는 조선의 식민체제에 대한 더 큰 위협으로 간주하여 무자비한 탄압을, 점진적 민족주의에 대해서는 관망, 회유, 기만을 통한 통제와 조정을 선호하는 차별적 정책을 펴나갔다. 그들의 탄압정책은 공산주의 운동에 초점을 맞춘 선택과 집중으로 요약된다.

쟁은 위정척사衛正斥邪의 이념을 계승하는 보수적 민족주의의 경향을 띠었으며 이를 계승한 간도 독립군도 왕정의 회복을 추구하였다. 임시정부 내에는 무장투쟁에 의한 독립이 현실적으로 요원함을 들어 외교에 의한 독립의 추구를 주장하는 이승만과 같은 인사도 있었지만, 외세의 도움에 의한 독립은 자주적 민족해방의 길의 아니라는 점에서 큰 호응을 얻지 못했다.

1921년 일제의 토벌작전에 밀리던 독립군은 반제국주의를 기치로 내건 공산주의로 무장된 소련군이 항일 무장 독립운동의 아군이라고 믿어 소련 영내의 자유시로 이동하였는데, 소련군의 배신에 의한 포위 공격을 받고 궤멸되는 비극이 일어났다. 자유시에서 빠져나온 독립군의 지도자 김좌진마저 공산주의자에 의해 암살됨으로써 무장 독립운동은 구심점을 잃게 된다. 이후 소련이 단행한 소련 연방 내의 고려인 강제 이주정책과 그에 따른 우리 동포의 막대한 희생은 독립군이 당한 자유시 참변 및 김좌진 암살과 맞물린 소련 공산당의 의도를 엿볼 수 있는 단서가 된다. 소련 공산주의자들은 소련 연방 내의 소수민족들의 독립운동을 경계했는데, 조선의 독립군이 저 운동에 도화선이 될 수 있다고 보아 그 싹을 미연에 거세했던 것으로 추정할 수 있다. 그들에게는 반제국주의 연대 투쟁보다 자국自國의 단속이 더 중요했던 것이며 이것이 스탈린이 주창한 일국사회주의의 민낯이었다.

1920년대 후반 100만에 가까운 조선인이 거주하고 있던 만주에서의 독립운동도 공산주의자들에 의해 시련을 맞게 된다. 민족 부르주아들의 반反혁명성을 지적하면서 착취계급의 권력을 타도하라는 코민테른의 지령에 따라(마츠모토 사치코 1973, 288~289쪽), 만주의 조선인 공산주의자들은 민족주의자들을 배격하고 계급투쟁을 우선하는 방향으로 노선을 선회한다. 그들은 만주의 한국인 노동자들이 자본가와 봉건 지주의 압박과 착취로부터 해방되는 길은 한국의 독립에 의해서가 아니라 계급혁명에 의해서 달성된다고 선전했다. 그 결과로 일제에 대해서보다는 만주의 조선인이나 중국인 지주에 대한 투쟁이 우위를 점하게 된다. 공산주의자들은 민족주의 단체 내에 침투하여 이를 철저히 와해시키려는 공작활동을 펴고, 민족주의자들은 이에 대응하여 공산주의자들을 축출, 살해하는 상호 무력사용에까지 이르게 된다.

두 진영의 상쟁으로 말미암아 만주에서의 민족운동은 극도로 분열되고, 일제타도에 의한 민족해방이라는 기본적 과제는 일시 중단되기에 이른다. 민족주의진영으로서는 자기조직을 와해시키려는 공산주의자들에 대처해 조직을 보존하려는 데에, 공산주의진영은 조선의 공산주의 운동을 청산하고 중국 공산당원으로서 중국 공산주의 운동에 종사하는 데에 더 많은 노력을 기울였기 때문이다.(유기철 1987, 152쪽)

중국 공산당에 가입한 만주의 조선인 공산주의자들은 조선 국내 운동과의 연계를 편협한 애국주의적 환상으로 몰아붙이면서 만주의 조선인 공산주의자들에게 조선 운동에서 손을 떼고(金正明 1967, 750쪽) 중국 공산주의 지도하에 편입할 것을 요구하였는데(梶村秀樹·姜德相 1972, 570·578쪽), 이는 만주에서의 공산주의 운동이 진정한 민족 독립운동과는 거리가 있음을 잘 보여준다. 만주사변 이후 일제와의 교전에 조선인 공산주의자들이 참가한 것은 사실이지만, 중국 공산군의 자격으로서였기에 중화조국의 옹호가 더 기본적이고 일차적인 것이었고 조선독립은 극히 부차적인 의미 이상을 갖지 못하였다.

조선의 독립이 아닌 중국의 수호를 위해 일제와 싸운 만주의 조선인 공산주의자들의 선택은 그들이 비난했던 편협한 애국주의적[48] 환상이 아니었는지, 조선의 공산주의 운동을 청산하면서까지 중국의 공산주의 운동에 봉사해야 했는지, 두 운동의 양립이나 연계, 혹은 우선순위에 대한 재고의 여지는 없었는지 석연치 않다. 자신의 역사와는 단절된 채 코민테른의 지령을 거의 맹목적으로 받아들여 프롤레타리아 국제주의를 추종하는 것은 결과적으로 중국이나 소련의 공산당에 이용당했다는 비판에서 자유롭지 못하다(Suh 1970, p.214).[49] 그들의 저 납득하기 어려운 선택으로 말미암아 만주의 조선인들이 오랫동안 축적해온 귀중한 항일투쟁 경험과 민족해방을 향한 의식과 열정은 일순간에 중국 공산당으로 귀속되고 마는 결과를 초래하였다(유기철 1987, 156쪽).

1940년 임시정부의 정규군으로 광복군이 창설되었지만 무장 독립운동단체는 연안의 조선혁명군(김무정)과 간도 장백산의 조선인민혁명군(김일성)을 포함 세 갈래로 갈라져 있었다. 광복군은 중국 국민당 정부의 지원을 받았으며, 조선혁명군과 조선인민혁명군은 중국 공산당과 소련의 지원을 받았다(박성수 1980, 17쪽). 자유시에서 독립군이 소련군에 의해 학살되면서 생겨난 공백의 공간에 김일성이 등장한 점이 주목할 만하다. 해방 이후 조선의 판도를 좌우하게 되는 이 세력들은 그 배후에 있는 중국 국민당, 중국 공산당, 그리고 소련의 국제적 이해관계에 얽혀 통일된 무장 독립운동을 이루지 못했다. 조선의 무장 독립운동단체들은 이데올로기적으로 서로 다른 길을 걸었지만, 그 이데올로기는 배후 세력의 국제적 이해를 합리화하

---

48 이 경우 애국의 대상은 조선이 아닌 중국이다.
49 신언준은 한국의 공산주의자들이 한국동포를 자신들의 국제적인 전략의 희생양으로 삼고 있다고 비난했다.(신언준 1931, 9쪽)

는 것이기도 했다.(박성수 1980, 376쪽)

　중국 국민당 정부의 지원은 광복군의 활동에 큰 제약을 수반했다. 중국 국민당은 한국광복군 행동준승 9개항을 조건부로 군사원조를 제공하였는데, 이에 따르면 광복군은 중국군 참모총장의 명령과 지원을 받아야 하며(1항), 임시정부는 단지 명의상으로만 광복군의 통수권을 갖게 된다는 것이었다(2항). 요컨대 광복군은 사실상 중국군의 일부로 편입되어 임시정부의 손을 아주 떠나버리는 것이었다(박성수 1980, 359쪽). 그러나 재정난에 시달리던 임시정부와 광복군에게는 중국 국민당과 손을 잡는 것 외에 다른 대안이 없었다.

　당시 임시정부 군무부 차장 윤기섭은 중국 국민당이 제시한 행동준승을 보고 중국이 바라는 한국의 독립이란 중국의 일부분으로서의 한국일 뿐이라는 전망을 내놓기도 했다(임시의정원 34회 의사록, 1942년 11월, 박성수 1980, 368쪽에서 재인용). 행동준승에 따르면 광복군은 중국군의 일부로 중일전쟁에 참전하되 전쟁이 끝난 뒤에도 중국군 예속 하에 있게 되어 있다. 이는 일본이 전쟁에서 패할 경우 한반도 장악권을 놓고 벌이게 될 중국 공산당 지원 하의 김무정군 및 소련 지원하의 김일성군과의 경합을 염두에 두고 광복군을 단단히 묶어두려는 포석이었다.(박성수 1980, 361쪽)

　주지하다시피 해방은 항일 무장 독립운동의 결과가 아닌 해양세력 미국에 대한 일본의 무조건 항복과 함께 갑자기 찾아왔다. 무장 독립운동가들의 희생을 잊어서는 안 되지만, 그 운동이 조선독립에 공헌한 것을 실제에 비해 과장하는 것도 그들에 대한 정당한 처사가 아니다. 광복군을 지원하던 중국 국민당 세력의 발언권은 조선의 운명을 좌우할 얄타, 포츠담 선언 등에서 배제되었고, 광복군과 임시정부 요원은 개인자격으로서만 한국에 돌아올 수 있었다. 반면 질풍노도의 기세로 북한을 접수한 소련은 김일성을 앞세워 **빠른** 속도로 북한을 공산화했다.

김일성은 항일 무장독립운동에 대해 다음과 같은 평가를 남겼다.

> 《의병대》라든지, 《조선독립군》이라든지, 《의열단》이라든지 하는 것들이 있었지만 이것은 순전히 민족주의적인 군대였으며 지주, 자산계급의 리익을 옹호하는 군대였습니다.(김일성 1958, 310쪽)

자신의 무장투쟁 이외의 여타의 무장 독립운동은 지주, 자산계급의 이익에 봉사하는 것이라는 김일성의 논리는 식민지시기 조선의 민족주의자들이 전개한 운동에 대한 공산주의자들의 비판과 동일한 것임을 알 수 있다. 조선 독립을 위해 헌신한 선열들의 희생을 이념과 방향이 달랐다는 이유만으로 부정하겠다는 것인데, 저런 편향된 의식은 동지를 음해하여 처단하는 공산주의의 고질적 악습의 연장선상에 있다.[50] 김일성의 저 말도

---

[50] 스탈린이 정적들을 제거하는 데 즐겨 사용한 저 계략은 조선을 비롯한 전 세계의 공산주의자들에게 널리 확산된다. 조선에서 물산장려운동을 비난하는 글을 게재하며 공산주의 활동을 하다 소련으로 망명한 이성태의 경우를 그 한 예로 꼽을 수 있다(이성태 1923; 이광수 1948, 219쪽 참조). 소련에서 김단야, 박헌영, 조봉암 등 당대 최고의 공산주의자들을 모조리 일제의 간첩이라고 소련 정보기관에 밀고한 김춘성이 바로 이성태였을 것으로 추측된다. 밀고장에는 밀고자 이름 옆 괄호 속에 이성태라는 메모가 러시아어로 붙어 있었다(임경석 2008, 68쪽). 그의 밀고로 김단야가 소련 정보기관에 의해 처형되었다. 박헌영은 한국전쟁 이후 미제의 간첩이라는 죄명으로 북한에서 처형되었다. 간첩이라는 죄명으로 처형된 공산주의자들로는 이 외에도 중국 공산당에 의해 처형된 김산, 소련에서 처형된 조명희, 그리고 북한에서 처형된 수많은 남로당 출신들이 있다. 일제 시대에는 일제의 간첩이었고 한국전쟁 중에는 미제의 간첩이었다는 박헌영에 대한 혐의는 주목할 만하지만, 그에게 미제의 간첩이라는 죄목을 씌운 북한 당국도 이를 입증할 증거는 끝내 찾지 못했다(임경석 2008, 72쪽). 이러한 처형이 정당한 것이었다면 공산주의진영은 온갖 간첩들의 소굴이었던 셈이며, 부당한 것이었다면 공산주의자들은 동지의 음해를 일삼는 사악한 모리배들인 셈이다. 어느 경우이건 공산주의의 선명성은 실제와는 거리가 먼 구

의열단을 이끈 김원봉을 숙청하는 그의 정치적 행보를 배경으로 하고 있다.[51] 자신의 선명성만을 부각시켜 독립운동의 공을 독점하고 다른 운동 노선을 정면 부정하는 공산주의자들의 아집과 독선 속에서 무장 독립운동의 분열과 시련은 예견된 것이었다.

공산주의는 한반도의 안과 밖에서 민족주의운동에 돌이킬 수 없는 커다란 균열을 내어 결과적으로 조선 민족의 저항의식을 전체적으로 약화시키기를 바라는 일본의 기대에 본의 아니게 부응한 셈이다. 공산주의자들은 민족주의자들을 일본을 돕는 친일파로 매도했지만, 그런 식의 논리대로라면 그들이야말로 다른 방식으로 일본의 조선 지배를 결정적으로 도와준 꼴이었다. 일본은 반발이 클 무력에 의한 탄압보다는 조선인들 스스로 내파(內破)되기를 바랐던 것인데, 그 역할을 아주 성공적으로 수행한 것이 공산주의자들이었다. 공산주의의 대두와 맞물려 반도 안팎의 결집된 민족운동이 파산을 맞게 되었다는 점은 우연이 아니다.

4) 식민지 근대화와 동아시아 제국주의체제

1947년의 국경일에 남대문 부근에서 촬영한 저 한 장의 사진은 당시 한국 사회의 분열상을 증언하고 있다. 해방의 기쁨을 누렸어야 할 시기에 서울에서는 좌우익의 대립으로 국경일 기념행사마저 따로 개최해야 하는 지경에 이르렀고, 사진에서도 좌익과 우익의 시위대가 양쪽으로 갈라져 행진하고 있다.

해방 이후 한반도는 분단체제로 이행되면서 일제하에 억눌려 있던 자유

호에 불과했을 뿐임을 알 수 있다.
51 김원봉의 숙청 이유도 간첩죄였다. 그가 장개석의 스파이였다는 것이다.

민주주의와 공산주의의 지향성이 수면 위로 부상하였고, 미소의 한반도 분할 점령에 의해 남과 북으로 인위적으로 나뉘어 서로 다른 길을 걷게 된다. 근대화가 식민지시기와 남북 분단기를 관통하는 공통의 과제였고 자유민주주의와 공산주의라는 두 대안들은 이를 보다 효율적으로 실천하기 위해

〈그림 5〉 좌우로 갈라진 1947년의 한국

상호 경쟁하는 이질적 이념과 장치였다는 점에서, 식민지시기와 남북 분단기 사이의 단절은 생각만큼 총체적인 것은 아니었던 셈이다.

식민지시기에 이루어진 조선의 근대화 과정은 조선에 대한 일제의 식민지 정책에 의한 것이었기에 조선이 아닌 일본을 위한 것이었다. 일본이 물러간 뒤에 조선은 대한제국의 시절로 되돌아가는 대신, 미국과 소련으로부터 수입된 두 종의 다른 체제 하에서 각자 근대화에 박차를 가하였다. 저마다 일제 청산을 외쳤지만 우리 학계의 일각에서는 북한은 일제가 남겨놓고 간 물적 유산에, 한국은 제도적, 인적 유산에 빚진바가 상대적으로 큰 편이었던 것으로 평가하곤 한다(정재정 2014a, 65~77쪽). 북한을 자주세력으로, 한국을 친일세력으로 오인할 수 있는 이러한 묘사는 북한에서의 친일파 청산이 북한이 전체주의화 되는 과정에서 이루어졌음을 간과하고 있다. 자유민주주의를 지향하는 한국에서는 인위적 숙청의 형태로 친일파를 청산할 수 없었던 관계로 더 시간이 걸렸을 뿐이다. 아울러 한국은 일본보다는 미국의 유산에 빚진 바가 더 컸다.

식민지시기에 조선에서 근대화가 일어났다는 사실은 남과 북에서 오랫동안 금기시 되어왔다. 그러나 일제 청산의 당위성 때문에 당시 조선의 근

대화를 부인하는 것은 당위와 사실을 혼동하는 자연주의적 오류를 범하는 것이다. 일제라는 목욕물은 버려야겠지만 근대화의 세례로 성장한 조선이라는 아이까지 버릴 수는 없는 것이다. 한국과 북한은 저마다의 부인에도 불구하고 결과적으로는 일제가 조선에서 추진하다 만 근대화 프로젝트를 각자의 방식으로 계승한 셈이다.

17~18세기 조선에 피어난 자본주의의 싹이 일제에 의해 짓밟혔다가 해방 이후에야 다시 일어섰다는 통설은 식민지시기에 이룩된 조선의 자본주의를 민족주의적 편견으로 평가절하 하는 몰역사적인 것이다. 만일 자본주의의 싹이 있었다면 개항 이후 국내외 시장의 확대에 따라 더욱 발전하면 했지 쉽게 사라지지 않았을 텐데 그에 대한 연구는 별로 없다. 시장의 존재가 곧 자본주의를 의미하는 것은 아니다. 한 사회가 자본주의 체제인지의 여부는 시장이 그 사회의 중추인지의 여부에 의해서 결정되는데, 조선은 사농공상士農工商의 질서가 끝까지 유지된 탓에 시장이 주변부로 밀려나 있던 사회였다.

식민지의 노동력과 자원을 식민모국의 경제발전을 위하여 1차 산업으로 돌리고 현지공업의 발전을 억제하는 것을 제국주의 국가와 식민지 사이의 일반적 경제관계로 설정하는 제국주의론 역시 일제의 조선 지배에 정확히 들어맞지는 않는다. 일제의 식민지 지배는 조선의 자본주의 성장을 방해한 것이 아니라 전진시켰기 때문이다(Eckert 1991, p.65). 자본주의는 일제에 의해 이식된 경제 체제이며, 일제는 이 체제를 통해 조선의 경제를 활성화시키려 했다.

식민지시기 후반부에 조선인들이 누렸던 생활수준은 조선 왕조는 물론 해방 이후 체제 경쟁을 벌인 한국과 북한에도 비교의 한 시금석이 된다.

저 수준보다 더 나은 생활을 보장할 수 있을 때에야 비로소 그것은 식민지 조선에 대한 대안으로 인정받을 수 있다. 한국전쟁의 참화 때문이기도 했지만 한국의 경우에는 1960년대가 되어서야 당시의 수준을 회복할 수 있었다.(이영훈 2016, 2권, 11쪽)

조선의 식민지 근대화를 하나의 사실로 인정하는 것은 식민지가 되는 것이 근대화를 위한 필요조건이거나 충분조건이라는 일반화된 식민지 근대화론을 옹호하는 것과는 구별되어야 한다. 일반론으로서의 식민지 근대화론은 명백히 잘못된 이론이다. 식민지가 되지 않고 근대화를 이룬 나라들이 필요조건론에 대한 결정적 반증사례가 되고, 식민지가 되고도 근대화에 실패한 나라들이 충분조건론에 대한 결정적 반증사례가 된다. 조선의 식민지 근대화는 저러한 일반론의 시각에서 벗어나 고유한 역사적 사태로서 연구되어야 한다.

식민지 근대화론은 여타의 근대화론, 성장론, 발전론들과 함께 근대화를 세계사의 필연적 과정으로 간주하는 목적론적 진보사관에 속한다. 그러나 근대화의 필연성이나 목적론적 역사관, 진보의 개념은 역사에서 우발성과 개체성을 인정하지 않는 낡은 형이상학적 도그마이다. 식민지 근대화론을 포함한 목적론적 진보사관은 대체로 외형적 경제 지표를 가지고 성장, 발전, 진보의 등급을 매기곤 하는데, 이는 근대화가 목표로 하는 근대성이 함축하는 성찰적 개인을 경제인으로 오해하여 자유, 평등과 같은 근대적 가치를 고려하지 않고 있다는 점에서 근대적이지도 못한 매우 피상적이고 불충분한 접근법이다.

근대화와 경제성장을 동의어로 파악하는 것은 둘이 서로 다른 층위의 용어임을 망각하는 범주 오류를 저지르고 있는 처사이다. 거기에는 개인이 사회로부터 부과된 역할을 넘어 창의적인 자유인으로 거듭나는 근대성의 동역학이 빠져 있다.[52] 저러한 오류는 식민지 근대화론을 비판하는 내재적 발전론이나 식민지 반半봉건사회론에도 만연해 있다. 성장지상주의에 불과한 식민지 근대화론과 그 비판론들을 배격하고 그것들이 지어낸 온갖 도식적 이행 단계들을 걷어낸 다음, 식민지 근대화라는 사태성 그 자체에 주목하는 것이 조선에서의 식민지 근대화를 올바로 이해하기 위한 첫 단추이다. 이를 위해서는 식민지 근대화론의 경제주의를 보완하고 새로이 부각된 식민지 근대성의 관점에서 조선의 식민지 시대를 들여다 볼 필요가 있다.[53]

식민지 근대화의 인정을 식민사관을 추종하는 친일로 모는 것은 민족주의나 공산주의라는 근본주의 이데올로기의 추종자들이 전개하는 전술의 일환이다. 일제는 조선 근대화의 방해꾼이었을 뿐이며 근대화의 공은 반일 민족주의나 공산주의 세력이 독점해야 한다는 것이다. 그러나 이는 자신의 이데올로기의 옹호를 위해 사실을 날조하고 식민지 근대화를 인정하는 사람을 공격하는 인신공격의 오류, 허수아비 논증의 오류를 범하고 있다.

일본은 청일전쟁부터 태평양전쟁까지 약 50년간 동아시아를 지배하면서 조선, 타이완, 관동주, 만주를 포괄하는 제국주의체제를 운용하였다.

---

52 그럼에도 개인의 자각과 성장이 물적 토대를 근거로 함은 간과할 수 없는 사실이다.
53 ① 식민지 근대성은 식민지 시대에 형성된 근대성의 여러 층위를 모두 포괄하는 용어이다. ② 식민지 근대화는 이러한 여러 층위가 식민지 시대에 형성되었음을 지칭하는 용어이다. ①이 근대성이라는 산물(product)에 치중한다면, ②는 근대화라는 과정(process)에 치중한다는 차이가 있다. ③ 식민지 근대화론은 식민지시기에 이루어진 경제발전이라는 근대성의 한 측면에 초점을 맞춘 이론을 지칭하는 용어이다. ①은 이념을, ②는 사태를, ③은 이론을 지칭하는 용어이다.

일본은 저들 식민지에 일본의 법제와 시장 기구를 이식하고 중앙은행을 설립하여 일본 은행권을 준비금으로 한 통화를 발행하게 함으로써 경제, 화폐, 금융시장을 통합하였다. 이로 말미암아 조선, 타이완, 만주로부터 쌀, 사탕, 대두를 수입하면서도 국제통화가 아닌 일본 은행권으로 결제를 할 수 있었기에 외환의 부담 없이 식량 부족 문제를 해결하면서도 흑자국으로 돌아설 수 있었다.(堀和生 2010, 37쪽)

동아시아 제국주의체제는 일본을 중심으로 하고 식민지를 주변으로 하는 지배와 예속의 체제였지만, 중심과 주변뿐 아니라 식민지 상호간에도 교역이 증진함에 따라 내부적으로 긴밀한 통합이 진행되었다. 아울러 대외적으로는 보호관세의 장벽을 높게 쌓고 일본과 식민지 사이의 관세는 대부분 철폐함으로써 자족적인 경제권으로 급속한 팽창을 이룩해냈다. 그 배경에는 식민지의 농업개발과 공업화에 대한 일본의 대대적인 자본 투자가 있었는데, 그 한 예로 조선의 회사불입자본은 1925년의 279만 원에서 1940년 1,604만 원으로, 공장노동자는 7만 8천 명에서 23만 천 명으로 급증하였다.(이영훈 2016, 2권, 38쪽)

중심에 대한 주변의 경제적 종속이 주변의 저발전을 초래한다는 종속이론의 예측은 동아시아 제국주의체제에서조차 완전히 빗나갔다. 다음의 표에서 보듯이 동아시아 제국주의체제는 세계자본주의가 세계대전과 대공황으로 휘청거리던 시기에도 엄청난 고도성장가도를 질주했다. 세계의 수출이 연평균 0.6%의 성장에 불과하던 시기에 (당시 영국, 독일 프랑스의 수출은 마이너스 성장이었다) 일본은 연평균 5.9%를, 조선은 13%를 찍고 있는데, 식민지 조선의 저 수치는 동아시아 제국주의체제 내에서 최고치에 해당한다.[54]

〈표 1〉 주요 국가의 수출 동향(1913~1938)(단위 : 1913=100%)

연도	세계	영국	미국	독일	프랑스	일본	타이완	조선	만주	중국관내	인도
1913	100	100	100	100	100	100	100	100	100	100	100
1914		98				95	127	131	102	87	70
1916			164			145	238	224	120	107	93
1918			121			170	245	342	141	98	79
1920	69	100	144		89	118	181	346	186	100	73
1922	77	85	108		93	126	277	473	185	111	78
1924	98	99	123	49	132	136	382	652	221	120	121
1926	111	87	139	80	134	174	422	740	259	118	95
1928	124	99	155	93	142	203	461	887	305	129	111
1930	121	86	131	102	130	211	505	800	275	116	88
1932	97	65	83	63	88	249	617	1,073	304	77	79
1934	102	70	89	54	92	337	581	1,372	338	94	92
1936	111	73	99	62	75	435	666	1,454	331	99	111
1938	115	71	126	61	82	400	703	1,888			
연평균 성장률	0.60	-1.43	0.97	-2.05	-0.84	5.95	8.46	13.02	5.23	0.16	0.47

위의 도표[55]는 식민지 조선이 동아시아 제국주의체제에서 주변부가 아니라 일본에 이은 제 2중심의 역할을 떠맡았음을 보여준다. 1930년대 이후 일본과 식민지와의 무역은 점점 더 활발해지는데, 저 체제 내에서의 경제적 순환이 식민지 조선에서 자본주의의 급속한 발전을 초래한 것이다. 1945년에 일제의 패망과 함께 그 순환은 해체되었지만 이후 점진적으로 재건되어 1960년대부터 한국은 미국을 중심으로 재편된 자본주의 세계체제의 일원으로 고도 경제성장을 재현하게 된다(이영훈 2016, 2권, 39쪽). 전후 자본주의 세계체제가 식민지체제와 같은 성격을 지니는 것은 아니

---

54 식민지 조선은 일본 제국주의체제로부터 분리·독립하여 다루어질 수 없기에 저 수치도 엄밀히는 제국주의체제 전체와 결부지어 이해해야 한다.
55 堀和生 2010, 30쪽.

지만, 후자의 순환에 참여했던 경험이 전자에 적응하는데 참조가 되었을 것이다.

5) 자본주의 맹아론과 내재적 발전론 비판

해방 이후 한국과 북한이 체제경쟁에 돌입하면서, 북한은 공산주의체제가 마르크스주의의 정식에 따라 정상적으로 성립한 체제임을 정당화하기 위해 조선사 공정에 착수하였다. 마르크스에 의하면 자본주의는 발전의 최종 단계에서 내적 모순의 심화로 말미암아 사회주의로 이행하게 마련이며, 사회주의는 공산주의에 의해 완성된다. 요컨대 북한의 공산주의체제가 존재하기 위해서는 그것이 극복하고 일어선 자본주의라는 전 단계가 요청되는 것이다.

북한은 자본주의가 일본에 의해 식민지시기에 조선에 이식되었다는 사실을 받아들일 수 없었다. 자본주의 이식론은 조선의 자체적 발전을 인정하지 않는 일본 학자들의 조선사회 타율성론 및 정체론停滯論(旗田巍 1969a, 2쪽)과 짝을 이루는데, 북한은 이를 민족의 이름으로 타파해야 할 식민사관으로 규정한 것이다. 이러한 당위적 요청에 의해서 조선에도 자율적으로 자본주의가 싹터 정상적인 발전의 길을 걷고 있었는데 침입한 일본 제국주의가 이를 짓밟고 말았다는 자본주의 맹아론萌芽論이 만들어졌다. 1920~1930년대에 중국에서 처음 창안된 이 이론은 백남운에 의해 조선경제사에 적용되어 전석담 등에게로 계승되었는데(백남운 1933; 전석담·허종호·홍희유 1970), 일제가 조선사에 덧씌운 타율에 반대되는 내재, 정체에 반대되는 발전을 합쳐 내재적 발전론이라 불릴 때 보다 항일 민족주의적 색채를 띠게 된다.(吉野誠 1987, 33쪽)

맹아론은 일견 중립적 경제사론처럼 보이지만 사실은 남북한 중에서 어느 쪽이 체제의 정당성을 부여받을 수 있는가를 가늠하는 명백한 정치적인 목적을 지니고 있다. 맹아론에 따르면 공산주의가 자본주의를 타파함으로써 성취될 수 있듯이, 자본주의는 봉건체제를 타파함으로써 성취된다. 조선에서 봉건체제 타파의 움직임은 아래와 위로부터의 움직임으로 대별되는데, 그중에서도 아래로부터의 혁명인 동학운동이 진정한 것이었다(Shin 1995, p.373).[56] 동학운동에 밀려 봉건적 지배계급은 기존의 국가체제를 개량하는 위로부터의 움직임을 주도하였지만, 두 운동 모두 일제의 개입으로 일시적 좌절을 맛본다(이영훈 2016, 1권, 34쪽).

맹아론에 의하면 해방 후 아래로부터의 혁명노선은 급진적 토지개혁을 통한 북한의 공산주의체제의 건설로, 위로부터의 개량노선은 남한의 신식민지국가독점자본주의체제(혹은 반半봉건체제)로 계승된다. 이처럼 맹아론은 해방 후 분단체제의 성립을 18~19세기 자본주의 맹아의 성립과 그에 따른 근대화를 위한 대립적 노선의 역사적 투쟁과 귀결로 이해하고 있는 것이다(김용섭 1988). 맹아론으로 가늠해볼 때 남한은 조선 봉건체제의 지배계급과 식민지시기 예속자본가들이 기득권을 지키기 위해 민족분단을 무릅쓰면서 세운 반反민족적·반半봉건적 국가인 반면, 자본주의를 청산하고 민중이 공산혁명을 일구어낸 북한이 한민족의 정통성을 계승하고 있는 국가라는 결론이 도출된다(강만길 1985; 최장집·정해구 1989). 남한의 토착국가권력은 외세에 전면적·총체적으로 예속되어 있는 '괴뢰'에 다름 아니므로 남한사회는 제국주의 지배로부터 해방되지 못한 지역인 반면, 북한사회는

---

[56] 여기서 다룰 수는 없지만 한국사에 서양적 의미의 봉건제도가 과연 존재한 적이 있는지도 의문이다. 양병우 1971 참조.

그 지배로부터 벗어난 '민주기지'라는 것이다.(조희연 1989, 27쪽)

처음부터 북한의 체제 옹호와 선전을 목적으로 만들어진 저 맹아론은 여타의 이데올로기 이론들이 그러하듯이 당위와 요청으로 사실을 광범위하게 날조하고 있다. 이를 조목조목 바로잡자면, i) 조선 후기에 자본주의의 싹이 될 만한 특별한 경제사적 진전은 없었다. 조선은 정체된 사회는 아니었지만 자본주의 발전으로 활기를 띤 사회는 더욱 아니었다. ii) 동학운동은 공산주의가 아닌 유교적 근왕주의勤王主義에 입각하여 조선 왕조의 수호를 지향하였으며(유영익 1998, 16~28·178~205쪽), 그 연장선상에서 전봉준은 대원군과 연계하고 있었다. 오히려 동학운동이 청일전쟁을 야기해 외세가 조선을 침입하는 좋은 빌미가 되어주었다. iii) 북한 공산주의체제는 북한에 진주한 소련에 의해 철저히 위로부터 이식된 것이지 아래로부터 민중

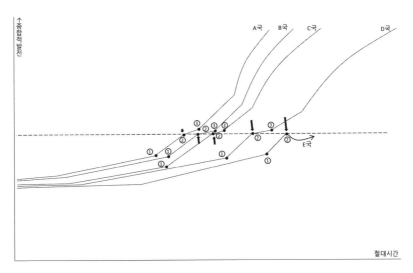

〈그림 6〉 발전 도식 1

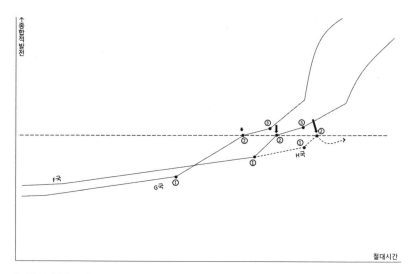

〈그림 7〉 발전 도식 2

의 혁명에 의해 쟁취된 것이 아니다.[57] iv) 한국은 신식민지도 반反민족적·반半봉건적 국가도 아니다. 한국은 여타의 자본주의 국가들과 마찬가지로 세계 자본주의체제의 동등한 일원이며 그 어느 나라의 식민지도 아닌 엄연한 주권국가이다. 세계화와 다문화를 지향하는 IT 모바일 강소국인 한국을 반反민족적·반半봉건적 국가라고 부정하는 것은 시대착오로서 그런 명칭이 어울릴 국가는 비정상국가 북한이다. 공산주의는 공산사회가 역사발전의 끝이라고 주장하지만(Marx 1859, p.9), 그 끝에 도달했다고 자부하는 북한이 전근대적 세습왕조체제로 퇴보했다는 점은 역사의 아이러니다.

일본을 대표하는 내재적 발전론자인 가지무라 히데키는 정치·군사적 외압의 크기로 한·중·일의 자본주의 발전을 설명하고 있다(가지무라 히데

---

57 그 자세한 과정은 다음을 참조. 와다 하루끼 1981~1982.

키 1981b). 내재적 발전의 왜곡이 외압에 의해 생겨났다는 것이다. 요컨대 내재적 발전론은 다른 조건이 일정하다는 ceteris paribus 반反사실적 가정 하에서만 성립하는 실험실용 이론일 뿐, 실제에 있어서는 외부적 요인에 의한 외재적 발전론이 작동하는 셈이다.

가지무라 히데키는 조선과 일본의 발전을 다음과 같은 도식으로 설명하고 있다.(가지무라 히데키 1981b, 37쪽)

〈그림 6〉과 〈그림 7〉에서 가로축은 절대시간의 진행을, 세로축은 정치·경제적인 종합적 발전 정도를, ①은 이미 존재하고 있는 자본주의 세계와의 접촉, 즉 개국의 시점을, ②는 그에 따른 정치변혁의 시점을, ③은 자본주의가 궤도에 오르는 시점을 각각 표시하고 있다. 각 그림에서 한가운데의 가로 파선은 정치변동·권력이행이 불가피하게 요구되는 선이며, 그 파선 상하의 굵은 화살표는 외압을 표시한다.

〈그림 6〉에서 A국은 장기에 걸친 완만한 발전 끝에 ①의 시점·단계에 도달하여 개국을 하고, 이후 발전은 점점 가속화되어 ②에 도달한다. 이 시점에서 외부로부터 정치·군사적인 압박을 받지만, 이를 견뎌내고 ③을 거쳐 가속적인 발전에 돌입한다. B국은 A국보다 내적 발전의 속도가 뒤떨어진 만큼 늦게 ①에 도달하여, A국과 같은 속도로 개국의 시간차만큼 늦게 ②에 도달한다. 이때의 외부적 압박은 A국의 경우보다 약간 증가하였지만, 이를 견뎌내고 ③을 거쳐 가속적인 발전에 돌입한다. E국의 경우 더욱 증대한 외부적 압력 때문에 ② 이후의 발전궤도는 저지된다.(가지무라 히데키 1981b, 38쪽)

〈그림 7〉에서 F국과 H국은 각각 일본과 조선의 경우인데 G국의 내적 발전은 F국이나 H국보다 늦지만 **빠른** 시점에서 개국했기에, F국보다는

빨리 ②를 경과해 본격적으로 발전의 궤도에 올랐다. F국과 동일한 내적 발전과정을 가진 H국은 훨씬 늦은 시점·단계에서 개국을 하는 바람에 점선에서 표시된 것처럼 ②에서 더 강력해진 외부적 압박에 직면해 좌절되고 만다.(가지무라 히데키 1981b, 38~39쪽)

가지무라 히데키의 도식은 외부로부터 이식된 근대화의 전과 후(대략적으로 ①의 전과 후)를 단절 없이 연속적으로 묘사하고 있다. 전통과 근대는 상호 양립 가능한지 몰라도 근대화는 발전 속도와 같은 물리적·양적 지표의 변동만으로 설명될 수 없는 화학적·질적 변화를 초래한다는 점이 그의 도식에는 제대로 부각되지 않고 있다. 동일한 내적 발전을 전개하던 조선과 일본이 단지 ①의 시점과 그에 따라 받게 되는 외압의 차이로 말미암아 향후의 발전의 성패가 갈렸다는 주장도 지나친 단순화의 오류를 범하고 있다. 한 사회에 가해지는 특정한 구조적 조건에 대해서 그 사회의 성원이 어떤 다양한 행위를 보이는가 하는 점이 간과되어 있기 때문이다.

서로 다른 정치·경제체제를 운용해온 조선과 일본이 동일한 내적 발전과정에 있었다고 보기도 어렵다. 그 발전은 ① 이후로 양국이 각기 다른 방식으로 충격적이고도 대대적으로 변모하게 되며, 조선과 일본이 받은 외압의 차이는 규모나 강도의 차이만으로 설명되기 어려운 이질적인 것이다. 내재적 발전론자라는 가지무라 히데키의 명성에 걸맞지 않게 저 도식에서는 특히 ① 이후로는 외압으로 향후 발전의 향방을 환원해 설명하는 외압 결정론에 빠지고 있다는 이론적 비일관성도 문제 삼을 수 있다.

가지무라 히데키의 도식에서 조선은 발전이 좌절되는 것으로 묘사되고 있다. 조선 왕조는 망했고 이어지는 식민지시기에 조선인들의 정치적 참여는 심각한 제한을 받았던 것이 사실이다. 그럼에도 종합적 발전은 지속,

아니 가속되었다. 그 견인차는 일본이었지만 제국주의체제 하에서 조선에 이식된 자본주의는 조선인 기업가들의 피와 땀으로 성장하였다. 가지무라 히데키의 도식은 조선 민족을 대상으로 해서는 적용될 수 없다는 한계를 갖는다. 달라진 세계정세에 적응하지 못하고 속절없이 무너져버린 조선 왕조와는 달리 식민지 근대화로 갱생한 조선 민족의 질긴 생명력은 일본 제국주의체제하에서도 무럭무럭 성장하고 있었다. 저 도식에는 이러한 성장과 그 저변의 민족적 인식이 반영되지 않았다.

가지무라 히데키의 도식으로 식민지시기의 조선을 적절히 다룰 수 없는 또 하나의 이유는 그 시기에 조선의 종합적 발전이 현실적으로 일본 제국주의체제로부터 분리·독립하여 이루어진 것이 아니라는 점이다. 도식에서 조선을 묘사하는 H국이 ② 이후에 겪게 되는 발전에 대한 묘사를 시정하려 해도, 그 시기에는 H국 자체가 소멸되어 없고 조선은 일본의 식민지가 되어버렸다는 난점이 있다. 그러므로 ② 이후의 발전은 엄밀히 말하자면 H국 조선이 아닌 식민지 조선, 아니 더 나아가 식민지 조선을 포함하는 일본의 제국주의체제에 귀속되어야 할 것이다.

5. 해방 이후의 한·일관계

1) 예속자본논쟁

노무현 전 대통령은 한국의 현대사를 두고 정의가 패배하고 기회주의가 득세한 역사라고 평한 바 있다. 그의 집권 당시에 개정된 일제 강점 하 반민족행위 진상규명 특별법이 주요 조사대상의 하나로 삼고 있는 사람으로 김성수·김연수 형제가 있다. 그들은 식민지시기의 대표적 기업인 경성방직주식회사의 설립자들로서 이광수로부터 훗날 만개할 한국자본주의의 척후로 손꼽힌 바 있다(이광수 1935).[58]

김용섭 교수는 제조업으로 자본전환을 이룬 조선인 지주·상인 가운데 일본 대자본과의 경쟁에서 살아남고 나아가 번창하기까지 한 사례로 거의 유일하다 할 수 있는 김성수·김연수 형제의 자본전환을 두고 근·현대 한국사에 있어서 지주계급의 주도로 전개된 반半봉건적 예속자본주의의 길을 모범적으로 대변하는 것이라고 평가한다(김용섭 1979). 가지무라 히데키는 정치적 입장에서 반제투쟁, 항일운동의 편에 설 수 있는 민족자본을 제외하고는 모두 예속자본으로 규정한다.(가지무라 히데키 1977)

정치와 경제라는 서로 다른 범주에 속하는 민족과 자본을 결합시킨 민족자본은 바로 그 이유 때문에 엄밀한 학문적 용어로 보기 어렵다. 가지무라 히데키도 "한국과 같은 완전한 식민지체제 하에서는 '민족자본'이 자유롭게 활동할 수 있는 영역은 거의 존재하기 어려웠던 것이 역사적 현실이었다"고 시인한다(가지무라 히데키 1977, 374쪽). 민족자본에 대한 그의 규정대로라면 총독부와의 긴밀한 연결이 필수적이었던 식민지시대의 기업활동을 감안할 때 김씨 형제는 말할 것도 없고 당시 규모 있는 조선인 자본은 모두 예속자본일 수밖에 없다.

가지무라 히데키는 김씨 형제의 경우 "1910년대에는 민족주의, 1920년대에는 민족개량주의, 1930년대 이후로는 예속적인 자세를 강하게 견

---

58 이광수는 김씨 형제를 두고 "뒤에 오는 대군(大軍)의 척후"라는 표현을 사용하였다. 언젠가 민족의 독립과 함께 대군처럼 큰 기세로 수많은 기업이 세워질 텐데, 김씨 형제의 경성방직이 그 척후병과 같다는 뜻이다.

지하였다"고 본다(가지무라 히데키 1977, 376쪽). 그러나 저러한 변모의 척도와 전후의 인과 관계를 밝히지는 못하고 있다. 심지어 그는 김씨 형제의 산업자본이 "예속적이면서 동시에 민족적이었다"고까지 말한다(가지무라 히데키 1977, 375쪽). 비과학적인 민족자본 개념이 지니는 모순과 난점들이 그와 짝을 이루는 예속자본 개념에도 그대로 전이되고 있는 것이다.

김씨 형제의 자본이 예속자본이라 불리는 주된 이유는 경성방직이 출생에서부터 성장까지 조선총독부와 일본인 기업에 크게 의존했다고 보기 때문이다. 에커트는 경성방직이 식산은행으로부터 차입금과 출자금을 제공받았으며, 일본의 무역상으로부터 원료 면사를 공급받고, 역시 일본의 방직회사로부터 설비를 도입하고 기술을 제공받았으며, 총독부로부터 보조금을 지급받았으며 그로 인해 총독부의 지배정책에 협조하였다고 주장하였다(Eckert 1991). 그런 이유에서 그는 경성방직을 일제가 낳고 기른 자식과 같다고 하여 제국의 후예라고 불렀다.

예속자본론자들과 에커트는 식민지시기의 유력한 기업으로서는 현실적으로 실천하기 매우 어려운 정치적 잣대인 민족의 독립운동을 위한 충실한 기여의 여부를 들이대 경성방직이 일제에 협력했고 의존했다는 평가를 내리고는 있지만, 식민지시기의 의의 및 이후 시기와의 관계에 대해서는 의견이 정반대로 갈린다. 예속자본론자들은 일제의 식민지 지배가 이후 한국의 경제성장과 근대화에 장애물에 불과했다고 본다. 예속자본은 친일파의 것이었기에 예속자본이 증대했다 해도 그것은 어디까지나 일본 제국주의 경제부문의 성장이었지 민족경제는 몰락했다는 것이다. 반면 에커트는 해방 후 한국의 경제성장은 그 틀이 식민지시기에 만들어졌으며, 김씨 형제와 같은 자본가 층이 현대 한국 자본가계급의 원류라고 평가한다. 요컨대 예속자본론자들은 식민지시기와 그 이후를 단절적으로 보는데 반해 에커트는 연속적으로 본다.

주익종은 김씨 형제와 경성방직에 대한 에커트의 평가를 다음과 같이 반박한다. 식산은행이 경성방직에 금융을 제공했지만, 거기에 한국인 기업을 지원하고 육성하려는 의도는 없었고 다른 업체와 차별이 있었던 것도 아니다. 총독부가 경성방직에 준 보조금도 조선인 기업으로서의 경성방직을 지원하기 위한 특별한 것이라기보다 후발공업화의 난관에 처한 신생기업들을 정책적으로 지원한 것으로 보아야 한다. 일본기업이 경성방직에 설비를 판매하고 기술을 제공하고 원료를 공급하기는 했지만, 그것은 경성방직의 성장을 지원한 것이 아니라 정상적 기업 활동을 한 것뿐이다. 요컨대 경성방직과 식산은행·일본기업간의 관계는 일반적인 거래관계, 곧 상호 이익을 주고받는 관계였는데 에커트는 이를 지원·의존관계로 오해한 것이다.(주익종 2008, 333~335쪽)

우리가 보기에는 경성방직이 예속자본이었는지의 문제보다는 예속자본론자와 에커트 사이의 입장 차이가 더 근본적인 문제를 던지고 있다. 한국의 경제성장에는 일본 및 미국과의 국제관계가 중요한 역할을 했는데, 경성방직의 경우처럼 일본의 제국주의체제 하에서 자본주의에 대한 뛰어난 적응능력을 배양한 것이 이후 미국이 주도하는 세계체제 하에서 한국이 자신의 능력을 만개하는데 큰 힘으로 작용했다고 볼 수 있다. 반면 식민지시기의 의미를 부정하는 예속자본론의 입장에서는 그 시기를 건너뛴 채 조선과 해방 후 사이의 경제성장의 인과 관계를 설명해야 하는 부담을 안게 된다.(주익종 2008, 337쪽)

에커트가 제시하는 제국의 후예론은 한국의 자본주의의 기원이 식민지

시기에 있다는 점을 보여주고는 있지만, 여타의 식민지들과는 달리 왜 조선만이 해방 이후 눈부신 경제성장을 이룩하였는지를 설명하기에는 부족하다. 그 역시 식민지시기에 조선인의 사회적 능력이 자본주의 학습자에서 (김씨 형제의 경우에서 보듯이) 진취적 자본주의자로 크게 향상되었다는 점에 충분히 주목하지 않고 있는 것이다. 제국의 후예보다는 청출어람이 한국에 더 걸맞은 호칭이라고 생각한다.

예속자본론의 연원은 마오쩌둥으로까지 소급되는데(모택동 1929; 1939),[59] 한국에서는 공산주의자들에 의해 식민지시기 조선의 자본가들을 비판하는 데서부터 대한민국의 정통성을 부정하는 데까지 널리 활용되고 있다. 1980년대에 한국에서 일었던 사회구성체논쟁이 그 대표적인 예인데 그 주된 논조는 일제에 저항하던 기층 민중이 세운 북한에 비해 식민지시기의 예속자본가들이 세운 남한은 태어나지 말았어야 할 나라이며, 자본의 예속대상이 일본에서 미국으로 바뀌었을 뿐 남한은 여전히 예속자본에 바탕을 둔 신식민지국가라는 것이다.

식민지시기의 의의를 평가절하 하는 공산주의자들이 예속자본의 연속성을 부각시키는 무리를 무릅쓰는 것은 현재의 한국을 식민지 조선의 연장선상에 놓기 위해서이다. 그로써 식민지시기의 항일 운동과 해방 후 자신들이 추구해온 반미 운동을 반제국주의 운동이라는 하나의 틀로 묶어 정당성의 우위를 확보한 다음, 한국을 반외세라는 구호 하에 미국과 일본으로부터 고립시킨 상태에서 공산혁명을 성취하겠다는 전략이다.

---

59 마오쩌둥은 예속 대신 매판이라는 용어를 사용했는데, 가지무라 히데키에 의하면 매판자본은 주체적인 자본의 타산에 기초하여 외래자본의 활동을 보조하고 그 중간이윤을 획득하는 데 반해, 예속자본은 처음부터 더 예속적이었다는 차이가 있다.(가지무라 히데키 1977, 375쪽)

그러나 공산주의자들이나 에커트의 주장과는 달리 일제하의 조선인 기업가가 해방 후 한국에서 산업화의 주역이나 대표기업가가 되지는 않았다. 인적 측면에서는 오히려 연속성이 아닌 단절이 더 사실에 가깝다. 이처럼 치우친 정치적 관점에서 식민지시기와 현대 한국사회를 들여다보자니 예속자본론과 같이 이데올로기로 오염된 담론이 역사에 개입하여 사실을 왜곡하게 되는 것이다.

한국 현대 자본주의의 성격이 예속적이라는 한국사회구성체론자들의 주장은 레닌의 제국주의론과 마오쩌둥의 예속자본론을 한국에 기계적으로 적용한 데서 오는 터무니없는 (의도적인) 오판이다. 미·중·소 열강의 대리전이 치러진 한반도에서 남과 북의 체제 경쟁은 냉전 구도와 맞물려 전 세계의 주목을 받았다. 미국이 전후 한국의 재건에 원조와 협력을 아끼지 않았던 것도 한반도를 동아시아 공산주의의 저지선으로 지켜내려는 전략 외에 자본주의 체제의 우월성을 전 세계에 각인시키는 상징적 효과를 성취하고자 함이었다.

한국은 이러한 우호적 조건들을 잘 활용하여 미국이 주도하는 전후 자본주의 세계체제에서 가장 주목할 만한 경제성장을 이룩해냈으며, 미국과의 안보동맹 및 한·미·일 협력체제를 구축하였다. 베버Max Weber식의 효과적인 관료주의로 근대화와 경제성장의 견인차 역할을 한 발전국가[60] 한국은 1970년대 후반부터 한국의 민주화 운동에 편승해 때늦은 맹위를 떨쳤던 저발전 이론인 종속이론에 대한 가장 강력한 반증사례이다.[61] 많

---

60 발전국가는 사회경제적 자원을 성장 및 발전으로 통합하여 특정분야에 달성목표를 설정하고 지원하는 국가를 의미한다. Amsden 1989; Woo 1991 참조.
61 당시 한국사회는 종속이론이 표방하는 주변부자본주의론과 주변부정체론(停滯論)이 이미 적용될 수 없는 단계로 진입해 있었다. 당시의 한국사회는 주변부도, 정체된 사회도 아니었

은 후발 국가들이 벤치마킹하고자 하는 이러한 눈부신 성공을 신식민지 예속자본의 팽창으로, 한국을 발전국가가 아닌 약탈국가[62]로 스스로 폄하하는 자학사관은 고대 백제와 일본의 동맹 체제를 식민지체제로 왜곡하는 것과 같은 오류를 반복하는 것이다.

현대사의 실제에 있어서는 자본주의 세계체제가 아닌 공산주의 세계체제가 자체의 모순을 견뎌내지 못하고 스스로 무너졌다. 독일의 통일과 동구 공산권의 붕괴, 소련연방의 해체 과정에서 전 세계인들은 공산주의체제가 그들이 선전해오던 바와는 달리 비효율적이고 억압적인 독재체제에 불과했음을 목격하게 되었다. 세계 공산주의 운동을 이끌던 소련은 자본주의 국가 러시아로 탈바꿈했고, 중국도 시장경제체제를 일정부분 받아들이고 나서야 공산주의 블록의 유일한 강대국으로 부상할 수 있었다. 소련 공산권의 해체 이후 한국에서의 사회구성체론은 요란했던 논쟁과는 달리 아무런 결론도 내지 못한 채 슬그머니 자취를 감추었다. 국제정세 변화와 한국사회성격에 대한 학술논쟁은 별 내적 관계가 없어 보이는데 둘 사이에 직접적 인과 관계가 발생했다는 사실은 저 논쟁이 학술적인 것이 아니라 정치적인 것이었음을 입증한다.

한국의 공산주의 운동은 중국의 대두에 편승해 과거 민주화 운동의 진원지였던 대학가를 중심으로 다시 고개를 들고 있다. 그 한 예로 2017년 여름방학 동안에만 연세대학에서 다음과 같은 세 종의 포스터를 확인할 수 있었다.

는데에도 종속이론이 열광적으로 수용된 아이러니에 대해 조희연은 "현실의 객관적 상태와 학계의 현실인식 사이에 일정한 거리가 있었음"을 시인한다. (조희연 1986, 88쪽)

62　약탈국가는 국민복지와 국민경제의 성장을 저해하는 약탈적 행위를 일삼는 국가를 의미한다. Evans 1995 참조.

〈그림 8, 9, 10〉 포스터

　　포스터에서 확인할 수 있는 것은 국내의 공산주의 운동이 여전히 고전
적 공산주의 이론과 역사에 대한 교조적 추종을 답습하고 있다는 점이다.
'맑시즘 2017' 포스터는 마르크스주의 경제학, 러시아 혁명 등 이론과 현
실에서 이미 그 시효를 다했거나 구시대의 유물이 된 실패한 패러다임들
을 현재와 미래의 이론적 잣대와 현실적으로 추구해야 할 목표로 재설정
하고 있다.[63] 그럼에도 불구하고 여성차별과 해방을 위한 투쟁을 첫머리

---

[63] '맑시즘 2017' 포스터의 온라인 버전은 왜곡된 러시아 혁명의 진실과 참된 의미를 살펴보
　　는 것을 "러시아혁명 100주년" 세션의 목표로 설정하고 있다.
　　(https://marxism.or.kr/page/topics) 저 세션의 발표자인 김영익을 위시한 노동자 연
　　대의 기고자들은 러시아 혁명이 스탈린에 의해 변질되었으며, 북한은 그 변질된 체제를
　　이식해 세워진 국가라고 주장한다. 그들은 현존하는 모든 공산국가를 비판하면서 마르크
　　스-레닌주의로 돌아갈 것을 촉구한다(김영익 2017). (노동자 연대의 기고자들에 앞서
　　스위지(Paul Sweezy)도 소련과 동유럽 국가들의 붕괴에 대해 같은 진단을 내린 바 있다
　　(Sweezy 1990, p.292). 심지어 소련 체제가 자본주의였다거나(최일봉 2017) 기존의 사
　　회주의가 자유주의와 대립하는 이데올로기가 아니라 자유주의의 아류에 불과했다는 궤
　　변도 있는데(Wallerstein 1995), 이는 현실에서 실패한 공산주의를 도래할 미래시제로

로 삼아 대학과 사회에서 세력을 확장한 여성이라는 새로운 계층을 파고 드는 포퓰리즘 전략을 선택하고 있다.

고전 맑시즘을 중심으로 한국사, 한국정치, 노동운동 등의 광범위한 주제를 망라하고 있는 '맑시즘 2017' 포스터에 반해, '변혁을 설계하라' 포스터는 이론과 역사에 대한 고려 없이 현 정세와 한국의 상황을 대중 저항운동의 관점에서 살펴보는 선택과 집중의 전략을 보여주고 있다. "시진핑 시대의 중국과 중국공산당"과 "이화여대 교육투쟁을 통해 본 학생운동의 전망" 등과 같은 주제가 그 대표적인 예이다.

'청년·학생을 위한 마르크스주의 토론 광장' 포스터 역시 현 정세와 한국의 상황을 마르크스주의의 관점에서 살피고 있는데, 유시민의 베스트셀러 『국가란 무엇인가』를 다루는 세션의 부제가 "세월호 참사와 마르크스주의 국가론에 비춰보기"인 점이 이를 입증한다. 이 포스터와 '맑시즘 2017' 포스터는 2017년으로 30주년을 맞는 "1987년 6월 항쟁과 7~8월 대파업"을 공동의 주제로 올려놓았는데, 저러한 항쟁과 대파업을 재점화하기 위해서라고 여겨진다.

세 포스터가 홍보하고 있는 모임들은 공산주의를 학술적으로 소개하거나 토론하려는 것이 아니라, 청년·학생들을 의식화시켜 한국의 국가 사

재상정하는데 사용되곤 한다.)

그러나 역사상 등장했던 모든 공산주의 국가들이 하나같이 변질되었다면, 이는 그저 우연이 아니라 그들이 추종했던 마르크스-레닌주의 자체의 문제로 보아야 한다. 즉 저 이데올로기와 변질은 인과 관계를 형성하고 있는 것이다. 마르크스-레닌주의가 현실 역사에서는 스탈린주의로 귀결된다면, 마르크스-레닌주의로 복귀하자는 주장은 결국 스탈린주의라는 변질의 전철을 다시 밟자는 말처럼 들린다. 마르크스-레닌주의는 완벽히 참패했으며 동일한 행동을 반복하면서 상이한 결과를 기대하는 것은 미친 짓이라는 파이프스(Richard Pipes)의 경고는 경청할 만하다. 그는 공산주의의 소생을 역사를 거스르는 일이라고 본다(Pipes 2001, pp.ix · 160).

회체제를 무너뜨리려는 분명한 당파성을 지니고 있다. '청년·학생을 위한 마르크스주의 토론 광장' 포스터의 온라인 버전에서 우리는 다음과 같은 편향된 한국현대사관을 마주한다.

> 보수 우익들은 1945년 해방 이후 8년사를 자유민주주의와 시장 질서에 기초한 대한민국 수립, 그리고 남침으로부터 조국을 지켜낸 성공 스토리로 포장합니다. 그러나 보수 우익의 주장과 달리, 1945년 8월 해방으로 새 세상을 꿈꾼 한반도 민중은 분단과 전쟁이라는 참혹한 비극을 경험해야 했습니다. 왜 이런 일이 벌어졌을까요?[64]

보수 우익들이 들려주고 있다는 대한민국의 성공 스토리는 포장된 것이 아니라 사실이다. 자유민주주의와 시장 질서에 기초한 대한민국 수립, 그리고 남침으로부터 조국을 지켜낸 스토리는 보수 우익들만이 아니라 한국의 소중한 자산이기도 하다. 소련의 기밀문서들이 해제되면서 분단과 전쟁의 원인이 소련과 북한에 있음이 밝혀졌다. 그러나 아마 저 인용문 말미의 질문에 대해 한국의 공산주의자들은 아직도 그것이 보수 우익들 혹은 미국 때문이었다고 청년·학생들에게 호도하려는 것 같다.

사실 저 인용문은 다음과 같이 고쳐서 북한 민중들에게 돌려주어야 마땅하다.

> 공산주의자들은 1945년 해방 이후 8년사를 인민민주주의와 공산주의 질

---

64 이는 "한국 현대사 1" 세션의 요약문이다.(https://marxism.or.kr/page/topics)

서에 기초한 조선민주주의인민공화국 수립, 그리고 북침으로부터 조국을 지켜낸 성공 스토리로 포장합니다. 그러나 공산주의자들의 주장과 달리, 1945년 8월 해방으로 새 세상을 꿈꾼 한반도 민중은 분단과 전쟁이라는 참혹한 비극을 경험해야 했습니다. 왜 이런 일이 벌어졌을까요?

실제로 북한은 1945년 해방 이후 8년사를 인민민주주의와 공산주의 질서에 기초한 조선민주주의인민공화국 수립, 그리고 북침으로부터 조국을 지켜낸 성공 스토리로 포장 아니 날조하고 있다. 그러나 이는 북한과 한국의 공산주의자들에게만 통용되는 그들만의 스토리일 뿐이다. 심지어 중국을 포함한 공산권 국가들도 더 이상 북침설을 인정하지 않고 있다.

2017년 한국의 정권교체와 함께 세력을 결집하고 있는 국내의 공산주의자들은 역사 속으로 사라진 소련 대신 미국의 대항마로 급부상하고 있는 중국으로 추종의 대상을 교체했다. 권력을 견제할 장치를 갖고 있지 않은 공산주의 체제의 특성을 이용해 기득권을 중국에 의탁해 영속시키려는 한국 기득권층도 이에 야합하고 있다.[65] 그들은 중국이 세계에서 유일

---

65 넓은 독자층을 거느리고 있는 진보, 중도, 보수의 오피니언 리더들이 펼치는 다음의 대화에서 우리는 한국의 지식인들이 중국에 경도되고 있음을 확인할 수 있다.

박노자 : 중국 중심의 동아시아적인 지역공동체를 만드는 것이 미국의 침략을 방지할 수 있는 훌륭한 방법이 아닐까 합니다. 경제체제와 문화 코드를 단일화하고, 공동의 역사를 이해하고 지역적인 안보 장치를 마련하는 것이 구체적인 방안이겠지요.
천정환 : 우리나 북한 같은 나라는 관심을 가질 방안이겠지만, 중국도 그럴까요?
허동현 : 유럽연합이 등장하여 유럽을 블록화하고 그러는 것을 보면 지역을 묶는 게 꼭 자본의 논리만은 아닌 거 같아요. 공동의 문화, 지켜야 할 가치가 같다는 거거든요.(허동현·박노자 2003, 293쪽)

한국에서 중국에 경도되어 있는 대표적인 문화권력의 하나로『창작과 비평』을 꼽을 수 있다.『창비 주간논평』에 게재된 다음의 글은 중국의 입장을 그대로 대변하고 있다.
"사드는 미국의 동아시아 군사전략과 관련된 문제로, 남북관계의 악화와 북한 핵능력의

하게 현재까지 신장 위구르, 티벳 등의 식민지를 거느리고 있으며,[66] 저 식민지 민중들의 독립운동을 가혹하게 탄압해온 반민주적 제국주의 국가라는 사실은 외면한다.[67] 동아시아에서의 공산주의 운동이 반식민지 투쟁을 근간으로 해왔음을 감안할 때, 공산주의 운동의 표적은 중국이어야 마땅함에도 거꾸로 중국의 노선을 추종하고 있는 것이다.[68] 이는 과거에 그랬듯이 현재의 공산주의 운동도 철저히 정치적인 것임을 보여주고 있다.

강화가 동북아로 사드를 끌어들인 셈이다. 이러한 근본적 문제에 대한 해결이 없으면 사드가 아니더라도 다른 갈등요인이 반복해서 출현할 수밖에 없다. 이는 한중 양국 모두에 매우 해가 되는 사태이다. (…중략…) 왕이(王毅) 외교부장은 작년에 한반도 비핵화와 평화체제 수립의 병행추진을 제안한 바 있다. 최근에는 북한의 핵미사일 동결과 한미의 대규모 연합군사훈련 중단을 통해, 위기로 치닫는 한반도 상황에 제동을 걸고 비핵화와 평화체제 병행추진을 위한 대화 분위기를 조성하자고 제안했다."(이남주 2017)

중국은 북한의 핵동결과 한미의 연합군사훈련을 '쌍중단'이라는 신조어로 표현하고 있는데, 미국과 북한의 하노이 회담이 결렬된 책임을 미국에 일방적으로 전가하고 있는 「미국의 '배반'과 한반도의 미래」라는 『창비 주간논평』의 다음 글도 '쌍중단'을 현 정세를 읽는 키워드로 사용하고 있다. 이혜정 2019.

66 신장 위구르 지역의 수용소에 수감된 위구르 여성들에 대한 조직적인 강간, 집단 성폭행, 고문, 강제 피임을 폭로한 영국 BBC 방송의 2021년 2월 3일자 보도는 위구르인들에 대한 중국의 태도를 보여준다. 그들이 중국인이 아니라 식민지 피지배민족에 불과하다는 차별 의식이 없고서는 저런 만행을 거리낌 없이 해올 수는 없는 것이다.
    https://www.bbc.com/news/world-asia-china-55794071

67 제국주의를 자본주의의 최고 단계라고 보는 레닌을 위시한 공산주의자들의 주장은 역사적 사실과 부합하지 않는다. 로마, 몽고 제국 등은 자본주의와 무관한 제국주의 국가들이었으며, 코민테른과 같이 공산주의가 지향한 국제주의도 제국주의이기는 마찬가지이다. 공산주의자들은 한편으로는 자신들의 목적을 위해 인류의 역사와 불가분리의 관계에 있는 제국주의를 자본주의의 독점물인양 자의적으로 왜곡하면서, 다른 한편으로는 은밀히 제국주의를 추구하는 소위 내로남불(내가 하면 로맨스, 남이 하면 불륜)의 이중 잣대를 사용하는 오류를 범하고 있는 것이다.

68 한국 공산주의자들의 친중·반미 경향은 '맑시즘 2017' 포스터의 온라인 버전에 잘 나타나 있다. "중국과 세계경제 위기" 세션이 급속한 성장으로 세계경제 성장을 이끌어 온(?) 중국 경제의 최근 상황을 다루고 있는 데 반해, "트럼프의 세계 패권 전략과 동아시아·한반도" 세션은 제국주의론의 관점에서 반미의 깃발을 높이고 있다. 중국이 세계적 대세이고 미국의 헤게모니는 상대적으로 약화되고 있다는 것이다.
    (https://marxism.or.kr/page/topics) 그들의 정세관은 다음의 책에 결집되어 있다. 김영익·김하영 2017.

2) 한·일관계와 동북아 정세

해방 후 일제가 물러간 자리를 전승국인 미국과 소련이 빠르게 대체하면서, 우려했던 대로 한반도에는 이데올로기로 양분된 분단체제가 성립되었다. 한국과 북한은 반일감정과 일제청산에서만 일치를 보았을 뿐, 이미 서로 화해가 어려운 양극화의 길로 내달았다. 그럴수록 통일의 염원도 커졌는데 북진통일의 구호에만 그친 한국의 이승만과 달리, 북한의 김일성은 일찌감치 무력적화통일의 준비를 차곡차곡 진행시켜 소련의 스탈린으로부터 남침의 최종 허락을 받았다.

한국전쟁 중에도 일본에 대한 한국의 적대감은 수그러들지 않았다. 미국의 전진기지로 사용되고 있는 일본에 대해, 이승만은 일본의 전쟁지원에 응하느니 차라리 북한 공산주의자들에게 패배를 인정하겠다고 목소리를 높였다(Cha 1999, pp.10~11). 초기의 전세戰勢에 책임이 있고 전쟁을 수행중인 한국의 대통령이자 군통수권자로서 무책임하기 짝이 없는 태도인데, 일본에 대한 저러한 비이성적 적개심은 향후 한·일관계에 큰 장애물이 되곤 했다.

휴전 이후에도 한국과 일본은 북한, 중국, 소련이라는 공산주의 세력에 공동으로 맞서야 하는 동북아 정세에 놓이게 되었다. 일본은 북한과 대처하고 있는 한국이 자국의 안보를 위해서 필요하다는 것을 알고 있고, 한국도 일본이 미국의 동북아 해양 거점으로서 이 지역의 세력 균형에 필요하다는 것을 알고 있다. 그럼에도 한국과 일본은 안보동맹을 맺지 않았다. 한국과 일본은 한·미·일 협력체제 하에서만 하나로 엮일 뿐이다.

동일한 적을 앞에 두고, 동일한 경제 체제를 운용하고, 동일한 국가 이념을 지니고 있고, 지리적으로도 가장 가까운 나라라는 점을 감안할 때 한

·일관계는 국제관계론의 주류 패러다임인 현실주의와도 어긋난다. 현실주의 이론에 따르면, 비록 양국이 서로 갈등하는 상황에서 상호 관계를 시작했을지라도, 적이나 우방과 이해관계를 공유한다면 그들 사이에는 지속적인 관계개선이 일어나야 하기 때문이다(Walt 1987). 그러나 현실에서 양국 관계는 다음에서 보듯이 이론적 예측과는 큰 차이가 있다.

다음의 그림은 1999년에 출간된 빅터 차Victor Cha의 저서에서 전재한 것인데(Cha 1999, p.18), 그 이후 이론과 현실의 격차는 현 정부에 와서 오히려 더 심화되었다. 식민지시기의 역사적 앙금이 큰 이유이겠지만 그것만으로는 다 설명할 수 없는 실리적 계산이 작동하고 있다.

한일 관계에서 현실주의 '이론'과 '현실' 사이의 간극

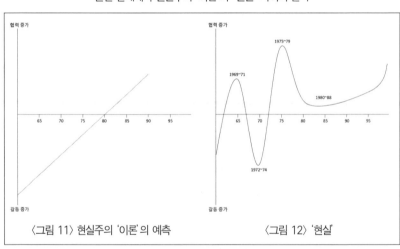

⟨그림 11⟩ 현실주의 '이론'의 예측   ⟨그림 12⟩ '현실'

일본은 통일신라와 발해의 대립을 지렛대 삼아 고대 동북아 판세를 주도했던 당나라의 전략을 본떠, 한반도의 분단과 대립을 적절히 활용하여 남과 북으로부터 실익을 챙기는 기회주의를 유지하고 있다. 과거 한국의

군사독재는 일본이 한국을 비난하고 어를 수 있는 호재여서 그 정당성을 적절히 문제 삼아 국내외의 여론을 등에 업을 수 있었다. 즉 안보와 경제적인 이유를 들어 한국의 독재 정권을 지지해야 한다는 여론을, 자유민주주의의 대의를 들어 그것에 반대해야 한다는 여론을 띄우는 여론몰이가 가능했다. 한국의 군사정권은 북한의 위협에 대처하기 위해서는 자유민주주의의 제한이 불가피하다는 점을 일본이 용인해주기를 바랬는데, 일본은 이를 약점 잡아 한·일관계에서 저 두 장의 카드를 그때그때 활용하며 주도권을 쥐려 했다.

반면 한국은 일본의 과거사와 그에 대한 한국인들의 반일감정을 폭넓게 활용하는 전략을 택하였다.[69] 한국은 일본의 식민지배에 대한 반성, 식민지시기에 대한 일본 역사교과서의 왜곡된 묘사의 시정, 그 시기에 대한 일본 관리들의 무책임한 망언에 대한 사과, 그 밖에 위안부 문제와 같이 한국인의 민족주의와 민족감정을 일으키는 많은 쟁점들의 해명을 거의 매년 요구해왔다. 빅터 차는 한국이 일본으로부터 양보를 얻어내기 위한 협상의 지렛대로 과거사를 사용했다고 본다(Cha 1999, p.14).

한국과 일본의 저러한 전략은 상호 불신감을 증폭시키는 (역)효과를 내고 있다. 일본의 기회주의적 태도에 한국인들은 이익을 위해서라면 신의도 헌신짝처럼 저버리고 상대를 이용하는 경제동물이라고 고개를 가로젓고, 과거사에 대한 한국의 끝 모르는 추궁에 일본인들은 도를 넘은 피해자 코스프레가 지긋지긋하다고 넌더리를 낸다. 그것이 효과인지 혹은 역효

---

69 갤브레이스(John Kenneth Galbraith)에 의하면 식민지에서 독립한 국가가 국면 전환용으로 즐겨 사용하는 알리바이가 바로 식민지시기의 아픈 체험을 환기시키는 것이다.(Galbraith 1977, p.112)

과인지를 분간하기 어려운 것은 양국이 상대에 대한 자국민들의 반감을 국내 정치의 반전에 적절히 활용해왔기 때문이다. 양국의 의중과 전략이 서로 간에 완전히 노출된 상태인데도 불구하고, 각국의 국민들은 자국이 필요할 때마다 번번이 조건반사적으로 반감을 호출하는 것이다.

감정으로 굴절된 민족주의의 온상 역할을 해온 한·일관계는 장기적으로 동북아의 장래에 바람직하지 않음에도 새로운 전기를 찾지 못하고 있다. 한·일관계가 교착 상태에 빠진 사이에 중국은 대국굴기大國崛起를 내세우며 동아시아 전역으로 팽창욕을 키워왔다. 북한의 붕괴에 대비해 동북공정이란 역사왜곡으로 한반도를 중화질서에 재 편입시킬 근거를 날조해 놓은 상태이며, 일본에 대해서도 해상 영유권을 두고 분쟁의 수위를 높이고 있다. 중국에게는 한국에서 남남갈등을 부추기고 한·일관계를 이간질시켜 한·미·일 협력체제를 붕괴시키는 것이 동북아 패권 장악의 로드맵이다.

2차 세계대전 이후의 새로운 해양세력인 미국은 한국과 일본을 끌어들여 동북아의 세력균형을 자신에게 유리하게 이끌어왔다. 태평양국가임을 자처하는 미국은 태평양국가로서의 연고권을 한·미·일 협력체제에 두고 그 체제의 존립 이유로 북한의 위협을 강조해왔다. 동북아를 통제하기 위해서는 한반도를 통제해야 하는데, 북한의 위협은 주한미군의 주둔을 정당화해주는 호재였다. 같은 이유를 들어 일본 역시 군사력을 증강해왔지만 미국의 경우 북한과의 대치보다는 그 후견국인 중국을 겨냥하고 있다.

북한과 달리 중국은 미국의 공식적인 적대국은 아니다. 미국이 보기에 중국은 경제적으로는 자신이 주도하는 세계자본주의체제로 끌어들여 포용·협력해야 할 교역대상이자 군사적으로는 봉쇄·견제해야 할 잠재적 적국이다. 중국에 대한 미국의 이러한 이중적 태도는 봉쇄의 'containment'와 포용의 'engagement'를 합성한 봉쇄적 포용congagement 정책으로 요약된다.

그러나 더 이상 북한과 중국은 미국의 바람대로 움직여주지 않고 있다. 미국의 핵 확산 금지정책에도 불구하고 북한은 미국 본토를 공격할 수 있는 핵무기를 개발했다고 주장하고 있으며, 급속히 몸을 불리고 있는 중국의 덩치는 미국이 봉쇄하거나 포용하기에는 너무 커졌다. 한미관계도 예전과 달라 미국은 한국에 방위비 분담을 요구하고 있고, 한국은 미국의 사드 배치 문제로 남남갈등을 겪고 있다.

일본은 자국을 대신해 동북아의 세력균형추가 되길 바라는 미국의 바람과 현실로 다가오는 중국의 군사적 위협에 편승해 국방력을 강화해 나가고 있지만, 그것이 역으로 한국을 위협할 가능성이 있다. 이러한 가능성은 동북아에서 미국의 영향력이 사라지거나 현저히 약화될 경우 현실화될 공산이 크다. 자신이 갖고 있는 잠재적 능력에 비해 여건과 재원이 부족한 일본은 미국의 견제가 없다면 과거에 그랬던 것처럼 필연적으로 중국과 한반도로 뻗어나가려 할 것이다. 미국이 삼각체제에 한국을 편입시킨 까닭도 인접한 한국을 통해 일본이 제국주의 국가로 부활할 여지를 견제하기 위함이다. 한국도 일본이 이처럼 동북아의 패권국가로 재부상하는 것을 원치 않기 때문이다. 먼 나라와는 친선을 맺고 가까운 나라는 공략한다는 원교근공遠交近攻의 원리는 한·미·일의 삼각관계에도 그대로 적용될 수 있다. 일본과는 견제에 바탕을 둔 호혜적 관계를 유지해야 한다.

21세기의 동북아는 북핵 문제의 대두와 맞물려 한편으로는 냉전구도로 회귀하고 있지만, 다른 한편으로는 전통적 구도가 탈구되는 조짐이 역력하다. 한 마디로 모든 것이 너무도 불확실하여 바로 다음 순서의 예측조차 불가능한 형세로 접어들고 있는 것이다. 공식적으로는 미국이 한국의 동맹국이지만 미국은 동북아에 존재하는 국가가 아니다. 전 세계를 선도하는 해양세력으로서 그 힘이 동북아에까지 미치고 있을 뿐이다. 지리적으로 미국은 한국의 동맹국으로서는 너무 먼 곳에 있다.[70]

한국에 가장 가까운 나라는 일본이다. 한·미·일 협력체제의 일환이라는 점에서도 한국과 일본은 긴밀히 엮여 있는 것처럼 보인다. 그러나 그렇게 보일 뿐이지 한·일 양국은 아직도 서로를 신뢰하지 못하고 있다. 한·미·일 협력체제의 1/3이 신뢰의 사각지대에 놓여 있다는 사실은 저 협력체제의 효율성과 실효성을 떨어뜨리기에 충분하다. 먼 곳에서 온 해양세력인 미국을 제외하면 가까이에서 한국이 의지할 만한 실력 있는 자유민주주의 국가는 일본뿐인데, 그 일본과의 껄끄러운 관계가 한국에 결코 바람직하지 못하다는 것은 자명한 사실이다.

미국의 주도 하에서만 작동하는 한·미·일 협력체제이지만 한·일 간의 갈등은 미국의 개입 정도와 반비례하는 양상을 띠고 있다. 즉 미국의 안보보장 의지가 취약할 때 한·일 양국은 안보불안을 공유하게 되어 상호간의 분쟁을 줄이고 협력을 확대했고, 양국이 미국에 의해 방기된다는 느낌의 정도가 비대칭적일 경우 한·일관계는 상호갈등이라는 정상상태로 회귀해왔다(Cha 1999, p.3). 이는 한·일관계가 대미관계의 종속변수는 아닐지라도 최소한 독립변수는 아님을 시사한다.

한·미·일 협력체제가 작동하지 않는 상황에서 한국에 어떠한 위협이

---

[70] 사실은 이 점이 우리가 인접한 러시아나 중국이 아닌 미국을 활용해야 하는 근거가 되기도 한다. 미국은 패권국가이기는 하지만 저 나라들처럼 영토 확장을 추구하는 스타일은 아닌데다 우리와는 멀리 떨어져 있기 때문이다. 미국과 국경을 맞대고 있는 멕시코의 경우라면 사정은 달라질 것이다.

닥칠 때 일본의 도움을 받을 수 없거나 혹은 일본이 그 위협에 편승할 가능성이 있다는 사실은 한국에 상당한 부담이 된다. 가능한 모든 위협의 시나리오에 대비를 해야 하는 한국의 상황에서 한국과 일본의 관계개선은 특히 한국에게는 매우 절박한 문제가 아닐 수 없다. 우리 앞에 펼쳐질 불확실한 동북아의 판도에서도 한국과 일본이 지리적으로 가장 가까이에 놓여 있다는 사실은 불변의 상수常數이다. 그런데 이 상수가 잠재적인 위협 요소라면 한국에게는 더 없이 큰 악재인 것이다.[71]

일본은 그 어느 면으로 보아도 동북아의 판세를 좌우할 역량과 포텐셜을 갖춘 강소국이다. 우리에게는 불편한 사실이지만 일본은 지난 세기에 동아시아의 상당 부분을 실지배한 경험도 있다. 한국과 일본이라는 동북아 권역 내의 두 강소국이 힘을 합친다면 어떠한 도전에 대해서도 그에 맞서 안정되게 동북아의 세력균형을 맞춰나갈 수 있다. 북한과의 대화나 중국과의 교린이 한계에 봉착한 현실에서 일본과의 협력은 마음만 고쳐먹는다면 바로 서로에게 큰 이익이 될 수 있다. 강력한 도움의 원천이 지척 지간에 있는데 이를 경원시하고 실익도 없는 엉뚱한 곳에 가서 우방의 오해를 감수해가며 헛품을 팔 필요가 없는 것이다.

중국과 러시아라는 두 장의 안보협력 카드를 적절히 선택해가며 자신의 몸값을 높여온 북한과는 달리, 한국은 현재로서는 안보에 관한 한 오직 미국으로부터의 협력만을 기대할 수 있는 상황이다.[72] 중국과 러시아와 달

---

71 1953년 8월, 아시아에서 반공을 위한 연합전선의 수립을 강조하는 덜레스(John Dulles) 미 국무장관에게 이승만 대통령은 "한국인들은 소련보다 일본에게 더 큰 불안감을 느낀 다"고 답변했다.(Lee and Sato 1982, p.26)
72 이는 어제 오늘의 문제만이 아니다. 1953년 8월 초 이승만은 덜레스 미 국무장관에게 "미국은 한국이 도움을 요청할 수 있는 유일한 국가"임을 피력한 바 있다. "Memorandum of Conversation by the Director of Northeast Asian Affairs (Young), August 5-6, 1953",

리 미국은 동북아 국가가 아닌데다 장기적으로는 일본이 동북아 세력균형의 지렛대 역할을 해주기를 바란다는 점에서 한국으로서는 일본이라는 대안의 카드 혹은 보험이 필요하다. 그랬을 때 미국과의 안보협력관계에도 좀 더 여유 있는 태도로 임할 수 있을 것이다.[73]

스나이더Glenn Snyder가 발전시킨 방기放棄: abandonment와 연루連累: entrapment 개념을 중심으로 한 제휴이론의 시각에서 한·일관계를 살펴보자. 그에 의하면 제휴는 둘 혹은 그 이상의 국가들이 다른 특정 국가와 분쟁이나 전쟁에 휩싸였을 때 그들이 서로 지원할 것이라는 일련의 상호 기대를 뜻한다(Snyder 1991, p.105). 동맹도 제휴라는 보다 광범위한 현상의 일부이다. 동맹이라는 의무감은 부여되어 있지 않은 상태이지만 불확실하나마 한국과 일본 간에는 상황에 따라 저러한 기대를 바랄 여지는 있는 상황이다. 불확실성을 줄여 기대를 높일 환경을 만들어가는 것이 양국이 도모해야 할 목표이다.

동맹이건 제휴이건 핵심은 관련국 사이의 상호지지에 대해 느끼는 기대감과 불안감인데, 이를 포착하기 위해 개발된 개념이 방기와 연루이다. 스나이더에 의하면 방기는 동맹국이 동맹을 이탈하거나 동맹 의무를 수행하지 않을지도 모른다는 불안을 뜻한다. 연루는 동맹국이 겪는 갈등에 자국自國과는 이해관계가 없거나 부분적으로만 있는데도 끌려들어가는 것을 뜻한다.(Snyder 1984, p.467)

Foreign Relations of the United States 1952-1954(Korea) vol.15, part 2, Washington : Government Printing Office, 1984, pp.1471·1484, 차상철 2004, 349쪽에서 재인용.

73 미국은 한국이 전적으로 단일 동맹국에게만 계속 의존하는 것이 바람직하지 않다고 보아 1965년의 한·일 국교정상화를 적극 추진한 바 있다. 1964년 8월 미국의 존슨(Lyndon Johnson) 대통령이 주한 미국대사 브라운(Winthrop Brown)을 통해 박정희 대통령에게 전달한 메시지가 그 증거인데 이를 다음의 책에서 찾을 수 있다. Cha 1999, p.31.

비록 동맹국은 아니지만 스나이더가 제시하는 개념들을 적용해볼 때, 한국과 일본은 방기나 연루의 불안감 때문에 제휴를 그르칠 수 있음을 알 수 있다. 예를 들어 한국이 북한에 대해 강경한 봉쇄정책을 시행한다면, 이로 인해 한국은 일본에 대해 방기되는 것이 아닐까하는 불안감의 증폭에 사로잡힌다. 봉쇄정책을 취할 경우 북한을 억제함에 있어 일본의 지원 필요성을 느끼는 정도가 높아지기 때문이다. 일본은 한국과 동일한 위협 인식을 느끼지 않는다면, 연루의 불안 때문에 한국의 정책에 말려 들어가기를 회피하려 할 것이다(Cha 1999, p.39). 역으로 일본이 연루의 위험을 감수하고 북한에 대해 유화정책을 시행한다면, 이는 한국에 극심한 방기의 불안을 야기할 수 있다. 이러한 가능성은 특히 한국이 북한에 대해 느끼는 위협인식이 높을 경우 더욱 높아진다.(Cha 1999, p.39)

　위에서 살펴본 예에서 방기와 연루는 한·일 간에 하나의 짝을 이루어 한쪽에서 방기의 느낌이 증폭될 때 다른 쪽에서는 연루의 느낌이 증폭되며, 한쪽에서 연루의 느낌이 증폭될 때 다른 쪽에서는 방기의 느낌이 증폭된다. 반면 개별 국가에서 방기와 연루는 반비례적이어서 하나의 불안이 증폭할 때 다른 불안은 낮아진다. 그리고 방기와 연루의 불안은 북한의 위협과 관련해서 상대적인 관점에서 평가된다. 즉 한국은 일본에 대해 방기의 불안을, 일본은 연루의 불안을 느낀다.(Cha 1999, pp.40·50)

　한국에 대한 북한의 안보위협을 일본이 심각하게 인식하지 않거나, 일본이 북한 정권을 인정하는 듯한 행동을 취하거나, 한·일 간의 안보 연계에 동의하지 않거나, 오키나와 미군기지에 관한 미·일 간의 합의사항에 모호한 태도를 보일 때 한국은 방기의 불안을 느낀다. 반면 일본은 한국의 안보가 일본의 방어에 필수불가결함을 인정하기를 꺼려한다. 한국이 이를 빌미

로 대가를 요구할 수 있다고 보기 때문이다. 일본은 동북아에서 힘의 균형
추가 기울어져 전쟁이 일어나는 것을 원하지 않을뿐더러, 정경분리의 원칙
하에 공산국가와도 교역을 추구한다. 북한과도 등거리 정책을 마다할 이유
가 없는 것이다. 이러한 비대칭성으로 말미암아 한·일 간에는 갈등이 생
겨나는 것이다.(Cha 1999, pp.46·51·54)

　방기와 연루는 한·일 간의 제휴 관계뿐 아니라 한미동맹에도 적용될
수 있다. 그런데 한·미 간에는 국력의 차이가 현저하기 때문에, 한·일 간
의 관계와는 다른 양상의 문제가 발생한다. 즉 미국에 비해 한국이 훨씬
더 큰 방기의 불안감을 갖게 된다. 이는 미국에 대한 한국의 의존도가 한
국에 대한 미국의 의존도를 압도하기 때문인데다, 한국으로서는 다른 대
안을 갖고 있지도 못하다는 데서 연유한다. 북한이 추구하는 통미봉남通美
封南은 한미동맹의 이러한 불균형을 공략하여 한국을 극도의 불안감에 빠
뜨리려는 전략이다.

　미국이 북한의 통미봉남 정책을 받아들일 수 없는 이유는 북한의 의도
대로 움직였을 때 한국이 제 살길을 찾아 미국의 최대 경쟁 상대인 중국
쪽으로 기울어질 가능성 때문이다. 해양세력인 미국에게는 동북아 대륙
의 관문이자 주한미군이 상주해 있는 전략적 요충지인 한국이라는 동맹
국을 잃게 되어서라기보다는, 경쟁국인 중국의 힘을 최소화하려는 미국
의 의지가 손상되기 때문에 방기의 불안을 느끼게 된다.

　한미동맹관계를 전제로 한국이 일본을 자국의 안보를 보장해주는 대안
으로 삼을 수 있다면, 한국은 동맹과 관련된 방기/연루의 불안으로부터
자유로울 수 있을 것이다. 이 점에서도 한·일 간의 안보협력은 매우 필요
하다. 우리는 고대에도 신라, 가야, 백제가 일본에 대해 문화전파의 대가

로 군사적 협력 체제를 구축해 자국의 안보를 도모했다는 사실을 기억해야 한다. 당시의 각국은 시기와 정세마다 하나 이상의 동맹국을 두고 있었는데, 이러한 지혜로운 대비책은 현재 한국에 더욱 절실한 상황이다.

3) 한·일 협력체제의 역사철학

현재 동북아는 해양의 미국과 대륙의 중국이 대립하는 형세를 골자로, 한국·미국·일본의 삼각체제와 북한·중국·러시아의 반미체제가 신냉전구도를 형성하고 있다. 이데올로기를 중심으로 묶였던 과거의 냉전구도와 양상은 다르지만, 신냉전구도를 형성하는 두 체제도 저마다의 특징을 공유하고 있다. 북한·중국·러시아의 반미체제는 모두 독재자를 중심으로 하는 전체주의 국가들로 구성되어 있다. 이들은 각기 다른 영토욕을 갖고 있는데 적화통일을 목표로 하는 북한은 한국을, 남진정책을 추구해 온 러시아는 한반도의 부동항을, 아시아의 맹주를 자처하는 중국은 한반도 전체를 탐내고 있다.

한국·미국·일본의 삼각체제는 자유민주주의와 시장 질서를 신봉하는 국가들로 구성되어 있다. 이들은 침략을 동반하는 국소적 영토욕보다는 미국을 중심으로 하는 세계화의 구도를 인정한다. 그 구도 내에서 강소국으로 성장한 한국과 일본은 저마다 아시아의 허브herb가 되기를 욕망한다. 즉 한·일 간의 경쟁은 침략보다는 공생/상생을 추구하는 실력 위주의 바람직한 경쟁인 것이다.

동북아의 이원 구도는 유유상종類類相從의 한 예로 볼 수 있을 정도로 결국 비슷한 성격을 갖는 국가들끼리 모인 셈이다. 2차 대전 이후에 형성된 이 구도는 한국전쟁, 냉전시기, 소련 공산권의 몰락을 겪으면서도 여전히 건재하다. 러시아를 경계하고 해양세력 미국과 손잡으라는 황쭌셴의 『조선책략』(黃遵憲 1880)이나 러시아를 경계하고 일본의 각성을 촉구한 안중근의 「동양평화론」(안중근 1995a)이 제안한 것과 유사한 구도인데, 비록 중화적 시각을 벗어나지 못했다는 한계는 있지만 두 저술 모두 그 뒤에 일어난 남북 분단과 한국전쟁에 누구보다도 책임이 큰 러시아를 경계의 대상으로 지목하고 있다는 점도 이채롭다.

역사적으로 중국과 한국은 고조선과 한나라 사이의 전쟁, 고구려와 수나라 사이의 전쟁, 고구려와 당나라 사이의 전쟁이 보여주고 있듯 건곤일척乾坤一擲의 험난한 관계를 유지해왔다. 한국사의 일부였던 왜倭, 즉 일본이 현재의 일본 열도로 이동한 것도 중국과 한국의 달라진 세력판도에 영향받은 바 크다. 나당연합군에 백제가 망하면서 한반도와 일본 열도의 관계는 끊어졌고 그 이후 일본을 중심으로 한 역사서인 『일본서기』에 양국의 관계가 왜곡된 형태로 기술되어 있기는 하지만, 고대 한국이 일본에 지대한 영향을 미쳤음은 부인할 수 없는 사실이다.

임나일본부설을 중심으로 하는 한·일 고대사에 대한 일본의 역사왜곡은 이후 조선이 일본을 식민 지배를 정당화하는데 요긴하게 사용되면서, 지금까지도 일본에서는 정설로 받아들여지고 있다. 제국주의 일본이 조선을 병합하는 행위는 고대에 일본이 한반도의 일부를 경략했던 행위의 연장선상에 있다는 것이다. 근대화의 과정에서 역전된 한·일 간의 국력 차이로 생긴 일본의 자부심과 한국에 대한 우월감이 한·일 고대사의 왜곡을 당연시 하는 결과를 초래한 것이다.

한국과 일본이라는 다른 버전으로 분화되기는 했지만 양국의 뿌리는 이夷라는 점에서 같다. 푸스녠에 의하면 동아시아 고대사에서 이夷는 하夏와 대립되는 개념이었고, 중국은 중원에서 하夏가 이夷를 몰아내면서 성립되었다(傅斯年 1935). 한국과 중국의 대립구도는 고조선과 한, 고구려와 수/당의 대립 이전인 이夷와 하夏의 대립으로까지 거슬러 올라가는데 이 대립도 사실은 이夷의 끊임없는 분화과정의 첫 단계로 보는 것이 더 사실과 부합하며, 이夷로부터 왜倭가 분화해나가는 것도 이러한 역사적 흐름의 연장선상에 있다.(이승종·홍진기 2015 참조)

현재의 지리적, 정치적 지도가 근대에 와서야 형성되었으며 민족주의가 다양한 종족집단을 민족이라는 하나의 응집력 있는 정치적 공동체에 통합하기 위한 정치적 이데올로기로 기능해온 서구의 체험에서 연원하는 앤더슨의 『상상의 공동체』에 영향을 받아(Anderson 1983),[74] 한국에서도 민족이 나라를 잃은 식민지시기에 만들어진 개념이라는 학설이 유행해왔다.[75] 그러나 설령 그것이 사실이라 해도 민족주의의 역할은 지나치게 폐쇄적인 자기중심적 논리로 흐르지만 않는다면 긍정적으로 기능할 수 있다. 민족의 정체성과 내적 통일에 여전히 유효하기 때문이다. 민족국가는 그동안 국제정치의 주요 단위였고 오늘날의 세계화 물결 속에서도 그러하다.

북한의 김일성 민족주의, 중국의 대국굴기, 러시아의 애국주의, 일본의 우경화, 미국의 신보수주의 등 한국 주변의 국가들이 저마다의 이유로 민족애나 애국심을 고양하고 있는 마당에, 지식인을 필두로 한 한국인들의 뜬금없는 탈민족·탈국가주의적 행보는 안이하다 못해 경이롭기까지 하다. 만인이 만인에 대해 늑대인 약육강식의 국제정치의 현실에서 주변 강

---

[74] 앤더슨과 같은 입장을 보이는 다음의 글들을 참조. Gellner 1983; Giddens 1984; Hobsbawm 1990.

[75] 그 유행의 한 진원지는 미국의 한국학 연구였다. Duncan 1998; Em 1999 참조.

대국들의 형세를 고려하지 않은 한국의 탈민족주의는 약자가 먼저 무장해제를 하는 자해나 자살행위에 견줄 수 있는 위험한 비현실적 이상론이다.

민족 개념이 만들어졌다는 식민지시기에 출간된 최남선, 신채호, 정인보 등의 민족주의적 역사 연구는 실체가 없는 민족 개념에 근거해 만들어진 과장된 국수주의적 허구라고 한국의 탈민족주의자들에 의해 도매금으로 평가절하 되었다. 민족이 20세기에 만들어진 개념이라는 주장의 주된 근거는 양반이 노비를 지배하는 전통사회에서 서로 다른 신분의 사람들이 하나의 혈연으로서 운명공동체라는 의식을 나누어 가졌겠냐는 것이다(이영훈 2007, 39쪽). 민족의식을 필두로 하는 역사의식은 전통 시대에는 지배층들에게 독점적으로 귀속되었다가, 이것이 서서히 확대되어 현대에는 공동체의 모든 성원들이 이를 공유하게 된 것이 사실이다. 요컨대 사관의 주체와 향유자의 외연이 과거와 달라진 것이다. 이를 감안하지 않은 채 지배층이 역사의 담당자였던 전통 시대에 현대의 사관을 적용해 당시에 민족의식이 없었다고 단정하는 것은 시대착오의 오류를 범하는 것이다.[76]

비록 『삼국사기』 이전의 역사서들을 잃어버리기는 했지만 『삼국사기』와 『삼국유사』를 비롯해 남아 있는 사서와 문헌들을 가지고도 민족의식에 견줄 만한 역사공동체의 기억을 확인할 수 있으며, 이를 바탕으로 민족사의 계통을 세울 수 있다. 한국사에는 민족주의의 발흥이나 민족 개념의 도입 이전에 공통의 언어와 문화에 기반한 공동체가 있었다. 서구적 의

---

76 서구에서도 민족을 이미 존재하는 지리적이거나 문화적인 토대 위에 형성된, 오랫동안 유지된 종족 패턴의 연장선상에서 보는 시각이 있다(Connor 1994; Geertz 1963; Smith 1986; 1991 참조). 인종, 민족, 종족의 차원이 서로 겹칠 뿐만 아니라 오랫동안 꽤나 동질족인 종족, 혹은 역사적 민족을 유지해온 한국의 경우에는 이 시각이 유효하다고 본다. 민족이 만들어진 개념인지 아닌지의 여부는 민족에 따라 달리 역사적으로 검증해야지 일반론으로 재단할 문제는 아니다.

미의 민족 개념이 없었다고 해서 식민지시기 이전에 민족의식이 없었다고 단정하는 것은 서구의 자민족중심주의를 그대로 따르는 권위의 오류를 범하는 것이다(김영명·전상숙 2013, 306쪽). 같은 맥락에서 식민지시기의 민족주의적 역사 연구들에 대해서도 그 연구가 추진된 배경에 대한 지식사회학적 접근에 맴도는 데서 한 걸음 더 나아가, 그 연구들의 내용에 대한 심층적인 학술적 평가가 요청된다.

식민지시기의 민족주의적 역사 연구들은 일본이 아닌 중국과의 관계에 역점을 두고 한국의 상고사를 접근하고 있다. 그중에서도 중국과의 전쟁에 초점을 둔 신채호의 저술들은 아편전쟁과 중일전쟁에서의 잇따른 패배로 종이호랑이로 전락하면서 조선에 대한 전통적 영향력을 잃어버린 당시의 중국과 세계정세와 무관하지는 않지만, 그보다는 한국과 중국이 상고시대부터 동북아의 패권을 놓고 치열하게 경합해왔다는 점을 중국이 아닌 한국의 입장에서 뚜렷한 주체의식을 가지고 펼쳐 보이고 있다는 점에서 주목할 만하다. 그는 중화 사대주의와의 상관관계에서 정립된 조선의 기자중심사관을 탈피하고, 조선상고사가 중화문명과는 다른 단군을 중심으로 하는 역사와 문화를 지녀왔음을 주창하였다.(신채호 1931a)

중국의 팽창주의와 중국이 비호하는 북한의 핵위협이 최대의 변수로 떠오른 동북아에 신채호의 역사관은 여전히 유효하다고 할 수 있다. 그가 강조한 아我와 비아非我의 투쟁으로서의 역사(신채호 1931a, 1편)는 동북아에서 이夷와 중국의 투쟁으로 구체적으로 재해석될 수 있으며, 이는 지금도 계속되고 있다. 이러한 관점에서 같은 이夷의 뿌리와 전통을 공유하고 있는 일본과의 선린善隣은 역사적으로 보나 현재의 동북아 정세로 보나 반드시 회복해야 할 필요가 있다.

신채호의 조선상고사가 중국과의 대립과 투쟁을 부각시킨 호전적인 전쟁사인 것만은 아니다. 그는 수두蘇塗와 낭가사상을 상무尙武정신과 함께 우리의 고유 사상으로 재조명하고 있는데, 이로써 고대의 한국사회가 엘리아데Mircea Eliade가 말하는 성聖과 속俗의 균형 잡힌 건강한 공동체였음을 증언하고 있다(신채호 1931a, 2편). 한국과 일본은 시장 질서라는 세속의 경제체제뿐 아니라 샤머니즘에서 발원하는 생명과 소통의 사유를 공유하고 있는 바, 이에 대한 한·일 간의 공동연구는 양국의 정체성을 확인함과 함께 그동안 양국 간에 빚어진 갈등과 반목을 치유하는데 이바지할 것으로 기대된다.[77]

동북아에서 우리가 앞으로 나가야 할 방향의 단초는 김옥균이 저술한 『갑신일록』에서 그 윤곽을 찾아볼 수 있다. 거기에는 갑신정변 당시에 반포한 정령政令이 수록되어 있는데 그 1조가 조공 허례의 폐지이다(김옥균 2006, 131쪽). 이는 중국(청나라)에 반대한다는 탈중화사상으로서 사대 5백년의 조선사에 있어서 코페르니쿠스적 전환에 해당하는 명제이다.[78] 조선에 대한 청나라의 간섭이 여전했던 시기에 공표된 저 정령은 비록 청나라의 개입[79]으로 갑신정변이 실패하면서 무효화되고 말았지만, 중국 중심의

---

77 최남선의 『불함문화론』은 한·일의 문화와 사상의 원류가 동일한 것임을 보여주는 선구적 연구로 꼽을 수 있다(최남선 1925). 우리는 그의 불함문화론이 놓치고 있는 금의 요소를 보완해 금붉문화론을 구성한 바 있다. 이승종·홍진기 2015 참조.

78 박지원의 손자로서 김옥균의 은사인 박규수는 지구의(地球儀)를 빙빙 돌리면서 김옥균에게 이렇게 말했다고 한다.
"오늘에 중국이 어디에 있는가? 저리 돌리면 미국이 중국이 되고, 이리 돌리면 조선이 중국으로 되니, 어떤 나라도 가운데로 오면 중국이 된다. 오늘날 어디에 중국이 있는가?"(신채호 1977b, 384~385쪽에서 재인용)
당시만 해도 중화사상에 얽매여 있던 김옥균이 박규수의 말에 크게 깨닫고 무릎을 치며 일어났다고 한다.

79 민씨 일족의 요청으로 임오군란에 개입한 청나라는 3,000명의 군대를 주둔시켜 조선의

기존의 동북아 국제질서를 부정하고 독립 자강과 자주 자립을 시금석으로 하여 평등을 원칙으로 하는 근대적 국제질서를 모색했던 김옥균의 사상[80]은 지금도 유효하다고 할 수 있다. 중국은 한반도를 자신의 관리 하에 두고자 하는 야욕을 여전히 고수하고 있기 때문이다.

정령 2조는 "문벌을 폐지하여 인민이 평등한 권리를 갖는 제도를 마련하여, 사람으로써 벼슬을 택하되, 벼슬로써 사람을 택하지 말 것"이다(김옥균 2006, 131쪽). 개인의 권리를 지각하고 인간의 기본 가치를 중시하여 조선 귀족주의의 타파와 자유 민권제를 주창하고 있는 것이다. 비록 갑신정변의 실패로 그 실천은 뒤로 미루어졌지만, 저 정령은 이후에 전개되는 조선 근대화의 자유민주주의적 기초를 선취하고 있다는 점에서 주목할 만하다.

정령 1조가 조선의 독립에 관한 국권國權 선언의 명제라면, 정령 2조는 개인의 독립에 관한 인권人權 선언의 명제로서 근대성의 핵심이 개인의 존중에 있음을 명확히 하고 있다. 혹은 정령 2조가 개체주의를 개인의 차원에 적용해 개인의 자유평등론을 주창하고 있다면, 정령 1조는 이를 국가나 민족의 차원에 적용해 화華와 이夷, 혹은 중국과 조선이 평등하게 상대적 자기중심성을 갖는다는 평등주의적 주권국가관을 주창하고 있다.

김옥균은 아시아에 만연한 계급주의와 집단주의를 혁파하고 개인의 자

예속을 확실히 해두려 했는데, 이에 반대해 일어난 갑신정변도 결국 저 군대에 의해 무력화된다.

80 정령 1조와 관련한 김옥균의 생각은 다음의 글에서 엿볼 수 있다.
"이제까지 청국(淸國)은 스스로 조선을 속국으로 여겨왔다. 이것은 참으로 있을 수 없던 부끄러운 일이요, 또한 이로 인해 우리나라가 진작(振作)할 희망이 없었던 것이다. 이제까지의 속박을 철퇴(撤退)하고 독전자주지국(獨全自主之國)을 건립하는 것이 오늘날 첫째의 과제이다. 독립을 하려면 정치와 외교를 불가불 자수자강(自修自强)해야 한다."
(김옥균 1979b, 117쪽)

유와 개별성의 긍정을 꿈꾸었다. 개별성의 자각은 관점의 상대성을 허용하는 다원주의에 이르게 하고 이는 다시 타자의 긍정을 함축하는데, 김옥균은 이것이 당시 아시아의 두 세력인 러시아와 청나라에는 부재하다고 판단하였다. 예나 지금이나 러시아는 본질적으로 차르 체제의 정복지향적인 국가이고(푸틴은 현대의 차르라고 할 수 있다), 중국은 자신과 교섭 상대를 상하 관계로 설정하여 타자를 자기화 하려고 조공을 요구하는 중화주의적인 국가이다. 요컨대 러시아나 중국은 철저한 견제가 필요하지 호혜적 관계가 성립할 수는 없는 것이다. 어설프게 친해지려 하다가는 그들의 먹잇감이 되기 십상이다.

김옥균은 중국이나 러시아가 아닌 개화된 일본을 조선이 지향해야 할 모델이자 교섭의 파트너로 본 것인데, 그의 이러한 판단은 지금도 유효하다. 중국이나 러시아와 달리 한국과 일본은 시장의 자율성을 인정하는 시스템을 공유하고 있기 때문이다. 시장의 자율성에 대한 긍정은 우발성을 인정하는 탄력적인 열린사회의 이념인 반면, 시장의 자율성에 대한 통제는 우발성을 부정하는 인간중심주의, 지성만능주의, 공산주의와 같은 경직된 닫힌사회의 이념이다.

문명개화를 조선이 나아가야 할 방향으로 설정해 거기에 자신의 목숨을 바친 김옥균의 선구적 시각과 열정은 갑신정변의 실패로 좌절을 맞게 된다. 만일 갑신정변이 성공해 조선이 스스로 문명개화를 이룩할 수 있었다면, 동북아에서 조선의 위상은 달라졌을 것이다. 요컨대 조선은 영국과 미국의 도움을 받아가면서 그들이 원하는바 러시아의 동진정책을 막아내는 역할을 수행하는 한편, 일본의 제국주의 팽창정책을 견제할 수 있었을 것이다. 고종의 아관파천과 러일전쟁의 결과를 접한 미국이 조선에 대한 미련을 버리고 일본과 가츠라-태프트 밀약을 맺어 조선에 대한 일본의 식민 지배를 인정하게 되는 과정을 보면, 갑신정변의 실패는 더욱 뼈아프게 다가온다.

우리는 김옥균이 주창했던 청나라로부터의 독립이 일본으로의 예속으로 귀결되었음에 유의해야 한다. 한국의 국력이 구한말에 비해 신장된 것은 사실이지만, 지금도 일본과의 선린은 어디까지나 한국의 필요에 의한 것일 뿐 외교관계에 있어서의 주체성이 희생되는 일은 없어야 한다. 우리는 다른 나라의 지도와 보호를 받아 자주독립을 보전하는 경우는 없다는, 조선과 대한제국의 뼈저린 체험을 가슴 깊이 기억해야 한다. 외세를 배격하는 고립주의도 위험하지만, 외세에 편승하는 기회주의는 더욱 위험하다 할 수 있다.

우리에게는 지금 미래의 큰 그림을 제시하는 정책이 필요하다. 머지않아 도래할 남북통일 이후 만주와 양자강 이남은 경제적 이익 때문에 우리와 제휴할 것이며, 우리와 만주, 몽골, 일본이 연결될 것이다. 이에 대비하기 위해서는 우리가 집착해온 조선의 정체성을 버리는 것이 요구된다. 그 정체성이 중화사대, 국익을 무시한 사익의 추구, 자기혐오로 점철되어 있기 때문이다. 기원전 한국의 역사가 중원으로 뻗쳐 있었다면, 기원후에는 일본으로 중심 이동이 있었다. 한국의 역사인식이 바뀌는 순간 기원전의 중국사와 기원후의 일본사가 얼마나 자국사 중심적으로 왜곡되었는지가 여실히 드러나게 될 것이다.

근대성은 개인의 자각에서 출발하였다. 그러나 그것이 세속적 이기주의를 함축하는 것은 아니다. 근대의 천부인권론天賦人權論은 개인의 권리를 하늘이 내려준 것으로 파악하고 있다. 개인이 하늘과 결부되어 있는 것이다.

탈근대성의 길을 연 것으로 평가받는 하이데거의 표현을 빌면 존재와 존재자는 존재론적 차이를 매개로 결부되어 있다. 존재는 시간의 지평을 통해 존재자에게 드러나는데 그 드러남을 가능케 하는 것이 바로 현존재現存在; Dasein라는 개별 존재자이다.(Heidegger 1927; 이승종 2010)

니체는 개인의 고유한 가치와 탁월성이 경쟁을 통해 서로를 뽐내는 그리스 문명의 특징을 호메로스의 경쟁이라고 일컬은 바 있다. 그 경쟁은 다윈이 말하는 생존경쟁의 차원을 넘어 힘에의 의지를 극대화하는 쪽으로 방향 잡혀 있는데, 이는 자신의 극복과 승화, 창의성의 만개를 지향하는 친생명적 운동을 의미한다. 그런데 이 경쟁의 목표는 전체, 즉 자신이 속한 공동체에 이바지하는 것이었다. 예컨대 아테네 사람들은 아테네에 최고로 유익할 수 있도록 경쟁을 통해 자신을 발전시켰다. 즉 그들은 자신의 명예 속에서 자신이 속한 공동체의 명예를 높이고자 했던 것이다.(Nietzsche 1872, pp.283~284)

니체가 힘에의 의지의 그리스적 구현으로 꼽았던 호메로스의 경쟁과 유사한 개념으로 최치원이 우리 정신사의 요체로 묘사한 접화군생接化群生을 들 수 있다. 뭇 생명이 한데 어우러져 서로를 살린다는 접화군생은 천부인 권론의 부賦; 줌, 받음에 대응하는 접接; 이음으로 시작한다. 접화군생의 관점에서는 개인 간의 관계뿐 아니라 민족이나 국가 간의 관계에도 널리 인간 사회를 이롭게 하는 홍익인간弘益人間의 생명사상이 적용되어야 한다. 이 사상은 개인 간이나 국가 간의 경쟁도 서로 살리는 선의의 경쟁이어야 함을 적시한다.

접화군생과 홍익인간의 철학은 뭇 생명의 상생을 추구하는 평화사상이다. 그 전통의 맥을 잇는 안중근은 「동양평화론」에서 같은 인종과 이웃나라를 해치는 것에 반대하는 평화의 철학을 제국주의의 도탄에 빠진 당시의 동양에 호소하고 있다. 그는 대동아공영론大東亞共榮論이나 공산주의와 같은 허구적 국제주의뿐 아니라, 자민족중심주의로 흐르기 쉬운 민족주의나 국가주의에도 반대한다. 대신 한·중·일 세 나라가 저마다의 전통과 특색을 유지하면서 서로를 살리는 평화로운 동양의 청사진을 제시하고 있다. 슬기로운 호메로스의 경쟁이 삼국을 모두 이롭게 하기를 꿈꾸었던 것이다.[81]

니체는 호메로스의 경쟁에서 벗어나 동맹국들의 독립성을 파괴하고 패배자들의 봉기를 엄격하게 징벌했던 아테네, 더욱 강하고 잔인한 방식으로 그리스에 대한 자신의 우월성을 주장했던 스파르타가 어떻게 오만한 행동들로 멸망을 자초했는지를 들려주고 있다(Nietzsche 1872, p.286). 호메로스의 경쟁을 침략과 정복으로 점철된 파괴적 투쟁으로 변질시켜 천하를 독점하려던 나라들은 그리스 시대에서 현대까지 똑같은 몰락의 전철을 밟아왔다. 접화군생이라는 상생의 대의를 어그러뜨린 대가인 것이다.

동양을 제국주의 전쟁으로 몰아넣은 일본과 러시아의 침략주의를 비판하고 경계하는 안중근의 평화적 비전은 현재와 미래의 동아시아에도 중요한 시금석으로 자리한다. 다시는 제국주의, 패권주의, 전쟁의 참화가 동아시아에 도래해서는 안 되며, 그 책무는 동아시아인 각자가 저마다의 어깨에 짊어져야 한다. 자신이 속한 국가나 정치가들이 저러한 유혹에 빠져 같은 인종과 이웃나라를 해치는 일이 없도록 경계하고 질책하는 것이 하늘이 부여한 인권과 근대성의 다른 이름인 개인성을 존중하는 민주주의자의 과제인 것이다.

과학에 방향 잡혀 있는 현대의 학문은 결단, 희생, 실존성으로부터 스스

---

81 김옥균은 사실주의를, 안중근은 도덕주의와 당위론을 각각 견지했다는 점에서 차이는 있지만, 둘 모두 한국과 일본의 공존과 협력을 지향했다는 공통점이 있다.

로로를 거리 띄우고 있다. 그러다 보니 현대의 학문은 무책임과 비윤리성이라는 특징으로 요약된다. 구체적 문맥에서 유리되어 있는 것이다. 철학의 소명은 이러한 시대정신에 맞서는 것이다. 철학은 의식의 각성을 추구하는 학문이라는 점에서 개별성을 긍정하는 편에 서게 마련이다.

철학적 관점에서 볼 때 현대는 개별성을 부정하는 집단주의에 사로잡혀 있다. 민족주의나 공산주의나 개인이 아닌 집단이 그 단위인 것이다. 그러다 보니 타자에 대한 포용과 긍정의 여지가 부족하다. 집단주의는 이성과 통제를 중시하고 문명과 역사를 발전사관의 입장에서 해석한다. 우리는 이러한 흐름에 맞서 타자에 대한 포용과 긍정, 교류와 화합을 지향한다. 그것이 동아시아의 정신사적 원류에 더 맞닿아 있다고 본다. 가깝고도 먼 이웃이요 과거의 친족이었던 한국과 일본이 새 시대의 동반자로서 상호 교류를 회복하게 될 장場도 양국이 성취한 근대성의 알맹이인 개인 존중의 전통에서부터일 것이다.

한국과 일본은 아직도 고대사와 근·현대사에서 양국의 교류를 객관적으로 바라볼 의지가 부족하다. 서로가 서로를 인정하기에는 불편한 진실들이 너무도 많다. 어떤 것들은 이데올로기적 이유로, 어떤 것들은 양국의 자존심 때문에, 어떤 것들은 체제와 정체성을 위협한다는 우려 때문에, 어떤 것들은 현실적 득실을 고려해 진실임을 알면서도 이를 인정할 수 없는 것이다. 과거사에 관한 양국 간의 현안인 위안부 문제나 징용 노동자 문제도 이런저런 이유로 불편함이 진실을 가리고 있는 경우에 해당한다. 지금까지의 한·일관계는 진실보다는 불편함에 초점을 맞추다 보니 시행착오와 파행을 되풀이해왔다. 그러나 손으로 영원히 햇볕을 가릴 수는 없는 법이다. 당장은 불편하겠지만 미래지향적으로 진실을 진실로 인정하는 상호간의 대승적 결자해지를 통해서야 양국의 관계는 정상적이고 안정적인 궤도에 들어서게 될 것이다.

진실의 상호 인정에 기반한 미래의 한·일 협력체제는 정치/경제/문화/역사 등의 분야에서 다양하고 실효성 있는 효과를 가져다줄 것이다. 그것은 한국과 일본 각자에 상존하는 여러 문제들을 결정적으로 해결하는 것은 물론이거니와, 양국의 지속적 경제적 이익을 창출할 것이다. 더 나아가 양국의 상호 호혜적 협력에 기초해서 현재 동북아시아의 위험요소들인 북한 핵문제, 남북 분단체제를 해결하고 중국의 공산−제국주의적 야욕을 효과적으로 억제함으로써 동북아의 지정학적 불안을 해소할 수 있다고 본다. 참된 역사인식을 공유할 때 비로소 한·일 협력체제는 한국과 일본을 중심으로 동북아의 안정과 번영을 확실히 자리매김하고, 이를 토대로 세계 속에서 동북아의 정치/문화/경제/군사적 위상을 높이는 것에 기여할 것이다.

6. 협력의 원칙

지금까지 우리는 고대 한·일 교섭사, 식민지시기의 재인식, 해방 이후의 한·일관계라는 세 단계를 밟으며 한·일 협력체제 방안의 역사철학적 탐구를 수행하였다. 이 단계들은 역사적 전개 순서로 배열되었는데, 이는 한·일 협력체제 방안을 한·일 교섭사라는 유구한 역사의 연장선상에서 강구하고자 함이었다. 한·일의 과거사에 대한 바른 이해가 없이는 바람직한 한·일 협력체제 구축은 그에 합당한 좌표계를 부여받을 수 없을 것이라는 믿음에서였다. 양국 간에는 풀어나가야 할 과거사의 과제들이 산적해 있고, 미래지향적 협력체제 구축 방향도 이 과거사의 과제들로부터 자유롭지 못하기 때문이다. 우리는 특히 식민지시기의 재인식에 많은 공을 들였는데, 현재 한·일관계의 상당 부분이 이 시기에 대한 오해에서 기인하고 있다는 판단에서였다. 그래서 이 시기를 조명하는 여러 기존 이론들의 문제점들을 집중적으로 살펴보았다.

이상에서 보듯이 우리는 과거사의 과제들 하나하나에 대한 해결방안을 각론적으로 모색하는 대신, 과거사를 조명하는 기존의 프레임들의 문제점들을 비판하고 이를 시정하는 역사철학적 접근을 전개하였다. 한·일 협력체제 방안에 대한 훌륭한 각론들은 더러 있지만 해당 주제에 대한 총론적 역사철학은 전무하다시피 한 우리 학계의 편중된 연구 현황에 조금이나마 기여하는 바가 있기를 바라는 마음으로 학제적 융합연구의 형태로 논의를 전개하였다. 우리의 노력이 앞으로 한·일 협력체제 방안의 방향을 설정하는데 거시적 비전을 그려주는 일종의 철학적 로드맵으로 사용되기를 희망한다.

우리는 고대 한·일 교섭사, 식민지시기의 재인식, 해방 이후의 한·일관계라는 세 범주에 각각 3개씩 가설을 배치하고 이를 검증해 나가는 방식으로 이 장을 전개하였다. 이는 일견 가설 연역적 체제로 비칠 수 있지만 그 실제에 있어서는 가설들로부터 어떤 추상적 연역을 수행했다기보다는, 역사적 사실들이나 당면한 현황을 철학적으로 성찰해 그로부터 가설들을 결론으로 도출해냈다고 보는 것이 더 타당하다. 그 과정에서 각 가설들은 학적 검증의 절차를 밟았다. 그 절차의 타당성에 대한 평가는 독자의 몫이겠지만, 시대별로 나눈 가설들은 시대에 따라 검증의 완정성에서

차별적일 수밖에 없음을 명시하고자 한다.

고대 한·일 교섭사에 대한 가설들의 검증은 시기적으로 아주 먼 과거의 역사를 다루고 있기에 사료와 유적에 의한 검증에 한계가 있을 수밖에 없으며, 이는 고대사에 대한 가설들이 봉착하게 되는 운명적인 것임을 감안하여 평가되어야 할 것이다. 식민지시기의 재인식 가설들은 해당 시기에 대한 기존의 이론들을 역사적 사실들에 비추어 비판하고 시정하는 과정에서 검증 작업을 수행하였는데, 우리는 이 시기가 당면한 한·일 과거사 문제들의 진원지이고 문제의 결자해지도 기존의 프레임에서 벗어나야 성취될 수 있음을 보이고자 했다.

해방 이후의 한·일관계에 대한 가설들의 검증은 그 이전 시기에 대한 재인식을 바탕으로 해방 이후 달라진 동북아의 현황을 감안해, 앞으로 전개될 미래에 한·일 협력체제가 한국과 일본을 서로 바람직한 방향으로 이끄는 상생의 체제가 되도록 하는데 초점을 맞추어 수행하였다. 이 범주는 현재와 아울러 미래로 열려 있기 때문에, 그에 속하는 가설들이 과연 바람직한 것이었는지에 대한 검증도 다가올 미래에서야 확정될 수 있음을 감안하여 평가되어야 할 것이다.

고대 한·일 교섭사가 한반도에서 일본 열도로의 일방적인 개척에 시작되어 이로부터 촉발된 일본의 캐치업으로 기본 형세가 구축되었다면, 구한말부터는 그 형세가 역전되어 일본이 수용한 서구 문물이 일본 열도로부터 한반도로 일방적으로 전래되는 것으로 시작되어 이로부터 촉발된 식민지 조선의 근대화가 해방 이후로까지 영향을 미치는 것으로 기본 형세가 구축되었다. 그러나 한·일 간의 이러한 일방적 영향사는 현재와 미래의 한·일관계에는 더 이상 적용될 수 없다. 한국과 일본은 이제 동북아 더 나아가서는 세계의 무대에서 선의의 경쟁을 펼쳐야 하는 협력 파트너로 자리매김되어야 한다.

미어셰이머John Mearsheimer는 공격적 현실주의라는 자신의 국제관계 이론에 의거해, 현존하는 동북아의 세력균형에 만족하지 않고 한국과 일본을 굴복시켜 패자로 등극하려는 중국의 몸짓이 무력충돌을 초래할 것임을 예견한 바 있다(Mearsheimer 2001, 10장). 미국이 서반구를 지배하는 것처럼, 중국은 아시아를 지배하려 할 것이기에 충돌이 불가피하다는 것이다. 그에 의하면 중국이 패권적 지위를 추구하는 것은 중국이 공격적인 나라이거나 그 나라의 지도자들이 잘못된 길로 인도되었기 때문이 아니라, 자국의 부상과 맞물린 당연한 수순이다. 그것이 자국의 이익을 극대화할 수 있는 길이기 때문이다.[82] 미어셰이머의 이론에 입각했을 때 열강들의 각축장인 동북아에서 한국과 일본은 전략적으로 동반 관계를 유지하는 것이 바람직하다. 남북분단에 따른 안보위협이 상존하는 한국에게나 동북아의 패권을 추구하는 중국과 해상분쟁을 치르고 있는 일본에게나 미국을 축으로 하는 삼각체제의 큰 틀 내에서 상호협력하며 다자간의 안보를 도모하는 것이 지혜로운 방안이다. 그렇다면 한·일 간의 협력은 어떠한 원칙하에 이루어져야 하는가?

한·일 과거사에 관한 문제는 학술적인 연구와 양국 간의 협의가 있어야 겠지만, 이것이 자국의 안보와 동북아의 평화보다 더 우선순위를 점할 수는 없다. 우리는 우선순위에 관한 이 원칙이 한·일 협력체제를 구축하는 데 제1원칙으로 자리매김되어야 한다고 본다. 과거사에 대한 일본과의 앙

---

82 미어셰이머의 이론적 예측과는 별도로 미국 내에서도 중국의 평화적 부상과 미중간의 원-원 게임에 대한 기대는 실제로 가파르게 줄어들고 있다. 전경주 2012 참조.

금은 서로가 탈이데올로기적이고 균형 잡힌 객관적 시각을 견지할 때 상당 부분 해소될 수 있는 사안이다. 우리는 이러한 앙금을 초래한 그릇된 프레임들을 비판하였고, 한국과 일본이 협력할 수 있는 역사적이고 계보학적인 근거를 제시하는데 주력하였다. 우리는 사실에 입각한 합리적 접근이 한·일 협력체제를 구축하는 데 제 2원칙으로 자리매김 되어야한다고 본다.

한국과 일본은 동북아의 여러 국가들 중에서 서구적 근대성의 본질을 이루는 개인 존중의 민주주의 정치체제와 자유주의 시장경제체제를 가장 온전히 수용하고 있다는 점에서 체제면의 동질성을 확보하고 있다. 그럼에도 양국은 그 동질성을 충분히 활용하지 못하고 오히려 불신을 키워왔는데, 그 주된 원인은 당면한 현안에 대한 양국의 정책이 일관적이지 않았다는데 있다. 그 대표적인 예로 역사 교과서 파동과 위안부 문제를 꼽을 수 있다. 물론 이는 동아시아인들의 역사의식과 여성의 인권의식이 높아지면서 점차 새로이 부각된 면도 있지만, 양국이 내외정세의 변화와 여론에 편승해 널뛰기식으로 오락가락하면서 사태를 악화시킨 면도 있다. 이를 감안해 우리는 정책의 일관성이 한·일 협력체제를 구축하는 데 제 3원칙으로 자리매김 되어야 한다고 본다.

우선순위에 관한 원칙 1과 일관성에 관한 원칙 3은 주로 정부 당국의 정책이 취해야 할 바를 지칭하고 있다. 일본과의 협상에는 원칙과 타협이 차등적으로 적용되어야 한다. 즉 저 두 원칙이 대 전제가 되고 그 테두리 안에서 필요에 따라 타협이 있어야지, 그 역이 되어서는 안 된다. 합리성에 관한 원칙 2는 정부 당국뿐 아니라 과거사에 대한 양국의 학술연구에 더욱 요청되는 자세이다. 민족주의나 공산주의와 같은 이데올로기를 앞세운 편향된 과거사 해석이 양국의 협력체제 구축에 장애가 되었다는 점에서, 학계에서도 연구 자세의 일신이 필요하다고 본다. 학술연구에서 장기적으로 모든 성역과 빗장을 점진적으로 제거해나가고, 일체의 근본주의나 선동적 여론의 영향을 배격해야 한다. 정부는 정부대로 한·일 협력체제를 구축하는 데 요구되는 세 원칙이 서로 상충되지 않도록 하는 슬기로운 조정자의 역할을 해야 한다. 예컨대 양국 간의 어느 한쪽에 당장은 악영향을 미칠 것으로 보이는 연구 성과가 나온다 해도 이를 여론 몰이의 호재로 이슈화하거나 금기시하기보다는, 해당 성과에 대한 상호 검증을 양국의 학술협력을 다지는 계기로 삼되 그것을 지렛대로 그동안 공들여 구축해온 한·일 협력체제를 흔들거나 원점으로 되돌리는 우를 범해서는 안 될 것이다.

급변하는 동북아 정세 속에서 한·일 양국의 협력은 다가올 미래에는 전략적으로 더욱 절실히 요청된다. 동북아의 평화와 한반도의 안보는 한·미·일 삼각체제 하에서 한·일 간의 지속적인 협력 여부에 달려 있다고 해도 과언이 아닐 것이다. 그럼에도 이런저런 시행착오로 교착상태에 빠진 한·일 양국의 관계는 우선 학술 교류를 위시한 민간 차원에서의 협력과 같은 당장 실행 가능한 노력을 다시 늘려가는 데서 실마리를 풀 수 있을 것이다.[83] 상호 이익이 되는 쪽의 교류가 잦다 보면 그동안의 오해도 자연스레 누그러져 상호 이해로 순치될 수 있으며, 산적한 문제들도 각자의 주장만을 되풀이하기 쉬운 정면 대립이나 자국 중심적 이데올로기 프레임이 아닌 이러한 우회적인 방식으로 해소될 수 있으리라 기대해본다.

---

[83] 그동안 축적된 한·일 과거사에 대한 양국 간의 대화와 공동연구를 집약한 다음의 기록이 하나의 좋은 지침이다. 정재정 2014b, 2부.

제2장

남북관계의 철학적 분석

1. 타자

세계에서 우리와 가장 가까이 있으면서도 가장 먼 곳. 북한은 우리에게 무엇인가? 분단 70여 년간 풀지 못한 우리 모두의 숙제이다. 우리는 북한을 알지 못한다. 아니 북한에 어떻게 접근해야 할는지 입장정리조차 매듭 짓지 못한 상태이다. 북한은 국가인가 아니면 괴뢰인가? 적인가 혹은 동반자인가? 북한에 대한 일관되지 못한 애증은 서로에게 도움이 되지 못했음을 우리는 과거의 경험을 통해 알고 있다. 애증의 감정을 달래고 이성적인 안목으로 북한에 대해 차근차근 생각해보자.

북한은 우리와 같음과 다름으로 얽혀있다. 해방 전까지 우리 민족은 현재와 같은 양상으로 나뉘어 반목하지 않았다. 해방 전에는 한국도 북한도 존재하지 않았다. 하나의 민족, 그리고 영욕으로 점철된 민족국가만이 있었을 뿐이다. 해방 전까지의 역사를 공유하고 있는 북한과 우리는 이처럼 한 민족 한 뿌리이다. 그러나 그 이후의 70여 년의 행로에서 북한과 우리의 이질화는 이미 과거의 동질성을 상쇄할 만큼 진행되었다. 이질화는 한국 전쟁으로 말미암아 서로를 인정하지 않는 극단적 반목으로 발전함으로써 이제 북한과 우리 사이의 거리는 더욱 멀게만 느껴진다. 더구나 북한과 우리의 주변에는 세계의 패권을 다투는 초강대국들이 저마다의 이해관계를 추구하며 분단과 통일의 문제에 개입하려 하고 있다.

서로 체제와 이념을 달리할 뿐 아니라 동족상잔의 과거를 지닌 북한과 우리가 통일을 이루기 어렵다는 것은 명약관화한 일이 아닐 수 없다. 따라서 통일을 서둘러서는 안 된다. 이질성과 적개심이 해소되지 않은 상태에서라면 통일로 말미암아 얻는 것보다 후유증이 더 클 것이기 때문이다. 상호 적대적인 통일지상주의의 추구는 과거에도 경험했듯이 한반도에 불필요한 긴장과 갈등만을 조장할 뿐이다. 무력통일이나 대북 붕괴 유도 정책은 평화의 이념과 상치될 뿐 아니라, 같은 민족을 도탄에 빠뜨리게 한다는 점에서 부도덕한 정책이다. 그것은 중국이 북한의 붕괴를 용인하지 않는 한 불가능한 계획이기도 하다. 그리고 준비와 원칙 없는 흡수 통일은 동서독의 경우에서 보듯이 식민지성과 분열상을 심각하게 야기할 것이 분명하기 때문에 역시 바람직하지 못하다.

통일을 위한 첫 걸음은 북한에 대한 객관적 이해에서 출발해야 한다. 북한에 대해 우리가 불식해야 할 하나의 편견은 북한을 소련과 중국의 꼭두각시인 괴뢰로 보는 입장이다. 북한의 탄생 과정과 외교 노선에서 북한을 괴뢰로 볼 증거는 발견되지 않는다(와다 하루끼 1981-1982 참조). 비록 소련 점령군의 지배를 받기는 했지만 북한에는 조선인 통치기구를 통한 자치가 존재했으며, 그 이후에 추진한 경제 자립노선, 자주 외교 노선은 북한이 사대주의나 교조주의를 배격하고 독자성과 자주성을 추구하고 있음을 뚜렷이 보여주고 있다.[1] 따라서 북한에 대한 괴뢰라는 호칭은 사라져야 한다. 이 용어에 수반된 공산진영에 대한 경각심이 이제 무의미해져서가 아니라, 이 용어가 사실과 맞지 않기 때문이다. 북한은 자주성을 표방하는 하나의 국가이다. 북한을 국가로 보아서는 안 될 이유는 그 어디에서도 발견되지 않는다.

북한을 국가로 인정할 때 우리 정부의 대북 정책은 북한이라는 국가에 대한 외교 정책으로, 민간 통일운동 단체의 활동은 북한이라는 국가에 대한 민간 외교로 이해된다. 따라서 대북 정책과 민간단체의 활동은 여타 국가에 대한 외교 정책 및 민간 외교와 그 범주에 있어서는 구별되지 않는다는 점을 명확히 할 필요가 있다. 그러나 이러한 범주화는 북한을 적성국으로 볼 것인지, 아니면 동반자로 볼 것인지의 여부에 의해 보다 구체적인 내용을 지닐 수 있다.

북한이 우리의 적인지, 아니면 동반자인지의 문제에 대한 혼란으로 말미암아 과거의 대북 정책과 민간 통일운동 단체의 활동은 시행착오와 혼선을 거듭해 왔다. 그러나 이 문제는 흑백논리에 의해 단정적으로 귀결 지을 수 없는 성격을 지니고 있다. 국가와 국가 간의 관계에서는 영원한 적도, 영원한 동반자도 존재하지 않는다. 예컨대 우리와 중국은 과거의 적이었지만 현재의 동반자이다. 북한에 대해서도 적과 동반자의 이분법은 그 자체만으로는 적절하지 못하다. 적과 동반자는 상호 양립 불가능한 모순된 개념이 아니다. 시제와 사안에 따라, 혹은 동시에라도 한 국가와의 관계는 양쪽의 개념에 의해 번갈아, 혹은 함께 서술될 수 있다. 전쟁 중에도 평화 회담은 추진되는 법이다. 이 경우 전쟁 당사국은 서로를 전쟁터에서

---

1 북한은 소련의 지원을 받았던 베트남의 캄보디아 점령도, 소련의 아프가니스탄 침공도 반대한 바 있다(송두율 1995, 86쪽). 그러나 극심한 경제난과 맞물려 중국에 종속되어가고 있는 최근의 북한은 신장 위구르와 홍콩의 인권 탄압 문제에 대해 중국 당국을 앞장서 두둔하고 있다.(https://www.yna.co.kr/view/AKR20210129172500504)

는 적으로, 회담장에서는 평화의 동반자로 간주한다.

1990년대 후반부에 한반도 서해상에서는 영해권을 둘러싼 양측 해군 함정간의 첨예한 대치 국면이, 동해상에서는 금강산 관광을 위한 유람선의 왕래가 동시에 진행된 적이 있다. 그 당시 우리와 북한은 서해에서는 적이었고 동해에서는 동반자였다. 국내의 일부 보수 세력은 이를 우리 정부의 통일정책의 일관성 부재의 징표라고 비난했다. 그러나 이는 국가 간의 관계에 대한 이분법적 인식에서 비롯된 단견이다. 당시의 상황은 오히려 우리와 북한과의 관계가 지닐 수 있는 양면성을 잘 보여주는 중요한 역사교육의 장이었다.

2. 관용과 선의

북한은 우리의 적일 수도 있고 동반자일 수 있다. 혹은 적이면서 동시에 동반자일 수도 있다. 북한이 적인지 동반자인지는 이처럼 양상modal 어법에 의해서만 답변될 수 있다. 그리고 이는 여타 국가를 포함하는 타자 일반에 대해서도 적용될 수 있는 태도이다. 통일이라는 이념을 전제로 할 때 우리의 첫 번째 과제는 가능태로서의 적을 어떻게 평화적 동반자로 삼아갈 것인가 하는 것이다. 이를 위해 우리에게는 관용과 선의가 필요하다고 본다. 이제 이 두 개념을 차례로 살펴보기로 하자.

관용이란 상대의 입장을 시인하지 않음에도 불구하고 상대에 반대하는 부정적 행위를 자발적으로 중지하는 것을 말한다(김용환 1997, 26쪽). 상대의 입장을 시인하지 않는 반대라는 1차적 평가에도 불구하고 어떻게 부정적 행위의 자발적 중지라는 2차적 평가가 가능한가? 우리는 인간이 잘못을 저지르는 존재라는 시인 포프Alexander Pope의 말을 상기할 필요가 있다. 상대에 대한 평가는 그것이 인간에 의한 것일진대 완벽할 수 없다. 더구나 북한에 대해서처럼 불충분한 정보에 의존하는 경우에 우리의 평가는 더욱 불완전할 수밖에 없다. 이처럼 관용은 상대에 대한 올바른 이해와 숙고의 계기를 마련해준다.

체제와 이념을 달리하는 북한에 대해서 우리가 관용의 태도를 취해야 하는 까닭은 관용이 체제와 이념을 초월해서 다른 신념 체계를 용납할 수 있는 길을 열어 주기 때문이다. 관용은 대립하는 입장을 제압하고 배제하는 방식으로 갈등을 해소하지 않는다. 관용은 대립하는 입장을 정당하고 동등하게 취급할 수 있는 불편부당의 계기를 마련하는 방식으로 갈등을 해소한다. 관용은 다양한 입장이 서로간의 차이성으로만 공생하는 상대주의가 아니라 우리와 타자가 서로 다른 가운데에서도, 즉 각자 자신의 방식대로 살아가면서도 어떻게 공존할 수 있는가에 대해 대화하고 타협하는 타자 포용의 태도를 함축한다.

그러나 관용에 한계가 있음을 우리는 잊어서는 안 된다. 지나친 관용은 모든 평가를 유보함으로써 도덕적 무정부주의를 초래할 수 있다. 아울러 관용은 상대에 대한 부정적 행위를 할 수 있는 힘을 자발적으로 억제한다는 점에서 애초부터 힘을 전제로 한 개념이다. 그러한 힘이 부재할 때 관용은 성립할 수조차 없다. 관용의 한계는 어떤 선험적 원칙에 의거해서가 아니라 실제적 차원에서 그어져야 할 것이다.

관용과 짝을 이루는 선의는 신뢰와 양보를 두 축으로 한다. 신뢰로서의 선의는 다시 자비의 원리라는 해석론의 원리와 연관된다. 자비의 원리는 타자를 이해하기 위해서는 상대를 일단 정직한 사람으로 보아야 한다는 것이다(Davidson 1974; 이승종 1993). 상대가 거짓말쟁이라는 가정 하에서 우리는 상대의 어떠한 말도 신뢰할 수 없게 되며, 이로 말미암아 상대에 대한 이해의 계기는 사라진다. 남북 간의 일방적 불신은 바로 상대를 거짓말쟁이로 보는 비생산적 가정에 근거하고 있다. 물론 상대가 정직한 사람이라는 가정은 상대에 의해 배신당할 수 있다. 심지어 우리의 선의가 오히려 우리를 파괴할 수도 있는 것이다. 따라서 관용과 마찬가지로 신뢰로서의 선의도 한계를 지닌다. 그러나 이것이 사실이라 해도 상대에 대한 신뢰는 최소한 상대에 대한 이해의 계기를 마련한다는 점에서 그 반대의 불신보다 타자에 대한 접근에 있어서 방법론적으로 우위에 선다.

양보로서의 선의는 힘을 전제로 한다는 점에서, 그리고 한계 내에서의 행위라는 점에서 관용과 같다. 물론 관용과는 달리 힘이 부재한 경우에도 양보는 성립 가능하겠지만, 그것은 양보하는 진영의 희생과 위험을 감수해야 하는 것이기 때문에 실제로 이루어지기 어렵다. 아울러 선의의 양보는 신뢰를 구축하는 중요한 계기이기도 하다. 북한에 대해서 우리가 양보라는 선의를 표할 수 있는 이유는 우리가 여러 면에서 북한을 이미 압도하고 있기 때문이다. 북한에 대한 우리의 우월성은 우리 자신의 노력과 성취에 의한 것도 있지만, 사회주의권 붕괴 이후의 동아시아 외교 질서의 전개 양상에 의한 요인도 크다. 소련의 붕괴와 한·중수교로 수세에 몰렸던 북한에게 미국이라는 초강대국이 이끄는 한·미·일 삼각 체제는 자신들을 위협하고 압박하는 골리앗으로 보였을 것이다(현성일 1998, 23쪽). 북한이 생존을 위한 마지막 자위 수단으로 핵무기 개발의 유혹을 품게 된 것도 이러한 사정을 바탕으로 한 것으로 풀이할 수 있다.

경제침체, 자연재해와 이로 인한 최악의 식량난까지 겹쳐 내우외환에 처한 북한을 더욱 압박하여 고사시키려는 것은 북한동포가 우리와 같은 민족이라는 사실을 무시한 반민족적 발상이고, 아사지경의 상대를 굶어 죽도록 방기한다는 점에서 반인도주의적 태도이다. 어려움에 처한 타자에게 해야 할 당연한 도리는 상대를 도와주는 것이다. 그러나 동정으로서의 도움은 상대의 심기를 불편하게 할 수 있고, 또 과거의 경험을 비추어보면 그러한 도움이 상대와의 협상을 언제나 진전시켜주는 것은 아니다. 민간차원에서의 북한 돕기와 같은 동정도 중요하지만, 대북 정책상에 있어서의 양보가 더 절실히 요청되는 것도 이러한 까닭에서이다. 정책의 차원에서 동정이란 어울리지 않는 표현이다. 그러한 어감을 풍기는 햇볕정책이라는 표현은 따라서 바람직하지 못하다. 우리의 대북 정책은 협상의 테이블에서 안팎의 어려움에 처한 북한에게 우리가 절대 우위를 점하는 영역에서부터 양보하는 선의의 코페르니쿠스적 발상 전환이 필요하다.

선의로서의 양보의 중요성은 그동안 남북이 고집해온 교류의 상호주의 원칙의 한계를 통해서도 확인된다. 일대일 등가 교류 형태의 상호주의 원칙은 남북관계에서처럼 불신과 적대의 관계에서는 실현되기가 매우 어렵다. 오히려 신뢰 관계가 구축된 연후에야 비로소 상호성이 구현될 수 있는 것이 현실이다. 동서독의 경우에서도 주고받는 교류의 상호주의보다는 분야 간의 연계적 성격을 띤 양보에 의해서 관계의 실질적 진전이 있었다. 요컨대 동독에 대한 서독의 정치적, 경제적 부문에 있어서의 일방적이고 파격적 양보가 있었고, 이에 대해 동독의 사회·문화 및 인적 교류라는 양보가 교차적으로 연계됨으로써 양자 간의 신뢰가 구축될 수 있었던 것이다. 남북관계에서도 참된 상호성을 회복하기 위해서는 어느 한쪽이 먼저 양보할 필요가 있으며, 이 경우에는 단기적 효과보다는 장기적 관점에서 신뢰의 정착에 초점을 맞추어야 할 것이다(조민 1996, 102~103쪽). 그때가 되면 처음의 양보는 궁극적으로 등가 교류의 순수한 경제 논리를 극복하고, 상대가 필요로 하는 부분을 지원하거나 공동으로 해결하는 협력의 논리로 발전하게 될 것이다.

3. 딜레마

그동안 남북 양측은 쌍방 간의 극도의 불신과 대결 의식으로 말미암아 설령 상호협력 하에 양자 모두가 절대적인 효용 증대를 기대한다 하더라도 상대방이 자신보다 상대적으로 더 많은 이득을 본다고 판단할 때에는 협조를 중단하곤 해왔다. 신뢰나 선의의 해석학이 아닌 불신 혹은 의심의 해석학이 상대에 대한 공통의 준거 틀이었다. 상대를 존중하는 마음이 없는 상태에서는 협력은 고사하고 오해와 갈등이 생겨날 뿐이다.

남북관계를 우리는 죄수의 딜레마에 견주어볼 수 있다. 죄수 A와 B가 범죄 공모 혐의로 체포되어 각각 독방에서 검사에게 심문을 받고 있다고 가정해보자. A와 B가 서로 의사를 나눌 수 없는 상태에서 검사는 두 죄수에게 각각 다음과 같은 제안을 한다.(Perry and Bratman 1986, p.796)

① 당신은 죄를 자백하거나 침묵할 수 있다.
② 당신이 자백을 하고 다른 죄수가 침묵하면 당신은 석방되고 다른 죄수는 4년형을 살게 된다.

③ 당신과 다른 죄수가 모두 자백하면 당신들은 각각 3년형을 살게 된다.

④ 당신과 다른 죄수가 모두 침묵하면 당신들은 각각 1년형을 살게 된다.

⑤ 다른 죄수도 내가 당신에게 한 것과 똑같은 제안을 받게 된다.

각 죄수는 당연히 더 짧은 형기를 선호하며 다른 죄수도 그러리라는 것을 알고 있다고 가정하자. 자백과 침묵 중 어느 한쪽을 택하기 위해 죄수가 헤아려야 할 결과 행렬은 다음과 같은 도식으로 정리된다.

죄수 B

	침묵 (C)	자백 (D)
침묵 (C)	(나) 1년 / 1년	(라) 석방 / 4년
자백 (D)	(가) 4년 / 석방	(다) 3년 / 3년

(죄수 A: 침묵 (C), 자백 (D))

숙고 끝에 두 죄수는 각각 자백의 길을 선택하는 것이 합리적이라는 결론을 내린다. 이러한 결론은 다음과 같은 논증에 근거해 있다.

1. 다른 죄수는 자백하거나 침묵할 것이다.

2. 그가 자백하면 나는 자백하는 쪽이 더 낫다.

3. 그가 침묵하면 나는 자백하는 쪽이 더 낫다.

∴ 나는 (어느 상황에서도) 자백하는 쪽이 더 낫다.

이 논증의 전제는 모두 참이고 논증 자체도 타당하다. 그러나 제 3자가 보기에 이 논증의 결론은 두 죄수에게 최선의 선택은 아니다. 둘 다 침묵하면 똑같이 (나)에 해당하는 1년의 형기만 살터인데 두 죄수는 위의 논증으로 말미암아 둘 다 자백하게 됨으로써 똑같이 (다)에 해당하는 3년의 형기를 살게 될 것이기 때문이다. 저마다 합리적 선택을 했음에도 불구하고 결과적으로는 바람직하지 못한 상황에 이르게 되는 것이다.

죄수의 딜레마는 쌍방의 선호 순위가 다음과 같을 때 일어난다.

DC 〉 CC 〉 DD 〉 CD

이러한 선호 순위는 죄수 A와 B에게는 각각 다음과 같은 방식으로 실현된다.

죄수 A : (가)〉(나)〉(다)〉(라)
죄수 B : (라)〉(나)〉(다)〉(가)

죄수 A에게 최선의 상황인 (가)는 죄수 B에게는 최악의 상황이며, 죄수 A에게 최악의 상황인 (라)는 죄수 B에게는 최선의 상황이다. 그러나 차선인 (나)와 차악인 (다)에 대한 죄수 A와 B의 선호는 동일하다. 이러한 선호 순위를 가질 때에 쌍방은 차선 (나)를 같이 선택할 수 있음에도 각자의 합리적 선택으로 말미암아 차악 (다)를 선택하게 된다는 점에서 죄수의 딜레마가 발생한다.(이좌용 1998, 311~312쪽)

남북관계가 딜레마 속의 죄수들의 상황과 같다고 볼 수는 없을 것이다.

그러나 죄수의 딜레마가 발생하기 위해서 두 상황이 같을 필요는 없다. 필요한 가정은 남북 쌍방의 선호가 죄수의 경우와 같은 순위를 갖는다는 것뿐이다. 이제 남북관계를 죄수의 딜레마 도식을 원용하여 다음과 같이 정리해보기로 하자(김욱 1997; 장노순 1997 참조).

북한

		협력 (C)	비협력 (D)
남한	협력 (C)	3 / 3	3 / 4
	비협력 (D)	4 / 1	2 / 2

남북이 상대에 대해 취하는 행위를 협력(C)과 비협력(D)으로 나누어 본다면 남북관계는 상호협력(CC), 상대방이 협력하려 하지 않음에도 불구하고 협력하려는 경우(CD), 상대방의 협력 의사에 협력하지 않는 경우(DC), 상호비협력(DD), 이렇게 네 가지 경우가 있다. 위의 도식에서 남북은 상호협력을 선택함으로써 쌍방 모두가 더 낳은 상태가 될 수 있음에도 불구하고, 상대방이 어떠한 선택을 하든 상관없이 비협력을 택함으로써 자신의 효용을 극대화하려 한다. 이 경우 남북 양측의 결과 효용에 대한 선호도는 DC 〉 CC 〉 DD 〉 CD로서 이는 죄수의 딜레마 상황과 같다.

죄수의 딜레마 상황은 남북 쌍방이 이 장에서 강조한 관용과 선의를 수용할 때 다음과 같은 구도로 변경될 수 있을 것이다.

이 경우 남북 양측의 결과 효용에 대한 선호도는 CC 〉 DC 〉 DD 〉 CD가 될 것이다.

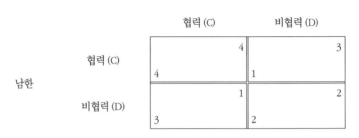

북한

	협력 (C)	비협력 (D)
협력 (C)	4 / 4	3 / 1
비협력 (D)	1 / 3	2 / 2

남한

반면 한국이 관용과 선의에 바탕을 둔 대북 정책을 펴는 데에도 북한이 이에 응하지 않고 종래의 태도를 고수하는 경우 남북관계는 다음과 같은 도식이 될 것이다.

이 경우 남과 북의 결과 효용에 대한 선호도는 각각 CC 〉 DC 〉 DD 〉 CD와 DC 〉 CC 〉 DD 〉 CD이다.

물론 가장 바람직한 것은 남북 양측의 결과 효용에 대한 선호도가 CC 〉 DC 〉 DD 〉 CD로 상호협력의 우선성에서 일치를 이루는 경우이다. 남북 양측이 이러한 상황에 이르기 위해서 우리는 상대방의 협력 의사에 협력하지 않는 경우(DC)보다 상호협력(CC)이 쌍방 간에 더 많은 이득을 남길 뿐 아니라, 한반도 평화와 통일을 위해 더욱 바람직한 경우임을 상대에게는 물론 자기 자신에게도 분명하게 이해시킬 필요가 있다. 앞으로 보겠지만 민간 통일운동 단체와 정부 사이의 관계가 남북의 상호협력에 이바지하는 관용과 선의에 바탕을 둔 중첩적 합의로 전환되어야 하는 이유도 바로 여기에서 찾아진다.

사실 지금까지 남북은 통일 문제를 민족공동체의 장래와 연결시켜 바라보기보다는 주로 상대방을 이기기 위한 대응 전략으로 다루어온 측면이

북한

	협력 (C)	비협력 (D)
협력 (C) 남한	3 4	4 1
비협력 (D)	1 3	2 2

컸다. 그러다 보니 남북의 통일 정책은 민족 이익보다는 대결적 감성에 기초하여 전개되어 왔고, 서로에 대해 제대로 이해할 자세와 여유마저 갖추지 못했다. 남북관계가 죄수의 딜레마 상황에 빠져 헤어 나오지 못하고 있는 것도 이러한 배경 하에서이다. 그러나 탈냉전기를 한참 지난 지금 우리는 냉전의 마지막 유물인 서로에 대한 대결 구도의 한계를 대국적으로 재검토할 시점에 와있다. 동아시아에서 펼쳐지고 있는 중국과 미국, 그리고 일본의 패권 다툼에 한반도의 우리 민족은 통일은 당장 어렵다 할지라도 적어도 서로 합심하여 지혜롭게 대처해나가야 할 것이다. 그러기 위해서 우리는 무엇보다도 소모적인 대립과 갈등을 해소하고 민족 이익을 위해 서로 합의하고 협력하지 않으면 안 된다. 이는 반외세의 통일을 위한 초석이기도 하다. 이 장에서 우리는 그러한 당위의 논리적 근거와 바람직한 대내외적 합의의 철학적 밑그림을 제시하려 한다.

4. 시장과 전장

남북관계는 냉전의 지형도가 해체된 지금에도 겉으로 보기에는 과거와 같은 적대와 의존, 갈등과 공생의 이중구조를 그대로 유지하고 있다. 그러나 그 심층을 들여다보았을 때 그 내용에 있어서는 큰 차이를 드러내고 있다. 과거 냉전 시절에 남북관계를 비롯한 국제 관계에서 가장 중요한 것은 이념과 체제였고, 여타의 문제는 이에 의존하는 종속변수였다. 냉전이 종식되면서 이념과 체제가 아닌 국익을 우선하는 국가 간의 무한 경쟁시대가 도래하였다. 이로 말미암아 남북관계의 전통적 골격인 적대와 의존, 갈등과 공생의 이중구조도 새로운 양상에 접어들고 있다. 한국은 러시아, 중국, 동구권 국가 등 과거 이념과 체제를 달리했던 국가와 수교했고, 동아시아에서 소련의 붕괴로 초래된 공백을 선점한 미국에 대한 한국의 의존도는 더욱 강화되었다.

탈냉전의 격랑에서 경제적 난관과 외교적 고립에 동시에 봉착했던 북한은 경제적 난관에 대해서는 제한적인 범위에서나마 시장화와 개방화를, 외교적 고립에 대해서는 강성대국의 이념을 지향함으로서 난국의 돌파를 시도해왔다. 이 두 움직임을 차례로 살펴보기로 하자. 북한이 수해와 가뭄 등의 자연재해를 겪기 이전인 1990년부터 이미 마이너스 성장을 거듭해왔다는 사실은 북한의 식량과 경제 문제가 천재지변이 초래한 불행이 아니라, 경제 체제의 문제에서 비롯된 구조적인 것임을 함축한다.[2] 소련의

---

2   20세기 후반부에 한국의 민주화 운동을 양분한 NL의 식민지 반봉건사회론과 PD의 신식민지국가독점자본주의론은 모두 종속이론에서 연원한다. 종속이론은 세계의 경제 체제가 중심과 주변으로 나뉘고 그들 사이의 종속 관계로 말미암아 종속국의 경제 발전은 저발전(underdevelopment)의 멍에에서 헤어 나올 수 없다는 것을 골자로 하고 있었다. 그

해체와 사회주의권의 붕괴, 그리고 중국의 개방정책으로 말미암아 북한은 대외 시장을 잃었고 우방국으로부터의 지원도 기대하기 어렵게 되었다. 이를 타개하기 위해 북한은 과거에 비해 적극적인 대외정책 방안들을 강구하였다. 그 대표적인 것이 1991년 나진과 선봉지역에 설치한 경제특구정책과 1993년에 발표한 무역제일주의이다. 이러한 정책이 한국의 대북 경제 협력 정책과 맞물려 1997년에 이르러 한국은 북한의 교역상대국 2위로까지 급부상하였다(이영선·윤덕룡 1998, 11쪽). 결국 사상과 이념의 차이에도 불구하고 남과 북이 모두 경제발전이라는 공통된 지향점과 현실

리고 마르크스주의 경제사가 그러하듯 종속이론이 제시하는 대안도 자본주의의 철폐와 사회주의로의 이행이었다.

경제개발 이론 분야에서 벌어진 외부 지향적 개방경제정책과 내부지향적 폐쇄경제정책의 효율성에 대한 논쟁은 한반도에서 한국이 전자를, 북한이 후자를 채택함으로써 역사적 실험무대에 올려졌다. 북한경제학의 이론적 토대가 되는 마르크스를 위시해 프레비쉬(Raúl Prebisch), 뮈르달(Gunnar Myrdal), 그리고 종속이론가들은 내부지향적 경제정책의 당위성을 주장하였다. 특히 프레비쉬와 뮈르달은 국제무역이 경제발전에 걸림돌이 된다고 보았다. 국제무역이나 대외 의존도의 증가는 국가 경제의 불확실성을 가중시켜 계획경제를 시행함에 있어서 어려움을 가중시킨다는 것이다.

그러나 폐쇄정책으로 인한 자원 활용의 비효율성 때문에 경제 생산규모는 잠재적 생산규모 이하로 떨어지게 된다. 즉 국제무역을 통한 국내 자원의 적극적인 활용의 기회를 상실하게 되고 국제무역의 동태적인 경제 파급효과도 사라지게 되어 경제성장의 둔화, 경제 신축성의 감소, 경제 침체를 야기한다. 70여 년에 걸친 북한의 폐쇄정책도 대외경쟁력 약화와 국내자원 비용의 급상승으로 말미암은 경제 침체를 초래하였다.

반면 한국과 같이 외부 지향적 개방경제정책을 추구하는 국가들에서 경제성장과 개방정책은 긍정적인 인과 관계로 묶여졌다. 수출이나 개방정책의 확대는 기술수준을 향상시키고 새로운 투자기회를 제공하여 경제를 성장시켰고, 이는 다시 내생적으로 기술수준을 보완하고 향상시키는 효과를 초래했다(조재호 1997, 140~142쪽). 경제뿐 아니라 거의 모든 섹터에서의 종속 상황에도 불구하고 미국에 편승한 무임승차의 이득을 본 한국의 발전은 저발전이 아니라 오히려 고속발전(overdevelopment)에 가깝다. 종속이론은 틀린 것이다. 오히려 사회주의 계획경제는 시장(market)을 부정하는, 이성에 대한 과신으로 말미암아 무너졌다. 사회주의의 현실은 자본주의와는 클래스가 다른 독재와 부패 그 이상도 이하도 아니었다. 결국 사회주의 이론들은 허황된 도그마임이 밝혀졌다. 종속이론의 대표적 학자였던 카르도소(Fernando Cardoso)가 브라질의 대통령으로 취임하면서 종속이론가로서의 카르도소는 잊으라고 했다던가. 이데올로기를 벗어나 사실을 보아야 한다.

적 가능성을 지니고 있다는 점이 남북관계를 개선시킬 수 있는 실마리인 셈이다.

반면 강성대국의 추구는 외교적 고립 상태에서 직면한 미국의 위협에 핵과 미사일 카드를 무기로 정면으로 맞서는 초강수의 생존전략이었다. 당면한 위기를 돌파하기 위해 북한에는 군사주의의 담론이 급격히 확산되었으며, 이러한 분위기는 김정일이 주석직을 승계하는 대신 국방위원장에 취임한 이후에 더욱 가속화되었다. 김정일은 국방위원장직에 취임한 이후 경제 관료와 아울러 군 관계 인사들을 대거 권력의 핵심에 중용한 바 있다.[3] "군대를 혁명의 기둥으로 튼튼히 세우고 그 위력으로 경제건설의 눈부신 비약을 일으키는 것"[4]을 강성대국으로 규정한 데서 보듯이 군사화를 통한 생존과 체제유지는 시장화의 논리에도 선행하는 최우선의 과제였다.

한국과의 교류협력은 계속하면서도 미국을 비롯한 위협 세력에 대해서는 일전도 불사하겠다는 북한의 벼랑 끝 정책은 한반도를 시장과 전장으로 뚜렷이 이원화하고 있다. 북한의 이러한 태도에 대해 우리는 어떻게 대처해야 할 것인가? 북한의 군사주의에 대한 강경 일변도의 대응은 남북경협을 위축시켜 한반도의 상황을 냉전기의 대결주의 국면으로 되돌릴 가능성이 있다. 이는 통일을 위해서나 남북한 두 사회를 위해서나 현명한 처방이 아니다. 과거 북한과의 적대적 의존관계는 남북한 사회 모두를 비민주적으로 경직시켰으며, 이로 말미암아 한반도의 긴장은 더욱 고조되었다. 이러한 과거의 교훈을 상기할 때 우리 역시 시장과 전장이라는 북한의

---

3 『내외통신』 1120호, 1998.7.30.
4 『로동신문』, 1998.8.22.

이원화 정책을 회피할 이유가 없다. 그렇지 않을 경우 북한이 취하고 있는 군사주의와 시장화의 균형은 군사주의 한쪽으로만 치우치게 될 가능성이 있으며, 이는 북한뿐 아니라 우리에게도 이롭지 못하다. 결국 정경분리 원칙에 입각한 우리의 대북 포용정책은 우리와 북한 모두에게 현명한 선택으로 여겨진다.[5]

북한의 시장과 전장 이원화의 전략과 이에 상응하는 우리의 정경분리와 포용정책은 일견 북한에게 더 많은 이득을 남겼다는 평가가 있을 수 있다. 비록 북핵문제의 악화로 실행과정에서 중단되기는 했지만 북한은 한반도 에너지 개발기구를 통해 경수로 2기를 제공받기로 했었고, 1995년부터 경수로 1기 완공 때까지 매년 50만 톤의 중유의 무상 제공도 얻어냈다(박명림 1998, 19쪽). 협상만으로 미국으로부터 생존권 보장과 관계 정상화를 약속받으면서 이러한 지원까지 이끌어낼 수 있었다는 것은 결국 북한의 이원화 정책이 성공적인 것이었음을 시사한다.

그러나 우리의 관점에서도 국내외적 사정의 악화로 비록 중단되곤 했지만 북한과의 교류 협력을 지속하게 되었다는 성과가 있다. 이 성과는 북한의 군사주의를 점진적으로 약화시킴으로서 한반도의 긴장 완화에 이바지할 것이라는 점에서, 앞으로의 장기적 효과가 더욱 클 것으로 기대된다. 북한에 비해 경제적으로 훨씬 우월했던 동독이 서독과의 교류 협력에 의해 자연히 붕괴되었다는 사실을 감안한다면, 남북 간의 상호 교류와 협력은 적어도 정치·군사적 갈등과 분쟁의 가능성을 감소시켜 줄 수 있을 것

---

5   북한이 추구하고 있는 군사주의는 국가적 위기 상황에서는 필요할는지 모르지만, 장기적으로는 국민의 자유와 자주성을 제한하고 생산력을 저하시키는 질곡으로 작용할 수 있다. 따라서 남북 교류 협력에 의한 군사주의의 완화는 북한에게도 유익한 정책일 것이다.

으로 여겨진다. 한편 남과 북은 이러한 상호 교류의 과정에서 공통 이익의 영역이나 효용이 교차하는 부문을 찾을 수 있을 것이다. 남과 북은 앞으로 여기서 산출되는 공통의 이익을 각기 최적화하는 배분점을 모색하는 방식으로 장기 정책을 펴나가야 할 것이다.(강정구 1995, 243쪽)

5. 다원주의

북한의 시장과 전장의 이원화 정책과 우리의 정경분리 정책은 남북관계가 분야와 사안별로 다원화될 수 있음을 예고한다. 북한의 입장에서 보았을 때 그러한 다원주의가 지향하는 일차적 이념은 과거와 같은 이데올로기나 적화 통일보다는 생존과 실익일 것이다. 남과 북을 갈라놓았던 이데올로기 간의 대립과 경쟁이 세계무대에서 와해된 것은 남북관계의 정상화를 위한 청신호의 하나이다. 북한이 현재 처해있는 위기도 이데올로기의 위기라기보다는 국가생존의 위기이다. 김일성의 주체사상이 군사주의의 강성대국론으로 변화한 것도 생존을 위한 자구책으로 볼 수 있다. 자본주의 경제권으로 단일화 된 세계 체제하의 무한경쟁 시대에서 어느 쪽이 살아남느냐라는 엄연한 적자생존의 논리만이 남과 북에게 공통적으로 남아있을 뿐이다.

이러한 남북관계의 다원화는 한국과 북한 두 사회의 다원화와도 연관이 있다. 한국의 경우 군사정권에 의해 오랫동안 잠복해 있던 다양한 욕구와 지향성은 군사정권의 몰락 이후 그만큼 다양한 방식으로 분출되고 확산되어가고 있다. 반공으로 반강제적으로 단일화 되어있던 이데올로기의 고삐 역시 상당히 풀려진 것이 사실이다. 요컨대 한국의 경우 대북관계의 다원화와 한국 사회의 다원주의는 인과 관계가 아니라 상관관계로 얽혀 있다. 북한의 경우에도 시장화와 개방화로 특징지어지는 경제 개혁, 그리고 개인 소유와 수입, 상속권을 보장하고(김일성 헌법 24조) 독립채산제를 허용하는(김일성 헌법 33조) 김일성 헌법의 제정으로 말미암아 생겨날 다원주의적 흐름을 역류시키지는 못할 것이다. 요컨대 북한의 경우 대남 관계의 다원화와 북한 사회의 다원주의는 미래 시제이기는 하지만 인과 관계를 형성할 것으로 전망된다.[6]

다원주의의 문제는 우리의 경우 민간 통일운동 단체들에 의한 통일 논의의 개방화와 통일운동의 활성화로 인해 이미 현실의 문제로 다가온 셈이다. 이는 한국 사회가 다원적인 민주사회로 전환하는 과정에서 초래되

---

6 이러한 전망은 여전히 북한의 공식적 지배논리와는 상충한다는 점에서 현재로서는 가설에 속한다. 아래에서 보듯이 김정일은 사회주의와 다원주의가 양립할 수 없음을 역설한 바 있다.

"사회주의 사회에서는 이른바 '다원주의'가 허용될 수 없습니다. '다원주의'가 표방하는 사상에서의 '자유화', 정치에서의 '다당제', 소유에서의 '다양화'는 개인주의와 자유주의에 기초한 생존경쟁이 지배하는 자본주의 사회의 정치방식입니다. 사회주의는 집단주의에 기초한 사회이며 인민대중의 통일을 생명으로 하는 사회이므로 사회주의와 '다원주의'는 량립될 수 없습니다. 사회주의 사회에 '다원주의'를 끌어들이면 개인주의와 자유주의가 조장되어 사회공동의 리익을 침해하게 되며, 인민대중의 통일과 단결을 파괴하고 사회적 무질서와 혼란을 조성하게 됩니다. 사회주의 사회에서 사상의 자유화와 정치에서의 다당제를 허용하는 것은 결국 사회주의 사회의 기초를 허물고 인민의 정권을 전복하기 위한 반혁명적 책동에 길을 열어주는 것이 됩니다. 사상분야의 투쟁은 정치투쟁의 서곡이며 그것은 정권투쟁으로 넘어가기 마련입니다. 력사적 경험은 사상을 자유화하여, 반사회주의적 사상조류들이 류포되고 '다당제 민주주의'를 허용하여 반사회주의 정당들의 활동이 보장되면 계급적 원쑤들과 반동들이 머리를 쳐들고 반사회주의 책동을 감행하며 로동계급의 당을 정권의 자리에서 내쫓는 데로 나아간다는 것을 똑똑히 보여주고 있습니다."(김정일 1993, 93쪽)

여기서 우리는 변화된 주변 환경에 적응해야 하는 실용주의적 노선과 북한 내부를 견고히 해야 할 정치사상적 투쟁의 입장 사이에 긴장이 흐르고 있음을 감지할 수 있다.(송두율 1995, 124쪽)

는 자연스러운 과정이기도 하다. 남북한 간의 정치와 체제에 관련된 사안의 경우에는 정부가 일정한 주도권을 지녀야 하겠지만, 그 이외의 사회, 경제, 문화 분야의 교류와 협력은 개인 또는 민간단체에 의해서 추진되는 것이 실현가능성이 높다는 점에서 바람직하다.

민간 통일운동 단체의 활동이나 민간기업의 대북 경협에 대해 정부가 취한 과거의 정책은 통제와 간섭이었다(조명철 1998 참조). 민간 통일운동 단체에 대해서는 각 단체들의 이데올로기적 성향을 바탕으로 통제와 간섭의 양상을 달리 했고, 대북 경협에 나선 민간 기업들에 대해서는 상대적 손익계산방식에 의해 통제와 간섭을 해왔다. 이러한 통제와 간섭의 두 양상 중에서 대북 경협의 상대적 손익계산방식에 대해 먼저 살펴보기로 하자. 그 계산방식의 핵심은 남북이 상호협력을 통하여 각자가 개별적으로 얻을 수 있는 최고의 손익을 계산하기보다는, 둘 중에서 누가 더 상대적 손익을 보느냐를 계산하는 것이다. 그 결과 남북은 경협을 통해 쌍방 모두 절대적 이익을 볼 수 있음에도 불구하고, 상대가 자기보다 상대적으로 더 많은 이익을 본다고 판단하게 될 때에는 어떠한 절대적 이익도 포기하고 경협을 중단한다. 상호 신뢰가 부재한 상태에서 군사적으로 팽팽히 대립하는 남북은 경협을 전개하기 전에 협력의 결과로 상대가 더 많은 이득을 얻어 자신에게 위협적 존재로 부각되는 것을 우려한다. 경제력의 뒷받침 없이 군사력의 유지가 불가능하기 때문에 상대가 경협을 통해 얻은 상대적 이익을 군비로 지출하여 군사적 우위를 점하는 사태를 항상 경계하는 것이다(김영호 1999, 140~141쪽). 쇠퇴하고 있는 북한에 대해 한국이 활발한 경협 추진이나 충분한 식량 원조를 꺼려온 것도 이러한 우려에서이다.

그러나 이러한 대북 고사정책은 앞서도 비판했듯이 적과 동반자라는 이

중적 남북관계를 적이라는 일면으로만 고착해서 이해한 데서 비롯된 근시안적 정책이다. 국민 총생산 면에서만 보아도 북한의 약 20배인 한국의 국력 우위는 이미 대북 협력에 있어서 상대적 손익계산방식에서 나오는 우려를 불식시킬 수 있는 분기점을 넘어섰다. 극심한 식량난과 경제 침체에도 불구하고 굳건히 버텨내고 있는 북한의 존재를 우리는 현재뿐 아니라 앞으로도 통일이 될 때까지 인정해 나간다는 전제하에 공정하고 올바른 정책을 펴야 할 것이다.

민간 통일단체를 이데올로기 성향에 따라 간섭하고 통제해온 과거의 관행도 마찬가지로 대북 정책이 지향하는 바에 대한 철학이 정립되지 못한 데서 기인한다. 우리는 대북 정책의 철학이 통일 지향적이어야 함을 잊어서는 안 된다. 통일 지향적이라 함은 통일을 강요하고 재촉한다는 의미가 아니라, 다가올 통일 시대를 염두에 두어야 한다는 것이다. 통일 지향적 관점에서 보자면 이데올로기로 첨예하게 대립해온 남과 북이 이데올로기로 만날 수 없고 또 만나서도 안 되는 것과 같은 이유에서, 한국 사회의 민간 통일운동 단체를 이데올로기라는 스펙트럼으로 통제하고 간섭하는 정책은 지양되어야 한다. 전 세계적으로 이데올로기 경쟁이 종식되어 의미를 잃게 된 탈냉전 시대에 아직도 특정 이데올로기에 알레르기 반응을 보인다면 그것은 자신감 없는 정책이 아닐 수 없다.

그렇다면 민간 통일운동 단체와 정부 사이에 새로이 설정해야 할 관계는 어떠한 것인가? 우선 그 관계는 서로 이데올로기의 성향을 묻지 않는 관계여야 한다. 정당에 진보와 보수가 있듯이 민간 통일운동 단체에도 한총련이나 자주평화통일민족회의 등과 같은 진보적 단체나 한국자유총연맹, 민족통일중앙협의회와 같은 보수적 단체, 혹은 경실련통일협회나 흥

사단민족 통일운동본부 등과 같은 중도 성향을 지닌 단체가 있다. 민주 사회에서 정당의 진보성과 보수성이 정책의 공정한 대결에 의해 평가되는 것처럼, 민간 통일운동 단체 이데올로기의 성향을 막론하고 공정한 활동 기회가 주어져야 한다.

여기서 우리는 롤스가 제시한 공정으로서의 정의관을 주목할 필요가 있다. 공정으로서의 정의관은 정의의 원칙들이 공정한 원초적 상황에서 합의되는 것으로 보는 방식을 말한다. 원초적 상황의 당사자들은 합리적이고 상호 무관심한 것으로 가정된다. 당사자들은 자신의 가치관, 사회적 지위나 계층상의 위치마저 모른다고 가정된다. 정의의 원칙들은 이러한 무지의 베일 속에서 선택되어진다.(Rawls 1971, p.12)

롤스의 정의관이 우리의 관심을 끄는 이유는 그것이 우리 사회를 분열시킨 이데올로기들을 무지의 베일로 가린 공정한 상황에서 합리적 합의를 추구하고 있기 때문이다. 롤스의 원초적 상황을 남북관계에 적용할 때 우리는 그것을 지나치게 관념적인 것으로 이해해서는 안 된다. 이데올로기를 무지의 베일로 가린다는 것은 이데올로기에 무지하거나 혹은 그것을 완전히 무시한다는 불가능한 과제를 지칭하지 않는다. 아울러 원초적 상황의 당사자들과는 달리 남북관계의 경우에는 관계 당사자들이 상호 무관심하지 않으며 무관심해서도 안 된다. 그렇지만 바람직한 대북 정책을 위해 정부와 민간 통일운동 단체가 관계를 설정하는 과정에서 서로 이데올로기적 성향을 문제 삼지 않을 때, 우리는 이데올로기가 무지의 베일에 가려진 원초적 상황에 접근하는 것이다(Rawls 1993, 27쪽 참조). 그 상황에서는 어떠한 방식의 통일운동이 진정 통일에 기여할 수 있는가 하는 점이 최우선시 된다.

통일운동에 각종 종교 단체가 참여하고 있다는 점도 민간 통일운동 단체들과 정부와의 관계 설정을 더욱 복잡하게 만든다. 우리 사회는 종교상으로도 이미 다원주의의 국면에 접어든지 오래다. 종교에 바탕을 둔 민간 통일운동에 대해서 정부가 취해야 할 입장도 이데올로기와 마찬가지로 종교를 무지의 베일로 가리는 것이어야 한다. 그렇게 해서 얻어지는 원초적 상황 하에서 바람직한 통일운동에 공정한 절차적 정의를 정착하는 것이 과제로 남게 된다.

6. 중첩적 합의

통일 관련 단체는 급속하게 양적인 증대를 나타내고 있다.[7] 그 수만큼이나 다양한 성향을 지닌 민간 통일운동 단체가 펼치는 다양한 통일운동이

---

[7] 통일원 교육홍보국의 조사 자료에 의하면 1996년 한해만 해도 통일원의 허가를 받은 법인의 경우 대중 통일운동 단체 14개, 조사·연구 단체 12개, 남북 교류·협력 관련 단체 3개, 종교계 통일운동 단체 5개 등 총 34개, 그리고 통일원 유관 단체로 일반 통일운동 단체 5개, 조사·연구 단체 3개, 여성·남북 교류 단체 4개, 신규 신고 단체 4개 등 총 16개 단체가 1996년 상반기에 등록했다.
2019년 현재 통일부의 허가를 받은 법인은 총 404개로 개성공단 관련 단체 3개, 경제협력 관련 단체 19개, 납북자 지원 관련 단체 3개, 북한 이탈 주민 정착 지원 관련 단체 9개, 북한 인권 개선 관련 단체 19개, 사회 문화 협력 관련 단체 39개, 이산가족 지원 관련 단체 5개, 인도 지원 협력 관련 단체 80개, 통일 교육 관련 단체 10개, 통일 활동 전반 관련 단체 101개, 학술연구 관련 단체 45개가 이에 해당한다.
한편 1996년 경실련 통일협회가 조사한 바에 의하면 통일 관련 민간단체는 대학 연구소를 포함하여 250개 정도로 파악되었다(조민 1996, 104쪽). 2018년 통일부 공식 블로그의 자료에 의하면 북한 및 통일과 관련한 시민단체는 국내에 대략 350개, 해외에 약 300개가 존재하는 것으로 파악되고 있다.
(https://m.blog.naver.com/PostView.nhn?blogId=gounikorea&logNo=221272272933&categoryNo=7&proxyReferer=https%3A%2F%2Fwww.google.com%2F)

정부의 대북 정책과 어떻게 조화로운 합의를 이루어낼 수 있을까? 그것은 정부의 대북 정책이 원칙적으로 모든 민간 통일운동 단체가 수긍할 수 있는 것일 때에 가능하다. 앞서 살펴보았던 관용과 선의에 바탕을 둔 대북 정책은 바로 그러한 지지를 얻을 수 있다. 그것에 대한 지지가 이루어지지 않을 때, 정부는 앞의 논의를 바탕으로 왜 관용과 선의가 대북관계에 필요 불가결의 이념인지를 설득할 수 있어야 한다. 이로 말미암아 정부의 대북 정책과 민간단체가 주도하는 통일운동 사이에는 근본적 노선의 일치 내지는 합의를 볼 수 있다.

물론 이러한 합의는 민간 통일운동과 정부의 대북 정책이 그 추진의 배경과 내용에 있어서 완전히 일치해야 함을 의미하지는 않는다. 민간 통일 운동 단체의 다양한 성향을 감안할 때 그것은 지나친 요구이다. 아울러 그것은 다원화되고 있는 남북관계에 역행하는 시대착오적인 것이기도 하다. 여기서 우리는 다양한 성향을 지닌 민간 통일운동과 정부의 대북 정책 사이의 합의를 하나의 논리적 모델로 설명해보고자 한다. 논리학에서 명제 p는 ① {(q ⊃ p) & q}, ② {(-p ⊃ -q) & q}, ③ {(q v p) & -q}, ④ (p & q) 등의 전제로부터 공히 이끌어져 나올 수 있다. 요컨대 명제 p는 ①, ②, ③, ④와 같이 상이한 전제에 공유되어 있다. 전제 ①, ②, ③, ④가 명제 p를 공유하기 위해서 이들 네 전제가 논리적으로 동치일 필요는 없다. 아울러 이들 각각의 전제로부터 명제 p를 이끌어내는 추론의 근거도 네 경우 모두 같지 않다. 요컨대 ①의 경우에는 긍정식modus ponens,[8] ②의 경우에는

8 　조건문을 포함하는 다음과 같은 타당한 논증 형식.

x ⊃ y

x

———

부정식modus tollens,[9] ③의 경우에는 선언 논법disjunctive argument,[10] ④의 경우에는 단순화simplification[11]가 각각 그 추론의 근거이다. 그럼에도 불구하고 각각의 네 전제는 모두 명제 p를 함축하고 있다. 이러한 경우 우리는 명제 p가 각각의 네 전제에 의해 "중첩되어 있다"거나 혹은 각각의 네 전제가 명제 p를 "중첩적으로 함축하고 있다"고 말하고자 한다. 지금까지 살펴본 중첩적 함축의 예를 벤 다이어그램으로 나타내보면 아래와 같다.

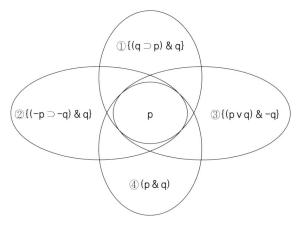

〈그림 13〉 중첩적 함축

∴ y

9 조건문을 포함하는 다음과 같은 타당한 논증 형식.

x ⊃ y

-y

─────

∴ -x

10 x ∨ y

-x

─────

∴ y

11 x & y

─────

∴ x

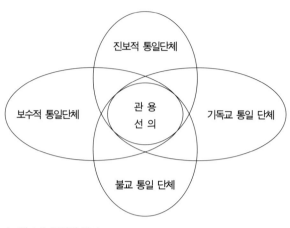

〈그림 14〉 중첩적 합의

　위의 모델을 다양한 민간 통일운동 단체들의 통일운동과 정부의 대북
정책 사이의 관계에 적용할 때 우리는 양자가 관용과 선의라는 이념에서
합의를 보는 것으로 정리할 수 있다. 이 점에서 우리는 양자 사이의 합의
를 롤스의 표현을 빌려 중첩적 합의라고 부르고자 한다. 우리는 중첩적 합
의를 축으로 합의된 내용과 합의를 보지 않은 내용을 갈라볼 수 있다. 합
의된 내용은 관용과 선의라는 대북 이념으로서 정부는 이러한 이념을 실
천하는 민간 통일운동 단체에게 공정한 기회를 부여하는 절차적 정의를
실현해야 한다. 합의를 보지 않은 내용은 각 민간 통일운동 단체의 이데올
로기적, 종교적, 사회적 성향 등으로서 이들은 합의의 과정에서 무지의 베
일에 의해 애초에 고려의 대상에서 제외된다.

7. 합의와 흥정

지금까지 살펴본 롤스의 무지의 베일과 원초적 입장, 중첩적 합의의 개념이 민간 통일운동 단체와 정부 사이의 관계뿐 아니라 남북 간의 대화에도 적용될 수 있는지를 살펴보기로 하자. 우선 민간 통일 단체와 정부의 관계와 남북관계 사이에는 근본적인 차이가 있음을 상기할 필요가 있다. 앞서 논의했듯이 전자의 관계와 달리 후자의 관계에는 시장과 전장으로 요약되는 적대와 의존, 갈등과 공생의 이중성이 내포되어 있다. 아울러 남북 양 체제의 상이한 이데올로기는 70여 년에 걸친 남북 이질화 과정을 통해 각 체제 내에 깊이 고착되어 있어서 쉽게 무지의 베일로 가릴 수 없는 것이다. 일촉즉발의 전운이 감돌곤 하는 긴장된 한반도에 롤스의 자유주의적 정의관은 지나치게 추상적으로 보일 수 있다.

그러나 좀 더 생각해보면 이러한 문제점과 한계는 비록 일리가 없는 것은 아니지만, 치명적인 것만은 아니라는 것을 알 수 있다. 첫째, 불신과 적대감의 골이 깊은 남북이 상대를 인정한다고 해서 통일이 절로 오는 것은 아니지만, 통일을 위한 평화적이고 합리적인 방안은 대화를 통한 협력밖에 없는 것도 사실이다. 둘째, 대립하는 남북 양측의 이데올로기를 쉽게 망각할 수는 없겠지만, 남북이 상이한 이데올로기의 관점을 그대로 고수하면서 대화를 풀어나간다는 것은 과거의 경험에서도 명백히 노정되었듯이 거의 불가능한 일이다. 어차피 진정한 남북 대화를 위해서는 합의될 수 없는 사안이나 관점의 차이는 대화의 테이블에서 제외되어야 한다. 아울러 남북 대화에서 무지의 베일은 상대에 대한 무지를 의미해서는 안 된다. 오히려 무지의 베일을 효과적으로 적용하기 위해서라도 남북 간에는 정확하고 깊은 상호 이해가 요청된다. 셋째, 남북관계처럼 복잡하게 얽히고 설킨 문제의 경우일수록 문제에 대한 근본적이고 명확한 이해를 위해서는 문제의 구조를 추상화하고 단순화해서 볼 필요가 있다. 따라서 관점이 지니는 추상성 자체를 관점의 결함으로 볼 수는 없다.

지금까지 이 장에서 살펴본 대북 정책에 관한 철학이 지니는 가장 큰 문제점이 있다면 그것은 관용, 선의, 중첩적 합의 등의 핵심 개념들이 악용되거나 전략적 타협으로 전락할 가능성이다. 남과 북은 지금까지 그래왔던 것처럼 상대의 희생을 대가로 자신의 목표를 추구하기 마련이기에 국익에 기초한 정치적 흥정으로서의 타협에서 합의란 단지 외형적인 것이 될 가능성이 있다. 따라서 한국이나 북한이 관용, 선의, 중첩적 합의 등을 도구적으로 이용할 소지를 효과적으로 차단할 수 있겠는가 하는 문제가 남는다.(Hampton 1989 참조)

이 문제는 현실적 측면과 이론적 측면으로 나누어 검토해야 한다. 앞서도 언급했듯이 관용과 선의는 현실적으로 상대에 의해 악용될 소지가 있다. 따라서 이러한 개념들을 적용하는 당사자는 언제나 그 한계와 상대에 의한 오용을 경계해야 하며, 아울러 이 개념들의 성립을 가능케 하거나 뒷받침하는 힘의 유지를 게을리 하지 말아야 한다. 그럼에도 이 개념들에 의존해야 하는 이유는 관용이 (적대적) 다원주의의 갈등과 긴장의 해소에, 선의가 의사소통과 대화에 반드시 필요한 이념이기 때문이다.

중첩적 합의가 이익의 절충에 기초하고 있는 전략적 타협이나 정치적 흥정과 구분되지 않을 수 있다는 지적은 적어도 이론적 측면에서 보았을 때는 옳지 않다. 중첩적 합의는 이데올로기와 같은 포괄적 관점으로부터 출발하여 그것이 제공하는 근거에 기초하여 입안되는 것이다. 그 근거가 합의 당사자들마다 다르다고 해서, 그리고 그러한 상이한 바탕으로 합의가 이루어진다고 해서 그 합의 자체를 흥정이나 절충으로 보아서는 안 된다. 왜냐하면 합의의 근거들은 비록 서로 다르기는 하지만 당사자들 개개의 진지한 숙고를 거쳐 이루어진 나름대로의 타당성을 지닌 것이기 때문이다. 중첩적 합의와 흥정을 구분하는 하나의 기준은 이루어진 합의 혹은 흥정이 합의 혹은 흥정 당시의 힘의 균형이나 세력 판도의 변화에도 불구하고 안정성을 지니면서 유지될 수 있는지의 여부이다. 합의의 경우에는 변화 이후에도 그대로 유지가 될 것이고, 흥정의 경우에는 그렇지 못할 것이기 때문이다.(Rawls 1993, pp.147~148쪽)

물론 중첩적 합의에 도달했다고 해서 그것이 현실적으로 안정성을 지니면서 유지된다는 보장은 없다. 남북관계와 같이 신뢰가 구축되지 않은 채 군사적 충돌의 가능성이 잠재한 경우에는 합의를 깨뜨릴 내외적 돌발 변수들이 상존하고 있기 때문이다. 그러나 그러한 경우일수록 합의의 합리성과 절차적 공정성에 대한 이념을 포기해서는 안 된다. 타자에 대한 관용과 선의가 전제될 때 중첩적 합의가 이루어지겠지만, 역으로 중첩적 합의를 통해서 비로소 관용과 선의가 힘을 싣게 되기 때문이다.

8. 통일 이후

지금까지 살펴본 남과 북의 중첩적 합의가 평화통일 지향적이어야 함은 너무도 자명하다. 그런데 정작 통일이 이루어진 이후에야말로 중첩적 합의는 요청된다. 국가와 체제의 통합으로서의 통일 이후에는 분단체제하에서 각기 다른 생활양식을 영위해온 민중들 사이의 이질성이 문제시될 것이다. 독일 통일의 경우에서 보듯이 사회 문화적 통합은 정치적 통일과 별개로서 추진되어야 할 과제이다. 이질성을 극복하는 것이 장기적 목표이겠지만, 70여 년간 심화되고 고착된 이질성을 하루아침에 극복하려는 것은 이질성을 무시하는 것만큼이나 위험한 무리수일 것이다. 문화적 동질화는 의사소통을 통한 상호 이해라고 하는 매우 복잡하고 어려운 인간의 심리적, 감정적 여과과정을 거쳐서 일어나는 장기적 과제이기 때문이다.(홍관희 1995, 377쪽)

결국 통일 이후에 시급히 요청되는 것은 이질성을 포용할 수 있는 조화와 관용이다. 이질성이 갈등을 유발하는 경우에는 갈등 당사자 사이의 중첩적 합의가 있어야 할 것이다. 남북 간 이질성의 범위와 정도를 감안할 때 아마 다방면에 걸친 중첩적 합의가 필요할 것이다. 그러나 중첩적 합의에 의한 동질성의 확보를 지나치게 확대하려 해서는 안 된다. 그보다는 오히려 이질성과 다양성을 소화해낼 수 있는 의사소통적 능력과 포용력을 기르는 일이 더 중요하다(조혜정 1996, 55~56쪽). 통일 사회에서는 상호간의 '차이'에 대한 인식이 사회 통합의 기초가 될 것이기 때문이다. 통일 사회의 구성은 이처럼 역사적으로 만들어진 사회 내부의 차이를 인정하고 그 '다름'을 조직하는 문화와 담론을 엮어가는 작업이다.

통일 전후의 과정에서 예기되는 혼란과 지역 간의 갈등을 감안할 때 절차상의 공정성으로서의 정의는 통일 이후의 사회 조직과 통합에 있어서 근간이 되는 이념이 될 것이다. 우리가 롤스의 정의관에 관심을 갖게 되는 것도 이러한 연유에서이다. 롤스는 가정된 원초적 상황에서 다음과 같은 두 가지 정의의 원칙을 도출한다.

a. 각자는 평등한 기본권과 자유에 입각한 완전한 적정구조에 대한 동등한 주장을 할 수 있는 권리를 가진다. 이 구조는 모든 사람에게 해당하는 동일한 구조와 양립할 수 있다. 그리고 이 구조에서는 평등한 정치적 자유, 그리고 다만 그러한 자유들이 그 공정한 가치를 보장받을 수 있도록 되어야 할 것이다.

b. 사회적, 경제적 불평등은 다음 두 조건을 만족시켜야만 한다. 첫째, 이들 불평등은 공정한 기회평등의 조건하에서 모든 사람에게 개방된 직위와 직책에 결부되어야 하며, 둘째, 이들 불평등은 사회의 최소 수혜자들에게 최대한의 이익을 가져올 수 있도록 해야 할 것이다.(Rawls 1993, pp.5~6)

남북 간의 사회 경제적 격차를 감안할 때 통일 이후의 사회에서 사회 경제적 측면에서의 재분배는 최우선의 과제가 아닐 수 없다. 이때의 재분배가 반드시 균등해야 할 필요는 없겠지만 통일 사회의 최소 수혜자 집단에게 최대한의 이익을 가져올 수 있도록 해야 할 것이다. 이것이 이루어지기 위해서 부담해야 할 것이 소위 말하는 통일 비용의 일부일 것이다. 그러나 이러한 의미의 통일 비용은 결국 모두에게 이익이 되는 방향으로 사용될 것이라는 점에서 감수할 가치가 있다.

우리가 롤스의 정의관을 주목하는 또 하나의 이유는 그것이 자유주의의 이념인 자유와 사회주의의 이념인 평등을 조화롭게 엮어내고 있기 때문이다. 대화와 합의를 통한 평화통일에서는 어차피 남과 북 어느 한쪽의 이데올로기만을 고집할 수 없는 형편이다. 사실 그것을 고집할 만큼 남과 북이 각기 바람직한 사회를 운용하고 있지도 못하다. 그러나 남북한 모두 통일을 위해서일지라도 현존하는 양 체제의 기본특성은 포기하지 않을 것이라는 점이 분명한 이상, 결국 통일 사회의 구상은 양 체제가 모두 수용

할 수 있는 좌와 우의 중간적 지점에서 그려져야 할 것이다. 롤스의 정의
관은 자유의 이념과 평등의 이념이 균형을 이루고 있다는 점에서 통일 사
회의 구성 원리로서의 그 적실성을 지닐 수 있다.

차등의 원칙으로 불리어지는 정의의 원칙 b의 후반부의 이념을 설명하
기 위해서 다음의 그림을 살펴보기로 하자.(Rawls 1971, pp.76~78)

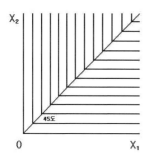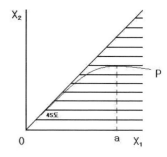

〈그림 15〉 차등의 원칙

왼쪽 그림에서 원점 O는 모든 사회적 기본 가치들이 평등하게 분배되
어 있는 가정적 상태를 나타내는데 X_1과 X_2는 원점 O에서 시작해 오른쪽
으로 45도 기울기를 이루는 직선상에서 이러한 가정적 상태를 계속 유지
하며 각자의 기대치를 증진시켜나간다. 오른쪽 그림에서 X_1과 X_2는 각각
최대 수혜자 집단과 최소 수혜자 집단을 대표한다. 곡선 OP는 X_1의 기대
치의 증대가 가져오는 X_2의 기대치에의 기여도를 나타낸다. OP가 언제나
45도 선보다 아래에 있는 것은 X_1이 항상 보다 우월한 처지에 있기 때문
이다. 즉 45도 선의 각 점과 곡선 OP의 각 점을 잇는 선분이 X_1과 X_2 사
이의 차등(불평등)을 나타낸다. 원점 O에서 a까지의 구간에서는 X_1의 기
대치가 증가함에 따라 X_2의 기대치도 증가한다. 차등의 원칙은 OP 곡선

이 변곡점에 도달할 때 완전히 만족한 상태가 된다. 앞의 오른쪽 그림에서 점 a가 이 점에 해당되는데, 이 지점에서 최소 수혜자 집단의 기대치는 극대화된다.

남북 간의 격차를 감안할 때 통일 이후의 우리 사회에서 한국과 북한의 주민들은 앞서 오른쪽 그림에서 각각 X_1과 X_2에 대입해볼 수 있다. X_1과 X_2가 공존하게 되는 통일 이후의 사회에서 우리는 점 a에서 구현되는 최선의 정의로운 체제를 지향해야 한다. 최선의 정의로운 체제는 물론 최소 수혜자 집단의 기대치가 극대화된 경우로서, 최대 수혜자 집단의 기대치를 변화시켜도 최소 수혜자 집단들의 처지가 더 이상 향상될 수가 없을 때이다. 그러나 최선의 정의로운 체제가 곧바로 도래할 수는 없다. 우리는 a에 이르는 정의 사회로의 도정을 밟아 나가야 한다. 이 도정에서 최대 수혜자 집단의 기대치는 최소 수혜자 집단의 복지가 — 비록 최대치까지는 아니더라도 — 더 향상되도록 공헌한다. O에서 a에 이르는 구간 사이에서는 최대 수혜자 집단의 기대치가 감소될 경우 최소 수혜자 집단의 기대치도 마찬가지로 떨어진다. 또한 통일 이후의 우리 사회는 최소 수혜자 집단의 기대치가 감소됨에도 불구하고 최대 수혜자 집단의 기대치가 커지는 X_1 축의 a 이후의 정의롭지 못한 전개를 경계하고 차단해야 한다.

통일 이후의 사회가 남북의 격차로 말미암아 빚어질 계층 간의 격차를 해소하기 위해 롤스의 차등의 원칙을 도입했을 때 우리는 그 대가로 사회의 효율성 저하에 직면하게 되지는 않을 것인가? 그러나 효율성의 원칙을 모든 집단의 전망을 향상시키는 변화만을 허용함을 의미하는 것으로 이해할 때, 차등의 원칙은 효율성의 원칙과도 양립할 수 있다. 왜냐하면 차등의 원칙이 만족될 경우에는 최소 수혜자 집단의 처지를 악화시킴 없이 최대 수혜자 집단의 처지를 더 낮게 할 여지가 없기 때문이다. 그래서 정의는 앞서 살펴본 그 두 원칙 a와 b가 완전히 만족될 경우 효율성과 어긋남이 없는 것으로 규정된다. 물론 통일 사회가 정의롭지 못할 경우에는 최대 수혜자 집단의 기대치를 올리면서 최소 수혜자 집단의 기대치를 감소시킬 변화를 인정하게 될 것이며(Rawls 1971, p.79)[12](이는 앞의 오른쪽 그림에서 점 a의 오른쪽 방향에 해당한다), 따라서 효율성의 원칙과 상충하게 될 것이다. 이를 해결하는 길은 정의로운 사회를 구현하는 것이며 그러한 사회가 바로 효율적인 사회인 것이다. 정의로운 사회로서의 효율적인 사회는 앞의 오른쪽 그림에서 점 a에서 성취된다.[13]

롤스의 정의관은 통일 이후의 사회에 존재하는 남북 주민의 경제적 격차를 낮추는데 바람직한 정책적 비전을 제시한다. 그러나 이를 수행함에 있어 치러야 할 대가도 눈여겨보아야 한다. 최소 수혜자 집단에 대한 배려로 말미암아 보다 최대 수혜자 집단은 계속해서 경제적 자유를 제한받게 되며, 이는 장기적으로 국가 경쟁력을 떨어뜨리는 결과를 초래할 수 있다. 예컨대 앞서 오른쪽 그림에 표기된 사회는 정의에 충실할 경우 a 이상의 성장을 할 수 없게 된다. 성장의 무궁한 동력을 허용하기 위해서는 정의론

---

12 롤스는 정의롭지 못한 사회가 최대 수혜자 집단의 기대치를 감소시킬 변화를 인정할 것으로 묘사하고 있는데 이는 위와 같이 고쳐 서술되어야 한다고 본다.

13 노직(Robert Nozick)은 최대 수혜자 집단의 기대치의 상승이 최소 수혜자 집단의 기대치를 감소할 경우, 이를 정의롭지 못하다고 볼 수 있는지에 대해 의문을 제기한다. 최대 수혜자 집단이 최소 수혜자 집단과 협력할 때, 이 협력은 대개 전자가 아이디어를 대고 후자가 노동을 통해 상품을 만드는 분업을 통해 이루어진다. 정보화시대에는 노동보다 아이디어가 더 중요하고 가치가 있으므로, 후자보다는 전자가 더 많은 보상을 받아야 마땅하다. 그럼에도 전자는 정의의 이름아래 후자에게 유리한 차등의 원칙에 동의한 마당에, 자신의 기대치의 상승이 후자의 기대치 감소를 야기할 경우 정의롭지 못하다는 이유로 자신의 기대치 상승을 포기해야 하는 이중 희생을 치르게 된다. 이런 경우를 정의롭지 못한 것으로 간주하는 롤스의 입론은 부당하다는 것이다. Nozick 1974, 7장 참조.

이 아닌 다른 시각(예컨대 공리의 극대화를 추구하는 공리주의적 발전국가론)이 필요할 것이다. 따라서 롤스의 정의관은 통일 사회에 존재하는 남북 주민의 경제적 격차를 낮춘 다음에는 그 실행의 지속 여부를 공론에 붙여보아야 한다. 민주주의 사회는 공론을 존중해 운용되는 사회이므로 통일의 후유증이 치유된 뒤에도 계속 정의로운 평등을 추구해 최소 수혜자에 대한 차등의 원칙을 지켜나갈지, 아니면 국가 경쟁력을 제고하는 새로운 길을 추구할지를 결정해야 할 것이다.

9. 인칭

한국을 방문해 독일 통일의 체험을 바탕으로 남북한의 통일을 주제로 논문을 발표한 하버마스(Habermas 1996)에게 한국의 한 학생은 왜 우리가 반드시 통일을 해야 하는가를 질문하였다. 하버마스는 만일 통일을 할 국민적 합의나 의지가 없다고 하면, 무슨 이유로 통일을 추진할 수 있겠느냐면서 그것은 한국 국민이 선택해야 할 문제라고 답변했다(하버마스 1996, 198쪽). 실제로 한국인의 절반가량은 통일보다 평화공존을 더 바란다. 통일연구원이 발표한 '통일의식조사 2019'에 따르면, "남북한이 전쟁 없이 평화적으로 공존할 수 있다면 통일은 필요 없다"는 의견에 동의한 비율은 49.5%에 달했다. 반면, 평화공존이 아닌 통일을 원한다는 응답은 28.8%에 그쳤다. 특히 20대 등 젊은 세대일수록 통일보다 평화공존을 선호하고 있다.

"남북이 평화적으로 공존할 수 있다면 통일은 필요 없다"는 의견에 동의한 비율은 2017년 46.0%, 2018년 48.6%, 2019년 49.5%로 최근 3년간 매년 증가세를 보였다. "남북이 한민족이라고 해서 반드시 하나의 국가를 이룰 필요는 없다"는 의견에는 41.4%가 동의하고, 26.7%가 동의하지 않았다. 이외에 "통일문제와 경제문제 중 하나를 선택해 해결해야 한다면"이라는 질의에 경제를 택하겠다는 응답자가 70.5%로 통일(8.3%)보다 압도적으로 많았다.[14] 분단 이전에 태어나 전쟁을 체험한 세대가 퇴장하고 있는 현 시점에서 이제는 적어도 한국에서는 한민족이 「우리의 소원은 통일」을 함께 부르기가 어색한 상황이 온 것이다.

통일연구원의 조사를 1부 2장 6절에서 살펴본 인칭론적 시각에서 해석해볼 때 흡수통일론이나 적화통일론이 남북 어느 한쪽에 치우친 1인칭적 관점의 통일론이었다면, 현재 우리 사회에서는 북한과 통일문제에 대해 3인칭적 관점이 주류를 이루고 있음을 알 수 있다. 1인칭적 관점이 차이의 감수성에 둔감하다면, 3인칭적 관점은 아예 북한이나 통일문제에 오불관언焉不關焉의 무관심으로 흐르기 십상이다. 통일의 필요성을 느끼지 않는 3인칭적 관점에서는 통일의 관점에 대한 준비도 마찬가지로 불필요하다. 이러한 상황에서는 설령 통일의 여건이 주어진다 해도 기회를 놓칠 가능성이 크다. 예컨대 북한이 붕괴한다 해도 이에 대비해 이미 동북공정을 비롯한 만반의 준비를 갖추고 있는 중국이나 다른 외세에 북한의 영토와 주민을 빼앗길 수 있는 것이다.

통일에 대한 관심의 쇠퇴는 남북이 하나라는 결속력의 약화를 초래하므로 이러한 현실이 장기 지속될 경우 분단은 고착화될 것이다. 남북 간의

---

14 https://www.mk.co.kr/news/society/view/2019/05/316167/

이질화는 남북한에 정착된 상이한 국가 정체성과 함께 영구분단으로 치닫는 촉매제이다. 정치적 결정에 의해 자의적으로 분할된 중동과 남미에서 분할 초창기에 있었던 통일운동이 시간이 경과함에 따라 잦아들면서 현재의 지형도로 굳어지게 된 일이 한반도에서도 일어날 수 있는 것이다.

통일의 준비에 앞서 필요한 것은 통일의 관점에 대한 인칭 변환이다. 통일에 대한 무관심으로 말미암아 분단의 영속화를 초래할 수 있는 3인칭적 관점은 그것이 전제하고 있는 평화적 공존을 거쳐 통일로 순치될 수 있어야 한다. 이를 위해서는 북한을 (혹은 북한의 경우 한국을) 강 건너 불 보듯 하는 3인칭적 관점과, 필요하다면 무력을 동원해서라도 북한을 한국의 일부로 (혹은 북한의 경우 그 역으로) 흡수하려 하는 1인칭적 관점을 동시에 지양해야 한다. 관용과 자비의 선의지를 견지하면서 상대를 서로 알아가고 이해하는 2인칭적 소통의 과정이 통일에 이르는 바른 길이다. 이는 통일 이후에도 지속되어야 할 길이기도 하다. 통일이 70여 년에 걸쳐 이루어진 남북 간의 이질화를 단번에 해소시켜주는 만병통치약이 아니기 때문이다. 이질화는 소통을 통한 상호 이해를 통해서만 극복될 수 있을 것이다. 2인칭 시점이 요구되는 것은 바로 이러한 연유에서이다.

통일의 과정에서 남과 북이, 혹은 통일로 하나 된 남북한 사람들이 중첩적 합의에 이르기 위해서도 2인칭적 소통의 과정은 적절한 합리적 수단이 아닐 수 없다. 물론 2인칭적 관점을 낭만적으로 해석해서는 안 된다. 관용과 선의지가 그러하듯이 2인칭적 관점도 현실과 유리되어 악용되지 않도록 철저한 실사實查, 점검, 관리, 감독을 수반해야 한다. 아울러 주한미군 철수, 한·미군사동맹의 폐기, 군대 감축 등을 전제조건으로 한국의 군사적 무력화를 도모한 뒤 북한으로의 흡수 통일을 노리는 고려 연방제와 같은 기만전술을 경계해야 한다(김영호 1999, 126쪽). 통일 이전에는 남북 간 무력 충돌의 가능성에 대비한 힘의 우위를 계속 유지해야 하며, 통일 이후에도 주변국들에 대한 경계를 게을리 해서는 안 된다. 이를 위해서는 지금까지 한반도에서의 전쟁 재발을 억지하는데 큰 역할을 해온 한·미 공조 체제를 앞으로도 그대로 유지하는 것이 바람직하다.

통일이 당장은 상당한 비용을 감수해야 하고 이런저런 위험 부담을 져야 하는 일이겠지만, 장기적으로는 해양과 대륙을 연결하는 지정학적 이점을 회복하여 극대화하는 모멘텀이 될 것이다. 지난 70여 년간 지속되어 온 남북 간의 무력 대립에 소모된 비용에 비하면, 통일 비용은 미래에 대한 투자로서의 확실한 가치를 지니는 것이다. 식민사관의 굴레에서 자유롭지 못한 채 교착상태에 빠진 한국의 반도사관도 남북이 하나 될 때 자연스레 극복될 것이며, 한민족을 말살하기 위해 중국이 걸어오는 동북공정의 도전에 대해서도 보다 효과적이고 강력한 대응을 도모할 수 있을 것이다. 스스로의 힘으로 통일을 이룩할 때 우리는 그동안 우리를 짓눌러온 역사와 현실의 왜곡과 트라우마를 벗어날 동력을 그 성취감으로부터 얻게 될 것이다.

툭하면 조폭 수준의 쌍욕에 가까운 막말을 쏟아내며 적대적 벼랑 끝 전술을 일삼는, 예측 불가능한 북한과의 대화는 2인칭적 관점의 소통에 대한 시금석이 될 것이다. 상대를 존중할 의사가 없는 대화자의 문제는 대화 이전에 인격이나 국격의 문제이다. 이상적 대화 상황을 전제하는 하버마스의 소통이론의 대척점에서, 즉 최악의 대화 상황에서 최악의 대화상대자에 대해서도 2인칭적 관점을 유지해야 하는 까닭은 합리적 대화상대로 보기조차 어려운 시대착오적 북한 정권에 동조해서가 아니라 도탄에 빠진 북한

동포를 위해서이다. 통일은 어느 한 국가나 국민의 이득을 넘어서는 민족애, 인류애의 바탕에서 장기적 안목으로 인내심을 가지고 추진해야 할 과제이다.[15] 남과 북이 하나 되기 위해서는 분단의 과정에서 형성된 차이성과 이질성을 포용함과 아울러 희석된 동질성을 회복할 필요가 있다. 그것은 한민족의 역사에서 찾아야 할 텐데 그 원류에 해당하는 고조선의 정당한 복원이 절실히 요청된다. 이 작업을 남과 북이 함께 이룩하는 데서 통일의 초석이 놓아지길 기대한다.

---

15 민족애라는 특수한 가치를 넘어서 인류애라는 보편적 가치에 연결될 때 비로소 통일은 도덕적 권위의 존엄성을 확보할 수 있다. Strawson 1962, p.15; Habermas 1983a, p.59 참조.

제3장

우리는 어디에서 와서 어디로 가는가?

1948년 대한민국의 헌법기초위원회가 제안한 국호의 시안을 보면 한독당과 대동청년단은 '대한민국', 한민당은 '고려공화국', 조선어학회는 '조선', 감찰청은 '새한'으로 다양했다(최영희 1996, 498~499쪽). 제안된 저 국호들에서 보듯이 우리는 한국, 한, 조선, 고려로 자처해왔다. 저 국호들은 역사적 연원도 깊다.

우리는 이 책을 준비하며 한국사, 국사, 조선사 등을 이 책의 제목으로 생각해보기도 했지만 이들은 우리와의 연결이 미흡한 3인칭적 표현으로 여겨졌다. 그중 어느 하나를 택해 이를 우리 역사에 결부 짓는 것은 그 어느 경우에도 자의적이라는 생각이 들었다. 우리 역사를 부르는 이름에 대해서 지금도 남과 북이 다를뿐더러 학술적으로도 통일된 견해가 없다. 그래서 그 대안으로 '우리 역사'라는 일상용어를 택하기로 했다. 그렇다고 해서 우리 역사를 우리의 1인칭적 관점에서 보겠다는 것은 아니다. 우리는 3인칭과 1인칭의 사이에 놓인 2인칭적 관점을 선호한다. 우리 역사이지만 연구를 위해서는 얼마간 거리를 두어야 한다. 3인칭만큼의 원거리는 아니고 서로 대화가 가능한 정도의 근거리 말이다. 우리 역사와 우리 사이의 근거리에 이 책의 연구 공간이 자리하게 된다.

최치원에 의하면 우리 민족의 고대철학은 접화군생으로 요약된다. 우리는 접화군생이 신시神市 이전의 철학이라고 생각한다. 즉 홍익인간보다 더 오래된 철학이라고 생각한다. 접화군생은 샤머니즘과 애니미즘이 각각 접화와 군생이라는 낱말에 배어있고 이것이 절묘히 하나의 테제를 이루어내고 있다. 우리는 이 테제가 당대 최고의 지식인이었던 최치원의 문장력의 산물이라고만 보지는 않는다. 접화군생이 등장하는 문맥은 실전失傳된『선사仙史』에 담긴 내용을 요약하는 대목이기 때문이다.

　접화군생에는 아직 인간 공동체의 분화가 나타나지 않는다. 인간이나 공동체 대신 뭇 생명과 한데 어우러지는 공감주술의 철학정신이 집약되어 있다. 접화군생이 생명철학이라면 홍익인간은 사회철학이다. 전자는 생명에의 눈뜸이, 후자에는 인간에의 눈뜸이 집약되어 있다. 전자는 생명이라는 보편 현상에 개별적으로 접속하는 반면, 후자는 신시라는 특정 인간 공동체에 홍익이라는 보편적 가치를 접속하고 있다. 접화군생의 생명주의는 신시의 홍익인간에서 인문주의로 탈바꿈하게 된다. 홍익인간은 인간적 가치의 탄생을 알리면서 생태계에서 인류공동체로 패러다임의 전환을 가능케 했다.

　환웅은 360여 가지의 인간사를 관장했다고 한다. 그중에는 형벌과 선악이 있다. 법과 인륜성이 그가 세상을 다스리고 교화하는 이치였던 것이다. 이로써 그가 세운 신시의 주민들은 동물적 자연 상태에서 벗어나 인간으로 거듭나게 된다. 그 상징적인 예가 웅녀가 인간이 되는 사건이다. 인간이 되기 전의 웅녀가 기거하던 동굴 속 어둠은 그녀가 맹목적인 본능에 속박된 금수나 다름없는 존재자임을 시사한다. 인간이 된 웅녀는 환웅의 아내가 되는데 이는 그녀가 신시의 주민이 됨으로써 비로소 자유로운 존재자로 거듭나게 됨을 뜻한다. 우리는 아무 것에도 속박되지 않는 동물이 인간보다 자유롭고, 신시의 규칙에 속박되어야 하는 주민이 부자유하다고 생각할지도 모르지만, 사실은 그 반대임을 웅녀의 이야기는 신화의 형태로 보여주고 있다. 각자성으로 고립된 상태를 넘어 신시의 정신과 문화를 향유하는 인간이 진정한 자유인인 것이다.

환웅의 호칭인 천왕은 단군왕검의 효시이다. 천왕의 천은 천군인 단군에, 왕은 왕검에 대응한다. 이는 신시와 고조선의 연속성을 입증하는 중요한 연결고리이다. 단군사화에 따르면 우리 역사 최초의 공동체인 신시는 주민들 간의 계약에 의해서가 아니라, 하늘에서 태백산으로 내려온 환웅과 그의 무리들에 의해 시작되었다. 그 이념인 홍익인간의 근거도 주민들 간의 합의가 아니라 하늘의 뜻이다. 여기서 하늘은 땅에 대비되는 개념으로 이 대비는 사람의 정신과 몸에 견줄 수 있다. 하늘의 뜻은 어느 한 개인의 뜻이 아니라, 그 뜻이 지향하는 홍익 정신이 그러하듯이 보편적 정신 일반으로 새겨야 한다. 하늘에 머무는 환인의 단계에서 그것은 아직 땅이라는 질료에 착근되지 않았다. 환웅의 하강으로 말미암아 홍익인간의 이념은 비로소 실현의 계기를 얻게 된다. 그 실현의 대상이 되는 사람 사이人間, 즉 공동체는 신시 공동체로 국소화된다.

물론 실제 역사와 단군사화가 완전히 일치하지는 않을 것이다. 단군사화는 천손강림天孫降臨을 주제로 한 다른 민족의 신화와도 유사하다. 그러나 이는 단군사화가 독창적인 것이 못 된다는 부정적인 관점에서가 아니라, 단군사화의 이념이 전 인류가 지향할 만한 보편성을 띠고 있다는 긍정적인 관점에서 이해해야 한다. 단군사화는 우리 역사의 시작과 함께 우리 역사가 나아갈 길과 목적을 명시하고 있다는 점에서, 한국이라는 나라의 나아갈 길과 목적을 명시하는 제헌 헌법과 닮았다. 요컨대 단군사화는 우리의 역사철학을 알리는 선언문이나 헌장의 성격을 띠고 있다.

중요한 것은 우리 민족이 우리 역사의 시작을 단군사화의 프레임으로 기억하고 이해한다는 점이다. 즉 우리 역사를 정신사로 이해한다는 시각이 단군사화의 핵심이다. 홍익을 지향하는 정신의 자기 전개 과정이 우리가 이해하는 역사이다. 우리 시대에 이 땅에서 경합하고 있는 자유주의, 사회주의, 민족주의 등등의 이념들도 어느 것이 가장 홍익 정신에 부합하는가의 잣대를 통해 평가되어야 한다.

우리는 호고好古주의자나 국수주의자가 아니다. 우리 역사가 한편으로 분열과 배신으로 점철되어왔다는 사실도 언급해야 한다. 어느 역사에나 있는 일이라고 넘기기에는 뼈아픈 흑 역사이다. 내분과 배신으로 한나라에 패망한 위만조선을 위시해, 외세인 중국에 붙어 자기와 같은 민족인 고구려를 친 부여와 신라, 당나라의 앞잡이가 되어 유서 깊은 모국 고구려를 무너뜨린 연개소문의 아들 연남생, 그와 맞서 싸우던 동생 연남건을 배신하고 당나라 군사에게 성문을 열어준 신성, 시기와 질투의 살인극으로 허망하게 막을 내린 백제의 부흥운동 등 고대에만 해도 우리 역사를 수놓은 숱한 강국들이 내분과 배신으로 멸망했다. 그때마다 우리 역사의 강역은 축소되고 민족의 힘은 약화되었다.

우리가 흑 역사에 빠지게 된 것은 우리를 하나로 묶어주던 정신을 스스로 믿지 않게 되면서이다. 개개인에게 영혼이라 할 만한 것이 약화되면 대세나 기회, 진영 등에 편승하게 된다. 선동으로 주입된 이데올로기가 정신을 대체하기도 한다. 너 자신을 알라는 소크라테스의 말은 너 자신의 무지無明를 알라는 부처의 가르침이나, 회개하라는 예수의 가르침과 다르지 않다. 우리가 떼어야 할 철학에의 첫 걸음은 앞서 살펴본 우리 역사 속 불편한 자화상의 철저한 자각과 회개이다. 그랬을 때 자연스레 우리에게도 언젠가 영혼의 빛 내림이 다시 현현할 것이다.

단테가 『신곡』의 「지옥」편에서 말한 바, "이곳에 들어오는 자여, 모든 희망을 버릴 지어다"라는 경고는 한국 정치 현실에 잘 어울린다. 그곳에 들어오는 순간 네 편과 내 편의 이분법적 편 가름에 의해 바로 적과 아군의 어느 하나로 분류되어 반대편으로부터 신상을 털리고 조리돌림을 당한다. (정치에 대한 학술적 개입 역시 같은 전철을 밟는다.) 큰 포부나 고상한 뜻을 펴려 입문한 사람들은 불명예 퇴장한 뒤 넌더리를 치며 다시는 뒤돌아보지도 않기 일쑤이다. 정치판에서 회복 불가능한 큰 상처를 입었기 때문이다. 이것도 우리 흑 역사의 업보라고 생각한다.

비단 정치 현실만이 아니다. 진영논리는 알게 모르게 우리의 삶 구석구석을 잠식해 들어가고 있다. 그중 제일 눈에 띄는 곳이 정치판일 뿐이다. 악화惡貨가 양화良貨를 구축驅逐하는 것이다. 그렇다고 한국의 현실을 외면하고 방기할 수만은 없다. 우리는 이 거친 현실의 뿌리를 캐들어 가야 한다.

이승만이 초대 대통령으로 취임했을 때 그는 신생국의 대통령으로는 어울리지 않는 70대 중반의 고령이었다. 반면 그보다 무려 37세나 어린, 그래서 거의 손자뻘인 김일성은 30대 중반에 북한의 정권을 잡았다. 그는 젊었기에 의지와 욕망이 넘쳐났다. 그는 한반도를 적화 통일할 야망에 사로잡혀 전쟁준비에 착수해 2년 후 한국전쟁을 일으켰다. 한반도는 잿더미가 되고 말았다. 남쪽에서는 이후 다양한 지도자들이 다양한 청사진으로 나라를 이끌었지만, 북쪽에서는 김일성 왕조가 3대째 세습되며 그의 비전과 방법을 답습했다. 남과 북이 받아든 성적표는 각각 고속 성장과 끝 모르는 정체였다. 고령의 이승만과 청년 김일성으로 시작한 남과 북이 각각 도달한 이러한 반전反轉은 운이나 외부조건보다는 체제에서 갈렸다고 본다. 공산주의는 견제장치가 없기 때문에 독재로 화하며 이것이 세습될 경우 정체停滯로 이어지는 반면, 민주주의는 내전에 가까운 혼란을 대가로 치루기도 하지만 그 과정에서 벼려진 합리주의와 경쟁력이 그 체제를 지탱하고 성장케 하는 원동력이 된다.

한국의 현대사는 이승만, 박정희, 김대중으로 요약된다. 이승만이 이룩한 한미동맹과 자유민주주의체제의 수호, 박정희와 그의 후예들이 이룩한 근대화와 경제성장, 김대중과 그의 후예들이 이룩한 민주화가 오늘의 한국을 있게 한 세 주춧돌이다. 이들은 큰 족적을 남겼지만 공과功過도 분명하다. 이들의 인간적 한계와 그로 말미암아 치르게 된 대가에도 불구하고 한국의 오늘이 있게 한 이들의 공적은 아무리 강조해도 지나치지 않다. 우리가 (혹은 세계가) 현재의 한국에 대해 후한 평가를 준다면, 이들에 대해서도 과過를 중점적으로 비판하기보다는 공功을 더 높여야 한다고 본다.

친일파가 아닌 상해임시정부의 대통령이자 명문 프린스턴대의 국제정치학박사라는 점에서 이승만은 정통성 면에서나 경륜 면에서 한국의 초대 대통령으로서 적격인 인물이었다. 전제 왕조의 오랜 전통을 지녔음에도 일본 제국주의의 식민지로 전락하는 바람에 해방이 되어서야 서구적 신생국가로 걸음마를 뗀 한국호의 조타수가 된 그는 현실주의적 안목으로 미국에 대한 편승정책을 통해 막대한 경제 원조와 군사동맹을 성사시켰다. 그가 지녔던 자유민주주의와 시장경제에 대한 비전은 원조와 동맹이라는 두 바퀴를 통해서 비로소 굴러가기 시작했는데, 이것이 한국의 장래에 확실한 초석이 되었다.

이승만은 민주적 정권 이양에 실패함으로써 오점을 남겼다. 노령으로 인한 무능과 주변 세력의 부패로 집권 만년에 현격한 한계를 보였음에도 권좌에서 내려오지 않은 것이 그의 치명적인 실수였다.

4·19 혁명으로 이승만이 퇴진한 후에 들어선 장면 정권은 혁명의 주도 세력이 아니었다. 아무런 준비 없이 어부지리로 권력을 잡았을 뿐이다. 장면이 지향하던 내각제는 반만년의 전제 왕조와 십 수 년의 대통령제 경험밖에 없는 한국인들에게는 너무 이른 시스템이었고, 의회민주주의자인 장면의 리더십은 문제투성이인 신생한국을 이끌기에는 부족했다.

박정희는 전임자들과는 전혀 다른 스타일의 강력한 리더십을 발휘해 수출드라이브정책에 바탕을 둔 부국강병의 군대식 실천으로 한국을 일거에 발전국가로 탈바꿈시켰다. 건국 이래로 늘 수세에 있던 한국이 국가가 주도하는 계획경제의 눈부신 성공으로 북한을 추월하게 되면서 한국인들은 자신감과 희망을 갖게 되었다. 능률을 앞세우는 그의 경륜은 경제력에 바탕을 둔 자주국방으로 안보 면에서도 괄목할 만한 성취를 이끌었지만, 핵개발로 미국과의 관계가 틀어지는 후폭풍에 직면하게 된다. 박정희의 유산은 전두환, 노태우, 이명박, 박근혜의 우파 정권으로 계승되어 향후 한국의 우파를 이끄는 원동력으로 살아 숨 쉬고 있다.

박정희는 타협을 모르는 비정치적인 지도자였다. 그가 보여준 민족중흥에의 불굴의 의지가 현실에서 관철되면 될수록 국민들은 향상된 경제 수준에 걸맞은 자유를 원했지만, 박정희는 자신의 통치 스타일을 고수했고 이것이 그를 몰락시켰다.

박정희의 탄압 속에 민주화의 열망은 더욱 커져만 갔고, 5·18의 희생을 치르고도 한참을 기다린 끝에 IMF 환란에 편승해 민주화의 아이콘인 김대중이 드디어 권력을 쟁취하는 드라마가 연출되었다. 한국 현대사에 있어서 처음으로 우에서 좌로 이념 지향이 달라지는 실질적 정권 교체였기에 그 의의는 더욱 컸다 할 수 있다. 그가 지향한 인권, 자유, 평등 등의 가치는 외적 성장 일변도의 발전국가 모델에 인간주의적인 살을 입혔고, 햇볕정책이라는 대북 유화정책으로 노벨 평화상을 수상하기도 하였다. 그의 유산은 노무현, 문재인의 좌파 정권으로 계승되어 향후 한국의 좌파를 이끄는 원동력으로 살아 숨 쉬고 있다.

한국에서 민주화는 이중적 의미를 지니고 있다. 하나는 개인주의, 자유민주주의를 지향하는 민주화이고, 또 하나는 인민민주주의라는 이름의 전체주의를 지향하는 민주화이다. 둘 다 반독재 투쟁에서 비롯되기는 했지만, 그래서 외면적으로는 잘 식별이 되지 않았지만 둘은 처음부터 동상이몽이었다. 민주화의 성취에는 둘 다 나름 공헌한 바가 있다. 그러나 지향하는 바가 다르기 때문에 언젠가는 갈라서야 할 운명이었다. 김대중으로 표상되는 민주화는 그가 의도했던 것은 아니었지만 늘 좌경화와 종북의 꼬리를 달고 다녔다. 민주화의 쟁취가 저런 꼬리를 떼어냈다고 볼 수 없는데, 이데올로기적으로 남과 북이 대치하는 한반도에서 이는 바람직한 일이 아니다.

헤겔은 정신이 역사에 구현된다고 보았다(Hegel 1955). 그러나 그는 그 정신을 단일한 것으로 보는 잘못을 저질렀다. 우리는 여러 정신이 서로 경합하면서 자신을 역사에 구현시키려 투쟁한다고 본다. 우리 현대사를 방향 잡은 정신은 공산주의, 자유주의, 산업화, 민주화의 정신이다. 이 정신들은 각각 김일성, 이승만, 박정희, 김대중이라는 영웅적 개인을 매개로 구현되었다. 저들의 비전과 열정을 불쏘시개로 저 네 정신이 각각 시차를 두고 한반도의 운명을 이끌었지만, 저들의 사적 욕심이나 인간적 한계로 말미암아 저 네 정신은 불완전하게 그리고 상궤에서 이탈한 상태로 구현되었다. 역사에서 명멸한 모든 영웅이 그러하듯이 한국 현대사에서 저들의 빛과 그늘도 뚜렷하다. 그러나 저들 없이는 네 정신은 한반도에 뿌리내릴 수 없었다.

우리 현대사의 영웅들 중 이승만과 박정희의 성공과 실패는 연개소문의 그것을 연상케 한다. 연개소문이 왕을 죽이고 자신이 권력을 움켜쥐는 무리수를 자행한 것은 당나라와 대적하기 위해서는 피치 못할 선택이었다. 당나라의 압도적 군사력을 버텨내기 위해서는 막리지가 이끄는 선군정치가 필요했다. 그리고 그는 자신의 목표를 달성했다. 그러나 그 무리수에도 (혹은 그로 말미암아) 고구려는 당나라와의 두 번째 전쟁까지는 버텨낼 수 없는 운명이었다.

이승만과 박정희가 장기 집권의 무리수를 둔 것은 그들이 지향했던 이념의 구현을 위해서였다. 그로 말미암아 그들은 이념의 구현에 성공했지만 바로 그 성공 때문에 개인적으로는 몰락할 수밖에 없었다. 이승만의 경우에는 그가 강조한 민주주의 교육을 받고 성장한 학생들의 민주의식이, 박정희의 경우에는 그가 온 힘을 기울여온 경제성장과 더불어 성숙해진 시민의식이 더 이상 저들의 장기 집권을 용납하지 않았다. 돌이켜보건대 저들의 선택은 옳았고 그랬을 때 저들의 희생은 불가피했다. 저들의 선택과 희생으로 한국은 자유주의로 방향을 잡고 산업화를 성취하여 김대중이 뒤를 이어 민주화를 구현할 수 있게 된 것이다.

민주화 세력인 좌파가 한국 정치와 문화의 대세가 되면서 이승만과 박정희는 철저하게 몰락했다. 이승만과 박정희가 내세웠던 반공은 죽은 개가 되었고, 그들은 민주주의를 탄압하다가 쫓겨나거나 암살된 독재자로 낙인찍혔다. 우리는 그것도 영웅의 한 면모라고 생각한다. 그들은 자신들이 추구하는 목표를 달성했고, 그로 말미암아 더 이상 쓸모가 없어졌기 때문에 몰락한 것이다. 이승만은 자유주의를 한국의 나아갈 길로 확정했고, 미국의 도움으로 6·25를 비롯한 안팎의 거센 도전을 물리쳤다. 박정희는 잘 살아보고 싶다는 민족의 숙원을 획기적 경제개발을 통해 이루어내면서, 남북 간의 체제 경쟁에서 압도적 우위를 굳히는데 성공하였다. 타협을 몰랐던 그들은 자신들 이외의 대안을 상상하거나 용납할 수 없었던 탓에, 외로운 독재자의 길을 걸었다. 그래서 자신들이 성취한 업적의 희생물로 쓸쓸히 혹은 비참하게 역사의 무대를 떠났다.

영웅에 대한 평가는 그가 살았던 시대를 배경으로 이루어져야 한다. 현재의 관점에서 영웅의 행적을 평가하면 그는 후안무치의 도덕파탄자이거나 과대평가된 필부로 보일 수 있다. 과거의 영웅은 현재에는 더 이상 필요하지 않은 위험인물이다. 그러나 그가 살았던 시대에도 그런 것은 아니다. 그는 시대에 걸맞은 비전과 이를 실현할 강한 추진력 때문에 영웅인 것일 뿐, 그 외의 다른 개인적 장점이나 단점은 그의 영웅 됨과는 무관한 것이다. 그가 아무리 덕망이나 지혜를 갖추었다 해도 그것으로 말미암아 영웅이 되는 것은 아니며, 무자비하거나 외골수였다고 해서 그로 말미암아 영웅의 자격이 없는 것도 아니다. 이를 감안하자면 영웅과 일그러짐은 양립 가능한 표현임을 알 수 있다. 우리는 일그러진 영웅에 대해서도 정당한 영웅 대접을 해야 한다. 어쩌면 일그러짐이야말로 영웅의 인간적인 모습일 수 있기 때문이다.

김일성과 스탈린은 영웅인가? 우리의 영웅은 아니지만 그들도 자기 나라의 영웅이라고 할 수 있다. 김일성은 북한을 세웠고 스탈린은 소련을 나치 독일의 침공에서 방어해냈다. 둘 다 자국민으로부터 정당성을 부여받았고 그럴 만한 업적을 남겼다. 그러나 그들은 우리의 적임을 잊어서는 안 된다. 그들이 일으킨 6·25는 우리에게 씻을 수 없는 상처를 남겼다. 그들이 자국민들에게 가한 폐해는 그 다음의 문제이다. 그들이 건설했다는 사회주의 국가의 세계사적 의미는 그 다음의 문제이다. 우리나라에서 그들을 기린다는 것은 인디언이 조지 워싱턴을 기리는 것에 비견된다. 영웅은 현자나 성인과 달리 보편성과 필연적으로 관계 맺는 것은 아니다. 영웅은 일차적으로 자신이 속한 시대의 공동체에 헌신했던 존재이기에 통시적으로나 공시적으로나 맥락적 상대성에서 자유롭기 어렵다.

반면 김정일과 김정은은 어떠한 의미로도 영웅이 아니다. 그들은 단지 북한 영웅의 후손일 뿐이다. 김정은을 기리는 한국의 한 집단이 진보의 이름을 사칭한다(대학생진보연합). 시대를 역행하는 (그래서 진보가 아닌 퇴보이다) 세습왕조의 독재자가 한국에서는 진보의 아이콘이 될 수 있다는 사실을 공자가 목도한다면, 그는 한국에야말로 자신의 정명론正名論이 절실히 요청된다고 할 것이다. 진보는 종북과 결별해야 한다.

『한겨레』에 수록된 「나는 김정은이다」는 김정은의 연설을 비롯한 북한의 문헌과 언론 보도를 비롯한 각종 기록들을 토대로 작성된 글이다(이제훈 2016). 김정은이 직접 쓰지는 않았지만 그의 심경을 제대로 나타내고 있는 글이라는 가정 하에 이에 대해 논의해보겠다.

김정은은 자신이 김일성과 김정일의 소위 백두혈통을 계승하는 정통성 있는 지도자임을 내세운다. 그러나 지도자의 정통성은 혈통이 아니라 국민의 지지에 의해 확보되는 것이 민주주의의 기본이다. 그 기본이 지켜지지 않는 나라에 조선민주주의인민공화국이라는 이름은 걸맞지 않는다. 한 번도 정권이 교체된 적이 없는 나라, 아니 그것이 아예 불가능한 나라에 민주주의란 없다. 조선김일성주의백두혈통왕국이 더 적합한 이름이다.[1]

북한은 왕조를 타파하고 인민이 주인이 되는 세상을 만들자는 공산주의자들의 이념과는 정반대로 세상에서 가장 폐쇄적이고 억압적인 왕국이 되어버렸다. 김정은의 글에 인민에 대한 진정한 관심이나 배려는 찾아보기 어렵다. 그는 살아남기 위해 핵을 개발했다고 주장한다. 70년 가까이 미국의 봉쇄 속에서 살아야 하는 처지를 생각해달라고 한다. 살아남음의 주어는 북한 민중이 아니라 김씨 왕조이다. 봉쇄는 북한이 일으킨 6·25와 그 뒤로도 한국을 상대로 벌여온 무력도발의 대가이다. 김씨 왕조의 무한한 권력욕을 위해 북한 주민 전체가 불쏘시개가 되고 있는 것이다. 그러고도 자신들이 북한 주민을 위시한 한민족에 저지른 죄에 대해서는 한 마디 사과도 없다.

세계를 속여 가며 핵을 개발해놓고도 미국 탓을 하는 여우 짓에는 어이를 상실하게 된다. 적반하장은 공산주의자들의 일상인가. 그러나 거짓말한 입장에서는 속은 나라가 멍청한 것이다. 저들의 술수와 거짓말은 이제

---

1 한국에서 엄청난 인지도를 누리고 있는 철학자이자 21세기의 대표적 공산주의 사상가인 바디우(Alain Badiou)와 지젝(Slavoj Žižek)도 북한에 대해 부정적인 평가를 내린다. 그러나 그들 사이에는 미묘한 견해 차이가 있다. 바디우가 북한을 공산주의와 무관한 군국주의 국가로 간주하는 반면(바디우 2013), 지젝은 북한을 20세기 공산주의 프로젝트가 어떻게 아주 잘못되었는지를 보여주는 사례로 간주한다(지젝 2013). 공산주의자들인 지젝과 바디우에게도 북한은 동지로 껴안기에는 부담스런 골칫 덩어리인 모양인데, 우리는 북한을 공산주의의 민낯 그 자체라고 보기에 저들과 견해를 달리한다.
바디우는 북한이 스탈린의 기획 하에 소련의 위성국가로 출발한 전형적인 공산주의 국가였음을 외면하고 있다는 점에서, 지젝은 마치 성공한 20세기 공산주의 프로젝트가 있기나 한 듯한 인상을 준다는 점에서 사실을 호도하고 있다. 우리는 이 역시 공산주의자들의 전형적인 기만전술이라고 본다. 바디우와 지젝은 인문학이 수호해야 할 인권에 대한 탄압이 공산국가들에 만연되어왔음을 애써 외면하고 있다.

한국의 일부 종북세력을 제외하고는 세계가 다 안다. 김정은은 할아버지와 아버지의 애국심과 공적을 언급한다. 자신들을 권력 수호를 위해 저지른 반인륜적 만행과 인민들의 엄청난 희생에 대해서는 일언반구도 없다. 하긴 김정은도 제 조상들의 악습을 계승하고 있음에랴. 저런 집단이 북한을 틀어쥐고 있는 한 북한의 미래는 없다. 그냥 서로 데면데면 공존하면서 평화통일의 기회를 엿보는 게 상책이다. 우리는 김정은이 저 글에서 남한의 실수라고 언급한 정책들을 일관성 있게 추진하면 된다.

글 속의 김정은에게서는 운동권을 장악했던 주사파의 냄새가 난다. 그들의 세계관을 김정은에 투사해 작성했다는 느낌이다. 글의 화자인 김정은에게서 새로움이나 젊음보다는 구시대적 사유의 답습만이 읽혀지는 것은 저런 이유에서인 것 같다.

플라톤 이래로 서양철학전통은 진리를 불변으로 보았다. 그렇다면 변화는 곧 거짓인 셈이다. 남과 북은 변화와 불변으로 대립한다. 한국은 늘 변화의 거센 파도를 타며 불안한 항해를 거듭해온 반면, 북한은 건국 이래 지금까지 단 한 번도 정권의 교체 없이 정체성을 확고히 유지해오고 있다. 한국이 변수라면 북한은 상수이다. 북한은 스스로를 진리와 동일시한다. 수령론을 핵심으로 하는 주체사상이 만고의 진리라는 것이다. 그에 대한 자부심으로 똘똘 뭉쳐있다. 한국에는 이에 대응할 대표 사상이랄 만한 것이 없다. 얼이 빠져 있다고나 할까, 사상에 대해 진정성 있는 관심 자체가 부족하다고 할 수 있다. 북한이 철학의 나라라면 한국에는 철학이랄 만한 것이 없다.

그러나 현실은 어떤가. 북한은 물질적으로뿐만 아니라 사상적으로도 궁핍하다. 사상을 논할 자유 자체가 없기 때문이다. 주체사상은 통치 이데올로기로 화석화된지 오래이며, 그 창안자인 황장엽은 학문과 사상의 자유를 찾아 한국으로 망명했다. 한국은 자신에 맞는 철학을 정립하지는 못했고 철학 자체에 대한 관심도 미약한 편이지만, 한편으로는 온갖 사상이 그들만의 백가쟁명을 벌이고 있는 것도 사실이다. 한국의 역동적인 거짓이 생명력을 잃은 북한의 진리를 압도하고 있는 셈이다. 북한은 변화를 도모하는 순간 그동안 수호해온 체제의 진리(?)가 일거에 거짓으로 와해될 것임을 잘 알고 있다. 그들에게는 고인 물이 진리이자 굴레인 셈이다. 한국의 흐르는 물은 비록 진리나 깊이가 깃들지는 못했지만, 적어도 거기서 고인 물의 썩은 내는 덜하다. 고인 진리보다 흐르는 거짓에 기대를 걸게 되는 것이다.

한반도에서 벌어진 체제와 이념의 경쟁은 이상한 성적표를 받았다. 체제 경쟁에서는 한국의 완승, 북한의 완패. 그러나 이념 경쟁에서는 오히려 북한이 한국을 누르고 있는 형국이다. 실패한 독재 왕조의 극빈국이 사칭하는 사회주의 이념이 세계인들의 부러움을 사는 자유민주주의 강소국으로 우뚝 선 한국에서는 여전히 영향력을 떨치고 있다. 좌파가 이끄는 한국이 어디로 갈지 그리고 어떻게 될지 자못 궁금하다. 진보가 아닌 퇴보임이 증명된 극좌 사회주의 이념과 결별하고 산업화의 논리에 함몰된 극우 보수를 극복하는 것이 바른 길로 보인다.

진보의 사상적 원동력은 마르크스주의였다. 그러나 이제는 저 낡고 거짓된 이데올로기에서 벗어나야 한다. 반면 보수는 심지어 거짓된 생각조차 내세울게 없다. 실무에 익숙한 그들은 아예 생각에 대한 관심이 없다. 따라서 진보의 경우처럼 오류도 저지르지 못한다. 보수의 텍스트들이 있기는 하지만 물과 공기같이 담백하기만 하다. 이제는 상식이 된 당연한 말들뿐이다. 그러니 진보는 물론이고 보수조차도 읽지 않는다.

진보와 보수의 구도는 진보의 자기반성과 보수의 혁신으로 거듭나야 한다. 아예 진보니 보수니 하는 용어들이 사라져야 한다. 구호는 무성한데 기본적인 상식은 준수되지 않는 이상 현상부터 바로잡아, 만성적 소모전에 불과한 진영 간의 내전 상태를 종식해야 한다. 비현실적 유토피아주의나 경제만능주의보다는 당면한 현실에 입각해 차근차근 내공을 다져나가는 실용주의가 더 유익하다.

한국에서 자본주의는 동네북이다. 온갖 사람들이 자본주의를 비판한다. 한국의 시 전문지 *The Position* 29호에는 어느 시인이 쓴 「반자본주의적 얼굴의 자본주의적 형상」이라는 글이 실려 있으며, 『자본주의와 경제적 이성의 광기』를 번역한 어느 영문과 교수가 쓴 글도 자본주의를 비판하고 있다. 시 전문지가 이러할진대 다른 곳에서는 더하다. 이메일 형식으로 매주마다 배달되는 『창비 주간논평』 역시 자본주의 비판으로 일관하고 있다. 저 메일을 보내는 주최측에서 펴내는 계간지 이름은 『창작과 비평』이지만 내용은 『창작과 자본주의 비평』이 더 어울려 보인다.

자본주의는 마르크스가 자유시장경제에 대해 붙인 악의적인 이름이다. 자유시장경제가 자본가를 옹호하는 것처럼 보이기 위해서 저런 이름을 붙인 것이다. 그러나 자유시장경제는 자본가와 같은 특정 집단을 옹호하는 체제가 아니다. 만일 자유시장경제가 자본가를 옹호한다면 그것은 그 체제가 잘못 운용되고 있음을 방증한다.

마르크스에 의하면 생산양식은 생산력과 생산관계로 이루어져 있으며 생산력은 자본주의사회에서는 부르주아가 소유하는 생산수단과 프롤레타리아의 노동력으로 이루어진다. 부르주아는 생산수단의 소유를 영구화하려 하며 이로 말미암아 생산관계는 고정화된다. 반면 생산력은 기술의 발전에서 보듯이 끊임없이 발전한다. 생산양식을 이루는 두 계기 중 생산력은 발전하고 생산관계는 고정화되면서 모순이 생겨난다. 둘 사이의 격차는 점점 벌어져 결국 기존의 생산관계가 발전한 생산력을 감당할 수 없는 족쇄가 되고 만다. 이에 따라 생산관계가 생산력에 맞게 변화하는 혁명이 발생한다는 것이 마르크스의 지론이다(Marx 1859, p.9). 그는 생산수단의 소유권을 부르주아로부터 프롤레타리아가 탈취하는 것을 혁명의 골자로 이해했다.

성장을 이룩한 한국사회에 적용해보면 생산력과 생산관계의 모순을 확인할 수 있다. 이 모순을 극복하느라 우리 사회도 홍역을 치루었으며 이는 지금도 진행 중이다. 그러나 우리 사회는 자본주의가 붕괴되는 프롤레타리아 혁명이 아니라, 자본주의가 스스로의 모순을 포용해 성장하는 식의 업그레이드를 이루었다.[2] 마르크스의 분석은 일리가 있었지만 역사는 그가 예상한대로 흘러가지는 않은 것이다. 그의 예언과는 달리 혁명을 성취하거나 공산주의를 이식한 나라들이 오히려 100년이 채 되지 않아 생산력의 성장 둔화, 민주주의의 실종을 초래하며 전체주의라는 괴물이 되어 몰락했다.

유토피아 지향적 혁명론은 현대 사회의 복잡다기한 문제들에 대한 감수성과 해결능력을 결여하고 있다. 사회발전에 따른 문제들은 혁명이라는 일회적 처방으로 단번에 해결될 성질의 것이 아니다. (각각의 문제들은 저마다의 해결책이 있게 마련이다.) 오히려 그러한 무리한 처방이 새로운 문제들을 일

---

[2] 한국에 앞서 서구의 산업사회에서 일어난 이러한 현상에 대한 분석으로는 다음을 참조. Dahrendorf 1959, 2장.

으킨다. 혁명을 달성했다는 공산국가에 만연된 가공할 권력투쟁과 비능률성 및 언론 통제를 통한 이에 대한 철저한 은폐가 그 예이다.

그럼에도 우리나라는 역사로부터 교훈을 얻지 못했다. 현실에 대한 불만이 자본주의 비판으로 표출되면서 뜬금없이 사회주의에 대한 갈망으로 연결된다. 자유시장경제에 대한 불만을 자본주의 비판으로 왜곡하여 사회주의가 그 반사이익을 얻게 하는 데 일부 지식인들이 일조하고 있다.[3] 자유시장경제에 대한 비판과 자본주의 비판은 내용은 같지만 후자에는 이데올로기적 왜곡이 들어간다. 그로부터 사회주의가 대안으로 옹호되어서는 안 된다. 대안을 찾는다면 실패한 사회주의가 아닌 다른 대안을 찾아 마땅하다.

우리는 남북 평화통일을 지향한다. 그러나 북한의 공산주의는 받아들일 수 없다. 이런 모순된 염원이 실현 가능한가? 당연히 북한은 자신의 체제를 받아들이지 않는 방식의 평화통일을 거부할 것이다. 유일한 현실적 대안은 북한 체제가 스스로 변화할 때까지 기다리면서 이를 도모하는 수밖에 없다. 여기서의 도모를 적극적 햇볕정책으로 이해해서는 안 된다. 대북 포용정책이 북한의 정권 연장에 도움을 준다면 그것은 통일에 반(反)하는 정책일 것이다. 인도적 차원의 지원 외에 상호간에 도움이 되는 문화·학술 교류, 경제 협력 정도까지가 도모의 상한선일 것이다. 대북 포용과 경계, 평화통일과 반공은 병행되어야 할 노선이다.

통일에 대한 준비는 게을리 해서는 안 되겠지만 때를 기다려야지 앞서

---

3 동북아 정세를 진단함에 있어 북한의 입장을 두둔하는 데에도 일부 지식인들이 일조하곤 한다. 『창비 주간논평』처럼 대학의 교수들에게 매주 이메일 형식으로 배달되는 『대학지성 In&Out』에 게재된 다음의 시론(時論)이 그 한 예이다. 박종철 2020.

나가서는 안 된다. 독일 통일의 교훈은 때는 갑자기 오며 때가 왔을 때 이를 놓치지 말아야 한다는 것이다. 그 외에 정권의 임기 내에 통일을 위해 무언가를 만들어보려는 인위적인 시도나 정치적인 이벤트는 북한 정권을 돕거나 불안하게 하는 헛수고일 뿐 통일에는 오히려 마이너스가 된다.

북한은 동포 국가인 동시에 위협적인 주적이라는 양면성을 지니고 있다. 안보 면에서 북한은 경계 대상 1호이지만, 국익과 인도주의에 의거한 선린 교류까지 막을 필요는 없다. 그러나 북한에 대한 환상과 낭만적 통일 비전은 금물이다. 현실은 그렇게 녹록하지가 않다. 북한은 우리가 바라는 방식으로는 통일할 의지가 없는 호전적인 독재국가임을 잊어서는 안 된다.

평화를 원하는 이들은 전쟁을 준비한다는 플라비우스 베게티우스 레나투스Flavius Vegetius Renatus의 말은 옳다. 저런 준비가 없는 상태에서 평화의 외침은 결과적으로 이적행위에 가깝다. 주변에 난무하는 평화의 외침은 무책임하거나 무모하거나 무지의 소치이거나 적들의 소리이다. 평화를 원한다면 먼저 현실을 직시하고 주변을 살펴 평화가 어떻게 가능할는지를 헤아려야 한다. 희망 섞인 생각wishful thinking으로 말미암아 그 헤아림에 착오가 생긴다면 모든 일이 그르쳐진다는 사실을 유념해야 한다. 그렇지 않다면 평화는 그야말로 희망 섞인 환상에 불과할 뿐이다. 그리고 그 환상은 현실을 호도한다는 점에서 위험하고 해롭다.

공신력 있는 여러 지표들이 뒷받침하고 있듯이 중국, 러시아, 북한은 모두 인권 후진국이다.[4] 개인의 자유가 제한 받는 독재국가이다. 권력이 각

---

4   그중에서도 북한은 세계에서 민주주의 지수가 가장 낮은 국가로 평가되고 있다.
    https://en.wikipedia.org/wiki/Democracy_Index
    https://en.wikipedia.org/wiki/Freedom_in_the_World

각 시진핑, 푸틴, 김정은에게 집중되어 있다는 점에서 세 나라는 일당독재라는 공산주의의 이념과도 거리가 있다. 일당독재가 아닌 일인독재인 것이다.

세 나라의 국민들은 민주주의 이념을 서구의 가치라 여겨 이를 각자의 토양에 이식한 강한 국가를 선호한다. 즉 서구식 민주주의가 만병통치약이 아니며, 오히려 서구자본주의가 세계에 이식한 신화일 수 있다는 것이다. 세 나라 국민들의 이러한 믿음이 의식화의 귀결인지 아니면 그들의 자발적인 판단에서 비롯된 것인지는 확실하지 않다. 독재 권력이 가하는 철저한 통제와 탄압으로 저 세 나라에서 다른 목소리나 저항세력은 눈에 띄지 않는다.

저 세 나라는 분명 우리와는 다른 체제와 생각을 가지고 있지만 우리의 이웃들이기도 하다. 인권 후진국인 독재국가라고 해서 배척할 수만은 없는 운명이다. 냉전이 끝난 지금 저들과 이데올로기로 대립할 필요도 없다. 문제는 저 세 나라에 대한 우리의 일관되고도 현명한 태도를 정립해야 한다는 것이다. 이에 대한 몇 가지 지침을 생각해본다.

첫째, 중국과 러시아는 미국 못지않은 패권주의적 국가이다. 그런데 우리는 미국과 안보동맹을 맺고 있다. 따라서 같은 패권주의 국가라 해도 안보에 관한 한 중국이나 러시아보다는 미국과 협력하는 것이 바람직하다. 원교근공遠交近攻이라는 병법서의 규칙과도 부합한다.

둘째, 안보 외에는 저 나라들과의 협력을 꺼릴 이유가 없다. 국제사회에서는 협력의 득이 실보다 많다.

셋째, 저 나라들이 못마땅하다고 해서 저 나라들의 내정에 간섭할 이유가 없다. 그런다고 바뀔 나라들이 아닌데다, 외형적으로는 자국민들에 의해 정당성을 보장받고 있는 나라들이기 때문이다. 다툴 필요가 없는 것이다.

넷째, 위에 열거한 지침들 사이에 충돌이 일어날 경우에 최상위의 지침으로 수호되어야 할 것은 안보이다.

한국에서는 우리에게 영향을 미치는 주변국에 대한 친소관계로 진영이 매겨진다. 친일과 종북은 상대를 낙인찍는 프레임이고, 친미와 반미가 각각 보수와 진보의 대명사로 불리기도 했다. 모두 어리석은 생각들이다. 이데올로기가 아닌 안보와 국익의 잣대로 주변국들을 평가해야 한다.

안보 면에서 우리를 위협하는 쪽에서 우리를 돕는 쪽으로의 스펙트럼을 따져보자. 핵을 앞세워 일관된 적화통일 노선을 견지해온 북한은 현실적 위협이다. 국경을 맞댄 동포 국가이지만 유일한 주적이라고 볼 수밖에 없다. 그 후원자인 중국과 러시아도 6·25의 교훈이 말해주듯이 한반도에서 다시 전쟁이 나면 우리 아닌 북한의 편에 설 것임을 잊어서는 안 된다. 일본은 미국의 이탈로 한·미·일 공조체제가 붕괴되는 순간 우리에게 잠재적인 위협이 될 가능성이 있다. 이러한 동북아 국제관계의 형세를 감안할 때 미국은 우리의 안보에게 플러스임이 확실하다.

안보와는 달리 국익의 관점에서는 모든 주변국들에 문호를 개방하는 게 좋다. 극빈국인 북한과의 교류에서는 상대적으로 얻을 게 별로 없어 보이지만, 통일의 초석을 닦는다는 장기적인 안목으로 임해야 할 것이다. 다른 주변국들에 대해서는 경제 논리를 중심으로 움직이면 된다. 경제를 정치나 이데올로기와 연동시키는 우를 범해서는 안 된다. 일제의 식민지였던 우리로서는 일본에 대한 감정이 남아 있다. 그러나 이를 안보와 국익에 적용시켜서는 안 된다. 일본은 무시 못 할 경제대국이다.

이승만은 반일로 일관한 탓에 일본으로부터의 기술도입의 기회를 놓쳤지만, 일제하에서 우리 민족이 겪은 상처의 치유 회복을 위해서는 그가 선택한 반일은 불가피한 측면도 있었다. 일본의 제국주의적 성격을 누구보다 먼저, 그리고 정확히 간파했던 그가 해방 후 일본과 바로 손잡을 수는 없었던 것이다(Rhee 1941). 이를 감안했을 때 박정희의 한일 수교시점은 적절했고, 이로 말미암아 그는 경제발전에 박차를 가할 수 있었다. 이들의 공과를 현재의 시점에서 비판할 수는 있지만, 이들을 전면부정하고 반일 감정을 부추기는 것은 역사의 시계를 거꾸로 돌리려는 바람직하지 못한 처사이다. 과거의 상흔, 현실의 정치적 득실, 이데올로기 등으로 역사를 재단하기보다는, 실용적 안목으로 슬기로이 역사를 보고 그 흐름에 올라타 이를 바람직한 방향으로 이끄는 지혜가 필요하다.

제3부

토론

제1장

한·중의 역사인식과 민족문제[*]

1. 역사와 해석, 그리고 주관성[1] (이윤일)[2]

1) 역사적 지식의 성격

역사란 인간의 과거 행위 기록을 연구하는 학문이다.[3] 우리는 역사를 통해 과거 우리의 삶을 반성하고, 우리의 현재 자화상을 확인하며, 그것을 거울삼아 보다 나은 미래를 기획한다. 역사를 연구하는 역사가는 인간 사회에 영향을 미친 과거의 사실이나 사건을 역사 서술의 대상으로 삼는다. 역사가는 과거의 사료를 가지고 언제 어디서 어떤 일이 일어났으며, 그 원인은 무엇인가를 탐구한다. 그렇게 하여 역사가는 우리에게 역사적 지식을 전해준다. 우리가 문학을 통해 감동을, 철학을 통해 삶의 위안을 얻는

---

[*] 이 장은 1부 1장의 초고를 주제로 한 논평, 답론, 토론을 옮긴 것이다.

[1] 1절과 2절은 2009년 10월 31일 신라대학교에서 있었던 대동철학회 추계 학술대회에서의 논평과 답론을 옮긴 것으로 1절은 다음에서 전재한 것이다. 『대동철학』 49권, 2009.

[2] 가톨릭관동대 VERUM교양대학 교수.

[3] 역사를 단순히 과거 사건에 대한 기록이라고 정의하는 것은 그 외연을 지나치게 넓게 잡는 것이다. 고생물학이나 지질학도 과거 사건을 연구하는 학문이기 때문이다. 그런 점에서 우리가 별빛을 통해 보는 별의 과거 모습은 역사적 사실이 아니며 별빛도 고고학적 유물이 아니다. 이승종 교수가 이를 모를 리 없으며, 그래서 나는 이승종 교수의 표현이 비유적인 것이었다고 생각한다.

다면, 우리는 역사적 지식을 통해 삶의 교훈을 얻고 자기의 역사적 정체성을 확보한다. 철학적 시각에서 역사는 인간의 시간적 실존에서 오는 구체적 선조건들의 총화를 지칭하는 것이며, 개인적으로 결코 극복하지 못할 실존의 한계를 설정한다. 나는 한국인으로 태어났기 때문에 한국사의 관점에서 민족의 성웅 이순신 장군을 숭앙하고, 안중근 의사를 경외하며, 침략자 도요토미 히데요시豊臣秀吉를 싫어하고, 이토 히로부미伊藤博文를 멸시한다. 나는 이런 역사적 의식을 우리 역사가들이 전해준 역사적 지식으로부터 얻었다. 그렇다면 역사가들이 우리에게 전해주는 역사적 지식은 어떤 성격을 지니고 있는 것일까?

월쉬W. H. Walsh는 그의 『역사철학』에서 과학적 지식과 역사적 지식의 차이점을 명쾌하게 드러내 준 바 있다(월쉬 1989, 30~48쪽). 그에 따르면, 과학적 지식은 다음과 같은 네 가지 성격을 지닌다.

① 조직적인 방법으로 획득되고 체계적으로 연관된 지식[4]
② 일반적 진리로 이루어져 있거나 또는 적어도 그것을 포함하는 지식
③ 성공적인 예언을 할 수 있게 하여서 미래의 사건의 진로를 적어도 어느 정도는 조종할 수 있게 하는 지식
④ 편견이 없는 관찰자가 누구나 그의 개인적 편애나 사정이 어떻든 간에, 증거가 있으면 승인하지 않을 수 없다는 의미에서의 객관적 지식

이에 반해 역사적 지식은 다음과 같은 성격을 띠고 있다. (월쉬 1989, 49~55쪽)

---

4 그러나 이 조건만으로는 과학적 지식의 요건을 갖추지 못한다. 연금술, 철도 시간표나 전화번호부도 일정 정도 조직적인 방법으로 획득되고 체계적으로 연관된 지식이기 때문이다.

(가) 역사학은 그 자신의 방법과 기술에 따라서 추구된다는 점에서 과학적 연구이다. 따라서 전문적 역사가들이 밝혀낸 역사적 지식이 존재한다.

(나) 역사학은 일반적 진리를 발견하는 데 있지 않다. 역사가의 주요 임무는 과거의 개별적이고 일회적인 사건들의 정확한 경로를 발견하고 그것을 이해시키는 데 있다.

(다) 역사가는 과거를 그 자체 때문에 연구하지, 사건의 미래의 진로에 방향을 제시해 줄 것을 기대하고 연구하지 않는다.

위의 구분을 통해 우리는 이런 역사적 지식의 성격이 과학적 지식의 성격 중 대략 ①과 ④에만 관계한다는 것을 알 수 있다. 따라서 ①과 ④는 역사학이 엄밀한 의미에서 자연과학과 같은 것은 되지 않더라도 적어도 과학의 지위를 얻기 위한 주요 조건이다. 그중 ①은 우리가 쉽게 이해할 수 있고 그런대로 잘 받아들일 수 있는 조건이므로 여기서는 문제 삼지 않기로 한다.[5] 문제는 조건 ④인데, 역사가 "편견이 없는 관찰자가 누구나 그의 개인적 편애나 사정이 어떻든 간에, 증거가 있으면 승인하지 않을 수 없다는 의미에서의 객관적 지식"이라고 할 때, 이 객관성이 무엇인가 하는 점이다. 이 문제를 검토해보기로 하자.

1) 역사적 지식의 주관성과 객관성

④를 자연과학적 지식에 적용한다면, 그것은 과학적 지식이 불편부당하

---

5 역사가가 역사를 연구하고 가르치는 일은 과거의 사실을 전달하는 일이라기보다는 사실들을 확증하고 해석하는 일정한 기술을 알려주는 일이다. 사료의 선택과 분류, 비판을 일상인이 전문적인 역사가와 똑같이 해낼 수 있다고 생각하는 것은 큰 오산일 것이다.

고, 개인적 의견이나 사적 감정과 관계가 없으며, 따라서 보편타당하게 다른 사람들에게 전달될 수 있고, 또 그 지식이 반복될 수 있다는 사실을 의미한다. 그러나 이 사실은 역사적 지식에도 똑같이 유효한가?

사실상 지금까지 역사적 지식과 역사적 사실이 객관적이기보다는 오히려 근본적으로 주관적이라고 보는 입장이 훨씬 더 지배적이었다고 해도 과언이 아니다. 이 점을 잘 표현해 놓은 명쾌한 글이 있다.

> 역사는 민족들의 상대성과 무관하지 않다. 모든 민족의 역사를 객관적인 학문적 입장에서 서술하려는 태도가 나타난 것은 얼마 전의 일이다. 그전의 대부분의 역사는 객관적인 학문적 역사가 아니라 각 민족이 자기네 삶을 자민족 중심으로 서술해 놓은 것이다. 그래서 헤로도토스의 『역사』는 그리스 민족의 입장에서 당시까지의 사건들을 기록해놓은 것이며, 『구약』은 히브리 민족의 입장에서, 『사기』는 중국 민족의 입장에서 기록해 놓은 것이다. 역사의 서술은 늘 서술하는 그 민족이 주인공이며 나머지는 조언이나 엑스트라의 역할을 하므로 전통 사회에서 다른 나라, 다른 민족은 언제나 '오랑캐'('되놈', '왜놈', '양놈')거나 '이교도'였다.(성염 · 김석수 · 문명숙 1998, 260쪽)

우리는 많은 증거와 사료를 통해 과거를 이해하려고 한다. 사료는 역사적 사실의 증거물이다. 그러나 사료 하나만 고려해 보더라도 역사적 지식의 객관성을 보장해 주기에는 수많은 어려움이 따른다. 문헌 사료와 비문헌 사료가 있다. 잔적 사료와 전고 사료가 있다.[6] 1차 사료와 2차 사료가

---

6 잔적 사료는 내용의 신빙성에 문제가 없는 사료로서 대표적인 것은 공문서이다. 전고 사료는 잔적 사료에 비하여 사실의 전달자나 기록자의 편견과 오해가 개재되어 신빙성이

있다. 그러나 아무리 사료의 양이 많더라도 가장 중요한 사료들이 감추어져 있거나 소실되었을 수도 있다. 보존된 사료가 가장 중요한 사료가 아닐 수도 있고, 틀린 내용을 담은 사료, 조작된 사료도 있을 것이다. 거꾸로 고대의 연구로 거슬러 올라갈수록 남아 있는 사료는 거의 대부분 사라져버린 상태이다.[7] 그래서 알랭Alain: Émile-Auguste Chartier은 "사료란 쥐의 이빨, 상속자의 태만, 화재의 불길, 구멍 뚫린 의자의 수선 등을 우연하게 피한 낡은 종이이다"라고 말하기도 하였다(최영주 2006, 125쪽에서 재인용). 무엇보다 어떤 연구자도 모든 사료를 다 참조할 수는 없으므로 어떤 사료를 사용할 것인가를 수집하고 선택하는 과정에서 역사가의 주관성이 개입된다. 또한 사건을 바라보는 역사가의 시각은 결코 중립적일 수 없다. 역사가가 아무리 객관성을 추구한다 해도 역사가는 특정 사회, 시대, 계층에 속하기 때문에 자신의 가치관과 시대적인 관심을 피할 수 없기 때문이다. 따라서 역사적 사건에 대한 최종적 평가는 역사가의 세계관에 의해 결정될 수도 있다. 어떤 의미에서는 역사 연구에 있어 주관성은 필요하다고까지 말할 수 있다. 사실 주어진 사건들을 수동적으로 모두 받아들이는 태도는 단순한 사실들을 열거하게 할 뿐, 어떤 특별한 의미도 설득력을 갖지 못한다. 사건들을 순서대로 늘어놓는다면 그것은 기껏해야 연대기에 불과할 뿐이다. 그래서 헤겔은 "평범하고 재능 없는 역사가들만이 자신의 태도는 수용적이며 데이터에 충실하다고 주장한다"고 했던 것이다(최영주 2006, 129쪽에서 재인용). 심지어 베커Carl Becker는 역사적 사실이 인식 주체의 주관성

떨어지는 사료들이다. 김부식의 『삼국사기』는 전고 사료에 속한다. 김호연 2002, 109~115쪽 참조.

7 미술사만 보더라도 원시 예술에 대한 서술과 연대 기록은 (좀 과장하자면) 한두 줄로 끝나지 않는가?

에 의존한다는 것을 강조하여, 역사적 사실이란 역사가가 창조하기까지는 존재하지 않는다고까지 주장하였다.

이상의 이야기는 역사적 지식이 어쩔 수 없이 주관적인 성격을 띨 수밖에 없다는 것을 보여주는 것 같다. 그렇다면 과연 역사적 지식의 객관성을 보장할 수 있는 길은 아예 없는 것인가? 이 점에 대해서 역사학자들은 나름대로 역사적 사실과 지식에도 (느슨한 의미의) 객관성이 있다고 주장한다. 예컨대 역사적 사건들은 독자적이고 일회적이며, 각각의 고유한 특성을 가진다. 그러나 '프랑스 혁명', '러시아 혁명'에서처럼 혁명이라는 표현이 보여주듯이, 두 사건이 일어난 시기와 장소는 달라도, 기존의 사회제도를 급격히 변화시키고 새로운 제도를 창출한 공통점을 지닌다. 역사적 사실도 전적으로 동떨어져 있는 일회적인 사건이 아니라 시간의 흐름에 따라 전후로 이어져 인과 관계로 연결되어 있어서, 그 자체가 해당 시대의 여러 관계들과 긴밀히 연관되어 있는 존재인 것이다. 그런 점에서 역사적 사실이 전적으로 역사가의 자의에 의해서 창조되는 것은 아닐 것이다. 진정한 역사가는 스스로의 한계와 주관성에 대해 충분히 비판적인 입장을 취할 수 있는 자이다. 예를 들어 투키디데스와 헤로도토스가 공정성을 지키기 위해 자기 민족들뿐만 아니라 적의 의견에도 귀를 기울였다는 사실은 이러한 노력을 증명한다. 또한 역사가는 혼자 일하는 것이 아니라 과학적 공동체의 동의도 구해야 하기 때문에 그 과정에서 지나친 주관적 해석을 피할 수 있다. 역사적 지식이 이런 의미의 객관성이라면, E. H. 카Carr의 말처럼 역사에서의 객관성은 결국 역사적 사실의 객관성이라기보다는 역사적 사실과 해석 사이의 객관성을 의미할지도 모른다.

3) 콜링우드 역사철학의 특징

이승종 교수는 과학적 역사학을 설립하고자 염원했던 콜링우드의 일부 견해들을 소개하면서 논문을 시작하고 있다. 잘 알다시피 콜링우드는 딜타이Wilhelm Dilthey, 크로체Benedetto Croce의 전통을 이어받아 실증주의적 역사 연구에 반대했던 인물이다. 일찍이 빈델반트Wilhelm Windelband, 리케르트Heinrich Rickert, 딜타이로 대표되는 신칸트학파는 철학을 자연과학과 대립되는 정신과학이라고 규정하고, 정신과학의 방법론은 자연과학의 방법론과는 근본적으로 다른 것임을 보여주고자 하였다. 자연과학은 법칙정립적 과학으로 보편화 방법을 사용하며, 정신과학은 개성 기술적 과학으로 개성화 방법을 사용한다. 딜타이는 이 구분을 "우리는 자연을 설명하고 정신생활을 이해한다"라는 명제로 간명하게 요약하였다. 콜링우드도 객관적 역사 인식, 역사학의 고유한 방법, 고유한 대상 등과 관련하여 대체로 이들 방법의 연장선상에서 자신의 역사철학을 전개한다. 역사를 크로체처럼 사고의 역사이면서 동시에 현재의 역사로 본 것이나, 딜타이의 추체험과 유사한 재사고re-think, 재연re-enactment이라는 용어를 사용하는 점 등이 그러하다.[8] 그러나 이들 역사철학자들과는 달리 콜링우드의 역사철학이 보여주는 독창적인 요소들도 있는데, 그것은 다름 아닌 '과학적 역사학', '역사가의 자율성' 등과 같은 개념이다. 이승종 교수의 논문에서는 이런 개념들에 대한 구체적인 설명이 빠져 있으므로 이를 보충해 보기로 하겠다.

---

[8] 월쉬는 콜링우드의 역사 이론을 관념론적 역사 이론이라고 부른다. 콜링우드에게 모든 역사는 인간의 사고의 역사이다. 이는 역사가 다루는 대상이 사고의 과정을 내포한 인간의 행위들이라는 뜻이다.

첫째, 얼핏 보면 '과학적 역사학'이라는 콜링우드의 표현은, 실증주의적 역사학(가위와 풀의 역사학)에 반대하려는 자신의 의도와는 달리, 역사학도 자연과학과 똑같은 성질의 학문이라는 오해를 불러일으키기 쉽다. 그러나 여기서 콜링우드가 말하는 '과학적 역사학'은 자연과학적 방법을 사용하는 역사학이 아니라 개성 기술적 방법을 사용하는 역사학으로서, 일반적 추상화를 지향하는 것이 아니라 일회적 구체성을 지향하는 '특정한 개별과학'을 말한다. 따라서 과학적 역사학이라는 표현은 콜링우드가 실은 역사학을 자연과학 못지않게 나름의 방법과 독자성을 가진 학문이라는 것을 강조하기 위해서 채택한 표현이다. 여기서 콜링우드는 과학적 역사학이라는 이름 아래 사실은 대체로 역사학의 독자성, 즉 위의 ①과 ④, (가), (나), (다)의 명제를 염두에 두고 있는 것이다. 무엇보다도 콜링우드가 과학적 역사학이라고 할 때 이것은 역사 연구에서 수학적 증명만큼이나 엄밀성을 갖춘 추론의 중요성을 염두에 둔 것이다. 콜링우드에 따르면, 역사적 사실은 역사가에게 유용한 증거에 기초한 추론의 결과로서 드러난다. 다시 말해 역사가의 과거에 대한 상은 본질적으로 이용할 수 있는 증거에 기초한 논리적 재구성이며, 이것은 정합성의 원칙에 의해 확증된다. 따라서 역사적 지식은 직접적으로 주어지는 것이 아닌 전적으로 추론적인 지식이다. 이렇게 해서 얻어낸 역사를 콜링우드는 '구성적 역사 constructive history'라고 부른다.[9] 그런 점에서 콜링우드의 역사 방법론은 일정 정도 해석학적이다. 콜링우드의 역사 방법론이 해석학적이라는 것

---

9   송영준 1992, 242쪽. 구성적 역사를 구성하기 위해서 역사가는 전거의 진술 중에서 중요하다고 생각되는 것을 선택하는 한편, 전거에는 다만 암시되어 있을 뿐인 진술을 삽입시킨다. 이것은 해석적 구성 방법으로서 참된 역사는 사료의 진실 여부를 분석하는 것이 아니라 그것의 의미를 분석하는 것이다.

은 이승종 교수가 인용한 콜링우드의 말에서도 분명하게 드러난다.

　　과학적 역사가는 한 걸음 더 나아가 기성의 진술의 진위나 수용 여부를 묻
지 않고 그 진술의 의미를, 예컨대 "진술자가 어떠어떠한 의미로 이러한 진술
을 했다는 사실이 내가 관심을 갖고 있는 주제에 관해 어떤 해명의 빛을 던져
줄까"를 묻는다. 콜링우드는 다음과 같이 말한다.(39쪽)

　　과학적 역사가는 진술을 진술로서 취급하지 않고 증거로서 취급한다. 즉
그는 진술을 어떤 사실에 대한 참된 혹은 거짓된 기술記述로 보는 것이 아니라,
그에 관한 적합한 질문을 제기한다면 그 사실을 해명해 줄지도 모를 다른 사
실로 본다는 것이다.(Collingwood 1939, p.275)

　둘째, '역사가의 자율성' 또한 실증주의 역사학에 대한 비판을 염두에
두고 콜링우드가 도입한 표현이다. 실증주의 역사학은 귀납 논리의 잘못
된 가정에 기초하고 있고, 귀납 논리는 근본적으로 수동적인 인식론에 기
초하며, 그래서 증언의 합은 한낱 개연성에 머물 뿐이다. 콜링우드에 따르
면, 역사가는 실증주의자들처럼 전거에 보이는 것을 그대로 재생산해서
는 안 된다. 역사학도 일종의 질문 활동에서부터 시작된다면, 역사는 과거
사실들에 대한 우리 자신의 물음에 대한 해답이다. 이를 찾기 위해 역사가
는 과거 사실을 베끼는 것이 아니라 증거를 선택하고 활용하여 증거를 창
출해야 한다. 여기서 현재의 어떤 것들을 과거의 어떤 것에 관한 증거로서
의 자격을 부여하는 것이 역사가의 자율적 사고이다.[10] 역사 연구의 내용
에 책임이 있는 것은 전거가 아니라 역사가라는 것이다. 그런 점에서 모든

사료의 진위를 하나하나 자율적으로 판단하는 것이 역사가의 임무라고 콜링우드가 주장하고 있기보다는, 역사가가 스스로 제기하는 물음을 확실한 기준으로 하여 증거를 찾아내야 한다는 것을 의미할 것이다.

한편 이승종 교수는 베리의 논제에 대한 콜링우드의 설명에 형식 논리적인 오류가 있음을 탁월한 분석철학의 정신으로 간파해내었다. 이를 받아들이면서 나는 대신 콜링우드가 베리의 논제를 비판하고자 했던 의도가 무엇인지를 보여주고자 한다. 베리는 "역사학은 하나의 과학이요, 그 이하도 그 이상도 아니다"라고 선언하였다. 베리가 이 선언을 할 당시 역사학에서는 그의 세대 이전과는 다른 많은 변화가 있었다. 우선 역사적인 증거의 발견과 발굴 기술이 크게 축적되고 진보함으로써, 당시 역사가들은 자기들의 성과에 대하여 (자연)과학적 지위를 요구할 수 있는 위치에 와 있다고 생각하였다. 즉 역사가들도 과거에 대해서 결정적으로 참된 언명을 할 수 있는 능력을 갖게 되었다고 믿었다. 이런 점에서 베리는 역사학이 과학 이하가 아니라고 말한다. 그 결과 역사가들은 이런 성과를 거둔 것으로 자기들의 과제는 끝난 것이라고 생각하였다. 역사가들의 관심은 진리에 있었고, 진리 이외에 어떤 것에도 있지 않았다. 이것은 역사학이 (자연)과학 이상이 아니라는 것을 말한다. 여기서 베리는 역사학이 과거에 참으로 일어났던 것에 대한 단순한 설명으로 끝나야지, 역사가 개인적 특성이나 견해가 드러나는 학문이어서는 안 된다고 보고 있는 것이다.(월쉬

---

10 송영준 1992, 219쪽. 그래서 콜링우드는 칸트의 인식에 있어서의 코페르니쿠스적 혁명이 역사학에서도 이루어져야 한다고 보고 다음과 같이 말한다. "역사가 자신이 아닌 전거에 의존하여 자신의 사고를 그것에 합치시키는 것이 아니라 역사가 자신이 전거가 되어 역사가의 사고가 자율적이고 자기 권위적이며, 스스로 어떤 규준을 지니고 있다는 것을 깨닫게 될 때, 비로소 역사는 '과학이 가는 확고한 길'에 들어선다."(송영준 1992, 221쪽에서 재인용)

1989, 231~233쪽)

　당연히 방법론적 이원론의 입장에 서서 정신과학의 한 분과로서의 역사학의 학적 자율성을 옹호하는 콜링우드는, 베리의 명제를 물리치고 역사학은 (자연)과학 이하가 아니지만 (자연)과학 이상이어야 한다고 주장할 수밖에 없다. 위에서 제시되었던 명제 (가), (나), (다)가 결코 자연과학은 갖지 못하는, 정신과학으로서의 역사학만이 가지는 특이성이자 장점이라고 보고 있는 것이다. 이 점을 확인하기 위해서는 이승종 교수의 논문에서 등장하는 콜링우드의 언명을 그대로 옮겨 오면 된다.

　　'과학'이라는 말은 체계적인 지식의 집합체를 의미한다. 이러한 의미에서라면 역사학은 과학이요 그 이하가 아니라는 베리의 말은 분명 옳다.(Collingwood 1939, p.249)

　　그러나 역사학이 과학 이하가 아니라면 확실히 그 이상이다. 어떤 것이 과학이라면 그것은 그저 단순한 과학 이상으로 특정의 개별과학이어야 한다. 지식의 집합체라는 것은 그저 단순히 체계화된 것이 아니라 어떤 특정한 방식으로 체계화된 것이기 때문이다.(Collingwood 1939, p.249)

　이상의 정리를 통하여 밝혀진 것은 콜링우드의 역사철학이 넓게 해석학적 전통에 속해 있다는 점이다. 그리고 우리는 해석학적 방법이 대체로 노출하는 한 가지 난점을 기억하지 않을 수 없는데, 그것은 그 방법의 적용 결과가 상대주의(또는 회의주의?)로 귀결되기 쉽다는 점이다. 물론 이를 잘 알고 있었던 콜링우드는 역사적 상대주의나 회의주의를 피하기 위하여 감정과 정서의 추체험은 불가능하다고 보고 그것을 배제하면서, 사고의 추체험만이 가능하다는 점을 강조하였던 것이다. 이 차이는 딜타이의 역사 이론과 콜링우드의 역사이론을 구분 짓는 핵심 준거점이기도 하다.[11]

4) 한국 상고사에 대한 해석학적 관심과 주관성

이승종 교수가 논문을 통해 이야기하고 싶어 하는 최종 의도는 지금까지 여러 자의적이고 타의적인 조건으로 인해 폄하되고 왜곡 기술되었던 한국 상고사를 올바르게 해석하는 것이다. 처음부터 이승종 교수는 우리 역사학계가 우리의 상고사를 제대로 밝히고 올바로 세워 놓지 못했다는 점을 안타까워하면서 자탄과 불만을 가득히 토로한다. 그래서인지 글의 호흡은 일부 급박하고 얼마간 감정적이기도 하다.

이 교수의 글은 우리 상고사에 대한 기록이 거의 남아 있지 않다는 점에서 불완전성과 불확실성을 인정하는 것에서부터 시작한다. 그러면서 "기록의 행간을 읽어 가며 그에 대한 올바른 번역을 모색하고 기록이 훼손된 경우, 곡해된 경우 등을 찾아내 이를 바로잡고 그 의미를 되새겨야"(53쪽) 할 것을 권고한다. 이승종 교수는 이 작업을 번역의 고고학이라고 명명하였다. 이 이면에는 이런 왜곡과 은폐를 도모한 중화와 사대라는 이념이 도사리고 있었다고 진단한다. 구체적인 해부의 칼날은 먼저 중국이라는 나라를 향해 있다. 거기에서 이 교수는 지금까지 축적된 연구를 상당히 동원

---

11 딜타이는 이해를 통해 표현에 대한 앎으로부터 추리 과정 없이 그것이 표현하고 있는 것에 대한 앎으로 직접 옮아간다고 생각했다. 그러나 콜링우드는 직접 이해 이외에 추리의 방법도 동원되어야 한다고 생각한다. 또 모든 사유는 감정과 정서를 배경으로 일어나지만, 역사가는 이런 배경까지도 추체험할 수는 없고 다만, 과거의 사건 속에 내재되어 있는 사고를 추체험할 뿐이다. 즉, 역사가가 인식할 수 있는 것은 역사가가 추리 등을 통해 스스로 재사고할 수 있는 사고뿐이다.

하여 고고학적으로나 역사적 기록의 측면에서 곡해되고 은폐된 사실들을 상세하게 밝혀 나간다. 그중에는 '중국'이라는 국가 명칭의 이데올로기적 성격을 폭로하는 것으로부터 시작하여, 황하문명보다 앞선 선진 요하문명(고조선을 건국한 예맥족의 문명)의 여러 증거들, 『오월춘추』의 우에 대한 기록, 그리고 기자의 개인적 이력에 대한 중국의 날조 등을 조목조목 밝혀주고 있다. 끝으로 '종횡사대' 부분에서는 중화사관을 그대로 받아들여 답습한 김부식의 『삼국사기』, 매판과 매국으로 치달을 수밖에 없었던 사대주의의 폐해, 사대의 대상이 중국에서 미국으로 바뀐 현대 한국의 현실에 대한 한탄으로 끝맺고 있다.

우리 상고사에 대한 상식적 수준의 지식밖에 가지고 있지 못한 논평자에게, 이승종 교수의 내용상 탁월하면서도 의분에 찬 이 폭로성 글은 자못 큰 충격으로 다가온다. 지금까지 이런저런 이유로, 아니 이유가 있다면 무관심의 이유로 한국 철학자의 관점에서 우리 역사를 되돌아보지 못했다는 것에 대해 크게 반성해야 할 일이고, 또 각성하게 해 주었다는 점에서 이승종 교수의 글에 감사드린다. 아울러 이런 논의의 구체적인 내용에 대한 지식이 거의 없는 논평자로서는 논의의 내용을 검토하고 의문을 제기할 자격을 제대로 갖추고 있지 못한 점에 대해서도 용서를 구한다. 대신 나는 이 글에서 이 교수의 역사철학적 관심을 읽어 내고 그것이 어떤 성격을 담고 있는지를 알아볼 것이다.

첫째, 방법론과 관련하여 나는 이승종 교수의 연구 방법론이 해석학적이라고 주장하고 싶다. 이 교수는 상고사를 해석해 들어가는 데 있어 불완전성과 불확실성을 인정한다. 오히려 "역사학이나 철학이 성찰하고자 하는 우리 삶과 세계의 가장 두드러진 특징은 바로 이 불완전성과 불확실성"(47쪽)이며, "불완전성과 불확실성은 삶과 세계의 역사성에서 비롯되는 불가피한 현상"(48쪽)이라고 본다. 이 불완전성과 불확실성은 후기 비트겐슈타인의 언어 게임에서 가족 유사성 개념이 나오는 지반이기도 하고, 콰인Willard Van Orman Quine과 데이빗슨Donald Davidson이 이야기하는 원초적 번역과 해석의 상황이기도 하다. 또 후기 후설Edmund Husserl 현상학에서의 '생활 세계'가 가지는 특징이기도 하고, 무엇보다도 해석학에서 말하는 선先이해(전(前)이해)의 상황이다. 선이해는 데카르트 이후 서양 근대 인식론이 목표로 삼았던 확실성과 절대적 진리 추구의 허구성을 폭로하고, 삶과 진리의 역사성을 강조하기 위해 들여온 표현이다. 여기에서 불완전성과 불확실성은 확실한 인식에 도달하는데 불필요한 장애물로 여겨지는 것이 아니라, 오히려 진리 형성 과정의 긍정적 계기로 해석된다. 이승종 교수는 불완전성과 불확실성이 삶과 역사를 연구하는 데 이미 언어적으로나 역사적으로 각인된 하나의 구조처럼 보는 것이다. 나는 이승종 교수의 이 글이 해석학의 방법을 거쳐 지금까지 드러나지 않았던 한국 상고사의 의미 연관을 한층 더 명확하게 밝혀 주었다고 믿는다.

둘째, 우리 민족의 올바른 역사 복권을 통하여 민족의 역사적 주체성을 확보하려는 관심이다. 이승종 교수는 지금까지 우리의 역사 서술이 중화주의와 사대주의의 오염으로 말미암아 철저하게 왜곡 서술되어 왔다고 보며, 이를 시정할 목표로 "우리의 역사 정신을 복권시키는 작업은 이러한 과거와 현재의 보편성의 표준과 질서와는 다른 보편성의 표준과 질서를 우리의 정신사로부터 창안해낼 수 있는 방향으로 이루어져야 한다"(52쪽)는 데 두고 있다. 짐작컨대 이러한 과제는 먼저 "자국 중심적 세계관을 타민족에게 부과하"(63쪽)는 지나의 존화양이와 같은 이데올로기의 성격을 띠어서는 안 될 것이다.[12] 존화양이는 "타자에 대한 철저한 비하를 전제한 자존自尊이 함축하는 독단적 배타성은 그들의 역사인식이 보편성을 획득할 수 없으며 그들이 애초부터 동아시아에서 명실상부한 리더로서의 자격이 없음을 보여"(63~64쪽)주기 때문이다.

셋째로 사대주의를 답습하여 자신의 역사를 잃고 자발적으로 스스로의 정체성을 부정하는 어리석음에서 벗어나야 할 것이다. 이때 이승종 교수가 긍정적인 보편성의 척도로 제시하는 이념은 잠깐 보이는 데 그것은 "타자를 인정하고 그와 공존하는 정상적 관점"(110쪽)이다. 이에 대한 구체적인 설명이 없는 것이 좀 아쉬워서, 이 지점에서 나는 이승종 교수에게 왜곡된 개별적인 민족사를 바로 잡고 올바르게 재서술하는 데 "타자를 인정하고 그와 공존하는 정상적 관점"이 어떤 것인지를 알고 싶다. 또 지금까지 세계의 어떤 민족의 민족사가 이 관점을 수용한 서술을 가지고 있는지, 또 배경적으로 어떤 철학적 이념이 그것을 보장해 줄 것인지도 알고 싶다.[13]

---

12 이승종 교수는 '중국'이라는 명칭이 중국에서 건국의 아버지로 추앙받고 있는 손문에 의해 만들어진 것이라는 점을 이 글에서 밝혀 준 바 있다. 손문의 『삼민주의』를 읽다 보면 당시 동아시아에 대한 그의 역사 인식을 읽어낼 수 있는 글들이 등장한다. 두 가지만 소개한다. "좋지 않은 장소에는 풍우(風雨)의 천재(天災)가 있다. 예를 들어 중국의 고대 문화가 일어난 장소는 황하 유역이다. 황하의 유역은 첫째로 풍우의 천재가 있고, 둘째로는 한랭한 지역으로 원래 문화가 발생할 수 있는 곳이 아니다. 그럼에도 불구하고 중국의 고대 문화는 어찌하여 황하 유역에 발생한 것일까. 그 이유는 연안의 인류가 다른 지역으로부터 이주하여 왔기 때문이다. 예를 들어 메소포타미아의 문화는 중국보다는 만년 이상이나 빠르다. 중국의 삼황오제보다도 전에 메소포타미아로부터 이동하여 와서 황하 유역에 중국의 문명을 일으킨 것이다." "다음으로 조금 이전의 시기에 잃은 토지로는 조선, 대만, 팽호도가 있다. 이 토지들은 청일 전쟁에 의하여 일본의 손에 넘어간 것들이다." 첫 번째 인용 글은 당시 중국 지식인 사회에서 그들이 한족의 역사적 기원에 대해 잘못된 정보를 가지고 있었다는 것을 보여주지만, 두 번째 인용 글은 우리나라에 대한 손문의 역사의식을 보여주는 것이어서 충격적이다. 실제로 신해혁명 당시 손문이 내세웠던 구호 중의 하나는 '멸만흥한(滅滿興漢)'이었다.

13 여기에는 약자에 대한 배려, 인간 존엄과 권리, 민족의 공존과 인류의 번영 등과 같은 내용도 들어가는가? 레비나스(Immanuel Levinas)가 역사철학을 썼다면 그것은 어떤 모습

결국 나는 이 논평문에서 역사학이라는 학문의 객관성에 대해 대체로 비관적인 듯한 태도로 기술해왔다. 콜링우드의 역사철학이 해석학적 방법론과 접맥되어 있어서 상대주의의 홈을 일부 담지하고 있듯이. 정신과학으로서의 역사학도 객관성의 측면에서 일부 흠결이 남기 때문이다. 크로체와 콜링우드는 "모든 역사는 현재사"이며, 카도 역사란 "현재와 과거의 끊임없는 대화"라고 말하였다(카 1997, 50쪽).[14] 앞에서도 언급했듯이, 역사가가 아무리 객관성을 추구한다 해도 역사가는 특정 사회, 시대, 계층에 속하기 때문에 자신의 가치관과 시대적인 관심을 완전히 피할 수 없으며, 따라서 모든 역사 서술은 일정 정도 주관적이다. 예컨대 왕조 시대에 살았던 역사가의 관점과 현대 민주주의 제도에서 삶을 영위하는 역사가의 관점이 같을 수 없다. 오늘날 지나인들에 의해 집필된 지나의 역사, 심지어 자신들의 동양철학사도 본토에서는 마르크스주의 유물사관의 관점에 의해 씌어졌고 아직도 공식적으로 학교에서 이를 교육시키고 있다. 글을 쓴 이승종 교수의 관점도 한국인의 역사적 주체성을 지금까지 우리 조상들이 제대로 담보해 주지 않았다는 자각을 바탕으로 하지 않는가? (이승종 교수가 역사를 보는 관점에 대한 논평자의 의견은 논문 끝에 가서 개략적으로 밝힐 것이고, 그것이 맞는지를 이승종 교수의 답변을 통해 듣고 싶다.)

끝으로 역사적 사건의 기록에 대한 번역의 문제를 잠깐 언급하고자 한다(지마 1997). 역사적 사실에 대한 기록은 문학 작품이 아니다. 문학에서의 번역은 언어의 표현 층위(기표)와 내용 층위(기의)라는 중층 구조를 고

으로 나타났을까? 뒤에서 말하겠지만 하버마스의 비판적 해석학은 어떨까?

14 이 부분에는 콜링우드의 역사철학이 회의주의나 상대주의에 이른다는 비판도 포함되어 있다.

려하지 않으면 안 된다. 형식 없는 기의의 의미론적 층위도 생각할 수 없지만, 기표의 음성학적인 층위도 실질을 지니고 있기 때문이다. 그러나 대체로 내용 층위를 강조하는 생산 미학 또는 내용 미학에서는(헤겔, 마르크스, 루카치Georg Lukács, 골드만Lucien Goldmann) 문학 작품의 번역 가능성에 대체로 호의적이다.[15] 반면에 표현 층위를 우선시하는 형식 미학이나 영향 미학, 프라하 구조주의에서는(러시아 형식주의, 크로체, 브룩스Cleanth Brooks, 무카르로프스키Jan Mukarovsky, 야콥슨Roman Jakobson, 바흐친Mikhail Bakhtin) 문학 작품의 번역 가능성에 회의를 표명한다.[16] 반면 역사적 사실에 대한 기록은 내용 층위만으로 번역이 이루어진다. 이때 중요한 것은 사실 내용의 정확한 전달이다. 그런 점에서 역사적 사실을 기록하는 언어는 역사적 이해를 위한 보편적 매개체로서, 과거의 역사적 현실을 폭로하는 힘을 가지고 있다. 그러나 문제는 현재의 우리 논의와 관련하여 역사적 사실의 왜곡된 기록이 엄연히 존재한다는 사실이다. 이승종 교수의 글에 인용된 "신하로 삼지 못했다而不臣也", "동쪽의 제후를 찾아뵙고肆覲東后"와 같은 표현이 그러하다. 이것은 언어가 현실 폭로적인 힘을 가지고 있을 뿐만 아니라 동시에 현실 기만적이고 현실 왜곡적인 측면도 가지고 있다는 것을 생생히 보여준다. 다시 말해 왜곡된 역사적 기록의 한 이면에는 한 민족의 다른 민족에 대한 억압과 착취의 이데올로기가 암암리에 숨겨져 있는 것이다. 번역은 언어

---

15 그래서 헤겔은 시를 자기 가치를 크게 위축시키지 않고도 다른 언어로 번역할 수 있다고 보며, 루카치도 예술 작품을 개념어로 옮길 수 있다고 보았다.

16 이들은 언어 자체가 이미 개념적인 방식을 통해서 다른 체계로 직접 번역될 수 없는 자율적 체계라고 보며, 따라서 모든 번역은 결국 번역 불가능한 잔존물을 남겨 놓는다고 생각한다. 모든 번역은 사실상 원전의 질을 감소시키거나 파괴한다는 것이다. 바흐친은 이렇게 말한다. "제 2의 언어는 제 2의 세계관이거나 또 다른 문화이다. 이 문화는 결코 완벽하게 번역할 수 없는 구체적 형식을 갖고 있다."

의 이 부정적인 측면을 어떻게 극복할 수 있는가? 여기에서 나는 해방적 인식 관심을 이야기하는 하버마스의 비판적 해석학(또는 심층 해석학)을 마음속에 떠올린다.[17] 하버마스에게 해방적 인식 관심이란 왜곡된 이데올로 기의 지배로부터 자유로워지려는 관심을 말한다.[18] 이를 왜곡된 역사적 진술에 적용하면, 그런 진술의 의미가 권력과 지배의 무의식적인 결정 인 자들과 인과적으로 연결시켜 이해될 경우에 비로소 올바로 번역될 수 있 다는 것을 의미한다.

여기서 내가 잠정적으로 받아들일 수 있는 입장은 이러하다. 전통적 해 석학은 텍스트의 올바른 이해에 도달하는데 주로 관심을 두었던 데 반해, 하버마스의 비판적 해석학은 전통과 언어를 통해서 이데올로기에 의해 생성된 억압과 지배로부터 해방될 것을 목표로 한다. 하버마스가 옳다면, 이러한 해방은 이상적인 의사소통이 보장되는 사회, 비판적인 자기 이해 에 바탕을 준 합리적이고 자유로운 사회의 건설을 통해 이루어질 것이다. 사석에서 이승종 교수는 철학적 주체 의식을 가지지 못하는 한국의 기존 철학 교수들을 대단히 못마땅하게 생각해서, 현대 서양 철학자들의 이름 을 들먹이며 자신의 입장을 옹호하는 것을 싫어하지만, 논평자가 보기에 이승종 교수도 분명 이런 해방적 관심을 가지고 있고 그 관심에 비추어 우 리 상고사를 바로 세우려고 하는 것이다. 그런 점에서 이승종 교수의 '번

---

17 이승종 교수의 본문에서 "자신만의 우월성에 집착하는 지나의 중화주의가 사실은 그들의 역사와 문화의 원류에 놓여 있는 타자에 대한 열등감의 콤플렉스를 감추기 위해 고안된 것일 수 있다는 점이다"(110쪽)와 같은 표현은 프로이트의 이론을 원용하는 비판적 해석 학의 한 면모를 보는 것 같다.
18 하버마스는 역사도 지배, 억압, 이데올로기 등의 객관적 성격에 의해 제약되어 있다고 본 다. 이를 극복하기 위해서는 해석학도 실천에 의해 다시 생동력을 얻어야만 해방이 이룩 될 수 있다고 믿는다. 앤더슨 1988, 98~106쪽 참조.

역의 고고학'에는 고차 수준의 비판적 해석학의 방법이 담겨 있다. 나는 이승종 교수의 후속 연구를 통해서 우리 상고사를 올바르게 복원하려는 그의 염원이 이루어지기를 바란다.

2. 답론

영미의 콰인과 데이빗슨, 대륙의 하이데거와 가다머는 각기 다른 지적 전통을 배경으로 번역과 해석이 해석학적 작업임을 역설하고 있습니다. 우리 상고사와 관련하여 저는 그것이 역사철학적 작업임을 보이고 싶었습니다. 제 글에서 인용한 몇 가지 사례들을 통해 이를 정당화해보겠습니다.

① 肆覲東后

제가 가지고 있는 『상서書經』의 번역자(김학주)는 「舜典」의 "肆覲東后 協時月正日"을 [순임금이] "동쪽의 제후들을 만나 철과 달을 맞추고 날짜를 바로잡으셨으며"로 번역하고 있습니다. 다른 번역본도 대체로 이 번역을 따르고 있습니다. '覲'의 의미를 모르는 독자는 이 번역문을 통해 순임금이 동쪽의 제후들을 교화시키는 그림을 머릿속에 떠올리게 됩니다. '覲' 한 자의 잘못된 번역이 그 당시 동아시아의 판도에 대한 잘못된 인식을 심어 주고 있습니다.

② 封箕子於朝鮮 而不臣也

주의 무왕이 기자를 조선에 책봉했으나 신하로 삼지 못했다는 사마천의 이 구절은 순임금이 "동쪽의 제후를 알현했다는"『상서』의 구절처럼 앞뒤가 맞지 않습니다. 역사적 사실을 왜곡하려는 지나인들의 저의를 읽어낼 수 있습니다. 그들의 역사공정이 어제오늘의 일이 아니라 이렇게 뿌리 깊은 무시무시한 것임을 기억해야 합니다.

③ 蒼水使者

지나의 역사서 『오월춘추』에 나오는 현이玄夷의 창수사자를 신채호가 고증을 통해 단군의 태자 부루인 것으로 밝혀낸 일은 ①에서의 우리의 어리석음과 ②에서의 지나인들의 비뚤어진 저의를 꾸짖고 바로잡는 쾌거입니다.

④ 中國

마치 자신들이 처음부터 아시아의 대제국이자 중심인 것처럼 포장한 지나의 이 국명이 강요하는 중화주의를 경계해야 합니다. 지나인들이 자랑하는 현재의 넓은 영토는 사실은 그들이 오랑캐라 부른 여진족이 세운 청나라가 확보한 강역입니다. 역사적으로 많은 민족이 들고 난 중원을 어느한 나라나 민족의 영토로 확정하여 이해시키려는 몰역사적인 '중국'이라는 말에 더 이상 홀려서는 안 됩니다.

저는 국수주의나 패권주의에 반대합니다. 우리 상고사에 관련된 텍스트와 그 번역에 좀 더 주의를 기울임으로써 왜곡되고 훼손된 부분을 복원하고자 하는 것뿐입니다.

3. 논평[19] (장용수)[20]

　먼저 말씀드리고 싶은 것은 제가 보는 역사("인간 사회와 문명이 변화 발전해 가는 과정 그 자체"로서의 역사가 아니라 기록으로서의 역사)에 대한 관점은 사회과학적이라는 점이다. 역사의 사실성에 관해 두 가지 관점이 있는데, 역사를 사실로 받아들이고 아니고의 차이이다. 역사를 전공으로 하는 역사가들이 바라보는 역사와, 사회과학을 전공하면서 역사를 그 도구나 방법으로서 필요에 의해 사용하는, 사회과학에서 바라보는 역사가 그것이다. 두 가지 관점이 이론적으로는 하나의 길로 들어선 것 같은데, 실제로 양쪽의 학자들이 만나 토론하는 경우에는 접점을 찾지 못하는 경우가 허다하다. 일반적으로 역사가들은 역사가 진리와 일치한다는 쪽이고, 사회과학자들은 역사가 허구라고 생각한다. 역사를 사용하는 많은 사회과학자들은 역사가 의식적으로 또는 무의식적으로 왜곡될 수 있다고 생각하고, 사회과학자들은 그 왜곡을 경계한다. 저의 관점은 사회과학에서 바라보는 역사와 정확히 일치한다. 아래의 글은 '기록된 역사'에 대한 유시민의 관점인데, 저의 역사에 대한 관점과 흡사하다.

　　똑같은 이야기도 말로 하는 것보다는 글로 적어 놓으면 왠지 더 그럴 듯해 보인다. 더욱이 활자로 인쇄해서 책으로 묶어 놓기까지 하면 사람들은 쉽게 그 내용이 진실이라고 믿어 버리게 된다. 이런 현상을 두고 '활자의 마력'이

---

19 이 절부터 5절까지는 2007년 8월 30일 연세대학교에서 있었던 연세대 철학연구소 월례 발표회에서의 논평, 답론, 토론을 옮긴 것이다.
20 뉴욕주립대/올버니(SUNY Albany) 인류학 박사.

라고 한다. 역사는 이러한 활자의 마력이 큰 위력을 떨치는 분야 가운데 하나이다.

역사란 무엇인가? 한마디로 하자면 "과거에 일어난 사건에 대한 이야기"이다. 오늘날 우리는 학교의 역사 교과서나 역사가들이 쓴 다양한 역사 서적을 통해 과거의 사건에 대한 지식을 얻는다. 우리가 접하는 역사책들은 과거의 사건에 대한 이야기라는 면에서 어린 시절 할아버지나 선생님에게서 들은 옛날이야기와 마찬가지이지만 내용에서는 큰 차이가 난다. 수천 년 전에 살았던 옛사람의 행적에서부터 거대한 문명의 탄생과 몰락에 이르기까지 역사책들은 입으로 전하는 옛날이야기와는 비교할 수 없을 만큼 정확하고 풍부한 사실을 담고 있다. 게다가 그것을 쓴 사람은 대부분 역사 연구를 직업으로 삼는 전문 역사가들이고 흔히들 자기가 "과거의 사건 가운데 가장 중요한 사건"을 서술했다고 주장한다. 심지어는 자기가 과거의 역사를 "원래 있었던 그대로" 서술했노라고 장담하는 이도 있다. 이른바 활자의 마력에다 이러한 전문가의 호언장담까지 곁들여지면 보통 사람으로서는 감히 역사가들이 쓴 역사의 진실성을 의심할 엄두조차내기 어렵다.

그러나 역사가들이 아무리 큰소리를 친다고 할지라도, 그리고 그 어떤 난해하고 고상한 전문 용어로 꾸민다 할지라도 역사가 어디까지나 "과거의 사건에 대한 이야기"라는 사실을 감출 수는 없다. 그리고 그것이 '이야기'인 한 '이야기하는 사람'이, 다시 말해 역사가가 자기의 기분이나 희망, 나름의 세계관이나 이해관계에 맞추어 적당히 이야기를 꾸며 댈 가능성을 배제할 수 없다. 인간이 쓴 역사에 대한 의심과 회의는 바로 이러한 가능성에서 출발한다. 그리고 비판적인 눈으로 역사를 살피기만 하면 역사가들이 역사를 날조하거나 창작한 사례를 도처에서 찾을 수 있다. (유시민 1994, 13~14쪽)

객관적 실재로서의 역사와 주관적 인식의 표현으로서의 역사는 서로 다를 뿐만 아니라 서로 대립한다. 둘 사이에는 결코 건너뛰거나 메워 버릴 수 없는 깊은 골짜기가 가로놓여있다.(유시민 1994, 24쪽)

역사에 대한 이런 시각의 연장선상에서, 단군신화에 대한 이승종 교수님의 해석을 존중은 하지만 그 사실성에는 동의할 수 없다. 사대주의와 식민사관 그리고 서양중심적인 사관에 대해서는 이 교수님의 입장과 같다. 그렇지만 신화의 역사적 전환에 대해 쉽게 동의할 수는 없다. 이유진에 따르면, 사마천도 "신화를 역사로 간주해서 그것을 통해 고사를 규명하고자 했다"(이유진 2002, 372쪽) 중국의 역사가들이 신화를 역사의 범주로 넣는 순간부터 우리는 중화주의의 변방에서 신음할 수밖에 없었다. 중국의 역사가들의 오류를 지적하면서 다시 그들이 행한 오류를 따라갈 수는 없는 노릇이다. 제가 이런 입장에 선 것은, 이 교수님의 지적처럼 실증주의와 유물사관 때문일 수도 있지만, 아마도 사회과학적 역사관(문자로 된 기록에 대한 불신)이 몸에 배어 있기 때문일 것이다.

이승종 교수님은 사마천의 『사기』가 김부식의 『삼국사기』와 함께 우리 민족사를 왜곡해 왔다고 하는데, 김부식의 『삼국사기』와 관련해서는 동의하지만 사마천의 사기에서는 다른 의견이다. 이 교수님은 우리 민족을 중심에 놓고 역사와 진리를 보는 듯하다. 저는 역사가의 삶과 그의 메시지에 중점을 두고 역사를 보는 입장(역사가의 의무가 역사를 기술함에 있어서 사실적 일치가 아니라 메시지 전달에 있다)이라서 이런 차이(사마천에 대한 서로 다른 평가)가 나지 않을까 생각한다.(랑케Leopold von Ranke)와 카E. H. Carr의 역사 인식에서도 같은 차이를 보인다)

요즘 학문의 큰 흐름 중에 하나가 각 분과 학문분야별로 역사를 접목시키려는 시도가 많아지고 있다는 것이다. 사회학에서 역사적 방법론을 차용한 논문들이 학계의 주목을 받고 있고, 이에 자극받아 인류학에서도 역사인류학이라는 분야가 나오게 되었다. 이 교수님의 이번 글은 철학적 시각으로 역사를, 그것도 우리의 상고사와 고대사를 새롭게 보려는 시도이다. (이 교수님의 입장에서는 정당한 자리매김.) 이 교수님의 역사관은 역사가들이 보는 역사관과 유사하게 보인다. 어쩌면 역사의 사실성에 더 확고한 믿음이 있는 것 같다. 진리와 인간의 삶을 역사와 함께 놓고 보는 것이 저에게는 낯선 것이지만, 철학자로서 어쩌면 당연하다는 생각이다. 철학자들과 애기하다 보면 매번 느끼는, 보편성을 추구하는 철학자와 개별적 특수성을 강조하는 인류학자의 차이의 연장선이 아니겠는가!

지금 역사인류학의 주된 관심은 유럽중심적인 세계관과 역사관으로부터 벗어나 각 문명이나 민족에게 정당한 역사를 돌려주자는 것이다. 우리는 유럽중심적인 역사관뿐만 아니라 중국중심적인 역사관에서도 벗어나지 못하고 있다. 이것이 이승종 교수님이 안타까워하고 있는 부분이다. 이 교수님은 "자멸적 역사인식"(78쪽)의 뿌리로 사대주의와 식민주의를 지목하고, 우리 스스로 보편성의 기준을 세우기 위해 "중화와 사대라는 거짓된 독사doxa를 폭로해 해체하여 우리 역사의 시원을 진리로서 발굴"(53쪽)할 것을 주장한다. 그래서 우리의 상고사와 고대사를 중화주의적 시각이 아닌, 사대주의와 식민사관에서 벗어나 새롭게 조망해보고자 하는 것이다.

우리 스스로가 역사의 중심에 서있기 위해 우리의 상고사나 고대사를 우리의 프라이드를 높이는 방향으로 복원하는 것(부루나 단군을 되살리는 것) 이외의 다른 대안은 없는 것인가? 이런 식의 상고사나 고대사 복원은 중국과 일본의 역사인식과 다를 바 없지 않을까?

역사 기술의 방식을 달리한다면 우리의 신화를 역사의 전면으로 내세우지 않고도 우리가 역사(세계사)의 중심에 설 수 있지 않을까? 역사기술의 단위, 즉 분석단위가 국가 경계를 넘어선다면 어떤 길이 보이지 않을까? 국가별 분석단위의 틀을 벗어나 동아시아 지역을 하나의 분석단위로 설정하고 우리의 고대사를 기술한다면 중국과 일본에서와 같은 '신화의 역사화'를 통하지 않고도 우리가 역사에서 당당히 우리의 몫을 찾아올 수 있지 않을까?

이 교수님이 본 글을 통해 우리가 모르고 있었던 고대사에 대한 정리를 하신 수고에 감사한다. 특히 일본의 사학자들이 식민사관의 보급을 위해 우리의 역사를 만들어가는 것에 대한 여러 사례를 들어주셔서 배울 것이 많았다.

하지만 "고대의 구전 설화가 문자로 기록되어 역사서에 올랐다면 그만한 생명력과 실체성을 고려하는 것이 정당할 것이다"(81쪽)라는 교수님의 생각은 저와 다르다. 역사서에 올라왔다고 해서 실체성을 담보한다는 것은 위에서 밝힌 저의 역사관으로는 받아들일 수 없다. 중화주의로부터 살아남은 단군전설의 "단단한 본질"(82쪽)을 주장하려면 중국과 일본의 건국신화에 대한 것도 어느 정도 인정해주어야 일관성이 있다. 저는 삼국의 건국신화에 대한 사실성에 동의할 수 없다. 여기서 다시 역사를 보는 관점의 차이가 극심하게 드러나는데, 저는 역사서에 남아있는 기록의 사실성(실체성)에 회의적이다. 역사를 기록한 인물의 의도적 또는 무의식적 왜곡의 가능성이 항상 도사리고 있다는 생각이다. 어느 정도로 사실과 부합되느냐를 찾아내는 것은 정말 힘든 작업이다. 특히 고대사 쪽으로 넘어가면 불가능하다는 것이 저의 생각이다. 그래서 어떤 고고학자Ian Hodder는 역사서나 문자로 남긴 기록은 왜곡의 가능성이 상존하지만 고고학적 유물은 거짓말을 하지 않는다고 주장한다. 고고학적 유물은 거짓말을 하지 않지만 때때로 학자들이 스스로 의미부여를 하는 과정에서 문제가 발생한다는 것이다. 그래서 어떤 기록보다 고고학적 유물이 더 진실에 가깝다는 것이다. 역사적 기록과 유물이 말하는 바가 일치할 때 역사로서의 가치가 인정된다. 기록만으로는 사실적 역사로 인정받기는 힘들다. 기록에 대한 불신이 생각보다 깊다.

사회과학적 역사인식이 몸에 밴 저는 자부, 부루에 대한 이야기를 사실로 받아들이기는 힘들다. 단군신화도 마찬가지이다. 하지만 그냥 거부하지는 않는다. 그렇다고 막연히 믿을 수는 없다. 역사서(이 교수님이 근거로 든 여러 고서들)에 나와 있다고 해서 그냥 믿을 수는 없다. 그 시대 일반적인 동아시아 역사의 전개상 받아들이는 데 무리가 가지 않는 한에서 사실일 가능성을 열어두는 정도이다(물론 일반적인 동아시아의 역사 전개가 중화주의나 어느 한 민족의 우월성을 부각시키고 다른 민족들의 종속성을 드러내는 것이어서는 곤란하다).

우리의 과거와 전통을 발굴하고 닦아서 우리 "시대의 어두움을 극복할 수 있는 창조적 실마리"(112쪽)로 사용하자는 이 교수님의 의견에 저도 전적으로 동의한다. 처음 사회과학과 철학적 시각에서 바라본 역사의 관점이 서로 대립적인 듯 보였는데 결론은 유사한 곳을 지향하고 있다. 역사관, 진리관, 인간의 삶에 대한 관점은 서로 다르지만 같은 곳을 향해 나아갈 수도 있다.

지나로부터 바통을 이어 근대 이후 우리의 정신과 문화를 식민화시켜온 일본과 미국 역시 지나의 중화주의를 방불케 하는 대동아 공영론과 팍스 아메리카나를 지향하는 패권주의 국가였지만, 우리의 자기 속박이 상당 부분 자발적이라는 점에서 우리는 사대라는 맹독의 치명성을 본다. 이제 우리는 자신의 유구한 역사를 지나로부터 회복해 역사의 자주독립을 실현하지도 못한 채 어느덧 미국이 주도하는 세계화라는 더 큰 세력의 흐름에 자신의 운명을 송두리째 의탁할 처지에 놓이게 되었다.(111쪽)

저 개인적으로는 과거 우리 역사가 열등하다고 우리 민족의 과거가 부끄럽지는 않다. 단지 현재 우리가 그 부끄러운 역사를 되풀이하고 있다면 그것이 정말 부끄러운 것이다. 오늘을 사는 우리가 과거를 정면으로 응시하고, 과거에 부끄러운 점이 있었다면 반면교사로 삼아 고쳐나가고, 더 나은 역사를 만들기 위해 노력하면 만족한다는 것이다. 그렇지 않고, 과거의 역사는 부끄럽지 않은 것으로 치장하면서 현재가 여전히 부끄러운 과거에서 벗어나지 못한다면, 우리는 역사를 슬기롭지 않게 이용하는 것이고 미래도 어두운 민족이 된다는 것은 확신한다.

이런 측면에서, 저는 (이 교수님과는 조금 다르게) 중국의 역사공정은 충분히 이해가 가지만, (이 교수님에 전적으로 동의하면서) 우리 속에 있는 사대주의나 식민사관에 대해서는 이해할 수 없다. 그들이 그들의 역사를 자신들의 프라이드를 높이는데 이용하고, 이런 과정에서 이웃한 지역의 역사도 왜곡하는 것(사마천의 경우처럼)은 긍정할 수는 없어도 이해는 가는데, 우리들이 자존을 버리고 사대한다는 것(김부식의 경우처럼)은 이해하기 힘들다는 것이다.

4. 답론

① 저의 견해는 역사와 진리가 일치한다는 것이 아니라 진리가 역사를 통해 드러나도록 하고 역사를 진리로 수렴시켜야 한다는 것입니다. 따라서 저는 논평자가 구분한 역사관의 이원론적 도식 어느 편에도 설 수 없습니다.

② 논평자는 기록에 대한 불신이라는 전제로 단군과 부루의 신화에 대한 저의 역사적 전환을 비판합니다. 두 가지를 반문하겠습니다. 첫째, 단군과 부루가 신화라는 근거는 무엇입니까? 둘째, 기록을 불신한다면 신화뿐 아니라 모든 역사적 기록이 불신의 대상이 될 텐데 특정 신화만을 불신하는 이유는 무엇입니까? 김부식의 『삼국사기』는 불신하면서 사마천의 『사기』는 신뢰하는 이유는 또 무엇입니까?

③ 논평자는 국가별 분석단위의 틀을 벗어나 동아시아 지역을 하나의 분석단위로 설정하고 우리의 고대사를 기술한다면 중국과 일본에서와 같은 '신화의 역사화'를 통하지 않고도 우리가 역사에서 당당히 우리의 몫을 찾아올 수 있지 않겠느냐고 반문합니다. 논평자의 논지에는 국가와 민족을 제대로 구분하지 않는 서구의 사유가 작동하고 있습니다. 서구 유럽의 경우에는 전 유럽을 단일 종교 공동체로 묶고 있던 교황체제가 18세기 나폴레옹의 원정으로 말미암아 비로소 각개의 지방 국가로 분화됩니다. 따라서 분화와 분열의 계기인 국가에 대한 부정적 시각이 자연스러운 역사적 근거를 지닐 수 있습니다. 그러나 동아시아는 그 시원에서부터 한·중·일 민족의 계보가 비교적 뚜렷이 갈라집니다. 따라서 동아시아사는

서구와는 달리 민족사의 관점에서 역사를 보지 않을 수 없습니다. 우리는 동아시아 역사의 이러한 특수성을 잘 헤아려야 하고 그 흐름을 제대로 파악해야 할 것입니다.

④ 우리는 단군사화와 지나/일본신화와의 발생적 차원의 차이에 주목해야 합니다. 단군사화가 우리 민족사에서 기층 민중들을 통해 면면히 이어져 내려온 것인 데 반해, 지나와 일본의 신화는 지배자들이 통치를 정당화하기 위해 가공해낸 이데올로기입니다. 역사와 공정의 구분을 명확히 해야 합니다.

⑤ 논평자는 고고학적 유물이 거짓말을 하지 않는다는 호더의 말을 인용하고 있습니다. 그러나 고고학적 유물은 참말도 하지 않습니다. 유물은 해석에 의해서만 비로소 간접적으로 말을 할 수 있을 뿐입니다. 역사는 대大서사敍事인 반면 유물은 (해석을 요하는) 극히 부분적이고 우연적인 단편일 뿐입니다. 역사적 기록을 회의하는 논평자의 유물중심주의는 조야한 실증주의와 잘 구분이 되지 않습니다. 논평자는 역사에서 진리와 오류가 함께 드러난다는 역사 자체의 오류 가능성과, 역사를 자의적으로 공정해 왜곡하는 지나의 이데올로기적 역사주의를 구분하지 않고 있습니다.

⑥ "왜 이 시대에 단군인가? 국수주의 아닌가?"라는 질문이 나올 수 있겠습니다. 저의 이 글은 우리가 이 시대에 경험하고 있는 분열이 차이나 다양성과 같은 그럴싸한 수식어로 미화되기에는 너무 심각하다는 자각에서 출발했습니다. 북의 공산주의와 남의 자유민주주의가 상생의 통합을

이룰 수 있는 담론의 틀은 양자가 공유하는 역사의 시원始原에 놓여 있는 단군이라는 상징에 의해서 찾을 수 있다는 생각을 하게 되었습니다. 저의 이러한 생각은 우리의 역사를 통해서 간접적으로 뒷받침됩니다. 우리가 어려웠던 시절마다 단군에 대한 원시반본原始返本이 구원의 계기로 우리에게 말 건네 왔음을 상기하고자 합니다.

5. 연세대 철학연구소에서의 토론[21]

장용수   이승종 선생님의 답론 2번에 대해서 말씀드리겠습니다. 저는 사마천을 좋아합니다. 앞서의 논평문에서 말씀드렸듯이 저는 역사가의 삶과 그의 메시지에 중점을 두고 역사를 보는 입장입니다. 김부식의 삶과 그가 전하는 메시지보다는 사마천의 삶과 그가 전하는 메시지가 훨씬 깊고 위대하다고 봅니다. 그리고 저는 동아시아사를 바라보는 정설의 패러다임을 존중합니다. 정설의 패러다임을 벗어나는 역사는 신뢰할 수 없습니다. 물론 그 패러다임도 예외의 축적으로 말미암아 바뀔 수 있겠지만 바뀌기 이전까지는 정설의 패러다임을 무시할 이유가 없다고 봅니다.

답론 3번에 대해서 말씀드리겠습니다. 제가 국가나 민족이 아니라 지역을 분석단위로 설정해야 한다고 본 이유는 지역을 분석단위로 설정

---

21   토론 참가자는 다음과 같다. 장용수, 문성훈(서울여대 교양학부 교수), 이장희(경인교대 윤리교육과 교수), 임채우(국제뇌교육종합대학원대 국학과 교수), 홍사현(서울대 독문과 강사), 김선영(연세대 철학과 강사), 나종석(연세대 국학연구원 HK 연구교수), 이종철(연세대 철학과 강사).

했을 때 비로소 동아시아사를 온전히 이해할 수 있기 때문입니다. 한반도에서 일어난 일도 한반도에 존재하는 국가나 민족이 아닌 동아시아 전체를 단위로 조망해야 그 온전한 의미가 드러난다고 봅니다.

답론 4번에 대해서 말씀드리겠습니다. 단군신화는 기층 민중들을 통해 면면히 이어져 내려온 사실이고, 지나와 일본의 신화는 가공의 이데올로기라는 이 선생님의 주장에 동의하지 않습니다.

이승종 장용수 선생님은 자신이 역사가의 삶과 그의 메시지에 중점을 두고 역사를 보는 입장임을 재천명하셨습니다. 그러나 장 선생님의 논평문의 도입부에서 우리는 이와는 다른 입장과 만나게 됩니다. 거기서 장 선생님은 역사에 대한 자신의 관점이 사회과학적인 것인데 사회과학자들이 역사를 허구라고 생각하며 당신도 이에 동의하신다고 말씀하십니다. 이 두 입장, 즉 역사가의 삶과 그의 메시지에 중점을 두고 역사를 보는 입장과 역사가 허구라는 입장이 어떻게 서로 양립 가능한지 의문입니다.

동아시아 지역 전체를 분석단위로 삼아야 한다는 장용수 선생님의 주장에 굳이 반대하지 않습니다. 그런데 그 분석단위 내에서 제가 발견하는 가장 두드러진 사실은 지나와 동이 사이의 대립 관계입니다. 저는 이 관계가 일방적으로 지나의 입장에서 서술되어 왔다는 점을 바로잡고자 합니다. 둘 사이의 관계에는 밀물과 썰물의 밀고 당김이 있었지 동이가 지나에 의해 처음부터 일방적으로 밀린 것은 아니었습니다. 저는 역사의 흐름이 일방적인 것이 아니라는 점을 강조하고 싶습니다. 장 선생님의 제안을 받아들여 동아시아 지역 전체를 분석단위로 삼아도 결론은 지나와 동이의 민족사로 귀결되기는 마찬가지라는 것이 저의 입장입니다.

문성훈   소위 말하는 재야 사학자들의 우리 상고사에 대한 견해가 허구라고 평가받을 수는 없다고 본다는 점에서 저는 이승종 선생님과 입장을 같이 합니다. 그러나 그렇다고 해서 그들의 견해가 꼭 진실이라고 생각하는 것도 바람직한 태도가 아니라고 봅니다. 열려진 공간에서 계속 열려진 논의가 있어야 할 것이고 고고학적 검증이 가능하다면 당연히 사실성도 확보할 수 있지 않을까 생각합니다.

민족적 정체성을 확보하려는 이 선생님의 노력은 인정하지만 이것이 민족적 우월성을 확보하려는 데로 나아간다면, 결국 다른 나라에 대한 침략을 정당화하는 팽창주의로 귀결될 수 있습니다. 중화주의와 식민사관은 극복되어 마땅하지만 우리 민족이 상고시대에 큰 제국을 형성했었다는 주장이 민족적 자긍심을 고양해 우리를 팽창주의적 민족주의로 이끄는 의도를 가지고 있는 것이 아닌가 우려됩니다.

이승종   저는 글에서 재야 사학의 존재를 의심했습니다. 어떤 사학에 대해서 그것을 재야 사학이라고 평가하는 것은 그 사학에 대한 올바른 취급이 아니라고 봅니다. 철학에도 재야 철학이 있습니까? 강신주 선생님이나 강유원 선생님은 재야 철학자입니까? 누구도 그렇게 말하지 않습니다. 그분들은 재야 철학자로 불리지 않아도 좋을 만큼 주류 철학계, 혹은 강단 철학계에 위협적인 존재가 못 됩니다. 그런데 유독 사학에서만은 재야와 주류를 철두철미하게 구분합니다. 다른 어느 학계에도 유례가 없는, 그리고 세계 어느 나라에도 유례가 없는 이 놀라운 현상은 분명 탐구해볼 만한 주제입니다. 제가 보기에 우리 사학계에서 재야와 주류의 팽팽한 힘겨루기 현상은 학문적 타당성에 대한 것만이 아닙니다. 학문적 타당성만을 놓고 학자들이 서로 험악하게 싸우지는 않습니다. 그럴만한 다른 이유가 있기 때문일 것입니다. 그것이 무엇일까요? 저는 이데올로기라고 봅니다. 싸움의 칼자루는 물론 유리한 진영, 즉 주류 사학이 쥐고 있습니다. 저는 그 칼의 양날을 식민사관과 사대주의로 봅니다. 주류 사학계의 그 누구도 식민사관과 사대주의의 계승자라고 자처하지는 않지만, 그 의식의 저변에는 이를 지키려는 동기가 작동하고 있다고 봅니다.

문성훈 선생님께서 방금 역사를 어떤 의도를 가지고 접근해서는 안 된다고 말씀하셨습니다. 저는 선생님의 말씀을 재야 사학자들이 아니라 주류 사학자들에게 해주고 싶습니다. 주류와 재야로 판을 가르는 것에 어떤 정치적인 의도가 깔려 있는 것은 아닌지 그들에게 되묻고 싶습니다. 그리고 우리 역사에서 과연 우리가 자민족의 우월성을 세계에 자랑한 적이 있는지, 팽창주의를 편 적이 있는지 문 선생님께 반문하고 싶습니다. 있지도 않은 허수아비를 공격하는 오류를 범하는 것은 아닌지 경계해야 합니다. 우리 상고사에 대한 관심에 대해 세계화에 역행하는 국수주의와 제국주의의 부활을 우려하는 목소리가 있습니다. 그러나 우리가 역사상 그러한 이데올로기에 휩싸였던 적이 과연 있었는지 반문하고 싶습니다. 민족주의적 역사서에 대해 그것이 민족의 자긍심을 고취시키려는 의도를 가지고 씌어진 이데올로기적 역사서라는 비판이 있습니다. 저는 신채호, 박은식 선생 등 소위 민족주의진영의 사학자들이 쓴 역사서를 읽으면서 그러한 느낌을 별로 받지 못했습니다. 그보다는 왜곡된 우리 역사를 바로 펴서 객관적 사실 그대로 전하려는 의도를 감지할 수 있었습니다. 그 역사서들의 결론은 우리의 선조들이 바보, 멍청이는 아니었다는 것입니다. 그러나 결론만을 놓고 그것이 일제 강점기 하에 민족적 자긍심을 고취하려는 의도를 가지고 비록 선의였을지언정 역사를 왜곡한 작품이라고 몰아붙이는 것은 온당치 못한 평가라고 봅니다.

이장희   이승종 선생님이 이 글에서 열거한 자료들만 가지고 과연 이 선생님이 주장하시는 바를 확실하게 정당화할 수 있을까요? 철학자가 역사학의 특정 영역에 대한 관점의 전환을 이루어내기란 상당히 어려운 일이라 생각합니다.

이승종   사실 이 글을 통해 철학을 말하고 싶었습니다. 홍익인간, 재세이화, 접화군생의 철학적 의미를 다룬 18절과 19절이 이 글의 하이라이트입니다. 얼마 남아 있지 않은 소크라테스 이전 철학자들의 단편에 대해 전무후무한 깊은 성찰을 보여준 하이데거의 해석이 저의 모델이었습니다. 물론 하이데거의 작업에 대해서도 과연 그것이 문헌학적 근거가 있는 것인지를 물을 수 있습니다. 그러나 그의 사유를 그러한 물음만으로 재단해서는 안 될 것입니다. 우리에게는 이러한 단편조차 거의 남아 있지 않고 그나마 몇 줄 남아 있는 것에 대해서도 계승이 되고 있지 않은 것 같아 감히 제가 약간의 시도를 해본 것입니다. 닐스 보어에게 사사해 물리학을 연구하다 생물학으로 방향을 바꾸어 분자생물학을 창시하고 노벨 생리학·의학상을 수상한 델브뤽Max Delbrück은 물리학자가 처음 생물학의 문제에 입문할 때 생물학에는 절대적 현상이 존재하지 않는다는 사실에 당황하게 된다고 말한 적이 있습니다. 생명체의 모든 특징이 오랜 진화의 역사에 의해 이룩된 것이라는 점에서 생물학은 물리학과 달리 법칙적이지 않습니다. 진화의 역사가 절대적이지도 예견 가능하지도 않은 까닭은 그것이 우연성에 의존되어 있기 때문입니다. 일찍이 뉴턴의 시대에 이미 고전 물리학이라는 이름으로 체계화를 이룩한 물리학의 눈높이에 섰을 때, 법칙에 의한 일의적 설명이 드물고 우연성에 노출되어 있는 생물학은 허접하게 보일 수 있습니다. 그러나 델브뤽은 바로 그 사실이 생명 현상과 생물학의 특징이요 매력이라는 사실을 알게 되었습니다.

세련되고 정치한 철학 이론들을 공부하다가 우리 상고사에 입문한 저도 이와 비슷한 경우와 만나게 되었습니다. 철학의 눈높이에서 보았을 때 우리 상고사에 대해서는 이렇다 할 확고하게 정립된 기준이 없었습니다. 주류 사학계가 강변하는 기준도 제가 보기에는 매우 의심스럽고 허약한 것이었습니다. 그들이 원천봉쇄한 가능성들을 조금만 건드려도 전인미답의 새로운 사실들과 만나게 되곤 하였습니다. 그것이 우리 상고사의 현실이요 특이성일 수도 있지만 어쩌면 역사, 혹은 역사학 자체의 고유성일 수도 있다는 생각을 해봅니다. 그런 점에서 이장희 선생님께서 요구하시는 확실성은 어쩌면 역사학에서는 처음부터 기대하기 어려운 것인지도 모릅니다. 물론 역사학에도 참과 거짓이 존재하지만 그것들은 우리가 철학에서 공부하던 것과는 다른 각도에서 접근되어야 한다고 봅니다.

임채우 단군을 우리의 시조로 복원하는 것까지는 좋지만, 중국의 상징인 황제의 스승이 동이의 자부선생이었다는 식으로 중국을 우리로 대체하려는 것은 우리식 중화주의를 초래할 수 있는 지나친 해석이라고 봅니다. 서양에서도 예컨대 그리스 신화가 그리스 민족이 아닌 바로 자기 민족의 것이었다는 식으로 견강부회하는 경우가 있는지 묻고 싶습니다.

이승종 황제가 자부선생을 만났다는 것은 우리가 한 말이 아니라 지나의 갈홍이 한 말입니다.

임채우 그러나 그 구절에서 청구가 우리나라를 의미한다는 것은 이능화 선생의 해석에 불과합니다. 자부선생이 실존 인물인지도 의심스럽습니다.

이승종 자부선생에 관한 문헌들은 갈홍의 『포박자』 말고도 꽤 있지 않습니까?

임채우 모두 의심스러운 것들입니다.

이승종 그럼 황제의 경우는 다른가요? 황제와 자부가 다 같은 상징일진대 황제는 지나의 역사 원류로 당당히 모셔지고 자부는 바로 우리 스스로에 의해 그 존재를 부정당하는 역운에 대해서 말하고 싶었던 것뿐입니다. 부루와 우禹의 경우도 마찬가지입니다.

이장희 자부에 대한 믿을만한 사료가 없는 것은 사실입니다.

이승종 장용수 선생님이 언급하신 사료에 대한 사회과학의 회의주의가 우리 학계에도 만연되어 있는 게 아닌가 하는 우려를 해봅니다. 그로부터 역사에 대한 회의, 역사가 허구라는 생각, 한 걸음 더 나아가 근대 이래로 인문학 전반을 휩쓸고 있는 허무주의가 생겨나는 게 아닐는지요.

홍사현 상고사에 대한 탐구가 현재의 우리와 어떤 상관이 있는 것인지, 그리고 그 철학적 메시지가 무엇인지에 대한 논의가 필요합니다. 사대주의 비판도 좋지만 그 이전에 우리 민족의 정체성에 대해서 논해야 한다고 봅니다.

이승종 저는 민족주의자가 아닙니다. 민족주의나 그것이 연상시키는 애국심 등의 용어가 과거 위정자들에 의해 왜곡되고 오염되어 왔습니다. 우리 상고사를 기존의 역사학과는 다른 각도에서 진리와 사실의 이름으로 새로이 보고자 하는 것이 이 글의 의도였습니다.

우리의 조상들은 신석기 4대 문화가 모두 공존하고 북방의 유목 문화와 남방의 농경 문화가 해양 문화와 중첩되며, 천손 신화와 난생 신화가 겹치는 강역에 나라를 건설하고 문명을 꽃피웠습니다. 위의 여러 이질적 요소들은 이 강역으로 수렴되거나 혹은 이 강역으로부터 발산됩니다. 즉 우리의 조상들은 이 요소들의 수혜자이거나 창조자들입니다. 그 어느 경우이건 그들에게 주어진 과제는 만만치 않은 것이었습니다. 이 다양한 문화소文化素들이 창조적 혼용을 이루어 오래 지속되었다는 점은 결코 우연이 아닙니다. 그것을 가능케 하는 이념과 지혜가 당연히 있었을 것입니다. 그 이념과 지혜가 담긴 타임캡슐이 홍익인간과 재세이화에서 보이는 네 개의 원형 철학소들입니다. 이 철학소들을 하나하나 풀어내고 서로 교차배열해본 것이 제가 한 작업입니다.

이제 그 철학적 메시지들이 우리와 무슨 상관이 있느냐 하는 문제에 답할 차례입니다. 저는 그 메시지들만큼 현재 우리에게 절실한 것도 없다고 생각합니다. 우리가 서양의 문화, 그리고 동양의 전통을 학습한 지도 오랜 세월이 흘렀습니다. 개항한지 이미 100년이 지났고 서양의 문화를 배우고 익히는 속도와 수준은 그사이 괄목상대하게 향상되었습니다. 그럼에도 불구하고 우리가 인정하지 않을 수 없는 엄연한 사실은 우리가 불임不妊의 상태에 있다는 사실, 정신적 식민 상태에 있다는 사실입니다. 특정 철학자를 그 나라 혹은 그 시대 사람만큼 잘 이해하거나 잘 읽어내는 분들은 더러 계시지만, 그 분들을 포함한 우리의 사유가 과연 얼마나 창조적인지에 대해서는 의문이

남습니다. 우리는 언제나 학생으로서 학습만 해야 하는가. 이 문제에 대한 숙명적 결자해지가 있어야 합니다. 이는 우리에게 창조적인 능력이 있다는 사실의 확인, 역사의 시원에서 그 능력이 만개했던 전례가 있다는 사실의 확인에서부터 가능할 것입니다.

현재 우리에게 주어지는 여러 이질적 문화와 사상들이 우리를 붙임이나 식민의 상태로만 몰아세우는 것이 아니라, 우리 스스로 그들을 융섭해서 창의적인 에너지로 변형할 수 있는 계기를 우리 안에 가지고 있다는 사실의 확인은 매우 중요한 일입니다. 수천 년 전 우리 조상들이 이러저러한 여러 문화들을 융섭해서 전제 지배 이데올로기가 아닌 홍익인간의 이념으로 좋은 국가를 만들어 유지하고 훌륭한 문화를 가꾸어 왔다는 점에서 우리에게도 그런 일을 할 만한 역량과 전통이 있음을 스스로에게 각인시키는 데서 현재의 문제 해결의 실마리를 풀어가자는 것입니다. 저의 작업이 비록 치밀하지 못하고 보잘 것 없겠지만 워낙 이런 작업이 그동안 미미했기에 그 나름의 의미가 있기를 기대해봅니다.

김선영 홍익인간과 재세이화에 서양철학이나 동양철학에 없는 새로운 요소, 우리 사유의 원형이라 할 만한 고유한 요소는 하나도 없다고 생각합니다.

이승종 저는 너무 많다고 봅니다.

김선영 그렇다면 한 가지만 예를 들어보세요.

이승종 인간 사이에 널리 이로움을 주는가 아닌가를 평가의 척도로 규정하는 것은 놀라운 발상입니다. 현대로 오면 올수록 우리는 척도의 홍수를 경험합니다. 그런데 홍익인간은 아주 오래전에 정립된 척도임에도 불구하고 그 풍부한 생명력을 느낄 수 있습니다.

김선영 별로 새로운 것도 없는데요.

이승종 동서고금을 통틀어 홍익인간의 메시지와 똑같은 메시지가 있습니까? 비슷한 것은 찾을 수 있겠지만 똑같은 것은 없을 겁니다.

김선영 동서양 사유의 인간중심주의가 바로 홍익인간 아닌가요?

이승종 인간중심주의의 인간이 어떤 사람인지가 먼저 규명되어야겠지요. 홍익인간의 사람과는 분명 다른 사람입니다. 홍익인간의 사람은 고조선 공동체의 사람이기 때문입니다. 고조선 공동체는 접화군생의 공동체였습니다. 우월한 환웅족이 곰족을 한 가족으로 포용하는 공동체였습니다. 우승열패, 적자생존이라는 우리 시대의 정글법칙을 뛰어넘고 있다는 점에서 놀랍기까지 합니다. 홍익인간을 다른 민족들의 인간중심주의와 비교할 때는 이 점을 함께 헤아려야 할 것입니다.

김선영 중국을 구성하는 여러 민족들도 고조선처럼 다 잘 어울려 살고 있지 않습니까?

이승종 역사적으로나 현실적으로나 한족이 중심이라는 것을 세뇌하기 위해 역사를 공정하고 있지 않습니까? 그들은 역사를 이데올로기로 공정합니다. 그들은 언제나 패권주의를 추구해왔습니다. 패권주의만이 살아남는다는 것이 우리 시대의 우승열패 신화입니다.

김선영 그러면 재세이화는 어떤 것입니까?

이승종 이치를 초월적으로 보지 않고 바로 이 세계에서 구현되는 것으로 이해했습니다. 세상에 구현되지 않는, 혹은 구현될 수 없는 추상적 이치에 대한 경계가 담겨 있기도 합니다. 여기서의 세계는 고조선의 이념이 실현되는 세계입니다. 재세이화는 우승열패가 에포케되는 세계, 모든 것들이 어우러져 자신의 기량을 꽃피우는 세계를 그리고 있습니다.

김선영 우리 고유의 사유로 보기에는 여전히 너무 중국철학적인 냄새가 느껴집니다.

이승종 거꾸로 생각할 수는 없을까요? 중국철학의 원류가 이러한 우리의 사유들이었다고 말입니다.

김선영 그렇다고 보기에는 너무 자료가 빈약한 것 아닙니까?

이승종 자료가 원래 빈약했던 것이 아닙니다. 그들이 와서 없앴기 때문에 그렇게 된 것입니다. 남은 것은 빙산의 일각이지만 그 일각에서 빙산을 볼 수 있습니다. 남은 것이 다행히 오래된 것이기 때문에 그것이 가능하다고 봅니다.

김선영 중국철학과 비교해 홍익인간과 재세이화의 새로운 점이 대체 무엇입니까?

이승종 홍익인간과 재세이화를 이념으로 구성된 고조선의 접화군생적 양상과 소위 중국철학을 생성해낸 지나의 전제주의적이고 패권주의적인 양상의 차이를 주목할 때 답변될 수 있는 문제라고 생각합니다. 현상적으로 드러나는 양상에서조차 우리와 그들은 너무나 다릅니다. 그들은 과거에는 말할 것도 없고 지금도 중앙정부의 필요에 의해서 55개 민족을 한족으로 동화시키는 이데올로기로 역사를 공정하고 있습니다. 우리는 절대로 그런 식으로 역사에 접근하지 않았습니다. 모든 것이 공정되는 지나의 체제와 고조선의 체제는 결코 같을 수 없습니다. 그리고 공동체의 이념이 다르기 때문에 그로부터 서로 다른 문화가 나올 수밖에 없는 것입니다.

문성훈 이승종 선생님의 글의 결론은 접화군생보다는 강한 민족주의에 더 가깝다고 봅니다.

이승종 민족주의는 자민족중심주의로 기울어질 위험이 있습니다. 저는 혈통에 의거한 민족주의나 민족사 연구를 지양합니다. 타민족의 눈으로 우리 역사를 보는 것을 지양하고 우리의 관점에서 우리의 역사를 보자는 것까지는 인정합니다만, 동아시아 상고사의 넓은 문맥에서 문화사적 교류와 소통의 영향사적 측면을 보다 부각시키고자 했습니다.

나종석 함석헌 선생의 『뜻으로 본 한국역사』가 그러한 메시지를 담고 있습니다. 그러면서도 자신을 민족주의자가 아니라고 강변하시는 이승종 선생님의 태도가 아쉽습니다. 민족주의는 세계화 시대에 더욱 절실히 요구된다고 봅니다.

이종철 속으로는 강한 민족주의자이면서도 말로는 겸손하게 아니라고 하는 것 같습니다.

6. 논평[22] (김희봉)[23]

이 논문은 한민족 정체성의 토대가 되는 역사인식에 대해 새로운 문제제기와 접근을 시도한 글로 볼 수 있다. 중국의 동북공정이 이슈화되는 시기에 관심가질 만한 글임에 틀림없다. 이렇게 왜곡된 역사인식의 상황에

---

22 이 절부터 8절까지는 2012년 12월 17일 연세대학교에서 있었던 21세기 인문학모임에서의 논평, 답론, 토론을 옮긴 것이다.

23 KC대 자율전공학부 교수.

직면해, 우리는 스스로를 어떤 정체성을 가진 민족으로 기억하고 또는 기억해야 하는가라는 문제의식이 이 글 전체를 관통하고 있다. 그러나 한편으로 개별적인 역사적 사실들을 확증하는 역사학과 다른 한편으로 역사적 사건들을 통일적으로 체계화하려는 역사철학 간의 논의적 경계를 넘나드는 이 글의 성격은 평이한 이해에 비껴서있다. 두 분야에 관련한 식견이 부족한 논평자로서는 적절한 논평을 하기에 한계를 갖는다. 따라서 심도 있고 유의미한 분석과 비판 대신에 필자의 논지를 간략하게 정리하고, 이를 토대로 역사철학적으로 논의할 만한 몇 가지 질문들만 제기하고자 한다.

이 글의 의도는 한민족의 올바른 역사인식을 회복하자하는 데 있다. 그것은 동북아시아에 속하는 국가들 간에 놓인 갈등과 대립과 같은 그릇된 상황이, 특히 한국의 자기역사성에 관한 망각이나 중국의 역사인식의 왜곡에 의해 야기되었다고 보기 때문이다. 그래서 관련된 역사인식의 뿌리가 되는 고대사의 진실에 다가가기 위해, 역사적 사실의 왜곡의 성격과 원인에 대해 분석하고 진단하려 한다.

역사적 사실을 왜곡하거나 망각하게 하는 원인은 대체로 역사정보의 편파성에서 나온다는 것이다. 역사적 기록이 부족한 상고사의 경우에는 더더욱 그렇다. 동북아, 특히 한반도의 역사에 관련된 문제에서 한국이나 일본이 중국에게 "역사의 사료적 종속"(62쪽)이 심한 경우에는 사실왜곡과 누락의 위험은 증대될 수 있다. 우리의 현실에 영향을 주면서 쟁점이 될 수 있는 고대사에 대해 이러한 위험은 불가피하다. 고대사의 역사기록에 있어서 중국의 사마천의 『사기』가 드물게 중요하지만, 그 역사서의 신뢰성에서 문제되기 때문이다. 왜곡정도의 차이가 있을 뿐, 다른 중국 역사서인 푸스녠의「이하동서설」도 마찬가지다. 결국 중국의 고대역사 인식을 대표하는『사기』는 황제 중심의 인위적 대일통사관이 우선하는 이데올로 기적 역사서에 불과하고 객관적 사실이나 공정한 사료로서의 가치가 부족하다는 것이 필자의 판단이다. 그런 판단의 근거로 필자는 다른 역사적 해석의 여지를 주는 다른 기록물들, 즉 청淸의『일통지』, 진晉의『천문지』, 그리고 미상의『삼황내문』등을 제시하고 있다.

그럼에도 역사평가의 균형과 형평의 가능성이 오히려 한편의 중국의 역사왜곡 못지않게 다른 한편의 한국의 사대적 사관과 식민적 사관에 따른 역사망각과 부정에 의해 상실되었다고 본다. 그러한 고대사의 왜곡은 특히 단군과 고조선의 실체성과 역사성을 둘러싼 논란에서 정점에 이르렀고, 단군을 날조의 산물로 폄하하고 그 역사적 성격을 훼손시키는 시라토리 구라키치, 미우라 히로유키, 이나바 이와키치 등의 일본학자들에 의해 실질적으로 자행되었다. 더욱이 중국사관에 사대적으로 기대어 남의 역사, 즉 한국역사를 편파적으로 해석한 일본학자들의 견해에 동조하는 한국사학자들, 즉 노태돈과 송호정에 의해 단군을 둘러싼 역사왜곡이 강화되었다. 이러한 자멸적 역사인식은 우리의 한국역사에 숙주로 기생하는, 동전의 양면과 같은 사대주의와 식민주의의 역사해석의 결과인 것이다. 이러한 이데올로기적 입장들은 단지 역사학을 실증과학으로 환원하려는 실증주의와 유물론이라는 이론적 토대에 근거함으로써 역사에 있어서 이념이나 가치에 대한 정당한 인식을 간과했다고 보는 것이다.

이러한 반성을 통해서, 필자는『삼국유사』,『사기』등에서 단군과 고조선의 기록 내용을 재검토함으로써 그릇된 해석들을 구체적으로 반박하고, 단군과 고조선의 실체적 정당성을 확보하고자 한다. 그리고 단군의 실체를 단지 공허한 신화로 아니면 분명한 사실로 근거지우려는 어떤 시도들은 수용하기가 어렵다고 보고, 단군의 역사적 진실은 오히려 역사史를 신화나 설화와 같은 이야기話와 대립적으로 보지 않으려는 융합적 관점에 따라 해석되어야 하는 단군사화史話로 볼 것으로 제안하게 된다.

이러한 제안 속에서 필자는 역사적 사건의 사실성을 확정하고 기록들의 객관성과 적합성 등을 판단하는 역사학의 영역으로부터, '역사적 사건'이라고 부르는 개별적인 것들을 통일시켜 체계화하는 역사철학의 논의로 자연스러운 이행을 정당화하고자 한다. 달리 말하자면, 이제 역사적 사실의 객관성과 확실성보다는, 그 속에 담지하고 있는 역사적 이념의 정당성을 고려하는 문제가 더 근본적이고 중요하다는 것이다. 그것은 특히 단군사화와 같은 사건의 역사성에 대해서는 분명히 그 관련된 기록들에서 가차하는 언어의 의미만을 인정하려 하지 말고, 그 언어에 의해 지칭되는 고유한 요소와 사실을 주목하려는 "올바른 태도"(84쪽)에 의해 정당한 역사 해석이 가능하다고 보았기 때문이다.

그 결과 단군사화의 역사성은 그 속에 함의된 "홍익인간과 재세이화"의 이념적 가치에 의해 정당화된다고 볼 수 있다. 이러한 관점에 따라, 바로 인간人을 원형으로 삼은 인仁을 천상계天上界나 내세가 아닌 현세의 인간 세계에서 널리 실현하려 했던 공동체였기에 지상의 동물(곰과 호랑이)은 물론 천상의 신(환웅)마저도 인간이 되기를 바랐던 곳이 단군의 고조선이라고 해석한다. 고조선의 정신 속에 확립된 다양한 문화의 균형적 융섭接化群生의 지혜는, 우리의 선가仙家인 풍류도에 바탕을 두면서 유교, 불교, 도교 등의 사상을 조화로이 혼용하여 성장하도록 했던 것 같이, 우리 상고사, 즉 고조선의 역사성을 확증해준다고 볼 수 있다는 것이다.

따라서 단군사화에 내재된 이념적 가치의 보편성은, 중국정체성의 토대가 되는 『사기』에 투영된 존화양이와 화하일통華夏一統의 모순적 이념의 허구성보다 확실히 우월하며, 이러한 고조선의 정신적 가치만으로도 충분히 그 역사적 타당성이 확보될 수 있다는 것이 이 글의 논지라고 평할 수 있다.

이처럼 글의 논지가 용인될 수 있다면, 다음과 같은 질문들을 제기할 수 있다고 본다.

우선 필자가, 역사의 서술rerum gestarum memoria과 역사적 사건res gestae의 불가피한 구분과 관련해 볼 때, 주로 고고학적 실증자료를 통한 사실들을 검증하기보다는 단지 역사가의 역사적 자료(기록)들을 반성한다는 점에서 비판적 역사철학의 관점을 취하는 듯 보이지만, 오히려 역사의 이해, 객관성 그리고 연관성과 관련한 역사가의 역사인식이 어떻게 가능한가에 대해 더 비판적으로 고민하기보다는 고조선의 이념제시 등에서 역사가의 시야를 넘어선 역사의 패턴과 의미를 찾으려는 점에서 사변적 역사철학의 관점을 취하고 있다고 판단된다. 이에 대한 필자의 생각이 궁금하다.

둘째로 역사철학은 무엇보다도 역사적 차원의 도입 없이는 불가능한 이론적인 문제를 해명하고 해결한다는 점에서 사실상 사상사와 구별된다. 따라서 기록과 사건 간의 관계가 역사철학의 토대로서 매우 중요하다고 볼 수 있다. 인간의 역사에 있어서 순수한 사건은 불가능하며 역사는 언제나 기록인 해석에 의해 사건으로 구성된다. 그래서 인간의 역사적 사건은 개인의 개별적 행위처럼 의도와 목적으로 일방적으로 쉽게 환원되지 않지만, 어느 정도의 통일적 해석을 시도하지 않을 수 없다. 그러나 이러한 역사해석도 최소한의 사실관계에 기초하지 않는다면, 그것은 소설과 다를 바가 없게 된다. 더욱이 보편사로서의 세계사, 또는 개별역사에 대한 해석을 하고자 하는 역사철학의 경우에는 분명히 확증된 역사적 사실을 전제로 하지 않을 수 없다. 따라서 사건의 사실성과 기록의 객관성이 부족한 상고사에 대한 어떤 일방적 평가는 매우 신중할 필요가 있다. 따라서 중국의 기록들을 부정적으로 판단하거나 필자의 생각을 뒷받침하는 한국의 기록물을 긍정적으로 평가할 때, 제 삼자로서는, 그 근거가 충분치 않다고 판단되는데, 객관적이고 공정한 역사기록에 관한 어떤 타당한 기준들이 있는지를 밝힐 수 있는지?

끝으로 어떤 역사에 대해 적용될 수 있는 이념적 가치가 바로 현실의 역사로 실현되지 않을 수도 있고, 왜곡된(?) 역사현실도 어떤 보편적 이념의 가치에 의해 전개된 역사가 될 수도 있다면, 이념과 현실의 실현관계가 필연적이지 않을 수 있다. 결국 이러한 관점에서 인식론적 차원과 관련된 그러한 가치와 당위의 이념사를 추구하는 것이 아니라면 사실로서의 역사적 현실에서 실제로 일어난 것을 그대로 긍정하는 것은 혹시 잘못되었다고 필자가 보고 있지는 않은지 알고 싶다.

7. 답론

① 역사철학 교과서에 흔히 등장하는 비판적 역사철학과 사변적 역사철학의 구분은 잘못된 용어법에 기인한 잘못된 구분이다. 마치 비판적 역사철학은 사변을 배제하고 사변적 역사철학은 비판을 배제하는 것 같은 그릇된 인상을 주기 때문이다. 비판적 역사철학은 역사의 방법에 대한 과학

철학이고 사변적 역사철학은 역사의 이념과 전개에 대한 형이상학이다. 과학철학에도 사변이 필요하고 형이상학에도 비판이 필요하다. 어느 한 쪽이 빠진 역사철학은 절름발이에 불과하다.

② 확증, 혹은 실증이란 근거로의 환원, 혹은 근거와의 정합성을 확인하는 과정이다. 그것이 전제로 하는 환원론과 정합론은 다시 근거의 진리성을 전제하고 있다. 그러나 이는 자칫 기존의 근거가 잘못된 것임을 폭로하고 해체하는 탈근거적인ground-breaking 새로운 근거의 인정에 인색하기 쉽다. 새로운 근거는 새로운 사료나 유물의 발견을 통해서도 마련되지만 발견은 다시 새로운 시각을 통해서 가능하다. 어떤 사료의 근거가 기존의 근거가 아닌 것일 때(즉 기존의 근거와 상충될 때), 우리는 기존의 근거에 의거해 그 사료를 거부할 수 있지만 반대로 그 사료에 의거해 기존의 근거를 거부할 수도 있다. 이 두 선택지 중에서 어느 하나만을 고집하는 태도는 정당화될 수 없는 독단이다.

③ 이념과 현실의 불일치는 언제나 이념이 아닌 현실에 즉해서 평가되어야 한다. 역사는 현실의 민낯이다. 그것에 날조된 이념을 덧칠하려는 역사공정주의자들의 팽창주의적 역사해석을 경계해야 하지만, 현실을 실증적 데이터의 등가물로 좁혀 이해하는 실증주의자들의 축소주의적 역사해석도 경계해야 한다. 양자는 모두 현실로서의 역사를 왜곡하고 있다는 점에서 적대적 동반관계하의 동업자들이다. 역사에서 한편으로는 이데올로기의 허구를 걷어내고 다른 한편으로는 실증이 억압해온 의미와 가치를 풍성하게 되살리는 것이 우리에게 놓인 역사철학의 과제이다.

8. 21세기 인문학모임에서의 토론[24]

최문규   선생님의 발표를 들은 결과, 더 이상 단군신화라고 사용하면 안 될 것 같습니다. 특히 그것이 중화사상, 식민사관 등에서 만들어진 것이라면 더욱 그런 생각이 듭니다. 언어, 내러티브, 담론의 결합을 주장한 헤이든 화이트Hayden White의 방식처럼, 역사적으로 근거가 없는 듯 비하된 단군신화가 아니라 일종의 역사와 설화가 결합된, 혹은 사실과 허구가 결합된 팩션faction으로서의 단군사화라고 해야 할 것 같습니다.

정진배   선생님 테마 자체가 굉장히 중요한 테마인 것 같습니다. 사실 질문에 앞서 논문에서 사용되고 있는 개념부터 굉장히 면밀히 따지고 들어가야 되는데, 제가 한두 마디 이렇게 단편적으로 질문을 던지는 게 과연 적절할지 잘 모르겠습니다. 저는 굉장히 유의미한 논문이라 생각하고, 선생님 논문을 재미있게 들었습니다. 한두 가지 질문을 드리겠습니다.

우선 여기 중국하고 한국과의 관계성 속에서 한국역사와 사상의 자기 정체성을 말씀하고 계시는데, 이렇게 얘기하고 싶어요. 중국이라고 할 때 혹은 중화사상이라고 할 때, 그 중화사상이 가지고 있는 보편성과 동아시아 문화권에 대한 막대한 파급효과, 그리고 시간적인 지속성 등의 측면을 우리가 자세히 살펴보면, 사실 중요한 것은 '중화'라고 할 때 그 중中이 공간적인 개념이 아니거든요. 그게 일종의

---

24 토론 참가자는 다음과 같다. 김희봉, 최문규(연세대 독문과 교수), 정진배(연세대 중문과 교수), 유현주(연세대 독문과 교수), 조대호(연세대 철학과 교수).

가치 개념입니다. 그런데 그 가치의 개념이라고 하는 것이 어떻게 보면 굉장히 역설적이지만 자기 규정성을 스스로 철폐하고 있기 때문에, 결과론적으로 자기 확장성이 굉장히 공고하게 구축된다는 그런 의미죠. 그러니까 중이란 개념이 사실은 어떻게 보면 이변비중離邊非中이다 해서 '가장자리를 떠나 있으면서 가운데도 아닌', 어떤 하나의 소위 말하자면 무엇이라고 규정할 수 없는 비규정적 개념이죠. 어떻게 보면 중용에서 말하는 중의 개념과도 흡사합니다. 그렇기 때문에 중화사상이라고 할 때, 그 비본체론적 측면이 사후적으로는 모든 것을 다 받아들이면서 궁극적으로 자기화 시켜버리는 기능을 할 수가 있는 것이죠. 그렇게 본다면 우리 역사나 우리의 어떤 전통적인 사상을 실체론적으로 구축한다라고 하는 것이 제가 볼 때는 우리가 운신할 수 있는 폭을 오히려 구속할 수 있다는 생각도 들거든요. 물론 이러한 논리가 무정부주의적 입장과는 전혀 동일하지 않습니다. 논리학적 관점에서 보더라도 우리가 이러이러한 것을 한국적인 정체성이라고 지목할 때, 그 언어적 지시성이라고 하는 것이 즉각적으로 그에 상반되는 명제를 바로 수반할 수 있는 개연성을 가지고 있지 않습니까.

한 가지만 더 질문을 드리자면 발표논문에서 '철학소' 개념을 언급하시면서 홍익인간, 재세이화 이렇게 쭉 여섯 가지를 나열을 하셨거든요. 근데 이게 결국은 해석학적 차이인데, 저는 이렇게 봅니다. 예를 들어서 재세이화라고 할 때 '이화'라고 하는 것은—칸트적 개념으로 말하자면—굉장히 noumenal한 개념이에요. 반면 '재세'라고 하는 것은 phenomenal한 겁니다. 마찬가지로 '홍익'이라고 하면 어떤 보편성을 내포하고 있는데, '인간'은 어떻게 보면 개체적인 것 아닙니까? 그러니까 제가 말하고자 하는 것은 굉장히 형이상적인 것과 형이하적인 것이 같이 결속이 되면서, 이 두 개가 분리된 것이 아니라 둘이지만 둘이 아닌 하나로 원융·통합되는 그런 의미망을 가지고 있거든요. 그러니까 이게 어떤 원융론적인 사상입니다. 그리고 원융이라고 하는 것이 자기 정체성을 주장하기보다는 경계 허물기의 시도를 통해서 사후적으로는 자기 경계가 한없이 확장될 수 있는 그 개연성을 남겨두는 것이죠. 그러한 것이 제가 볼 때는 한국 문화에서는 굉장히 중요한 요소인데, 그러한 요소들을 부각시키는 것이 탈현대를 살고 있는 우리에게 주어진 시대적 과제가 아닐까요.

이승종 민족의 정체성을 고정된 실체로 보는 정태적 접근에는 저도 반대합니다. 그 점에서는 정진배 선생님과 의견이 같습니다. 그렇지만 민족사의 동태적 흐름은 인정해야 한다고 봅니다. 대내외의 도전으로 말미암아 침식 왜곡되어 절맥의 상태에까지 이르긴 했지만 그것을 다시 이어주고 바로잡아나가야 합니다. 흐름의 연원을 소급하다가 만나게 된 철학소들은 정진배 선생님께서 지적하셨듯이 융합을 함축하고 있습니다. 최치원이 언급한 접화군생의 뿌리도 이 시원始原의 철학소들입니다. 고조선 사회와 문화가 보여주는 융합적 성격은 이 철학소들에 대해 체體와 용用의 관계를 이루고 있습니다. 동서와 고금의 문명적 교차로에 놓인 우리가 고금과 동서라는 시공적 분리를 창의적으로 극복하는 데 있어 우리 상고사에서 확인할 수 있는 융합의 지혜가 시사하는 바가 큽니다. 우리가 역사적으로 주변 강대국에 비해 항상 약소국에 불과했다는 근거 없는 마조히스트masochist적 노예의식에서 벗어나기 위해서도 민족사의 흐름이 전하는 메시지를 올바로 기억해야 합니다.

유현주   외국문학 전공자인 저로서도 많은 반성을 하게 하는 그런 좋은 글이 었습니다. 저는 발표를 듣는 내내 기억과 정체성의 문제가 떠올랐습 니다. 어떤 기억의 복원이 민족적 정체성의 확립에 도움이 될 수 있 는가에 대해서 선생님이 어떻게 생각하고 계신가를 질문 드리려고 했는데, 제 입장은 불가능하다는 쪽이고요. 그런데 앞선 답변에서 선 생님께서도 이에 대해 반대하신다는 입장을 밝혀주셨기 때문에 이 궁금증은 해소가 됐습니다. 저한테는 이 단군사화에 대한 어떤 올바 른 해석이 있는 것이 아니라, 언제나 현재와의 관련성에서 새롭게 재 해석될 수 있는 그런 하나의 '텍스트'로 의미가 있는 것이 아닌가 하 는 생각이 듭니다. 예를 들면 저희가 지금까지 가져왔던 단군사화에 대한 이미지를 떠올려보면, 우리가 모두 단군의 자손이라는 점을 부 각시켜 단일민족에 대한 일체감 혹은 민족적 정체성을 강화시키는 내용이라고만 생각했는데, 선생님이 발표문에서 해석하신 걸 보면 오히려 그 반대로 굉장히 융합적, 통섭적이고 문화혼종적인 경향이 강한 것으로, 따라서 현재적인 우리의 모습을 반영하는 이야기로 받 아들일 수가 있거든요. 단일한 민족에 대한 단일한 문화적 근원을 증 명하는 것이 아니라, 오히려 여러 다양한 요소들이 혼합되어 공존하 고 있는 텍스트로서 단군사화를 적극적으로 재해석할 수 있을 것 같 습니다.

최문규   개인적으로 느낀 점은 오늘의 발표문은 언어철학자이자 과학철학자 인 이승종 선생님이 역사에 대해서 일종의 실험적 사유를 하신 것으 로 볼 수 있습니다. 마치 니체의 저 유명한 '망치로 사유하기'라는 표현이 막 떠오르더라고요. 기존 역사를 많이 부수면서 철학을 하시는 것 같았습니다. 제목이 시사하는 바처럼 잃어버린 기억을 찾아서니까, 선생님의 사유는 곧 잃어버린 기억을 재정립하거나 재구성하려는 것이 아니라 아직은 미완성, 즉 찾아나서는 도정道程 위에 있는 사유라고 할 수 있습니다. 단군신화가 아니라 단군사화에 대한 구성으로서의 기억은 결코 옳고 그름의 문제가 아니라는, 기존에 정립된 것을 비판적으로 곱씹어보기인 것 같습니다. 넓은 의미에선 대단히 신선하고 실험적인 성찰이었다는 생각이 들며, 바로 이러한 발표야말로 우리를 "즐거운 학문"니체의 세계로 인도하는 것이 아닌가 생각됩니다.

조대호　여러 가지 질문이 떠오르지만, 다른 질문들은 다음 기회로 미루고 우선 머릿속에서 정리가 된 대로 서너 가지 질문을 드리고 싶어요. 첫째는 선생님께서 지금 제시하시는 고조선에 대한 해석이 지금까지 고조선의 역사를 해석하는 데 동원됐던 시각과 다른 어떤 대안적 시각으로 제시된 것인지, 아니면 고조선의 역사적 실제에 대한 일종의 증명으로 제시된 것인지 잘 모르겠습니다. 어느 쪽에 더 강조점을 두시는 거죠?

"지나가 자신의 고유 사상으로 주장해온 음양 사상과 신선도, 지신, 제가, 치국 등의 개념이 동이의 경전에서 비롯된 것이라는 점을 중화주의자들은 감추고 싶었을 것이다"(70쪽)라고 하셨는데, 이때 "동이의 경전"이 구체적으로 어떤 것인지, 그에 대해 좀 대답해 주시고요. 발표문 가운데는 사마천의 『사기』가 일종의 허구라고 얘기하시는 부분이 있고, 또 사마천의 『사기』에 의거해서 선생님의 주장을 내세우신 부분도 있어요. "그러나 왕검은 사마천의 『사기』에 위만과 관련하여 이미 도읍의 이름으로 사용되고 있으니, 고구려가 아닌 고조선 때부터 전승된 오랜 내력을 지닌 이름임을 알 수 있다"(82~83쪽), 이렇게 얘기하셨는데, 앞에서는 사마천의 『사기』가 모종의 중국적인 이데올로기를 확산시키기 위한 역사 서술이라고 하셨고, 여기서는 다시 그 사마천의 『사기』에 의거해서 선생님 자신의 주장을 정당화하려고 하셨단 말예요. 그렇다면 중국 문헌 가운데 우리한테 유리한 부분은 우리 쪽으로 해석하고 우리한테 불리한 부분은 거짓이라고 배제를 하는, 그런 식의 논법으로서 비판을 받을 여지가 있지 않을까 이런 생각이 들었고요.

또 다른 질문은 이렇습니다. 선생님께서는 "홍익인간 재세이화"를 철학소로 제시하셨는데 사실 그 "홍익인간 재세이화"는 한자어가 아닙니까? 한자어로 기록된 명제를 가지고 한자어가 사용되기 이전의 사유의 본질적인 모습을 추적한다는 것은 굉장히 어려운 작업이고 굉장히 문제가 많은 작업이지 않을까요? 예컨대 그리스 사람들은 신을 가리킬 때 '테오스'라는 말을 썼고 그것이 영어로 바뀌면서 'god'이라고 하는 말로 번역되게 되었는데, 어떤 사람이 그 god과 dog과 연결시켜가지고 이야기를 만들어낸다면 그 이야기는 단지 영어의 'god'과 관련해서만 의미가 있을 겁니다. 한자어가 일반적으로 사용되기 이전에 고조선이 있었다면 그 시대 사유의 본래 모습을 어떻게 한자어로 명제화된 사고를 분석해서 찾아낼 수 있을 지요.

그리고 고조선의 단군신화 또는 '단군사화'에 나오는 관념들이 '도교적'이라고 말씀하셨잖아요? 그런데 단군 조선이 정말로 있었다면, 그 나라는 그 도교가 있기 이전에 있어야 할 겁니다. 그렇다면 어떻게 단군사화 혹은 신화를 후대의 도교 이념을 통해서 해석을 할 수가 있을까요? 물론 도교 이념 이전에 우리에게 '풍류도'라고 하는 것이 있었다라고 말할 수도 있을 겁니다. 하지만 그에 대해 풍류도나 신선도 같은 것은, 도교가 우리나라에 수용되면서 우리나라의 어떤 전통적인 삶의 방식에 의해서 희석된 사유라고도 주장할 수 있을 겁니다. 그렇다면 사실상 단군신화, 단군사화 속에 나타난 원형적 모습을—설령 그런 것이 있었다고 하더라도—우리는 어차피 후대의 전거들을 통해서만 재구성할 수가 있을 뿐인데, 그렇게 후대의 기록들을 통해서 재구성한 모습이 어떻게 단군사화 속에 담겨있는 본래 모습이라고 얘기할 수가 있을지, 이런 질문들이 저한테는 떠올랐습니다.

이승종　조대호 선생님의 질문에 순서대로 답변해보겠습니다. 첫째, 쿤Thomas Kuhn이 과학사 연구를 통해 잘 보여주었듯이 시각과 증명은 불가분리의 관계입니다. 역사에서의 증명은 유물과 사료에 의한 입증으로 대별될 수 있습니다. 유물과 사료는 해석을 요합니다. 시각은 유물과 사료의 선정, 선택, 해석에 개입합니다. 우리 상고사의 경우 유물과 사료 모두 지나에 크게 의존하고 있는 실정입니다. 지나 역사서의 문제인 사료의 왜곡은 말할 것도 없고 유물 역시 선택과 필터링을 거친 뒤에 공개되는 것 같습니다. 우리가 의존하는 지나 측의 유물과 사료는 이처럼 그들의 이데올로기와 공정工程으로부터 자유롭지 못한 한계를 지니고 있습니다.

둘째, 제가 동이東夷의 것으로 추정한 경전은 갈홍이 『포박자』에서 황제가 청구에 와서 자부선생에게서 얻었다고 전하고 있는 『삼황내문』입니다.

셋째, 세상에 100% 순도의 진서가 있고 또 그 대척점에 새빨간 거짓 말로 가득찬 위서가 있다는 믿음은 근본주의와 흑백논리를 전제하고 있습니다. 사마천의 『사기』를 비롯한 모든 역사서의 내용은 옥석을 잘 가려 선별적으로 활용해야 한다고 봅니다. 요컨대 『사기』에서도 이데올로기와 사실을 분간해내어 전자는 비판하고 후자는 수용하는 지혜가 필요합니다.

넷째, 제가 『삼국유사』에서 찾아낸 고조선의 철학소가 비록 고조선 의 문자가 아닌 한문으로 씌어 있고 고조선의 문자가 전해지지 않고 있지만, 그렇다고 해서 한역漢譯이 실어 나르는 의미소意味素를 간접 확인할 수 없는 것은 아니라고 봅니다. 원문이 실전失傳된 상태에서 번 역문만을 가지고 연구가 진행되는 경우는 실제로 많이 있으며, 그것 자체가 심각한 흠결이라고 생각하지는 않습니다.

다섯째, 단군사화와 그에 대한 도교적 해석 사이의 연관을 두 가지로 달리 그려볼 수 있습니다. 단군사화를 후대의 사유인 도교의 관점에 서 해석을 하고 이를 바탕으로 단군사화가 도교를 함축하고 있다고 추론하는 것은 순환론의 오류를 범하는 악순환vicious circle의 위험이 있습니다. 해석이 사화로부터 자연스레 길어온 것이 아니라 역으로 사화에 덧붙여진 자의적인 것일 때가 그렇습니다. 그러나 그 악순환 의 위험은 적절한 해석학적 고려를 통해 선순환virtuous circle으로 순 치시킬 수 있습니다. 단군사화가 다양한 해석을 허용하는 열린 텍스 트라면, 그 해석들의 씨앗이 이미 텍스트에 가능태로서 함축되어 있 다고 보는 게 무리수라고는 생각하지 않습니다. 풍류라는 우리의 도 道가 유교, 불교, 도교를 이미 포함하고 있었다는 최치원의 언명도 이러한 해석학적 선순환으로 풀어볼 수 있습니다.

정진배 한 가지 점을 보충하고 싶습니다. 발표문의 단재 인용 각주에서 선생님은 우리나라의 경우 자신보다 나라를 먼저 생각했고, 그리고 충이 효를 앞섰다, 쭉 이렇게 말씀을 하셨는데요, 사실 이게 유교의 맥락에서 살펴보면 체와 용의 관계성 속에서 수신修身이 먼저 오고 나중에 평천하平天下가 오고 이렇게 되는 겁니다. 달리 말해 자기완성의 토대 위에서 평천하라고 하는 것이 가능한 것이지, 자기완성이 되지 않은 상태에서 평천하라는 개념 자체가 성립이 되지 않는 것이지요. 물론 충과 효의 개념을 문맥론적으로 보자면 가정에서의 '효'가 국가라는 맥락에서는 '충'으로 나타나게 되고, 군신의 관계에서는 '의義'로 나타나기도 하고 하는데, 그러니까 하나의 근본적 덕목이 그 상황적 구체성에 따라서 충으로 의로 혹은 효로 나타난다는 것이지요. 그렇지만 여전히 중요한 것은 본本과 말末 상호 간의 순서를 바로 잡는 것이지요. 그렇게 보자면 충이 효에 앞선다 라고 할 때 여기에는 약간의 이데올로기적 자의성이 가미된 것이 아닌가 생각해 볼 수 있을 듯합니다.

이승종 우리는 지나와 달리 개인이 그가 속해 있는 공동체에 앞서 독립적으로 존립할 수 없다고 본 것입니다. 같은 맥락에서 이념 역시 일차적으로는 그 이념을 잉태한 공동체와의 연계 하에서 이해되고 논의되어야 합니다. 개인주의와 이상주의를 경계하고 문맥과 터전을 중시하는 것이 우리 사유의 전통입니다.

9. 연세대에서의 토론[25]

이윤석   불완전성과 불확실성에 관한 논의에 갑자기 왜 상고시대의 한국역사가 나오는 겁니까? 이것이 갖고 있는 문제가 굉장히 심각하다는 것을 잘 알고 계실 텐데요. 과학적 역사학에 위배되기 때문만이 아니라 상고시대의 한국역사에 관해 말하는 사람들의 문제 등 여러 가지 문제가 있는데, 이를 잘 알고 계시면서도 왜 역사정신을 이야기하는 대목에서 꺼내들었는지요.

이승종   다룰 것은 다루어야 한다고 생각했습니다. 우리 상고사에 여러 사료적인 문제가 얽혀 있음을 저도 인정합니다. 재야 사학자들이 말하는 우리의 상고사는 과학적 역사학의 요구를 충족시키지 못하며, 비학문적인 이데올로기적 복선을 깔고 있다고 비판받고 있습니다. 그러나 저는 우리 상고사의 사료에 대한 완전성과 확실성을 요구하는 과학적 역사학이 그 자체로 정당화되기 어려운 것이며, 오히려 그러한 요구야말로 이데올로기적 복선을 깔고 있음을 적시함으로써 논의의 균형을 맞추려 했습니다.

신형기   "현재 우리의 강역이 한반도의 절반으로 축소되어"(47쪽) 있다고 할 때 우리는 누구를 가리킵니까? 분단체제 하의 우리를 말하는 겁니까?

이승종   현재로서는 그렇습니다.

신형기   현재 우리가 남한 체제에 국한되어야 할 이유는 무엇입니까?

---

25 이 절은 2010년 8월 5일 연세대학교에서 있었던 연세대학교 〈이야기와 문화〉 사업단 초청 강연회에서의 토론을 옮긴 것이다. 토론 참가자는 다음과 같다. 이윤석, 신형기, 이경훈, 박무영, 정과리(이상 연세대 국문과 교수).

이승종　현재 우리가 한국에 살고 있으니까요.

신형기　그렇다면 북한 체제는 우리가 아닙니까?

이승종　그것은 다른 문맥의 문제이겠지요. 현재의 우리는 일차적으로는 이 발표장에 모여 있는 사람들이니까요.

신형기　강역은 무엇을 말하는 겁니까?

이승종　현재로서는 한반도의 절반를 지칭하지만 과거 우리 선조들의 활동 영역을 지칭하기도 합니다.

신형기　선생님께서는 민족주의적 상상력을 가지고 우리라고 할 만한 정체성 이 유지되어 왔으며 이를 역사적으로 소급했을 때 우리가 차지해 온 강역이 있다는 것을 전제로 하고 있군요.

이승종　선생님께서 사용하신 민족주의적 상상력이라는 표현은 받아들이기 어렵습니다. 저는 민족주의를 옹호하려는 것이 아니라 민족의 역사 를 인정하려는 것입니다. 그리고 역사는 문학이 아니므로 역사적 추 론을 상상으로 대체시킬 수는 없습니다.

신형기　역사가 상상력만으로 씌어진다는 것이 아니라 역사에 대한 서술이나 사유에 일정부분 상상력이 작동한다는 것이 제가 말하고자 하는 바 였습니다. 예컨대 사실과 사실 사이의 사이 메우기에 불가피하게 상 상력이 작용한다고 할 수 있습니다. 역사는 일정한 입장에서 서술되 는 것인데 선생님은 민족을 실체로 보는 입장에서 역사를 보고 있는 것 같습니다.

이승종　저는 민족을 고정된 실체로 본다기보다는 우리 민족의 역사라 부를 만한 흐름이 있어왔다는 점에 주목하려는 것입니다.

신형기　우리라는 것, 그리고 우리의 강역이라는 것이 상고시대부터 지금까지 확고하게 유지되어왔다는 겁니까?

이승종　그 지시체의 변천이 있기는 합니다만 그럼에도 불구하고 우리라고 묶을 만한 근거의 추론은 가능하다고 봅니다.

신형기　그렇다면 예컨대 고조선은 우리입니까?

이승종　그렇죠.

신형기　무슨 근거로 그렇게 말하는 거죠?

이승종　지금까지 전승되어 왔으니까요. 전승이 완전히 절맥되었다면 그러한 반反사실적 가정 하에서는 고조선은 더 이상 우리가 아닐 것입니다. 그러나 절맥되지 않고 이어져 왔거든요.

신형기　그렇다면 선생님은 고구려도 우리라고 봅니까?

이승종　당연하지요.

이경훈　그럼 그렇게 생각하지 않는 사람은 우리에 포함되지 않습니까?

이승종　아닙니다. 그는 잘못 생각하고 있을 뿐입니다.

이경훈　그렇다면 우리라는 개념은 작용을 가하고 있는 셈이네요.

이승종　네.

이경훈　폭력적인 수준으로 말입니다.

이승종　폭력적이라는 표현은 너무 근대적입니다. 선생님께서 사용하신 "나는 그렇게 생각하지 않는다"라는 언명 역시 제가 보기에는 근대적 언명입니다.

이경훈　제 말은 우리라는 표현이 논리적으로 가능한 것이냐는 겁니다. 우리라는 표현을 안 받아들일 수도 있는 것 아닙니까.

이승종　받아들이고 안 받아들이고야 자유이겠지만 예컨대 제가 이 자리에 모인 사람들을 통칭해 우리라고 표현할 때 그것이 그렇게 큰 알레르기 반응을 초래해야 하는 건지요.

이경훈 그건 그렇지만 선생님이 우리 상고사라고 말할 때의 우리는 여전히 불투명해 보입니다.

이승종 저는 그 불투명성을 상고사의 특징으로 인정합니다. 거기서의 우리를 집합론에서처럼 선명하게 벤 다이어그램을 그려 표상할 수는 없습니다.

신형기 고조선이나 고구려가 우리라고 할 만한 진리적 근거가 있습니까?

이승종 흐름의 연속성이 그 근거입니다.

신형기 역사는 결국 씌어지는 것인데요.

이승종 역사를 지나치게 주관주의적 관점에서 보고 계신 것 같습니다. 인정할 사료는 인정해야 합니다.

신형기 사실은 사라지고 사료라는 기록만이 남는데 그 기록이 갖는 자의성, 상대성, 역사성, 불확실성은 선생님도 인정하지 않았습니까? 그런데 어떻게 사료의 진리성을 확보할 수 있습니까?

이승종 저는 진리와 불확실성이 양립 가능하다고 생각합니다. 확실성이 진리라는 이념은 근대의 산물이라고 봅니다.

신형기 사료는 해석되어야 하는데 그 과정에서 선생님이 말씀하시는 흐름으로서의 진리성은 어떻게 확보할 수 있습니까?

이승종 저만의 비장의 노하우know how가 있는 것은 아닙니다. 역사학자나 역사철학자들이 하는 통상적인 작업이 바로 그 흐름을 보는 것입니다.

박무영 우리 민족을 중심으로 하는 고유의 역사가 객관적으로 존재해 왔다는 선생님의 주장은 선생님 개인의 주장일 뿐이지 동아시아의 역사에서 학문적 근거를 갖는다고 보기 어렵습니다.

이승종 그럴 수도 있겠지요. 어차피 모든 입장에는 반론이 가능할 뿐더러 역사의 흐름을 어떤 중심에서 어떻게 정리하느냐에 대해서는 끊임없이 이견이 있게 마련이니까요.

박무영 그런 점에서 우리의 민족사에 대한 선생님의 주장은 위험한 발언이 아닌지 염려스럽습니다.

이승종 그러한 염려는 불필요한 것입니다. 오히려 선생님의 그러한 염려 자체가 제게는 염려스럽게 들립니다. 어느 민족이나 당연히 역사가 있습니다. 각 민족이 자신의 역사를 주장하는 것은 당연한 권리입니다. 우리도 마찬가지이고 그것을 주장하자는 것뿐입니다. 각 나라나 민족은 저마다 어떤 흐름 하에 놓여 있습니다. 우리는 그 끝자락에서 흐름의 표면효과로서의 저마다의 삶을 살다 가는 것입니다. 우리가 놓여 있는 흐름에 대해 우리가 주장하지 않으면 누가 그것을 우리의 것으로 찾아주겠습니까. 그 흐름을 지나치게 확대하거나 축소할 필요가 없습니다. 우리의 흐름이 아예 없었거나 아무것도 아니었다고 말할 필요는 더더욱 없습니다.

이윤석 선생님은 콜링우드에 대해 이렇게 말하고 있습니다.

"그는 믿을 만한 사료나 사람이 언제나 진실을 말하고 있지는 않다는 점은 인정하면서도, 믿을 수 없는 사료나 사람에 대해서는 전면 부정하는 비대칭적 태도를 취하고 있다."(37쪽)

재미있는 현상입니다. 콜링우드뿐 아니라 많은 사람들이 이렇습니다. 가령 선생님이 인용하신 자부나 신지에 대해서 우리는 위서라고 단정합니다. 그런데 선생님은 "믿을 수 없는 사료나 사람이 전부 거짓만을 말하고 있지는 않다는 점도 인정"(37쪽)해야 한다고 말했습니다. 어떻게 그러한 인정이 가능합니까?

이승종 살펴보고 거기서 옥석을 가려내야지요. 이러한 당연한 절차가 생략되어버릴 때 우리에게는 진서와 위서, 이렇게 두 가지 극단적인 선택지만이 주어지게 됩니다. 저는 완전한 진서도, 그렇다고 완전한 위서도 없다고 봅니다. 모든 사료는 양 극단의 사이에 위치합니다.

이윤석 그럼 세상에서 참 거짓을 구분해내기란 참 어렵겠네요.

이승종 모든 게 대체로 절반만 참이지요. 모든 것에는 양면성이 있기 마련이니까요. 드러남이 있으면 물러남이 있기에 그 전변轉變을 잘 보는 것이 철학의 과제입니다. 감추어졌다고 해서 그것이 없다거나 거짓은 아닙니다. 지금은 더위가 드러나 있고 추위가 가려져 있지만 앞으로 6개월 후면 상황은 역전됩니다. 하이데거와 동양사상의 위대한 가르침은 이러한 순환과 반복을 주목하고 있습니다.

박무영 선생님은 "기록의 행간을 읽어가며 그에 대한 올바른 번역을 모색하고 기록이 훼손된 경우, 곡해된 경우 등을 찾아내 이를 바로잡고 그 의미를 되새겨야 한다"(53쪽)고 말씀하셨는데 기록을 바로잡은 경우의 예가 어떤 것이 있는지요.

이승종 주희가 육경사서六經四書를 확립할 때 『대학』에 손을 댄 예가 있습니다. 그는 『대학』의 순서를 재정렬하고 빠진 장을 보충하고 몇몇 표현을 고쳤습니다.

박무영 우리 상고사의 경우에는 기록을 고친 예가 있는지요.

이승종 일제 강점기에 이마니시 류今西龍가 『삼국유사』 경도제대 영인본을 간행할 때 우리 상고사를 축소시키려는 목적에서 거기에 나오는 표현인 환국의 '囶'을 '囯'으로 고쳤다는 주장이 있습니다. 이것이 사실인지를 살펴 만일 사실이라면 원래대로 바로잡아야겠지요.

박무영   그보다는 콜링우드에 대한 선생님의 표기법에 따를 때 진술2에 해당하는 진술들에 스며있는 이데올로기적 편향성을 찾아내 바로잡는 것이 더 중요한 과제라고 생각합니다.

이승종   저는 그러한 콜링우드의 주장에 동의하지 않습니다. 사실2와 그에 대한 진술2로 구성되는 메타적 차원만을 다루고 있는 콜링우드의 과학적 역사학은 절름발이 역사학이라고 생각합니다. 저는 역사학이 사실1과 그에 대한 진술1에 대해서도 무관심해서는 안 된다는 입장입니다.

신형기   그렇다면 사실1과 그에 대한 진술1은 어떻게 확정합니까?

이승종   어떤 일반적인 방법이 있는 것은 아니고 사안에 따라 달리 처리될 수밖에 없는 문제입니다. 그것이 어떤 사실이고 진술이냐에 따라 다루는 기법이 달라지겠지요. 그리고 거기서의 핵심은 번역 혹은 해석이라고 봅니다. 우리가 타임머신을 타고 사료가 작성된 시대로 돌아가 그 시대의 의미로 사료를 이해하는 것은 불가능하기 때문에, 결국 사료를 우리 시대로 가져와 우리의 언어로 번역해 이해하는 수밖에 없습니다. 좀 다른 이야기이기는 하지만 이 점에서 『맹자』라는 텍스트에 대한 주희와 다산의 대립은 우리에게 시사하는 바가 있습니다. 『맹자』가 사용한 사단四端의 단端을 주희는 단서端緒로 다산은 단시端始로 해석하였습니다. 『맹자』에 있어서 단端의 의미가 실마리인지 시작인지는 주희와 다산에게는 저마다 철학의 사활이 걸려 있는 아주 중요한 문제였습니다. 양자 모두 『맹자』에 의거해 자신들의 철학을 정당화하려 했기 때문입니다.

박무영 그러나 『맹자』에 대한 주희와 다산의 해석과 그들의 해석에 대한 현재 우리의 평가는 서로 구분해서 논의되어야 할 것입니다.

이승종 맹자는 자신의 현재에서 『맹자』를 썼고 주희와 다산은 자신들의 현재에서 『맹자』를 해석하였습니다. 우리는 우리의 현재에서 『맹자』와 이에 대한 주희와 다산의 해석을 평가할 수 있습니다. 요컨대 텍스트는 언제나 현재의 입장에서 해석되고 평가되기 마련이라는 것입니다.

이윤석 선생님은 과학을 하자는 게 아니죠?

이승종 저는 과학에 반대하지 않습니다. 과학이 전부라는 생각에 반대할 뿐입니다.

이윤석 결국 콜링우드의 문제도 마르크스의 문제도 과학적인 것이죠. 종교나 정신이 과학의 대두로 퇴조했다는 것이 선생님의 주장입니까?

이승종 네.

이윤석 종교나 정신을 과학과 합치면 되지 않을까요?

이승종 그렇게 쉽게 풀릴 문제는 아니지요.

이윤석 그렇다면 그 문제는 어떻게 해결이 되나요? 아니면 해결이 안 되는 겁니까?

이승종 하이데거와 비트겐슈타인은 이 문제가 한 두 사람의 힘으로 해결될 수 없다고 보았습니다. 근대 이후로 전 인류가 과학정신의 흐름에 쏠려 들어가 있습니다. 다른 대안이 안 보이거나 없다고 생각하는 시대에 접어들고 있습니다. 인문학의 위기도 이로부터 초래되는 현상입니다. 그러나 저는 이 흐름에 언젠가는 반전反轉이 오리라고 봅니다. 작금의 흐름이 우리에게 행복을 가져다주는 것도 사태에 대한 진실을 보여주는 것도 아니라는 깨달음을 많은 사람들이 피부로 절실히 느낄 정도가 될 때 반전의 계기가 올 것입니다. 그것이 당장 올 것으로 보지는 않습니다. 아직은 과학의 열매, 과학적 사유의 단물에 심취해 있는 시기입니다.

이윤석   정과리 선생님에 의하면 하버드 대학에서는 대학 강의에 동영상을 곁들이는 것을 없애는 쪽으로 방향을 잡아가고 있다고 합니다.

이승종   결국 언플러그드unplugged 강의이군요. 그런데 좀 이른 감이 있네요. 아마 그 강의에는 학생들이 잘 안 들어갈 겁니다.

신형기   저는 역사가 진리라는 선생님의 말씀에 동의합니다. 그러나 시원, 사대주의 비판, 역사의 복권이 역사의 진리화에 관련된다는 선생님의 주장에는 전혀 동의할 수 없습니다. 진리가 시원을 찾음으로써 확보되는 겁니까? 진리가 사대주의 비판, 주체성과 역사의 복권을 통해서 확보될 수 있을까요?

이승종   진리라는 말의 근대적 의미와 고대 그리스적 의미 사이의 차이에서 빚어지는 혼동이 아닌가 싶습니다. 고대 그리스에서 진리는 드러남을 의미했습니다. 저는 그 드러남의 장소를 역사로 보아 진리와 역사를 하나로 묶어본 것입니다.

신형기   제가 의미하는 진리도 선생님이 말씀하신 의미의 진리와 다르지 않습니다. 이데올로기적인 편견으로 가득 찬 기억에도, 완벽한 오류 덩어리인 기억에도 진리가 스며있다는 것이 저의 생각입니다. 다만 그 진리가 사대주의 비판, 주체성과 역사의 복권을 통해서 확보될 수 있는지를 의심하는 것입니다.

이승종   인과와 연기의 관점에서 보자면 결과를 초래하는 원인이 켜켜이 쌓인 역사로 말미암아 현재가 있는 것입니다. 이를 소급해 가자는 것이지 모든 것의 발원지인 의미의 시원이 실체로서 존재한다는 것은 아닙니다. 자신의 과거를 물어가는 인간적인 과정이 공시성에 근거해 구성된 근대의 학문에 의해 봉쇄되었음을 지적하면서 이를 통시성으로 되돌리고자 동원한 용어들이 시원, 복권 등이었습니다. 사대주의도 마찬가지입니다. 역사의 끝자락에서 우리의 힘은 상당히 약화되었습니다. 이에 편승해 우리 안에서 사대주의라는 바이러스가 창궐해 우리 자신의 운명을 스스로 옥죄이고 있습니다. 심지어 대학 안에서도 사대주의의 코드는 상당히 많이 남아 있습니다. 거기에서 자유로워지지 않는 한 우리의 미래는 어둡다고 봅니다.

정과리   사실과 진술의 구분이 불분명하고, 사실과 진술이 기껏해야 절반만이 참일 뿐 그것들이 은폐하는 것이 있다는 점, 진리가 확정적인 것이 아니라 유동한다는 생각은 하이데거뿐 아니라 콜링우드 이래로 많은 역사가와 철학자들이 저마다의 관점에서 전개해왔습니다. 이러한 전개를 모두 무시하고 콜링우드라는 시원으로 돌아가 그에 대한 비판에만 초점을 맞추는 이유는 무엇인지요.

이승종   콜링우드가 아닌 다른 어떠한 사상가를 택해도 상관은 없다고 봅니다. 어떤 사상가를 전공해야 할지를 문의해오는 학생에게 저는 누구를 전공해도 좋다고 말하고는 합니다. 사상가는 자신의 존재 체험을 나름의 텍스트로 표현해낸 사람입니다. 완전히 잘못된 사상가는 없다고 봅니다. 그런 사상가는 사상가의 반열에 오를 자격이 없기 때문입니다. 그가 한 존재 체험이 얼마나 절실한 것이었는지, 그리고 이를 바탕으로 그가 지은 텍스트가 얼마나 호소력이 있는 것인지는 각각 사상가의 역량, 그리고 그가 지은 텍스트를 읽는 독자들 개개인의 반응과 역량에 달려 있는 문제라고 봅니다. 깊은 체험에 바탕을 둔 좋은 텍스트가 사상가 당대에 각광을 받는 경우도 있고 묻혀버리는 불운한 경우도 있지만 결국은 사필귀정事必歸正, 위대한 사상가가 체험하고 표현해낸 진실은 드러나게 마련이라고 생각합니다.

앞선 사상가보다 뒤에 나오는 사상가가 유리한 점이 상당하지만 사실은 거인의 어깨 위에 올라앉은 난장이인 경우가 대부분입니다. 콜링우드는 거인과 난장이의 중간에 해당하는 사상가가 아닐까 가늠해보는데 그가 아닌 다른 사상가를 택했어도 제가 갈 길, 제가 쓰고자 하는 내용은 크게 달라지지는 않았을 겁니다.

10. 미국철학회에서의 토론[26]

석봉래 세상을 이치로 다스렸다在世理化고 할 때의 이치는 무엇을 뜻합니까? 이에 대한 두 가지 해석을 가정해봅니다. 하나는 공자로 대변되는 원시 유가의 견해에 의존한 해석으로서 이치를 덕으로 간주하는 것입니다. 그렇다면 재세이화는 덕치德治, 덕윤리로 해석됩니다. 다른 하나는 주희로 대변되는 신유가의 견해에 의존한 해석으로서 이치를

---

26 이 절은 2016년 3월 31일 샌프란시스코에서 있었던 미국철학회 태평양 지부(American Philosophical Association Pacific Division) 학술회의에서의 토론을 옮긴 것이다. 토론 참가자는 다음과 같다. 석봉래(미국 앨버니아대(Alvernia University) 철학 교수), 허우성(경희대 철학과 교수), 정훈(일본 와세다대 정치경제학부 교수), 데이빗 김(David Kim, 샌프란시스코대 철학과 플레이셰커(Fleishhacker) 석좌교수), 김정엽(켄트주립대 철학과 교수), 김한라(네브라스카 오마하대/서강대 철학과 교수), 이한구(경희대 미래문명원 석좌교수).

기氣에 대립되는 리理로 간주하는 것입니다. 그렇다면 재세이화는 우주론적, 형이상학적 이치로 세상을 다스림으로 해석됩니다.

이승종 　재세이화가 신유가나 원시 유가 이전 시대에 속하는 명제인 점을 감안할 때, 방금 제시하신 두 해석은 지나치게 세련된 과잉 해석으로 여겨집니다. 재세이화는 그와 함께 제기된 홍익인간이라는 명제에 비추어 해석해봄직 합니다. 인간을 널리 이롭게 함으로 해석했을 때 홍익인간은 일견 박애주의를 주창하는 공리주의적 명제처럼 보입니다. 그러나 우리는 이 명제를 품고 실천했던 환웅, 단군 등이 원시 공동체를 이끌었던 샤먼이었음에 유의할 필요가 있습니다. 제정일치 시대의 샤먼은 접화군생의 이념으로 천하를 다스리던 종교적 지도자이자 정치적 지도자였습니다. 그는 존재의 다양한 권역을 매개하고 소통하고 통치했습니다. 재세이화에 새겨진 이치의 개념은 덕치주의, 덕윤리, 이기론理氣論과 같은 후대의 해석 틀이 아닌 샤머니즘의 문맥에서 이해되어야 할 것입니다. 공동체의 생명력을 제고하는 것이 재세이화와 홍익인간이 공유하는 샤먼적 요소입니다.

허우성 　단군사화史話는 역사입니까, 아니면 이야기에 불과합니까?

이승종 　사화라는 표현은 신화에 대한 우리 시대의 오해 때문에 제안된 대안입니다. 우리는 신화를 거짓된 사실무근의 허구로 생각하고 있습니다. 그러나 이는 신화에 대한 오해에 지나지 않습니다. 신화는 사실과 허구, 역사와 이야기, 종교와 철학 등의 구분이 생겨나기 이전의 기록입니다. 따라서 후대의 이 모든 구분지들이 신화 안에 착종되어 있습니다. 따라서 신화는 세심히 풀어내야 할 압축파일과 같은 것입니다. 그것은 인간 사유의 원형이자 세계에 대한 인간의 체험과 느낌을 표현하고 있는 소중한 기록입니다. 특히 동아시아에서 신화는 역사적 사실과 무관하지 않다고 봅니다. 비록 신화가 과거사에 대한 과학적 보고는 못되지만, 거기에는 분명 역사적 요소가 담겨 있습니다. 단군사화도 변신의 모티브를 비롯해 전형적인 신화소들과 신화적 플롯을 지니고 있지만, 거기에 심겨진 역사적 메시지를 간과해서는 안 됩니다. 질문에 답변 드리자면 그런 점에서 단군사화는 역사이자 이야기입니다.

허우성 이승종 교수님의 논법대로라면 중국의 역사도 역사이자 이야기 아닐까요? 그렇다면 과연 우리는 중국의 역사 서술을 비난할 수 있을까요?

이승종 역사의 왜곡과 신화에 대한 바른 해석은 범주가 다른 문제이므로 섞어서 취급해서는 안 됩니다. 중국의 역사 왜곡은 중화주의라는 이데올로기에 의해 작위적으로 진행되어왔습니다. 이데올로기로 신화를 해석하고 왜곡하는 것은 제가 추구하는 신화에 대한 해석학과는 상극을 이룹니다.

질문 이승종 교수님에 의하면 『삼국유사』가 전하는 한국의 철학은 현실에 방향 잡혀 있습니다. 반면 탈레스로부터 시작하는 서양의 철학은 진리의 추구에 방향 잡혀 있습니다. 양자 모두 이치를 논하지만 전자의 경우 그 이치는 현실의 이치인 반면, 후자의 경우 진리의 이치라는 점에서 둘 사이에는 분명한 차이가 존재합니다. 진리가 그 현실적 효과나 가치에 상관없이 그 자체로 존중되어야 한다는 "진리를 위한 진리"의 개념이 한국의 철학사에, 혹은 더 일반적으로 말해 동양의 철학사에 결여되어 있습니다.

이승종 진리를 위한 진리란 말의 뜻이 잘 이해가 되지 않습니다. 탈레스가 진리를 위한 진리를 추구했나요? 무엇이 아르케arche인지를 찾아 나선 탈레스는 모든 것이 아르케로 환원된다는 환원주의를 미리 가정하고 있습니다. 물이 아르케라는 그의 결론은 더욱 실망스럽습니다. 이러한 환원주의 프로그램은 동양에는 낯선 전통입니다. 단군사화라는 타임캡슐에 담겨 있는 동양의 시원 사유는 철학이 널리 인간을 이롭게 하는 인간의 작업이라는 점을 인식하고 있습니다. 이로부터 종교와 철학은 인간의 공동체에 봉사해야 한다는 결론이 도출됩니다. 공동체에서 유리되어 진리를 위한 진리를 추구하는 독립적인 냉혈의 철학은 설 자리와 쓸모가 없는 것입니다. 오해의 소지가 있기는 하지만 이런 점에서 동양의 철학은 실용주의라고 할 수 있습니다.

정훈   이승종 교수님의 오늘 발표는 두 부분으로 나누어져 있는 것 같습니다. 앞부분은 한국사가 어떻게 해서 중화사대주의에 의해 평가절하되어왔는지를 조명하고 있고, 나머지 부분은 단군사화의 재해석을 통해 한국고대철학의 발굴을 시도하고 있습니다. 그런데 이 두 부분이 어떻게 연결되는지가 궁금합니다. 그리고 교수님께서는『환단고기桓檀古記』에 대해서 어떻게 생각하시는지요.

이승종   주어진 발표 시간에 맞추어 발표문을 줄이다 보니 두 부분 사이의 연결고리를 부득불 생략하게 되었습니다. 생략된 부분에서 저는 단군의 존재와 위상을 부정하는 일제 강점기의 일본학자들과 현대의 한국사학자들의 주장들을 조목조목 비판하였습니다. 저는 우리 사회에 여전히 건재한 사대주의의 핵심도 바로 단군의 존재와 위상의 부정에 있다고 봅니다. 이것을 성취해야만 한국의 사대주의는 중국의 중화주의와 짝을 맞출 수 있는 것입니다. 사대주의와 중화주의는 동전의 양면과도 같지만, 자신의 근원을 부정하는 자멸적 이데올로기라는 점에서 사대주의가 더 해롭습니다. 사대주의가 저 목적을 성취한다면 우리는 자신의 고대사와 고대철학을 결코 회복하지 못할 것입니다. 그리고 이는 우리가 온전한 한국사와 한국철학사를 영원히 갖지 못하게 됨을 의미합니다. 고대사와 고대철학이 빠진 역사와 철학사는 그 자체 난센스nonsense이기 때문입니다. 사대주의를 경계해야 하는 이유가 여기에 있습니다.

저는 『환단고기』가 진서인지 위서인지를 판별할 위치에 있지 못합니다. 그러나 저 문건의 진위여부와 저 문건의 철학적 가치 및 그에 대한 논의는 구별 지어 다루어져야 한다고 봅니다. 설령 『환단고기』가 위서라 해도 그 책에 담겨있는 아이디어들은 놀랍기만 합니다. 그 아이디어들의 이질성을 비추어볼 때 저는 『환단고기』가 한 사람의 창작이라고 보지 않습니다. 역사서가 전혀 가필되지 않은 채 원 모습 그대로 전수되기는 어렵습니다. 이는 한국과 중국의 사서에 두루 적용될 수 있습니다. 많은 경우 동일한 사서 안에서도 일관되지 못한 서술, 상호 모순적인 언명들이 발견되고는 합니다. 사서는 근본적으로 얼기설기 기워 만든 조각보이기 때문입니다.

데이빗 김 한국 상고사에 관한 사료와 고대철학의 텍스트는 거의 없다시피 하고 이승종 교수님이 의존하고 있는 『삼국유사』와 거기에 기록된 고조선의 건국년도 사이에도 무려 3,000여 년의 시간차가 있습니다. 이런 상황에서 교수님은 어떻게 자신의 연구를 정당화할 수 있는 건지요.

이승종 오랜 구전 전통에 비한다면 글로 남겨진 사료의 역사는 일천하다고 할 수 있습니다. 그 전에는 다양한 종류의 그림, 상징, 문양 등과 같은 문자소文字素, grapheme들이 글의 역할을 대신해왔습니다. 현대에 이르러 이들을 해독할 수 있는 다양한 학문과 방법들이 개발되었습니다. 사실 이들에 눈을 돌리자면 한국 상고사와 고대철학을 증언하고 있는 자료들은 상당합니다. 문헌만을 고집하는 것이 오히려 문제입니다. 『삼국사기』와 『삼국유사』가 문헌상으로는 상한선일지 모릅니다. 그 너머에는 아무 것도 없는 것처럼 보입니다. 그러나 그 너머에도 자료들은 많습니다. 우리의 잃어버린 기억을 회복하기 위해서라도 이에 대한 학제적 연구가 절실히 필요합니다.

김정엽　지적 고고학자의 역할을 연상케 합니다.

이승종　적절한 표현입니다.

김한라　『일본서기』나 『고사기』에 대해서는 어떻게 생각하십니까? 거기에는 임나일본부설도 포함되어 있는데 그 문건들도 사화로 간주하십니까? 오늘 이승종 교수님께서 발표문에서 언급하신 인방족은 동이족을 가리키는 것입니까?

이승종　저 문건들을 전적으로 신뢰할 수는 없지만 귀중한 자료라는 점은 인정합니다. 왕의 명을 받아 작성되었다는 점에서 거기에도 일본 황실의 이데올로기가 착종되어 있기는 합니다. 당시 일본인은 저런 역사서를 필요로 했던 것입니다.

김한라　같은 말을 『삼국유사』에 대해서도 할 수 있지 않을까요? 일연의 저서에는 불교가 채색되어 있지 않습니까?

이승종　저는 『삼국유사』에서 불교 이데올로기라고 할 만한 그 어떠한 요소도 발견할 수 없었습니다. 따라서 그러한 비판에 동의할 수 없습니

다. 다시 『일본서기』와 『고사기』의 문제로 돌아가고 싶습니다. 이 두

책이 중요한 이유는 둘 모두 백제의 멸망 후에 작성되었다는 점 때문

입니다. 백제가 멸망한 뒤 백제의 권력층이 일본으로 망명한 것은 널

리 알려진 사실입니다. 일본과 한국을 비롯한 동아시아에 대한 백제

인들의 회한어린 시선이 저 두 책에 서려있습니다. 저 두 책은 비록

일본 측 사서로 분류되기는 하지만, 백제의 사서들이 실전된 현실에

서 우리에게도 아주 소중한 자료가 아닐 수 없습니다. 그리고 인방족

은 동이족 맞습니다.

김한라   이夷는 한국인을 지칭한다고 보십니까?

이승종   하신何新에 의하면 이夷는 스스로를 사람人으로 간주한 최초의 종족입

니다. 따라서 갑골문으로 대표되는 고대 동아시아어에서 이夷와 사람

人은 동의어였습니다.

김한라   이는 한자의 원형인 갑골문이 중국인이 아닌 한국인에 의해 발명되

었음을 함축합니다.

이승종   저는 그렇게 보지 않습니다. 그러한 구분은 후대에 와서 이루어졌습

니다. 갑골문 당시에는 중국도 한국도 일본도 없었습니다.

우리 상고사 연구의 길[*]

1. 논평¹ (복기대)²

토론자는 전공이 고조선이다. 그러므로 고조선에 대한 연구는 누가 무슨 얘기를 하던 눈여겨보고, 귀 기울여 듣는다. 이런 관심은 언제부터인가 철학하는 사람들이 모여 우리 철학이 무엇인가를 토론할 때 고조선도 언급을 해줬으면 좋겠다는 생각을 하고 있었다. 이러던 차에 철학을 하는 전문가가 우리 상고사를 어떻게 철학적으로 풀어 보고자 하는 고민을 하고 있다는 것에 고맙다는 말씀을 먼저 드린다. 철학자들이 우리 상고사에 관심을 둔다는 것은 현재 우리의 연구의 수준이 문헌, 고고학, 인류학을 넘어서서 철학단계까지 올라간 것으로 보는 것도 큰 문제가 없을 것이라 본다.

이승종 교수님의 이 논문을 읽어 보면서 느낀 몇 가지 점을 정리해보면 다음과 같다. 이 교수님은 본 논문에서 '하늘과 사람'이라는 글을 나눠서 이어나갔다. 이 분류는 '하늘, 땅, 사람'이라는 기존의 분류에서 한 단계가

---

* 이 장은 1부 2장의 초고를 주제로 한 논평, 답론, 토론을 옮긴 것이다.
1 이 절은 2019년 9월 28일에 천도교 중앙대교당에서 있었던 단군문화포럼 학술대회에서의 논평을 옮긴 것이다.
2 인하대학원 융합고고학 전공 교수/인하대 고조선연구소 연구실장.

줄어든 것이다. 토론자의 입장에서는 간결한 분류로 좋다고 본다. 그러나 내용을 보면 역사적 맥락으로 이어지고 있는 것을 볼 수 있다. 그러므로 본 토론자는 이 교수님의 앞으로 연구를 위하여 우리 역사에서 상고사 인식의 표지적인 인물인 단군을 어떻게 인식하고 있었나 하는 것을 알려주는 것이 훨씬 유용하다고 생각하여 이 맥락에서 토론문을 작성해보기로 한다.

1) 문헌기록과 현재 학계의 인식차이에 대한 고민이다

이 교수님의 이 논문에서는 『삼국유사』에 실려 있는 고조선의 실체를 인정하고 싶어 한다. 그런데 우리 학계에서는 『삼국유사』 고조선 기록에 대하여 부정을 하고 있기 때문에 이를 정면으로 끌고 나오는 것이 부담스러운 것으로 보인다.

이런 입장에 대하여 토론자가 정리를 해본다면 다음과 같이 정리를 할 수 있을 것이다.

현재 우리 학계에서 고조선을 대하는 태도는 애매하기 이를 데가 없다. 문헌기록에는 고조선이라는 나라가 있었다고는 하는데 실체가 없다는 것이나, 혹은 그렇게 연대가 올라가지 못한다는 주장들이 많은 것 같이 보인다. 이런 주장에 대하여 실체가 있다고 증거를 제시하면 그것은 우리 역사와 상관이 없다고 반박을 하면서 민족주의자, 국수주의자 등으로 분류를 하면서 뭔가 모자란 것들이거나 혹은 이상한 생각을 하는 사람으로 몰아붙인다.

그렇기에 필자도 주저를 하는 것으로 보인다. 그런데 『삼국유사』 고조선을 부정하는 사람들이 과연 얼마나 되는지를 확인해볼 필요가 있다. 토론자가 볼 때는 몇몇이 되지 않는다. 오히려 그 기록을 믿는 연구자들이 더 많다는 것이다. 그러므로 연구자는 부정론에 대한 무게보다는 신뢰하는 연구자들의 결과를 활용하는 것이 나을 것이라 본다.

2) 고조선의 역사적 계승성에 관한 고민이다

논문의 저자는 『삼국사기』에는 고조선이 보이지 않고, 『삼국유사』나 『제왕운기』 등등에서는 고조선이 보이는 것에 대하여 아쉬운 듯한 의견을 제시하는데 토론자가 볼 때는 꼭 그렇지 않다는 것이다.

여기에 대한 필자의 의견은 다음과 같다. 『삼국사기』는 신라를 정통으로 삼고 있다. 그렇기 때문에 먼저 확인을 해봐야 할 것은 신라의 기원 문제를 어떻게 다루고 있나 하는 것이다.

이 문제를 김부식은 간단명료하게 정리를 하였다. '신라는 본시 조선의 유민이다'라는 말로 「신라본기」 제1에 정리를 하였다. 그렇다면 이 문제는 간단하게 풀려버릴 문제이다. 여기서 한 가지 주의를 해야 할 것은 『삼국사기』는 조선시대에 개수改修가 된다. 개수되는 과정에서 축약될 수도 있었다는 것이다. 그럴 가능성은 조선시대 기록에서도 확인이 된다.

또 하나의 필자의 고민으로 보이는 것은 고려시대의 기록에서 단군에 관한 기록들이 자주 나타나지 않는다는 것이다.

아니다. 고려시대에도 단군에 대한 기록은 많이 남아 있고, 있었다. 이규보의 기록이나, 권근의 기록, 그리고 『고려사』에 단군편이 있었다는 기록은 단군이 늘 계승되고 있었다는 것을 말해주고 있는 것이다. 그러므로 이 문제는 큰 문제가 되지 않는다.

3) 세 번째 의견은 전통시대에 단군은 정신적인 자아였다는 것이다

흔히 조선시대를 말하기를 유학의 나라라고 한다. 그런데 『조선왕조실록』의 기록을 보면 조선의 황제들은 신하의 입장과 다른 것을 볼 수 있다. 신하들은 유학을 주장하고 있지만 황제는 듣고만 있다. 그런 예가 『조선왕조실록』의 단군에 대한 기록을 보면 모두 단군을 조선의 뿌리로 생각하고 있다. 그리고 그 다음으로 기자를 말하고 있다. 즉, 단군, 기자의 순으로 되어 있는 것이다.

그런데 우리가 흔히 알고 있는 조선에서는 4대문 안에는 기자사당이 없다. 기자를 그렇게 존숭하였지만 정작 기자 관련 사당은 4대문에 들여놓지 않은 것이다. 이것은 무엇을 말하는 것인가 하는 것이다. 이 문제는 철학에서 생각해봐야 할 문제라 본다.

4) 한국의 고유철학은 하늘과 연결이 되어 있는데 이 하늘은 기후로 볼 수 있다

모든 조직과 집단의 존재는 기후에 가장 큰 영향을 받는다. 이 기후를 예측하기 위하여 별의별 수단들이 다 강구되었다. 그중에 하나가 별자리를 관측하는 것이고, 풍수를 관찰하는 것이었다. 이런 수단들이 승화되어 철학으로 승화되지 않았나 생각을 한다. 그러므로 향후 연구에 이 분야도 관심을 가지면 좋을 것으로 본다.

5) 토론자의 바람이다

전통시대의 단군은 늘 실체규명보다도 정신적으로 인정이 되고, 철학적으로 연구가 되었다는 것이다. 그런 반증의 하나가 신라와 백제에서는 매년 두 번에 걸쳐 단군에게 제사를 지냈을 것이라는 것이다. 이런 제사는 실체가 없었다면 불가능했을 것이다. 토론자는 8월 한가위도 단군을 제사 지내는 풍습이 이어지면서 오늘까지 오지 않았나 하는 생각을 하게 된다. 이런 흔적을 볼 때 단군으로 통칭되는 우리 상고사를 오늘날 철학에서 연구하는 것은 바로 역사 연구의 최종 목표에 도달하는 것이 아닌가 한다.

토론자의 글을 길게 쓸 수는 없다. 그러므로 위에서 간단하게 정리를 해봤다. 이 교수님의 앞으로 연구가 기대된다는 부탁으로 토론을 마치고자 한다.

2. 답론

①『삼국유사』가 인용하고 있는 단군에 대한 기록이 신화 형태로 되어 있기 때문에 단군은 신화 속 가공의 인물로 비쳐질 수 있다. 그러나 우리는 신화 속의 인물이 신으로 높여진 영웅, 왕 등 역사적 존재들이라는 신화철학자 셸링Friedrich Schelling의 말(Schelling 1856, p.27)을 경청할 필요가 있다. 『삼국유사』「고조선조」도 단군에 대한 신화의 내러티브를 기자의 망명, 고조선의 중심지 이동, 고조선과 고죽국, 고구려의 계승성 등에 대한 역사의 내러티브에 결부시키고 있다. 즉 셸링이 그랬듯이『삼국유사』도 단군신화를 역사의 지평에서 파악하고 있는 것이다. 전통시대에 단군이 정신적인 자아였다면 그 이유는 단군이 역사적 실체성을 지니고 있었기 때문이라고 본다.

② 하늘은 동아시아 전통에서 철학적인 개념으로 사용되어왔다. 인간의

성품은 하늘이 부여한 것이라는『중용中庸』의 첫 명제가 그 좋은 예이다.[3] 문사철文史哲이 하나로 엮여있던 동아시아 전통에서 저 하늘은 불변의 형이상학적 실체가 아니라 역사철학의 통시적 관점에서 이해되어야 한다. 하늘을 기후로 보자는 제안은『총, 균, 쇠』의 저자인 다이아몬드를 위시한 과학주의적 역사학자들의 유물사관에서 비롯된다. 홍산문화의 몰락이 홍산지역의 기후 변화 때문이었다는 주장은 저 연장선상에서 제안된 경청할 만한 가설이다. 그러나 과학주의적 역사해석은 그 유물론적 성향 때문에 역사의 정신적 계승성을 인식해내지 못한다는 한계를 지닌다.

3. 연세대 철학연구소에서의 토론[4]

이정은   중국의 동북공정에 대응해야 할 한국의 사학자들이 오히려 중국에 유리한 발언을 하는 것을 보고 답답했습니다. 동북공정에 올바로 대응하기 위해서는 공정사관을 반박할 사료적 근거가 요청되는데 선생님께서는 우리 측 사료뿐 아니라 중국 측 사료들도 함께 원용하면서 그 행간을 읽어내는 방법을 구사하고 있습니다. 그중에서도『한서』와『후한서』가 결정적인 근거라는 생각이 듭니다. 이 사료들에서 선생님이 뽑아낸 구절들에 대해 중국 측에서는 어떻게 말하는지, 이

---

3   『中庸』, 1-1, "天命之謂性".
4   이 절은 2014년 9월 25일에 연세대학교에서 있었던 연세대 철학연구소 월례발표회에서의 토론을 옮긴 것이다. 토론 참가자는 다음과 같다. 이정은(연세대 철학과 강사), 송강호(고려대 민족문화연구원 연구원), 김옥경(연세대 철학과 강사), 김대웅(연세대 철학과 대학생), 주요한(연세대 철학과 대학원생).

사료들을 중국 측에서는 얼마나 인정을 하는지 궁금합니다.

이승종 소위 중국정사로 간주되는『한서』와『후한서』를 포함한 중국의 역사서들은 중국 주변의 국가와 민족에 대한 역사서술을 별도로 다루고 있으며 우리 역사는「조선전」,「동이전」 등에서 서술되곤 합니다. 중국과의 교류나 전쟁 등에 대한 중국적 관점의 기록이 대종을 이루는데 거기에는 사실과 이데올로기가 혼재합니다.

자기를 중심에 놓고 상대를 자기의 관점에서 보려는 태도는 인간에게는 자연스러운 것이기도 합니다. 이것이 관성화 되어 체계적으로 작동할 때 차별의 이데올로기가 생성됩니다. 지역차별, 성차별, 학벌차별, 계급차별, 인종차별 등에서 우리 사회도 예외가 아닙니다. 중국의 중화주의도 같은 데서 연원했으며 저는 이것만 가지고 중국을 악의 축으로 부를 생각은 없습니다. 제가 제안한 2인칭적 관점은 이러한 1인칭적 관성을 완화 내지는 역류해보자는 것입니다.

우리에 대한 중국의 인식은 일찍부터 조직적이고 체계적으로 왜곡과 축소화를 지향해왔습니다. 그들의 사서는 우리를 호칭할 때 조선, 동이, 이, 예, 맥, 숙신, 동호, 산융 등의 용어를 혼용해 서로 구별하기 어렵게 해놓았습니다. 심지어 말갈, 여진, 읍루, 북적 등 소위 그들이 말하는 오랑캐들과도 교묘하게 뒤섞어 놓고 있습니다. 그래서 단군조선이 존재했는지, 우리가 그로부터 연원했는지는 중국정사만 가지고는 혹은 거기에 기록된 행간의 뜻을 세심히 읽어내지 않고서는 확실하게 알 수 없습니다. 중국정사는 우리가 그냥 중국 주변에서 빌빌대던 실체도 불분명한 하찮은 오랑캐에 불과했다는 잘못된 그림을 유도합니다. 단군조선의 역사적 실체성을 부정하여 우리를 깎아내리려는 이데올로기적 장치가 작동하고 있는 것입니다.

미국이 이라크와의 전쟁을 걸프전이라고 하는 것과 같은 맥락입니다. 그렇게 부르는 것 자체가 이라크의 존재 자체를 부정하거나 깎아내리는 미국식 역사공정입니다. 양국 간의 전쟁이 지니는 세계사적 함축을 축소 내지는 은폐하기 위해 어디인지 모를 걸프에서 일어난 소규모 국지전으로 만들어내고 있는 것입니다.

생활의 권역이 다른 곳에 거주하는 이민족에 대한 정보와 접촉이 없을 때 그 민족을 야만인으로 묘사하는 경우는 흔히 있는 일입니다. 어쩌면 중국도 우리에 대해 그랬을 것입니다. 그러나 우리와의 왕래나 대결을 거치면서 애초에 무지에서 비롯되었던 오해가 패권주의적 이데올로기로 변모하면서 조직적인 역사공정으로 비화된 것이라고 봅니다.

송강호 전공 사이의 벽이 높은 한국의 현실에서 역사학 전공이 아닌 철학 교수님이 우리 상고사에 관심을 갖는다는 것이 부조화로 느껴지는데 이러한 관심에 대한 어떤 개인적인 동기가 있었는지 여쭙니다. 교수님의 학문적 배경과 우리 상고사에 대한 관심 사이의 관계가 궁금합니다.

이승종 저는 선생님과 거꾸로 생각합니다. 우리 철학계에서는 왜 우리 상고사에 대해 관심을 갖지 않는 것인지가 도리어 궁금합니다. 제가 왜 이 주제에 관심을 갖느냐가 의아한 것이 아니라 관심을 갖는 것이 왜 의아하게 비쳐져야 하는지가 의아한 것입니다. 한국의 인문학도라면 그의 세부 전공이 무엇이든 우리 역사를 공부하는 것이 당연하다는 생각에서입니다.

저는 학창시절에 내가 누구이고 어디에서 왔으며 어디로 가는지를 질문하면서 철학에 입문하게 되었습니다. 저는 지금도 그 질문에 몰입했던 순수했던 마음가짐을 잃지 않으려고 당시를 상기하곤 합니다. 철학의 길을 걸으며 훌륭한 스승들을 만나고 혹독한 수련의 과정을 거쳤지만 그 질문에 직접적으로 답해주신 분은 안 계셨습니다.

우리의 철학사를 보아도 갈증은 풀리지 않습니다. 한국철학사를 다루는 책들은 대개 단군신화를 간략히 언급한 뒤 바로 삼천 년을 건너뛰어 원효, 최치원을 거론합니다. 계통이 허리 잘린 이러한 불균형 상태로는 우리의 철학사는 철학사로 불릴 수조차 없습니다. 근간에 해당하는 고대철학이 빠져 있는 우리 철학사를 외국인들이 과연 인정해주겠습니까? 그리스철학과 중세철학이 빠진 유럽철학사가 가능하겠습니까? 거기다 우리 철학사의 내용을 통상적으로 불교, 도교, 유교로 꼽는데 모두 중국으로부터 전래된 것으로 서술하고 있습니다. 이 모든 것이 이상했고 만족스럽지 못했습니다.

잃어버린 상고사, 잃어버린 고대철학의 복원은 우리 아닌 다른 사람이 해줄 수 없는 것입니다. 다른 사람들은 심지어 중국 같은 이웃은 자신들의 이데올로기에 맞추어 자신들의 입맛대로 우리를 보고 또 쥐락펴락하려 할 뿐입니다. 그들을 탓할 것이 못 되는 게 우리의 역사와 철학을 지켜내지 못한 책임은 우리에게 있기 때문입니다.

우리의 의지만 있다면 우리 상고사와 고대철학의 복원은 불가능한 것만도 아니라고 봅니다. 비트겐슈타인의 말처럼 모든 것은 다 드러나 있습니다. 다만 의지와 관심이 부족해 우리가 그것을 제대로 보지 못할 뿐입니다. 우리의 몸, 몸에서 작동하는 생각, 생각을 표현하는 언어, 이 모든 것이 과거로부터의 전수나 영향의 산물들일진대 그 전수와 영향의 계보를 되짚어가며 망각의 잠에서 깨어나 우리 역사의 잘린 허리를 잇고 세워야 합니다.

우리의 과거에 대한 철저한 망각에 근거한 우리의 인문학은 한계에 와 있습니다. 망각에 대한 결자해지結者解之가 없다면 우리는 서양의 학문과 중국 경전을 학습하는 영원한 학생으로 남게 될 것입니다. 저는 우리가 해야 할 탈망각의 당연한 일을 시도해본 것뿐입니다. 이 시도를 저는 외도라고 생각해본 적이 없습니다. 오히려 제가 그동안 서양현대철학을 전공했던 것이야말로 외도일 수 있습니다. 제가 관심을 가졌던 비트겐슈타인, 하이데거, 데리다 등은 우리와 직접적인 관련이 없는 사람들입니다. 이들은 현대철학의 최전선에 있는 중요한 사상가들이지만, 다른 한 편으로는 서세동점西歲東漸의 물결파를 타고 우리의 사유에 영향을 주게 된 사람들일 뿐입니다.

서양의 학문을 공부하면서 우리의 역사와 사유 계보에 대한 갈증과 관심을 전혀 느끼지 못한다면 그것이야말로 이상한 일이 아닐까요?

김옥경 자신이 속한 전통은 모르면서 서양의 전통에 박식한 제 모습에서 모순을 느낍니다. 그러나 문자와 기록이 없는 상태에서 우리 상고사의 재구성이 어떻게 가능한지요. 그리고 맥킨타이어Alasdair MacIntyre가 한 질문이기도 한데 선생님이 말씀하시는 우리가 과연 어떤 우리냐를 묻고 싶습니다.

이승종 니체의 저술 중 책으로 구상했는데 결실은 보지 못하고 서문만이 남은 「호메로스의 경쟁」이라는 텍스트가 있습니다. 니체에 의하면 고대 그리스 문명은 그가 호메로스의 경쟁이라 이름 부른 탁월성 경쟁을 특징으로 합니다. 모나면 정 맞고 뛰어나면 왕따 되고 거세되는 우리 사회와는 달리 그리스는 탁월함을 지향하는 경쟁으로 말미암아 활력을 유지해나갔다는 것입니다.

동아시아 역사에서도 그 계보를 달리하는 여러 종족들 사이에 열띤 경쟁이 있었습니다. 이족夷族과 하족夏族 사이의 뿌리 깊은 경쟁이 대표적인 예인데 저는 그러한 경쟁이 나쁘다고 보지 않습니다. 니체의 그리스에서처럼 동아시아에서도 경쟁은 중요한 활력소였다고 봅니다. 그러나 아쉽게도 동아시아에서의 경쟁은 서로를 인정하고 북돋아주는 선의의 경쟁이 되지는 못하였습니다.

우리 시대에 유행하는 세계화의 물결, 민족이나 공동체 역사의 해체는 뿌리가 없는 위험한 경향입니다. 그것이 역사의 자연스러운 흐름을 거스르는 몽상임에도 미국의 유대자본은 금융자본이 국가의 장벽을 넘어 전 세계를 분탕질할 수 있도록 이러한 공정을 기획하고 있습니다. 민족이 상상의 공동체라는 오명 하에 와해되고 그 역사가 부정될 때, 세계는 평준화되고 자본주의의 니힐리즘은 완성됩니다.

동아시아사를 구성한 민족들의 계보와 경쟁을 부정해서 만들어낸 상상의 공시적 진공관 속에서는 인문학이 나올 수 없습니다. 그러한 안이한 세계관으로는 우리 주변에 포진한 무시무시한 패권주의적 국가들과의 경쟁에서 절대로 살아남을 수 없습니다.

김대웅 우리의 역사를 연구하는 데 중국 측 사료를 참조하지 않을 수 없는 이유가 그들이 우리에 대한 사료를 양적으로 더 많이 확보하고 있어서인지, 아니면 그들이 확보한 사료가 우리 측 사료보다 더 양질의 것이어서인지가 궁금합니다. 아울러 저들의 언어인 한자로 번역되기

이전에 우리 민족이 지녔던 정체성, 고조선에서부터 면면히 이어져 내려온 우리 민족의 고유한 정신을 우리의 언어로 표현하자면 어떻게 되는지 궁금합니다.

이승종 우리의 역사에 대한 사료를 중국이 더 많이 확보하게 된 연유는 우리의 선조들이 역사 서술에 게을렀기 때문은 아닙니다. 삼국이 저마다 역사서를 편찬했었고 고구려의 사서 『유기留記』는 100권에 달했다고 합니다.

니체가 칭송한 호메로스의 경쟁과는 달리 역사에서 일어나는 경쟁의 실상은 잔인합니다. 나 아니면 네가 쓰러지는 건곤일척乾坤一擲의 경쟁입니다. 그 패자가 겪는 대가는 죽음보다도 더 참혹합니다. 승자는 패자의 역사를 완전히 지워버립니다. 역사를 잃게 되면 경쟁 상대는 다시는 일어설 수 없는 좀비가 된다는 사실을 잘 알고 있기 때문입니다. 당나라가 고구려를 쓰러뜨렸을 때 그들이 한 일이 바로 이것이었습니다. 『유기』를 비롯한 우리의 사서들은 그렇게 사라져갔습니다. 그리고 조선을 강점한 일본이 그나마 미미하게 남아 있던 민족사의 숨통을 끊었습니다.

그러나 사료를 잃어버렸다고 해서 땅을 치고 슬퍼만 할 일은 아닙니다. 글로 씌어진 것만 사료인 것이 아니기 때문입니다. 고구려 고분 벽화, 민화, 구전자료에서부터 살아 있는 현재의 우리들까지 사료 아닌 것이 없습니다.

저는 결코 인종주의자나 민족주의자는 아니지만 우리는 동아시아의 어느 민족에 뒤떨어지지 않으리만치 우수하다고 생각합니다. 우리는 그 짧은 시간 안에 서양의 문명을 어느새 서양인들의 턱밑까지 따라

잡았습니다. 우리가 지닌 탁월한 능력을 우리 역사에 대한 관심으로 순치시켜 주변에 널린 사료의 구슬들을 잘 꿰맞추기만 하면, 우리의 역사에 대한 복원은 충분히 가능하리라고 봅니다.

대웅씨가 사용한 "우리 민족의 정체성", "고조선에서부터 면면히 이어져 내려온 우리 민족의 고유한 정신"과 같은 표현들은 니체나 푸코가 비판하는 본질주의를 가정하고 있습니다. 역사는 수많은 우연과 혼성적 요소들이 얽히고설키면서 진행되는 것이기에 역사의 부침으로부터 면제된 우리 고유의 훼손되지 않은 순수성, 원형 따위는 애당초 존재하지 않았습니다. 다만 이런저런 역사적 흐름이 있었을 뿐입니다. 그 흐름을 추적하는 것이 계보학이고 그 흐름을 고정시켜 거기서 어떤 본질을 찾으려는 것이 형이상학입니다. 저는 민족에 대한 본질주의와 형이상학에는 반대하지만 민족사의 계보와 흐름은 인정합니다.

민족사의 흐름을 반드시 하나의 관점, 하나의 방식으로만 이해할 필요도 없습니다. 학제간의 연구가 필요한 대목인데 우리의 학계는 학제간은 고사하고 같은 학문, 같은 학과 내에서도 교류가 거의 없는 실정입니다. 그만큼 전공간의 벽이 높습니다.

우리 역사를 연구하는 제도권 학자들의 연구 방향에는 종種 다양성이 너무 부족합니다. 하나의 사관만을 고집하고 있습니다. 종 다양성이 생태계의 건강성의 바로미터barometer인데 제도권의 우리 역사 연구는 이 점에서 많이 아쉽습니다. 우리 역사 연구에 대한 철학자들의 협력이 요청된다고 봅니다. 사실 그동안은 철학자들이 우리 역사 연구를 도와준 적이 별로 없습니다. 우리 역사를 전공 학자들만 연구하니 일원주의에 빠지게 되고 그 성과도 철학자의 눈에는 성에 차지 못해 보입니다.

주요한   중국과 우리가 저마다 2인칭적 역사관을 갖는다면 그 두 역사관은 필경 서로 달라 결국 영원히 평행선을 달리게 될 것입니다. 그래서 누구나 납득할 수 있고 보편적인 설득력을 지니는 이상적 역사적 진실들은 그 가능성이 아예 배제되고 마는 것이 아닌가요?

이승종   제가 말한 2인칭의 상대는 중국이 아니라 우리의 과거입니다. 그 과거와 우리 사이의 지평융합이 제대로 이루어져야 한다는 것입니다. 중국 측 사료에 의거해 우리를 비추어보는 3인칭적 역사관에 익숙해 있던 터라 아직 우리는 자신의 역사에 대한 온전한 2인칭적 지평융합을 이루어내지 못하고 있기 때문입니다.

요한 씨는 역사학에 대해 자연과학의 경우처럼 누구나 납득할 수 있는 절차와 방법을 적용해 보편타당한 학문이기를 바라는 것 같습니다. 그러한 관점에서 저의 2인칭주의는 2% 부족해 보일 것입니다. 저는 자연과학과 달리 인문학은 인문학자가 터한 터전과 밀착될 수밖에 없다고 생각합니다. 신토불이身土不二가 인문학의 숙명이라는 것입니다.

인문학자가 딛고선 땅, 그 위의 하늘, 그리고 그 사이에 놓인 사람을 따로 또 같이 성찰하는 데서 인문학은 생겨나는 것입니다. 이 세 요소에 대한 공감적 관심이 2인칭적 접근이며 그것 없이는 요한 씨가 추구하는 보편타당한 인문학은 시작도 할 수 없다고 봅니다.

저는 보편타당한 인문학의 이념을 불가능한 것으로 부정하지 않습니다. 그러나 자기가 속해있는 시공간적 국지성locality, 하늘과 땅과 사람이 형성하는 종횡의 네트워크에 대한 계보학적 성찰이 없다면 그 이념은 백일몽이 될 수가 있습니다. 저는 그러한 백일몽의 대표적인 예가 하버마스의 의사소통 이론이라고 봅니다. 그의 이론은 서양에서 근대적 합리성의 최정점에 놓인 프로그램이지만, 역사에 착근하지 않았다는 점에서 제가 추구하는 인문학과는 길이 다른 것 같습니다.

제3장

고대 한·일관계의 역사철학[*]

양의모	고대 일본 열도가 한반도의 지배를 받았다거나 한반도의 속국 내지 식민지였다는 사실을 단정적으로 부정할 수 있겠습니까?
이승종	가야, 고구려, 신라, 백제 등에서 건너간 사람들이 일본 열도에서 저마다 각각의 공동체를 이루었던 흔적들은 발견됩니다. 문명적으로 우월했던 그들이 일본 열도에 미친 영향은 지대했다고 할 수 있습니다. 그러나 열도 내의 저 공동체들은 반도의 영향권으로부터 서서히 벗어나면서 독자적인 길을 걷게 되고 급기야 강력한 중앙집권국가를 창출하게 됩니다.
양의모	그 중앙집권국가의 지도층은 여전히 반도에서 건너온 사람들이거나 그들의 후예 아니었습니까?
이승종	맞습니다. 그러나 그들은 더 이상 반도의 모국에 종속되거나 지배되지 않았습니다. 반도는 삼국쟁패의 대혼란에 빠져들어 열도를 관리할 상황도 아니었습니다. 영국에서 건너온 미국인들이 영국의 영향권으

---

[*] 이 장은 2부 1장의 초고 일부를 주제로 2019년 11월 2일 대한학술원에서 있었던 추계 세미나에서의 토론을 옮긴 것이다. 토론 참가자는 다음과 같다. 양의모(일본 히토츠바시대 경제학 박사), 남창희(인하대 정치외교학과 교수).

로부터 벗어나 미국을 건국하는 과정과 흡사합니다. 비록 패하긴 했지만 당시 일본은 이미 동맹국인 백제를 구원한다는 명분하에, 동아시아의 패지霸者인 당나라와 맞붙을 정도로 급성장해 있었습니다.

양의모 고대의 저러한 밀접한 관계에도 불구하고 한·일관계가 교착상태에 빠지게 된 까닭은 무엇이라고 봅니까?

이승종 우리는 조선에 와서 자신의 정체성을 이夷에서 중화로 바꾸어 일본과의 동근원성同根源性을 스스로 파기했고, 제국주의 일본은 조선을 식민지로 삼았습니다. 식민치하에서도 우리는 일본에 대한 우월의식을 버리지 않았고, 일본은 일본대로 고대에 우리에게 진 빚을 인정하려 하지 않습니다. 이러한 악재가 한·일관계를 어렵게 하고 있습니다.

양의모 조선이 자신의 정체성을 바꾸었다는 사실에 일본은 별 상처를 받지 않았습니다.

이승종 일본의 상처는 백촌강 전투에서의 패배로 소급됩니다. 당나라를 끌어들여 일본의 동맹국인 백제를 무너뜨린 신라가 반도를 통일하면서 일본은 반도와 소원해집니다. 실패로 끝나긴 했지만 원나라와 합세한 고려가 일본 열도를 침공하려 하면서 반도에 대한 일본의 감정은 더욱 악화됩니다. 조선이 자신의 정체성을 이夷에서 중화로 바꾸었을 때 열도인들은 조선을 중국의 앞잡이로 보았을 것입니다. 반도에 대한 일본의 이러한 우려는 지금도 작동하고 있습니다.

참고문헌

저자명 다음의 연도는 본문에서 인용된 논문이나 저서가 처음 간행된 해를 말한다. 이들 논문이나 저서가 (재)수록된 논문집이나 번역/개정판을 준거로 인용되었을 경우에는 뒤에 이에 해당하는 연도를 덧붙였다. 본문에서 인용된 쪽수도 이를 준거로 하고 있다.

權擥, 『應製詩注』.

金富軾, 『三國史記』.

李陌, 『太白逸史』.

李瀷, 『星湖僿說』.

北崖, 『揆園史話』.

安鼎福, 『東史綱目』.

李承休, 『帝王韻紀』.

一然, 『三國遺事』.

丁若鏞, 『我邦疆域考』.

趙汝籍, 『靑鶴集』.

韓致奫, 『海東繹史』.

許穆, 『東事』.

『高麗史』.

『世宗實錄』.

葛洪, 『抱朴子』.

董越, 「朝鮮賦」, 『四庫全書』에 수록.

羅泌, 『路史』.

酈道元, 『水經注』.

孟子, 『孟子』.

墨子, 『墨子』.

班固, 『漢書』.

范曄, 『後漢書』.

司馬遷, 『史記』.

沈約, 『宋書』.

吳明濟, 『朝鮮世紀』.

吳任臣, 『山海經廣注』.

張守節, 『史記正義』.

趙曄, 『吳越春秋』.

陳壽, 『三國志』.

蔡沈, 『書經集傳』.

許愼, 『說文解字』.

『管子』.

『舊唐書』.

『梁書』.

『明史』.

『明實錄』.

『四庫全書』.

『尙書』/『書經』(개정중보판), 김학주 역, 서울 : 명문당, 2002.

『水經』.

『隋書』.

『爾雅注疏』.

『日本書紀』.

『周易』.

『中庸』.

『晉書』.

『淮南子』.

堀和生(2010), 「東アジアにおける資本主義の形成—日本帝国の歴史的性格—」, 『社會經濟史學』 76-3.

今西龍(1929), 「檀君考」, 『靑丘說叢』 卷1.

_____(1937), 『朝鮮古史の研究』, 京城 : 近澤書店.

旗田巍(1969a), 「日本における朝鮮史研究の伝統」, 旗田巍 1969b에 수록.

旗田巍 編(1969b), 『日本と 朝鮮』, 東京 : 勁草書房.

吉野誠(1987), 「朝鮮史研究における内在的発展論」, 『東海大学紀要文学部』, 47.

金正明 編(1967), 『朝鮮獨立運動』, V卷, 東京：原書房.

那珂通世(1894), 「朝鮮古史考」, 『史學雜誌』, 5編 3號.

南懷瑾(1991), 『易經繫傳別講』, 北京：中國世界語出版社.

勞思光(1988), 『新編中國哲學史』, 增訂 4版, 臺北：三民書局.

譚其驤 編(1982), 『中國歷史地圖集』, 上海：地圖出版社, 1982-1987.

梶村秀樹·姜德相 編(1972), 『現代史資料』29卷, 「朝鮮(5)」, 東京：みすず書房.

傅斯年(1935), 「夷夏東西說」, 傅斯年 2012에 재수록.

_____(2012), 『民族與古代中國史』, 上海：上海古籍出版社.

薛志強(1995), 「紅山諸文化與中華文明」, 『中國北方古代文化國際學術討論會論文集』, 北京：中國文
        史出版社.

蘇秉琦(1993), 「論西遼河古文化, 與赤峰史學工作者的談話」, 『北方民族文化』.

埴原和郎(1995), 『日本人の成り立ち』, 京都：人文書院.

王鍾翰·陳連開(1979), 「戰國秦漢遼東遼西郡考略」, 『社會科學輯刊』, 第4期.

張江凱·魏峻(2004), 『新石器時代考古』, 北京：文物出版社.

張博泉·魏存成(1988), 『東北古代民族考古與疆域』, 長春：吉林大學出版社.

張傳璽·楊濟安(1984), 『中國古代史教學參考地圖集』, 北京：北京大學出版社.

錢穆(1976), 『中國歷史精神』, 臺北：東大圖書, 1984.

曹汛(1980), 「瑗河尖古城和漢安平瓦當」, 『考古』, 第6期.

中國社會科學院考古研究所·山西省文物局 編(2015), 『襄汾陶寺－1978~1985年考古發掘報告』, 全
        4冊, 北京：文物出版社.

何新(1987), 『諸神的起源』, 臺北：木鐸出版社.

黃麟書(1972), 『秦皇長城考』, 臺北：造陽文學社.

黃遵憲(1880), 『朝鮮策略』.

가지무라 히데키(1977), 「식민지에 있어서 민족자본과 예속자본」, 장시원(1984)에 재수록.

_____(1981a), 「구식민지 사회구성체론」, 장시원(1984)에 재수록.

_____(1981b), 「동아시아지역의 제국주의체제로의 이행」, 김영호(1986)에 재수록.

강동완·김현정(2015), 「북한의 "당의 유일적 령도체계 확립의 10대 원칙" 개정 의미와 북한주민
        들의 인식」, 『북한연구학회보』19권.

강동진(1979), 『일제의 한국침략정책사』, 서울 : 한길사, 1980.

강만길(1985), 「해방 전후사 인식의 방향」, 강만길 외(1985)에 수록.

강만길 외(1985), 『해방 전후사의 인식』 2, 서울 : 한길사.

강신주(2006), 『철학, 삶을 만나다』, 서울 : 이학사.

강정구(1995), 「민족과 통일」, 강정구(1996)에 재수록.

_____(1996), 『통일시대의 북한학』, 서울 : 당대.

강진웅(2014), 「국가형성기 북한의 주체 노선과 노동통제 전략의 변화」, 『사이』 17호.

고영섭(2009), 『나는 오늘도 길을 간다 – 원효, 한국 사상의 새벽』, 서울 : 한길사.

구자일(2006), 『백제속국일본사』, 서울 : 지문사.

국립중앙박물관(1994), 『금동용봉봉래산향로』, 서울 : 통천문화사.

국사편찬위원회(1990), 『중국정사 조선전 역주』 1, 서울 : 국사편찬위원회, 2007.

김교헌 · 박은식 · 유근 편(1911), 『단조사고』, 김동환 해제, 서울 : 흔뿌리, 2006.

김기봉(2012), 「서양의 거울에 비친 중국」, 『철학과 현실』 95호.

김기협(2012), 「10년 전 오보가 낳은 코미디, 동북공정의 진실」, 『프레시안』, 2012.10.26.

김문식(2000), 「18세기 후반 순암 안정복의 기자 인식」, 『한국실학연구』 2집.

김병모(2006), 『김병모의 고고학 여행』, 서울 : 고래실.

김성기(2007), 「다원론적 관점에서 본 유가경전의 재해석」, 『철학과 현실』 73호.

김성호(2012), 『일본은 구다라 망명정권』, 서울 : 기파랑.

김영근(2006), 「하가점 하층문화에 대한 고찰」, 『단군학연구』 14호.

김영명 · 전상숙(2013), 「전통적 공동체 의식의 변화와 근대 '민족' 인식의 형성」, 『사회이론』 43호.

김영익(2017), 「옛 소련 사회의 성격에 관한 박노자 교수의 착각」, 『노동자 연대』 207호.
      https://wspaper.org/article/18670

김영익 · 김하영 외(2017), 『제국주의론으로 본 트럼프 이후의 동아시아와 한반도』, 서울 : 책갈피.

김영호(1997), 「한국전쟁 원인의 국제 정치적 재해석」, 박지향 · 김철 · 김일영 · 이영훈(2006-2)에
      재수록.

_____(1999), 『통일한국의 패러다임』, 서울 : 풀빛.

김영호 편(1986), 『일제하 한국사회구성체론 서설』, 서울 : 청아출판사.

김옥균(1979a), 『김옥균 전집』, 서울 : 아세아문화사.

_____(1979b), 「조선개혁의견서」, 김옥균 1979a에 수록.

_____(2006), 「갑신일록」, 김옥균 · 박영효 · 서재필 2006에 수록.

김옥균·박영효·서재필(2006), 『갑신정변 회고록』, 조일문·신복룡 편역, 서울 : 건국대 출판부.

김용섭(1988), 「근대화과정에서의 농업개혁의 두 방향」, 이산 조기준 박사 고희기념논문집 간행위
　　　　원회 1988에 수록.

＿＿＿(1999), 「한말·일제하의 지주제」, 『한국사연구』 19호.

김용환(1997), 『관용과 열린 사회』, 서울 : 철학과현실사.

김옥(1997), 「남북관계의 게임 이론적 분석」, 현대경제사회연구원(1997)에 수록.

김운회(2006), 『대쥬신을 찾아서』 1·2, 서울 : 해냄.

김인희(2017), 『치우, 오래된 역사병－역사과잉시대 한중의 고대사 만들기』, 서울 : 푸른역사.

김일성(1958), 「조선인민군은 항일무장투쟁의 계승자이다」, 김일성(1960)에 재수록.

＿＿＿(1960), 『김일성 전집』 5권, 평양 : 조선로동당출판사.

김정일(1993), 『사회주의에 대하여』, 평양.

김준엽·김창순(1967), 『한국공산주의운동사』 1-5, 서울 : 고려대 아세아문제연구소.

김준철(1984), 『일제하의 한국민족자본과 민족사학에 관한 연구』, 서울 : 상조사.

김철준(1973), 「고조선 사회의 정치세력의 성장」, 김철준(1990)에 재수록.

＿＿＿(1990), 『한국고대연구』, 서울 : 서울대 출판부.

김한규(2004), 『요동사』, 서울 : 문학과지성사.

김현구(2002), 『백제는 일본의 기원인가』, 서울 : 창작과비평사.

＿＿＿(2010), 『임나일본부는 허구인가』, 서울 : 창작과비평사.

김호연(2002), 『역사란 무엇인가』, 울산 : 울산대 출판부.

남만희(1933), 「팟시즘 노동조합의 실체」, 『신계단』 5호.

노태돈(1990), 「고조선 중심지의 변천에 대한 연구」, 노태돈(2000b)에 재수록.

＿＿＿(2000a), 「단군과 고조선사에 대한 이해」, 노태돈(2000b)에 수록.

노태돈 편(2000b), 『단군과 고조선사』, 서울 : 사계절.

도야마 시게키(1963), 「동아시아 역사상의 검토」, 김영호(1986)에 재수록.

리영희(1974), 『전환시대의 논리』, 서울 : 창작과비평사.

리지린(1962), 『리지린의 고조선 연구』, 이덕일 해역, 서울 : 말, 2018.

마츠모토 사치코(1973), 「코민테른과 민족·식민지문제」, 임영태(1985)에 재수록.

모택동(1925), 「중국의 사회 각 계층 분석」, 모택동(1991-1)에 재수록.

＿＿＿(1939), 「중국혁명과 중국공산당」, 모택동(1991-2)에 재수록.

＿＿＿(1991), 『모택동 선집』 1-2, 김승일 역, 서울 : 범우사, 2001/2002.

문정인·김세중 편(2004), 『1950년대 한국사의 재조명』, 서울: 선인.

미야지마 히로시(2013), 「한·일 양국의 역사를 다시 본다」, 『아시아 리뷰』 5호.

민족통일연구원 편(1995), 『통일과 북한 사회문화』 하권, 서울: 민족통일연구원.

바디우, 알랭(2013), 「'공산주의의 이념' 콘퍼런스 참여 철학자 동행인터뷰 (하)」, 『경향신문』, 2013.9.26.

박대제(2001), 「『삼국유사』 고조선조 인용 『위서』론」, 『한국사연구』 112호.

박명림(1998), 「북한의 선택과 남한의 대응 – '군사화와 시장화'의 사이에서」, 한국정치학회 1998 에 수록.

박성수(1980), 『독립운동사 연구』, 서울: 창작과비평사.

박재규 편(1997), 『북한이해의 길라잡이』, 서울: 법문사.

박종철(2020), 「역사의 신이 전쟁과 협력 사이에서 대통령의 결단을 기다리고 있다」, 『대학지성 In&Out』. http://www.unipress.co.kr/news/articleView.html?idxno=1477

박지향·김철·김일영·이영훈 편(2006), 『해방 전후사의 재인식』 1·2, 서울: 책세상.

박현채(1981), 『한국농업의 구상』, 서울: 한길사.

_____(1983), 『한국경제와 농업』, 서울: 까치.

박현채·조희연 편(1989), 『한국사회구성체논쟁』 1, 서울: 죽산.

방기중(1995), 『한국근현대사상사연구』, 서울: 역사비평사.

백남운(1933), 『조선사회경제사』, 심우성 역, 서울: 동문선, 2004.

_____(1934), 「조선경제의 현단계론」, 백남운(1991-4)에 재수록.

_____(1991), 『백남운 전집』 1~4, 하일식 역, 서울: 이론과실천.

복기대(2010), 「고구려 도읍지 천도에 대한 재검토」, 『단군학연구』 22호.

_____(2019), 『홍산문화의 이해』, 서울: 우리역사연구재단.

서상문(2012), 「중국의 만리장성은 엿가락인가?」, 『경북일보』, 2012.6.8.

서영수(1988), 「고조선의 위치와 강역」, 『한국사시민강좌』 2집.

서용석(1993), 「해방 후 자본주의와 변화하는 식민지 시각」, 『아세아연구』 90권.

서울대학교 역사연구소 편(2015), 『역사용어사전』, 서울: 서울대 출판문화원.

서정록(2001), 『백제금동대향로』, 서울: 학고재.

성염·김석수·문명숙(1998), 『인간이라는 심연』, 서울: 철학과현실사.

성태용(1994), 「한국철학사의 새벽 – 원효」, 『철학과 현실』 22호.

세키노 타다시(1932), 『조선미술사』, 심우성 역, 서울: 동문선, 2003.

송두율(1995),『통일의 논리를 찾아서』, 서울 : 한겨레신문사.

송영배(1992),「'중화'의식과 '사이비' 민족주의」,『철학』 37집.

송영준(1992),「콜링우드의 역사 인식 이론」,『부산사학』 23호.

송옥진(2013),「고대의 동이인식」,『선도문화』 14집.

송자 · 이영선 편(1996),『통일사회로 가는 길』, 서울 : 오름.

송현종(2020),「곰의 변환과 결합에 관한 상징적 의미에 관하여」,『선도문화』 29권.

송호정(2002),『단군, 만들어진 신화』, 서울 : 산처럼.

_____(2003),『한국 고대사 속의 고조선사』, 서울 : 푸른역사.

신백우(1922),「사회운동의 선구자 출래(出來)를 촉(促)하노라」,『신생활』 1권 2~3호.

신언준(1931),「재만동포문제에 대하야 협의회조직을 제창함」,『동광』 26호.

신용하(1987),『한국근대민족주의의 형성과 전개』, 서울 : 서울대 출판부.

_____(2010),『고조선 국가형성의 사회사』, 서울 : 지식산업사.

_____(2015),「고조선문명 형성에 들어간 맥족의 홍산문화의 특징」,『단군학연구』 32호.

신채호(1908),「독사신론」, 신채호(2007)에 재수록.

_____(1910),「동국의 고대 선교고」, 신채호(2007)에 재수록.

_____(1925a),「전후삼한고」, 신채호(1926)에 재수록.

_____(1925b),「조선 역사상 1천년 이래 최대 사건」, 신채호(1926)에 재수록.

_____(1926),『조선사연구초』, 신채호(2007)에 재수록.

_____(1931a),『조선상고사』, 박기봉 역, 서울 : 비봉출판사, 2006.

_____(1931b),『조선상고문화사』, 신채호(2007)에 재수록.

_____(1977a),『신채호전집』 하(개정판), 서울 : 형설출판사.

_____(1977b),「지동설의 효력」, 신채호 1977a에 수록.

_____(2007),『조선상고문화사 (외)』, 박기봉 역, 서울 : 비봉출판사.

신형기(2003),『민족 이야기를 넘어서』, 서울 : 삼인.

안병직 · 이영훈(2008),『대한민국 역사의 기로에 서다』, 서울 : 기파랑.

안중근(1995a),「동양평화론」, 안중근(1995b)에 수록.

_____(1995b),『안중근 유고집』, 신용하 편, 서울 : 역민사.

안호상(1971),『배달 · 동이는 동아문화의 발상지』, 서울 : 흔뿌리, 2006.

앤더슨, R. J. 외(1988),『철학과 인문과학』, 양성만 역, 서울 : 문예출판사.

야마모토 시치헤이(1989),『일본인이란 무엇인가』, 고경문 역, 서울 : 페이퍼로드, 2012.

양병우(1971),「우리나라에도 봉건제도가 있었는가」, 이기백·차하순(1976)에 재수록.

역사스페셜(2010),「고구려성 만리장성으로 둔갑하다」, KBS, 2010.5.15.

역사학회 편(1998),『노비·농노·노예』, 서울 : 일조각.

오구라 히로카쓰(1960),『세계경제입문』, 편집부 역, 서울 : 거름, 1983.

오성철(2000),『식민지초등교육의 형성』, 서울 : 교육과학사.

와다 하루끼(1981-1982),「소련의 대북한정책 1945~1946」, 일월서각 편집부(1983)에 재수록.

요시노 마코토(2004),『동아시아 속의 한·일 2천년사』, 한철호 역, 서울 : 책과함께, 2005.

우실하(2007),『동북공정 너머 요하문명론』, 서울 : 소나무.

_____(2018),『고조선문영의 기원과 요하문명』, 서울 : 지식산업사.

원위청(1997),「백제의 금동대향로에 대한 새로운 해석」, 안영길 역,『미술사논단』4호.

월쉬, W. H.(1989),『역사철학』(수정판), 김정선 역, 서울 : 서광사.

유기철(1987),「190년대말 만주지방 한인 공산주의 운동의 방침전환에 관하여」,『원우론집』, 연
　　　　세대 대학원 원우회.

유승국(1974),「유학사상형성의 연원적 탐구」, 유승국(1983)에 재수록.

_____(1983),『동양철학연구』, 서울 : 근역서재.

유시민(1994),『내 머리로 생각하는 역사 이야기』(개정판), 서울 : 푸른나무, 2005.

_____(2011),『국가란 무엇인가』(개정신판), 파주 : 돌베개, 2017.

유영익(1998),『동학농민봉기와 갑오경장』, 서울 : 일조각.

윤내현(1984),「고조선의 위치와 강역」, 윤내현(1986)에 재수록.

_____(1986),『한국 고대사 신론』, 서울 : 만권당, 2017.

_____(1994),『고조선 연구』, 서울 : 일지사.

_____(1998),『한국열국사연구』, 서울 : 지식산업사.

_____(2012),「인터뷰」,『교수신문』, 2012.9.25.

윤내현 편(2007),『사료로 보는 우리 고대사』, 서울 : 지식산업사.

윤명철(1996),『동아지중해와 고대 일본』(수정증보판), 고양 : 수동예림, 2021.

_____(2011),『한 권으로 만나는 고구려 답사 길잡이』, 서울 : 대원사.

_____(2018),『고조선문명권과 해륙활동』, 서울 : 지식산업사.

윤무병(1987),『한국 청동기문화연구』, 서울 : 예경산업사.

윤병렬(2018),『선사시대 고인돌의 성좌에 새겨진 한국의 고대철학』, 서울 : 예문서원.

_____(2020),『고구려 고분벽화에 담긴 철학적 세계관』, 파주 : 지식산업사.

이강래(1992), 「삼국유사 인용 고기의 성격」, 이강래(1996)에 재수록.

_____(1996), 『삼국사기 전거론』, 서울 : 민족사.

이광수(1922), 「민족개조론」, 『개벽』 3권 5호.

_____(1935), 「실업과 정신수양」, 『조선일보』, 1935.4.14.

_____(1948), 『나의 고백』, 서울 : 우신사, 1985.

이기백·차하순 편(1976), 『역사란 무엇인가』, 서울 : 문학과지성사.

이기훈(2015), 『동이 한국사』, 서울 : 책미래.

이남주(2017), 「사드 배치, 한중관계의 게임체인저?」, 『창비 주간논평』.
　　　　http://magazine.changbi.com/사드-배치-한중관계의-게임체인저/?cat=477

이능화(1959), 『조선도교사』, 이종은 역, 서울 : 보성문화사, 1977.

_____(1929), 『조선신사지』, 이재곤 역, 서울 : 동문선, 2007.

이대근 외(2005), 『새로운 한국경제발전사』, 파주 : 나남출판.

이덕일(2009), 『한국사, 그들이 숨긴 진실』, 고양 : 역사의아침.

_____(2014), 『우리 안의 식민사관』, 서울 : 만권당.

이문영(2018), 『유사역사학 비판』, 고양 : 역사비평사.

이병도(1933), 「패수고」, 이병도(2012)에 재수록.

_____(1959), 『한국사 고대편』, 파주 : 한국학술정보, 2012.

_____(1975), 『한국고대사연구』, 파주 : 한국학술정보, 2012.

_____(2012), 『한국고대사회사논고』, 파주 : 한국학술정보.

이병도·최태영(1988), 『한국상고사입문』, 서울 : 고려원, 1989.

이병선(1982), 『한국고대국명지명연구』, 서울 : 형설출판사.

이산 조기준 박사 고희기념논문집 간행위원회 편(1988), 『한국자본주의성격논쟁』, 서울 : 대왕사.

이성규(1992), 「중화사상과 민족주의」, 『철학』 37집.

_____(2004), 「중국 고문헌에 나타난 동북관」, 이성규 외(2004)에 수록.

_____(2015), 「중화질서」, 서울대학교 역사연구소(2015)에 수록.

이성규 외(2004), 『동북아시아 선사 및 고대사 연구의 방향』, 서울 : 학연문화사.

이성태(1923), 「중산계급의 이기적 운동」, 『동아일보』, 1923.3.20.

이승종(1993), 「의미와 해석에 관한 콰인 / 데이빗슨 논쟁」, 『철학』 39집.

_____(2007), 「여성, 진리, 사회」, 『철학연구』 33집, 고려대 철학연구소.

_____(2010), 『크로스오버 하이데거─분석적 해석학을 향하여』(수정증보판), 서울 : 동연, 2021.

_____(2018), 『동아시아 사유로부터 ─ 시공을 관통하는 철학자들의 대화』, 파주 : 동녘.

_____(2020), 『우리와의 철학적 대화』, 파주 : 김영사.

이승종 · 홍진기(2015), 『21세기 동아시아 통합 문화 담론의 모색』, 세종 : 경제 · 인문사회연구회.

이영선 편(1998), 『통일을 위해 남한도 변해야 한다』, 서울 : 오름.

이영선 · 윤덕룡(1998), 「남북한의 경제 위기와 극복방안 ─ 비교론적 고찰」, 한국정치학회 (1998)에 수록.

이영훈(1998), 「한국사에 있어서 노비제의 추이와 성격」, 역사학회(1998)에 수록.

_____(2007), 『대한민국 이야기』, 서울 : 기파랑.

_____(2013), 『대한민국 역사』, 서울 : 기파랑.

_____(2016), 『한국경제사』 1 · 2, 서울 : 일조각.

이유진(2002), 「중국신화의 역사화에 관한 시론(試論)」, 『중국어문학논집』 20호.

이제훈(2016), 「나는 김정은이다」, 『한겨레』, 2016.1.30.

이좌용(1998), 「결정이론의 논리와 도구적 합리성의 한계」, 『철학연구』 42집.

이형구 · 이기환(2009), 『코리안 루트를 찾아서』, 서울 : 성안당.

이혜정(2019), 「미국의 '배반'과 한반도의 미래」, 『창비 주간논평』.

        http://magazine.changbi.com/190313/?cat=2466

일월서각 편집부 편(1983), 『분단전후의 현대사』, 서울 : 일월서각.

임경석(2008), 『잊을 수 없는 혁명가들에 대한 기록』, 서울 : 역사비평사.

임영태 편(1985), 『식민지시대 한국사회와 운동』, 서울 : 사계절.

임재해(2007), 「한국신화의 주체적 인식과 민족문화의 정체성」, 『단군학연구』 17호.

_____(2008), 「단군신화로 본 고조선 문화의 기원 재인식」, 『단군학연구』 19호.

_____(2015), 「신시고국의 농경문화 성립과 홍산문화 유산의 전통」, 『단군학연구』 32호.

임지현(1994), 「한국사 학계의 '민족' 이해에 대한 비판적 검토」, 임지현(1999)에 재수록.

_____(1999), 『민족주의는 반역이다』, 서울 : 소나무.

_____(2005), 『적대적 공범자들』, 서울 : 소나무.

임채우(2009), 「선도사서 『규원사화』 해제 ─ 위작설에 대한 쟁점을 중심으로」, 『선도문화』 6집.

장노순(1997), 「남북한 협상 ─ 조건부 협력의 조건과 가능성」, 현대경제사회연구원(1997)에 수록.

장시원 편역(1984), 『식민지반봉건사회론』, 서울 : 한울.

전경주(2012), 「미국의 아시아 · 태평양으로의 복귀, 그리고 한국」, 『주간국방논단』 1394호.

전석담 · 허종호 · 홍희유(1970), 『조선에서 자본주의적 관계의 발생』, 평양 : 사회과학출판사.

젊은역사학자모임(2017), 『한국 고대사와 사이비역사학』, 고양 : 역사비평사.

_____(2018), 『욕망 너머의 한국 고대사』, 고양 : 역사비평사.

정수일(2001), 『고대문명교류사』, 서울 : 사계절.

정인보(1946), 『조선사연구』상·하, 문성재 역주, 서울 : 우리역사연구재단, 2012~2013.

정재서(1996), 「고구려 고분벽화의 신화, 도교적 제재에 대한 새로운 인식」, 정재서(2010)에 재수록.

_____(2007), 「잃어버린 신화를 찾아서」, 정재서(2010)에 재수록.

_____(2010), 『앙띠 오이디푸스의 신화학』, 파주 : 창비.

정재정(2014a), 『주제와 쟁점으로 읽는 20세기 한·일관계사』, 서울 : 역사비평사.

_____(2014b), 『한·일의 역사갈등과 역사대화』, 서울 : 대한민국역사박물관.

정형진(2006), 『천년왕국 수시아나에서 온 환웅』, 서울 : 일빛.

조명철(1998), 「남북한 경제관계 형성에 있어서의 제약과 과제」, 이영선(1998)에 수록.

조민(1996), 「통일과정과 민간단체의 역할」, 한국정치학회(1996)에 수록.

조윤민(2016), 『두 얼굴의 조선사』, 파주 : 글항아리.

조재호(1997), 「북한경제 이해」, 박재규(1997)에 수록.

조혜정(1996), 「남북통일의 문화적 차원 : '북조선'과 '남한'의 문화적 동질성·이질성 논의와 민족
　　　주의·진보주의 담론」, 송자·이영선(1996)에 수록.

조희연(1986), 「한국자본주의의 성격에 대한 사회학적 연구시론」, 『연세사회학』 7호.

_____(1989), 「80년대 사회운동과 사회구성체논쟁」, 박현채·조희연(1989)에 수록.

주익종(2005), 「식민지 시기 조선의 생활수준」, 이대근(2005)에 수록.

_____(2008), 『대군의 척후』, 서울 : 푸른역사.

주종건(1923), 「무산계급과 물산장려」, 『동아일보』, 1923.4.13.

지마, 페터(1997), 『문예미학』, 허창운 역, 서울 : 을유문화사.

지젝, 슬라보예(2013), 「'공산주의의 이념' 콘퍼런스 참여 철학자 동행인터뷰 (상)」, 『경향신문』,
　　　2013.9.24.

차상철(2004), 「이승만과 1950년대의 한미동맹」, 문정인·김세중(2004)에 수록.

최남선(1925), 『불함문화론』, 정재승·이주현 역주, 서울 : 우리역사연구재단, 2008.

_____(1926), 「단군론」, 최남선(1973), 2권에 재수록.

_____(1937), 『조선상식문답』, 최남선(1973), 3권에 재수록.

_____(1954), 『증보 삼국유사』, 서울 : 민중서관.

_____(1973), 『육당최남선전집』, 고려대 아세아문제연구소 육당전집편찬위원회 편, 서울 : 현암사.

최영주 편(2006), 『세계의 교양을 읽는다』 2, 서울 : 휴머니스트.

최영희(1996), 『격동의 해방3년』, 춘천 : 한림대 출판부.

최일붕(2017), 「옛 소련은 러시아 혁명으로부터 용어만 이어받은 체제다」, 『노동자 연대』 207호. https://wspaper.org/article/18663

최장집 외(1989), 『해방 전후사의 인식』 4, 서울 : 한길사.

최장집·정해구(1989), 「해방 8년사의 총체적 인식」, 최장집 외(1989)에 수록.

최재석(1989), 「고대 일본에 건너간 한민족과 일본 원주민의 수의 추정」, 『동방학지』 61호.

_____(2001), 『고대 한·일관계와 일본서기』, 서울 : 일지사.

최태영(2000), 『인간 단군을 찾아서』, 서울 : 학고재.

카, E. H.(1997), 『역사란 무엇인가』, 김택현 역, 서울 : 까치.

코벨, 존 카터(2006), 『부여기마족과 왜』, 김유경 편역, 의왕 : 글을읽다.

하버마스, 위르겐(1996), 『현대성의 새로운 지평』, 한상진 편, 서울 : 나남출판.

한국정치학회 편(1996), 『통일과정의 국내적 기반조성과 전략적 선택』, 통일문제 특별학술회의록.

_____(1998), 『남북한의 정치·경제 변화와 남북관계』, 남북관계 특별학술회의록.

한국철학사 연구회 편(2002), 『한국 철학 사상가 연구』, 서울 : 철학과현실사.

한설야(1933), 「민족개량주의비판」, 『신계단』 4호.

한창균(1992), 「고조선의 성립배경과 발전단계 시론」, 『국사관논총』.

함재봉(2017), 『한국사람 만들기』 I, 서울 : 아산서원.

허동현·박노자(2003), 『우리 역사 최전선』, 서울 : 푸른역사.

현대경제사회연구원 편(1997), 『타협을 위한 대결』, 서울 : 현대경제사회연구원.

현성일(1998), 「통일을 위한 남한의 정치·사회적 변화방향」, 이영선(1998)에 수록.

홍관희(1995), 「남북한 문화적 동질화를 위한 인적교류 확대방안」, 민족통일연구원(1995)에 수록.

홍동규(2008a), 「지나(支那), 중국(中國), 그리고 동이(東夷)」, 홍동규(2008b)에 수록.

_____(2008b), 『풍경화』, 서울 : 집문원.

홍원탁(2003), 『백제왜』, 서울 : 일지사.

홍진기(2003), 『산해주유』, 서울 : 인향.

황영(1933), 「민족주의 지도원리의 비판」, 『신계단』 6호.

미상(1923), 「조선의 특이한 처지와 이에 대한 특이한 구제책」, 『개벽』 3권 1호.

○민(1924), 「사상의 귀추와 운동의 방향」, 『개벽』 5권 3호.

Amsden, A.(1989), *Asia's Next Giant*, Oxford : Oxford University Press.

Anderson, B.(1983), *Imagined Communities*, Revised edition, London : Verso, 2006.

Barlow, T.(ed.)(2002), *New Asian Marxism*, Durham : Duke University Press.

Bleed, P.(1983), "Early and Middle Kofun Period", Itasaka(1983)에 수록.

Bury, J. B.(1930), "The Science of History", Stern(1956)에 재수록.

Cha, V.(1999), *Alignment Despite Antagonism*, Stanford : Stanford University Press.

Collingwood, R. G.(1939), "Historical Evidence", Collingwood(1946)에 재수록.

_____(1946), *The Idea of History*(Revised edition), Ed. J. van der Dussen, Oxford : Oxford University Press, 1994.

Connor, W.(1994), *Ethnonationalism*, Princeton : Princeton University Press.

Cotterell, A.(1993), *East Asia : From Chinese Predominance to the Rise of the Pacific Rim*, Oxford : Oxford University Press.

Cumings, B.(1981), *The Origins of the Korean War* Vol 1, Princeton : Princeton University Press.

_____(1990), *The Origins of the Korean War* Vol.2, Princeton : Princeton University Press.

_____(1997), *Korea's Place in the Sun*(Updated edition), New York : Norton, 2005.

Dahrendorf, R.(1959), *Class and Class Conflict in Industrial Society*, Stanford : Stanford University Press.

Davidson, D.(1974), "On the Very Idea of a Conceptual Scheme", Davidson(1984)에 재수록.

_____(1984), *Inquiries into Truth and Interpretation*, Oxford : Clarendon Press.

Di Cosmo, N.(2002), *Ancient China and Its Enemies*, Cambridge : Cambridge University Press.

Diamond, J.(1998), "In Search of Japanese Roots", *Discover* 6.

Duncan, J.(1998), "Proto-nationalism in Premodern Korea", Lee and Park(1998)에 수록.

Durant, W.(1935), *The Story of Civilization* Vol.1, New York : Simon and Schuster.

Eckert, C.(1991), *Offspring of Empire*, Seattle : University of Washington Press.

Edwards, W.(1983), "Event and Process in the Founding of Japan", *Journal of Japanese Studies* vol.9.

Egami, N.(1962), "Light on Japanese Cultural Origins from Historical Archeology and Legend", Smith and Beardsley(1962)에 수록.

_____(1964), "The Formation of People and the Origin of the State of Japan", *The Memoirs of the Toyo Bunko* vol.23.

Em, H.(1999), "Minjok as a Modern and Democratic Construct", Shin and Robinson(1999)에 수록.

Evans, P.(1995), *Embedded Autonomy*, Berkeley : University of California Press.

Fairbank, J., E. Reischauer, and A. Craig(1960), *East Asia : Tradition & Transformation*(Revised edition), Boston : Houghton Mifflin, 1989, 존 K. 페어뱅크·에드윈 O. 라이샤워·앨버트 M. 크레이그, 『동양문화사』 상·하, 김한규·전용만·윤병남 역, 서울 : 을유문화사, 1991.

Feynman, R.(1965), *The Character of Physical Law*, Cambridge, Mass. : MIT Press, 1985.

Foucault, M.(1971), "Nietzsche, Genealogy, History", Foucault(1977)에 재수록.

_____(1977), *Language, Counter-Memory, Practice*, Ed. D. Bouchard, Trans. D. Bouchard and S. Simon, Ithaca : Cornell University Press.

_____(2004), *Security, Territory, Population*, Ed. M. Senellart, Trans. G. Burchell, New York : Palgrave Macmillan, 2007.

Gadamer, H.-G.(1960), *Wahrheit und Methode*, Tübingen : J. C. B. Mohr.

Galbraith, J.(1977), *The Age of Uncertainty*, Boston : Houghton Mifflin Company.

Gardiner, P.(ed.)(1959), *Theories of History*, New York : Free Press.

Geertz, C.(1963), "The Integrative Revolution", Geertz(1973)에 재수록.

_____(1973), *The Interpretation of Cultures*, New York : Basic Books, 2000.

Gellner, E.(1983), *Nations and Nationalism*, Ithaca : Cornell University Press.

Giddens, A.(1984), *The Nation State and Violence*, Cambridge : Polity Press.

Gilmore, G.(1894), *Corea of To-day*, London : Nelson and Sons.

Golan, A.(2003), *Prehistoric Religion*, Jerusalem.

Habermas, J.(1983a), "Diskursethik", Habermas(1983b)에 수록.

_____(1983b), *Moralbewußtsein und kommunikatives Handeln*, Frankfurt : Suhrkamp.

_____(1996), "National Unification and Popular Sovereignty", Han(1998)에 재수록.

Hampton, J.(1989), "Should Political Philosophy Be Done without Metaphysics?" *Ethics* vol.99.

Han, S.-J.(ed.)(1998), *Habermas and the Korean Debate*, Seoul : Seoul National University Press.

Han, J. J., and W. Kim(2003), "Genetic Relationship Between Korean and Mongolian Population Based on the Y Chromosome DNA", *Korean Journal of Biological Sciences* vol.7.

Hanson, N. R.(1958), *Patterns of Discovery*, Cambridge : Cambridge University Press.

Hegel, G. W. F.(1820), *Grundlinien der Philosophie des Rechts*, Frankfurt : Suhrkamp, 1970.

_____(1955), *Die Vernunft in der Geschichte*, Ed. J. Hoffmeister, Hamburg : Felix Meiner.

Heidegger, M.(1927), *Sein und Zeit*, Tübingen : Niemeyer, 1957.

_____(1938), "Die Zeit des Weltbildes", Heidegger(1950)에 재수록.

_____(1950), *Holzwege*, Ed. F.-W. von Hermann, Frankfurt : Klostermann, 1977.

_____(1953), "Die Frage nach der Technik", Heidegger(1954)에 재수록.

_____(1954), *Vorträge und Aufsätze*, Pfullingen : Neske, 1978.

Hobsbawm, E.(ed.)(1990), *Nations and Nationalism Since 1780*, Cambridge : Cambridge University Press.

Hong, W.(1994), *Paekche of Korea and the Origin of Yamato Japan*, Seoul : Kudara International.

_____(2010), *Ancient Korea-Japan Relations*, Seoul : Kudara International.

Itasaka, G.(ed.)(1983), *Kodansha Encyclopedia of Japan* Vol.3, Tokyo : Kodansha.

Kidder, J.(1985), "The Archeology of the Early Horseriders in Japan", *Transactions of the Asiatic Society of Japan* vol.20.

Kimura, M.(1999), "From Fascism to Communism", *Economic History Review* vol.52.

Kupperman, J.(2001), *Classic Asian Philosophy* 2nd edition, Oxford : Oxford University Press, 2007.

Ledyard, G.(1975), "Galloping Along with the Horseriders", *Journal of Japanese Studies* vol.2.

Lee, C.(1999), "Modernity, Legality, and Power in Korea Under Japanese Rule", Shin and Robinson(1999)에 수록.

Lee, C.-J., and H. Sato(1982), *U.S. Policy Toward Japan and Korea*, New York : Praeger.

Lee, S.-O., and D.-S. Park(eds.)(1998), *Perspectives on Korea*, Sidney : Wild Peony.

Lenin, V.(1917), *Imperialism*, Moscow : Foreign Languages Publishing House, 1950.

Lipset, S. M., and R. Bendix(1951), "Social Status and Social Structure", *British Journal of Sociology* vol.2.

Marx, K.(1859), "Zur Kritik der Politischen Ökonomie", *Marx and Engels*(MEW-13)에 재수록.

Marx, K., and F. Engels(1848), "Manifest der Kommunistischen Partei", *Marx and Engels* MEW-4에 재수록.

_____(MEW), *Karl Marx Friedrich Engels Werke* Vols.1-43, Berlin : Dietz Verlag.

Masao, M.(1946), "Theory and Psychology of Ultra-Nationalism", Trans. I. Morris, Masao(1963)에 재수록.

_____(1963), *Thought and Behavior in Japanese Politics*, Ed. I. Morris, London : Oxford University Press.

McDermott, K., and J. Agnew(eds.)(1996), *The Comintern*, London : McMillan.

Mearsheimer, J.(2001), *The Tragedy of Great Power Politics*(Updated edition), New York : Norton, 2014.

Moore, B.(1966), *Social Origins of Dictatorship and Democracy*, Boston : Beacon Press.

Nietzsche, F.(1872), "Homer's Wettkampf", Nietzsche(1973)에 재수록.

_____(1973), *Nietzsche Werke : Kritische Gesamtausgabe* Vol.III 2, Ed. G. Colli and M. Montinari, Berlin : De Gruyter.

Nozick, R.(1974), *Anarchy, State, and Utopia*, New York : Basic Books.

Pai, H. I.(2000), *Constructing "Korean" Origins*, Cambridge, Mass. : Harvard University Press.

Perry, J., and M. Bratman(eds.)(1986), *Introduction to Philosophy*, Oxford : Oxford University Press.

Pipes, R.(2001), *Communism*, New York : Modern Library, 2003.

Quigley, C.(1961), *The Evolution of Civilizations* 2nd edition, Indianapolis : Liberty Press, 1979.

Rawls, J.(1971), *A Theory of Justice*, Cambridge, Mass. : Harvard University Press.

_____(1993), *Political Liberalism* Expanded edition, New York : Columbia University Press, 2005.

Rhee, S.(1941), *Japan Inside Out*, New York : Fleming H. Revell Company.

Robinson, M.(1988), *Cultural Nationalism in Colonial Korea, 1920-1925*, Seattle : University of Washington Press.

_____(1999), "Broadcasting, Cultural Hegemony, and Colonial Modernity in Korea, 1924-1945", Shin and Robinson(1999)에 수록.

Schelling, F.(1856), *Historisch-kritische Einleitung in die Philosophie der Mythologie*, CreateSpace, 2017.

Schmid, A.(2002), *Korea Between Empires, 1895-1919*, New York : Columbia University Press.

Shin, G.(1995), "Marxism, Anti-Americanism, and Democracy in South Korea", Barlow(2002)에 재수록.

_____(2006), *Ethnic Nationalism in Korea*, Stanford : Stanford University Press.

Shin, G., and M. Robinson(eds.)(1999), *Colonial Modernity in Korea*, Cambridge, Mass : Harvard University Press.

Smith, A.(1986), *The Ethnic Origins of Nations*, Oxford : Blackwell.

_____(1991), *National Identity*, Reno : University of Nevada Press.

Smith, R., and R. Beardsley(eds.)(1962), *Japanese Culture*, New York : Wenner-Gren Foundation for Anthropological Research.

Snyder, G.(1984), "The Security Dilemma in Alliance Politics", *World Politics* vol.36.

_____(1991), "Alliance Theory", *International Organization* vol.45.

Stern, F.(ed.)(1956), *The Varieties of History* 2nd edition, New York : Vintage Books, 1973.

Strawson, P.(1962), "Freedom and Resentment", Strawson(1974)에 재수록.

_____(1974), *Freedom and Resentment and Other Essays*, London : Methuen.

Suh, D.(ed.)(1970), *Documents of Korean Communism, 1918-1948*, Princeton : Princeton University Press.

Sweezy, P.(1990), "Postscript on Post-Revolutionary Society", Tabb(1990)에 재수록.

Tabb, W.(ed.)(1990), *The Future of Socialism*, New York : Monthly Review Press.

Wallerstein, I.(1995), *After Liberalism*, New York : New Press.

Walt, S.(1987), *The Origins of Alliances*, Ithaca : Cornell University Press.

Weiner, M.(1996), "Comintern in East Asia, 1919-39", McDermott and Agnew(1996)에 수록.

Wittgenstein, L.(1922), *Tractatus Logico-Philosophicus*, Trans. D. Pears and B. McGuinness, London : Routledge and Kegan Paul, 1961.

Woo, J.(1991), *Race to the Swift*, New York : Columbia University Press.

https://en.wikipedia.org/wiki/Democracy_Index
https://en.wikipedia.org/wiki/Freedom_in_the_World

https://m.blog.naver.com/PostView.nhn?blogId=gounikorea&logNo=221272272933
&categoryNo=7&proxyReferer=https%3A%2F%2Fwww.google.com%2F

https://marxism.or.kr/page/topics

https://www.bbc.com/news/world-asia-china-55794071

https://www.yna.co.kr/view/AKR20210129172500504

인명색인

ㄱ

가다머(Gadamer, H.-G.)   113, 167, 182, 371
가지무라 히데키(梶村秀樹)   209, 213, 248~253, 255
갈릴레오(Galileo, G.)   5
갈홍(葛洪)   68, 69, 388, 406
강신주   57, 384
개로왕   155
갤브레이스(Galbraith, J.)   265
고성환   6
고영섭   59
고종   200, 203, 209, 212, 280
고주몽   75, 88, 155, 159
골드만(Goldmann, L.)   369
공손도(公孫度)   121
공자(孔子)   67, 95, 107, 108, 130, 340, 419
광개토대왕   100
구태   121
권람   132
기무라 미쓰히코(木村光彦)   204
기자   134~138, 140, 365, 371, 429, 430
기자(箕子)   72, 74, 75, 122~125, 127, 132~134
길모어(Gilmore, G.)   203
김, 데이빗(Kim, D.)   419, 423
김교헌   164
김기봉   62, 63
김기협   114, 115, 117
김단야   237
김대웅   431, 436
김대중   6, 21, 335~338
김무정   235, 236

김부식   75, 82, 110, 357, 365, 375, 379, 380, 382, 428
김산   237
김선영   382, 390~392
김성수   252
김수로   155
김연수   252
김영삼   3, 21
김영익   258, 262
김옥경   431, 435
김옥균   29, 172, 180, 216, 225, 278~281, 283
김용섭   6, 246, 252
김운회   64, 158, 182
김원봉   238
김윤식   210
김인희   22
김일성   173, 231, 235~237, 263, 275, 308, 309, 334, 337, 339, 340, 341
김정수   6
김정엽   419, 424
김정은   340~342, 348
김정일   306, 309, 340
김좌진   233
김춘성   237
김춘추   197
김학은   6
김학주   54, 56, 371
김한규   165
김한라   419, 424, 425
김현구   188, 196, 197
김희봉   10, 393, 400

ㄴ

나이토 코우지로(內藤虎次郞)   83
나종석(那珂通世)   382, 393
나카 미치요   82

나필(羅泌)   125
노무현   21, 251, 337
노사광(勞思光)   65
노자(老子)   107
노직(Nozick, R.)   335
노태돈   74, 85, 118, 119, 128~132, 138,
   140~144, 149, 156, 395
노태우   21, 336
니체(Nietzsche, F.)   227, 282, 283, 403,
   404, 435~438
닌토쿠(仁德)   193

ㄷ ────────

다이아몬드(Diamond, J.)   189, 431
단군   57, 59~61, 70~72, 76~92, 94~97,
   99, 105, 107, 108, 126~128, 131~134,
   137, 151, 152, 157, 159, 164, 186, 211,
   219, 277, 332, 372, 376, 380~382,
   387, 395, 396, 403, 405, 420, 422,
   427~430, 432, 434
단테(Dante)   334
달레(Dallet, C.-C.)   203
대원군   200, 247
덜레스(Dulles, J.)   269
데이빗슨(Davidson, D.)   366, 371
데카르트(Descartes, R.)   35, 49, 366
도요토미 히데요시(豊臣秀吉)   354
동명왕   100, 152
동월(董越)   82
듀란트(Durant, W.)   113, 120
디 코스모(Di Cosmo, N.)   63, 64
딜타이(Dilthey, W.)   359, 364

ㄹ ────────

라이샤워(Reischauer, E.)   58
랑케(Ranke, L.)   375

레닌(Lenin, V.)   175, 229~231, 256, 262
레드야드(Ledyard, G.)   179, 191, 192
레비나스(Levinas, I.)   367
로빈슨(Robinson, M.)   7
로이(Roy, M. N.)   231
롤스(Rawls, J.)   29, 312, 316, 317,
   320~325
루카치(Lukács, G.)   369
류스페이(劉師培)   71
리영희   177
리케르트(Rickert, H.)   359
립셋(Lipset, S.)   24

ㅁ ────────

마오쩌둥(毛澤東)   255, 256
마테오리치(Matteo Ricci)   76
맥킨타이어(MacIntyre, A.)   435
모기령(毛奇齡)   71
묘청   210
무어(Moore, B.)   223
무카르로프스키(Mukarovsky, J.)   369
문성훈   382, 384, 385, 393
문재인   21, 337
뮈르달(Myrdal, G.)   305
미나미 지로(南次郎)   213
미마키이리히코(御眞木入日子)   191
미어셰이머(Mearsheimer, J.)   288
미우라 히로유키(三浦周行)   79, 395

ㅂ ────────

바디우(Badiou, A.)   341
바흐친(Bakhtin, M.)   369
박규수   278
박근혜   21, 336
박노자   261
박동환   6, 10

박무영 409, 412~416
박선식 8
박영신 6
박은식 164, 385
박정희 3, 21, 176, 270, 335~350
박지원 278
박치우 4
박헌영 237
박혁거세 155
박현채 230, 231
반고(班固) 75
배구(裵矩) 125, 129
배형일 74
백남운 87, 213, 245
범엽(范曄) 68
베네딕트 22
베리(Bury, J. B.) 42, 43, 45, 46, 88, 362,
    363
베버(Weber, M.) 256
베커(Becker, C.) 357
벤딕스(Bendix, R.) 24
벨(Bell, D.) 173
복기대 10, 146, 147, 165, 426
복신 198
부루 70~77, 79, 99, 132, 151, 153, 186,
    372, 376, 378, 380, 388
북애(北崖) 76
브룩스(Brooks, C.) 369
비류 157, 186
비트겐슈타인(Wittgenstein, L.) 50, 182,
    366, 416, 434, 435
빈델반트(Windelband, W.) 359

ㅅ ─────────

사마천(司馬遷) 64, 65, 71, 75, 82, 110,
    371, 375, 379, 380, 382, 394, 404,
    405, 407

사이메이(齊明) 197
사이토 마코토(齋藤實) 219, 221
서동 158
서재필 225
서정갑 6
서정록 155, 162
석봉래 419
석탈해 155
선화공주 158
성왕 195
성태용 59
세키노 타다시(關野貞) 214
세턴(Setton, M.) 59
셸링(Schelling, F.) 430
소부손 116
손문 63, 367
손보기 76
송강호 431, 433
송양 154, 155
송옥진 107, 108
송현종 87~89, 91
송호정 86, 87, 101, 102, 104, 119, 129,
    163~165, 395
쇼오토쿠(聖德) 196
순임금 54~56, 76, 77, 128, 371, 372
순체(筍彘) 140
쉐즈차앙(薛志强) 129
슈미드(Schmid, A.) 7
스나이더(Snyder, G.) 270, 271
스사노오 190
스위지(Sweezy, P.) 258
스진(崇神) 191
스탈린(Stalin, J.) 232, 233, 237, 258, 263,
    339, 341
스티븐스, 필립스(Stevens Jr., P.) 6
승륭(僧隆) 196
시라토리 구라키치(白鳥庫吉) 79, 395

시진핑(習近平) 60, 259, 348
신공황후 175, 214
신성 333
신언준 235
신용하 163, 167, 213
신채호 7, 70~72, 100, 103~106, 129, 132,
    137, 138, 156, 158, 210, 211,
    276~278, 372, 385
신형기 148, 409~412, 415, 417
쑤빙치(蘇秉琦) 129

ㅇ ─────────────

아마테라스(天照大御神) 185
아직기 192
안병준 6
안정복 72, 83, 109
안중근 7, 29, 180, 274, 282, 283, 354
안향 132
알랭(Alain; Émile-Auguste Chartier) 357
앤더슨, 베네딕트(Anderson, B.) 275, 370
앤더슨, 페리(Anderson, P.) 22
앰스덴(Amsden, A.) 7
야마나시 한조(山梨半造) 221
야콥슨(Jakobson, R.) 369
양복(楊僕) 140
양의모 441, 442
에가미 나미오(江上波夫) 190, 191
에드워즈(Edwards, W.) 191~193
에커트(Eckart, C.) 7, 253, 254, 256
엘리아데(Eliade, M.) 278
역도원(酈道元) 140~144, 146, 147
연개소문 333, 338
연남건 333
연남생 333
영조 201, 202
오구라 히로카쓰(小椋廣勝) 207, 208, 225,
    226

오다 쇼고(小田省吾) 80
오명제(吳明濟) 82, 108
오영환 6
오임신(吳任臣) 82
오진(應神) 192, 193
온조 186
왕이(王毅) 262
왕인 172
요임금 128, 130, 131, 133
우거 134, 138, 140
우실하 7, 68, 74, 97, 114, 129, 165
원위청(溫玉成) 162
원효 16, 52, 59, 61, 434
월쉬(Walsh, W. H.) 354, 359, 362
웨이춘청(魏存成) 183
웰스(Wells, H. G.) 34
위만(衛滿) 82, 89, 103, 109, 115, 122,
    134, 136~138, 140, 141, 143, 404
위수(魏收) 82, 131
윌슨(Wilson, W.) 223
유근 164
유류왕 100
유시민 148, 149, 259, 373~375
유현주 400, 403
유화 88, 89
윤내현 118, 125, 129, 134, 136~138, 143,
    146, 151, 156, 158, 163, 165, 190
윤명철 7, 116, 129, 130, 132, 178, 190
윤병렬 8
윤상원 4
을지문덕 211
의자왕 195
이가원 76
이경훈 409, 411, 412
이광수 218, 219, 225, 237, 252
이기훈 183, 184
이나바 이와키치(稻葉岩吉) 80, 395

이능화 69, 83, 84, 106, 211, 219, 388
이대준 6
이덕일 145, 146, 188
이마니시 류(今西龍) 82, 414
이맥(李陌) 76
이명박 21, 336
이병도 74, 102, 136, 143~145
이성규 64, 123, 155
이성태 237
이순신 354
이승종 49, 67, 88, 90, 166, 178, 275, 278,
    282, 296, 353, 359, 361~371, 375,
    376, 382~384, 386, 388, 390~393,
    402, 403, 406, 408~418, 420~426,
    432, 433, 435, 437, 439, 441, 442
이승휴 84
이영훈 202~204, 212, 231, 241, 243, 244,
    246, 276
이윤석 409, 413, 414, 416, 417
이윤일 10, 353
이익 105, 110, 111
이장희 382, 386~388
이정은 431
이종영 6
이종철 382, 393
이태 4
이토 히로부미(伊藤博文) 354
이현상 4
이형구 133~135
일연(一然) 83, 84, 125, 131, 153, 325,
    326, 424
임재해 91, 167
임창순 76
임채우 76, 382, 387, 388

ㅈ
자부(紫府) 52, 67, 69, 70, 73, 100, 378,

387, 388, 406, 413
장개석(蔣介石) 238
장면 21, 336
장보취엔(張博泉) 183
장빙린(章炳麟) 71
장용수 10, 373, 382, 383, 388
전두환 21, 336
전목(錢穆) 117
전봉준 247
전석담 245
정과리 409, 417, 418
정약용 / 다산 109, 415, 416
정인보 75, 86, 100, 103, 105, 136, 158,
    159, 211, 276
정재식 6
정조 201~203
정진배 400, 402, 408
정형진 74, 97
정훈 419, 422
조대호 400, 404, 406
조명희 237
조봉암 237
조여적 87
조정래 4
조혜정 6, 320
조희연 247, 257
주요한 91, 431, 439
주익종 228, 254
주자(朱子) / 주희(朱熹) 56, 66, 414~416,
    419
지젝(Žižek, S.) 341
진덕규 6
진무(神武) 186

ㅊ
차, 빅터(Cha, C.) 264, 265
차오순(曹汛) 119

채침(蔡沈)　56
천정환　261
최남선　79, 81, 83, 84, 86, 97, 99, 106, 131, 178, 185, 211, 218, 219, 276, 278
최몽룡　161
최문규　400, 403
최선홍　6
최일봉　258
최재석　187
최치원　52, 59, 61, 99, 282, 331, 402, 407, 434
최태영　83, 102
침류왕　195

ㅋ ──────────────

카(Carr, E. H.)　358, 375
카르도소(Cardoso, F.)　305
칸트(Kant, I.)　25, 182, 362, 401
커밍스(Cumings, B.)　148
코벨(Covell, J. C.)　178, 190
콜링우드(Collingwood, R. G.)　34~47, 359~364, 368, 413, 415, 416, 418, 419
콰인(Quine, W. V. O.)　366, 371
쿤(Kuhn, T.)　406
퀴글리(Quigley, C.)　58
크레이그(Craig, A.)　58
크로체(Croce, B.)　359, 368, 369

ㅌ ──────────────

탄치샹(譚其驤)　118, 144
투키디데스(Thucydides)　358
트럼프(Trump, D.)　60, 262

ㅍ ──────────────

파르메니데스(Parmenides)　48

파이프스(Pipes, R.)　259
파인만(Feynman, R.)　18
페어뱅크(Fairbank, J.)　58
푸스녠(傅斯年)　65, 108, 274, 395
푸코(Foucault, M.)　217, 438
푸틴(Putin, V.)　280, 348
프레비쉬(Prebisch, R.)　305
프톨레마이오스(Ptolemaios)　5, 63
플라비우스 베케티우스 레나투스(Flavius Vegetius Renatus)　347
플라톤(Platon)　48, 49, 342

ㅎ ──────────────

하니하라 가즈로(埴原和郎)　186, 187
하버마스(Habermas, J.)　325, 328, 368, 370, 440
하신(何新)　425
하이데거(Heidegger, M.)　15, 16, 49, 94, 282, 371, 386, 414, 416, 418, 435
한무제(漢武帝)　122, 125, 134, 138~140
한치윤　105
함석헌　393
함재봉　23
해모수　88, 89, 152, 155, 159, 186
해부루　152, 186
핸슨(Hanson, N. R.)　181
허동현　261
허목　105, 132
허신(許愼)　108, 139
허우성　419~421
헤겔(Hegel, G. W. F.)　15, 16, 337, 357, 369
헤로도토스　356, 358
혜자(惠慈)　196
혜총(惠聰)　196
호동　158
호메로스(Homeros)　282, 283, 435, 437

홍사현   382, 388
홍원탁   190, 192
홍진기   8, 10, 88, 90, 154, 158, 178, 275, 278
화이트(White, H.)   400
환웅   83, 84, 86, 88~92, 94~96, 99, 159, 198, 331, 332, 396, 420
환인   7, 83, 84, 86, 91, 92, 99, 128, 332
황석영   4

황원구   6
황장엽   343
황제(黃帝)   64, 65, 67, 69, 70, 73, 75, 110, 114, 125, 387, 388, 395, 406
황쭌셴(黃遵憲)   274
후설(Husserl, E.)   366
후쿠야마(Fukuyama, F.)   173
히미코   185, 186, 190

ㄱ

가위와 풀의 역사가　40, 41
가위와 풀의 역사학　38, 40, 360
갑신정변　278~281
강성대국　304, 306
강성대국론　308
거수국　107, 109, 136
경성방직　252~254
계급투쟁　28, 180, 222, 231~233
계급혁명　232, 234
계보학　24, 28, 179, 289, 438, 439
고죽국　124, 125, 430
곰족　95, 96, 98, 99, 167, 198, 391
공격적 현실주의　288
공산주의　5, 6, 24, 28, 173~175, 180, 197,
　204, 205, 213, 219, 220, 222, 223,
　225~235, 237~239, 242, 245~248,
　255~263, 280, 283, 284, 289, 335,
　337, 341, 345, 346, 348, 381
공산주의체제　204, 245~247, 257
과학적 역사학　38~40, 47, 359, 360, 409,
　415
과학주의　51, 431
관용　294~296, 301, 302, 314, 316,
　318~320, 327
교조주의　19, 292
구이(九夷)　67, 71, 107, 108, 183~185
국수주의　24, 25, 52, 232, 276, 333, 372,
　381, 385, 427
군사주의　306~308
근거 지상주의　36, 38
근대화　172, 176, 177, 200~202, 204~206,
　211, 215~218, 222, 223, 229, 230,
　238~242, 246, 250, 251, 253, 256,
　274, 279, 287, 335
근대화론　24, 28, 176, 180, 201, 241, 242
기마민족 정복설　28, 179, 190~192
기자조선　75, 115, 134, 137

ㄴ

낙랑　105, 122, 125, 144, 145, 147, 150,
　158
낙랑군　74, 125, 139~147, 214
남북관계　26, 27, 29, 173, 261, 291, 297,
　298, 300~304, 306, 308, 311, 312,
　314, 317~319
내선일체　182, 215, 216
내재적 발전론　28, 176, 177, 180, 193, 194,
　201, 242, 245, 248~250

ㄷ

다물(多勿)　51, 85, 109, 154
다원주의　280, 308, 309, 313, 318
단순화　46, 227, 250, 315, 318
대륙사관　9, 103
대북 정책　29, 293, 297, 302, 311, 312,
　314, 316, 318
대응론　49, 50
도래인(渡來人)　175, 186, 187, 190, 198,
　215
독사(doxa)　48, 53, 376
동맹 이론　194
동북공정　25~27, 57, 108, 109, 113~115,
　120, 123, 126, 134, 135, 138, 139, 144,
　147, 159, 160, 163, 167, 266, 326, 328,
　393, 431
동이(東夷)　68~71, 73, 74, 107~109, 119,
　121, 147, 150, 158, 199, 383, 387,
　404, 406, 432

동이족 69, 72, 184, 424, 425
동질성 289, 291, 320, 329
동학운동 200, 246, 247

ㄹ ─────────────
러시아 혁명 230, 258, 358

ㅁ ─────────────
마르크스-레닌주의 258, 259
마르크스주의 15, 22, 23, 175, 225, 231,
　　245, 258~260, 305, 343, 368
만리장성 107, 108, 115, 116, 118, 119,
　　183
매판자본 255
메이지 유신 199, 205, 218
모더니티(modernity) 35, 90
무단통치 217, 218
무산자(無産者) 225~227, 231
무지의 베일 29, 312, 313, 316, 317
문명개화 280
문화통치 217~220
물산장려운동 220, 228, 237
민족자결주의(民族自決主義) 223, 224
민족자본 228, 252, 253
민족주의 23, 24, 71, 104, 105, 111, 166,
　　174, 189, 194, 205, 213, 217, 219,
　　220~224, 226, 228, 231~234, 237,
　　238, 240, 242, 245, 252, 265, 266,
　　275~277, 283, 284, 289, 333~385,
　　388, 393, 410
민족주의자 23, 175, 217, 218~221,
　　225~227, 229~231, 233, 234, 238,
　　276, 388, 393, 427, 437
민족해방 232~235
민주화 4, 5, 22, 177, 256, 257, 304,
　　335~338

ㅂ ─────────────
반(半)식민지 207, 209
반공 269, 308, 338, 346
반도사관 9, 24, 80, 103, 105, 109, 139,
　　144, 167, 328
발전국가 256, 257, 325, 336, 337
방기 9, 270~272, 297, 334
방법론 15, 38, 53, 117, 120, 178, 182, 216,
　　296, 359, 360, 363, 365, 368, 376
백신(百神) 88, 90, 91, 96, 97
백제금동대향로 161, 162
백촌강 197, 198, 442
번역의 고고학 53, 364, 371
범금 8조 135, 136
보수 19~21, 36, 202, 223, 230, 233, 260,
　　261, 275, 294, 311, 312, 316, 343,
　　344, 349
본질주의 166, 438
봉건사회 225
부르주아 223, 231, 233, 344, 345
빗살무늬토기 68, 97, 98, 163
빨치산 4~6

ㅅ ─────────────
사근동후(肆覲東后) 53~57, 76~78, 369,
　　371
사대주의 23~25, 51, 52, 67, 70~72, 75, 78,
　　80~82, 106, 109~112, 160, 200~202,
　　210, 212, 277, 292, 365~367, 375, 376,
　　379, 385, 388, 395, 417, 418, 422, 423
사실의 방법 44
사회구성체논쟁 255
사회구성체론 257
사회주의 20~22, 175, 225, 233, 245, 258,
　　296, 305, 309, 321, 333, 340, 343, 346
상대주의 295, 363, 368

상호주의 297
샤머니즘 7, 219, 278, 331, 420
선결문제 요구의 오류 21, 46, 181
선의 294~298, 301, 302, 314, 316, 318,
　319, 327, 386, 436
세계화 52, 57, 111, 248, 273, 275, 379,
　385, 393, 436
순환론의 오류 181, 407
스탈린주의 259
식민사관 24, 51, 78, 80, 242, 245, 328,
　375~377, 379, 384, 385, 400
식민사학 26, 71, 109, 128, 132, 160
식민사학자 103, 188
식민주의 27, 78, 79, 106, 175, 206, 207,
　213, 217, 223, 232, 376, 395
식민지 근대성 28, 180, 223, 242
식민지 근대화 176, 177, 202, 217, 218,
　222, 238, 241, 242, 251
식민지 근대화론 24, 28, 176, 180, 241, 242
식민지 반(半)봉건사회론 28, 180, 213, 242,
　304
신시(神市) 84, 85, 91, 92, 198, 331, 332
신식민지국가독점자본주의론 304
신식민지국가독점자본주의체제 246
실증주의 35, 80, 164, 166, 359~361, 375,
　381, 395, 399

ㅇ
알레테이아(aletheia) 49
약탈국가 257
에피스테메(episteme) 48, 53
역사공정 26, 65, 104, 114, 120, 122, 129,
　175, 372, 379, 399, 433
역사의 진리화 49, 50, 417
역사철학 15, 16, 25, 29, 30, 34, 171, 177,
　179, 180, 219, 273, 285, 286, 333,
　354, 359, 363, 365, 367, 368, 371,

394, 396~399, 412, 431, 441
역운(歷運) 15, 70, 71, 388
연루 270~272
예속자본 251~255, 257
예속자본론 28, 180, 254~256
예속자본론자 253, 254
요하문명 68, 120, 129, 163, 365
우이(嵎夷) 183, 186
우익 238, 260
웅녀 88, 89, 95, 96, 331, 332
원초적 상황 29, 312, 313, 320
위만조선 125, 134, 137~139, 142~144,
　146, 333
위정척사파 23, 210
유물론 22, 50, 51, 80, 112, 395, 431
유산자(有産者) 226, 227
이족(夷族) 106, 436
이질성 194, 292, 320, 329, 423
일선동조론(日鮮同祖論) 28, 179, 182, 187
임나일본부 28, 175, 179, 188, 189, 214,
　274, 424

ㅈ
자민족중심주의 210, 277, 283, 393
자본주의 맹아론 25, 28, 176, 180, 245
자비의 원리 295
자연과학주의 50, 51
자유민주주의 6, 204, 239, 260, 265, 268,
　273, 279, 335, 337, 343, 381
자유시장경제 344, 346
자유주의 209, 223, 258, 289, 309, 317,
　321, 333, 337~339
장당경 127, 133, 134
재세이화(在世理化) 91~93, 386, 389~392,
　396, 401, 405, 419, 420
재야 사학 101, 384
재야 사학계 101

재야 사학자　101~103, 384, 385, 409
전방후원분　194
전제 밀수의 오류　81, 141
전체주의　204, 223, 239, 273, 337, 345
접화군생(接化群生)　29, 96, 100, 282, 283,
　　331, 386, 391~393, 402, 420
정신과학　50, 359, 363, 368
정신사　50, 52, 282, 284, 333, 366
정합론　36, 49, 50, 399
제국주의　23, 26, 28, 174, 175, 179, 192,
　　206~209, 211, 213, 214, 216, 223~225,
　　230, 231, 233, 238, 240, 242~246, 251,
　　253~256, 262, 267, 274, 280, 282, 283,
　　285, 335, 350, 385, 442
제국주의론　240, 262
제휴　174, 222, 270~272, 281
조공　64, 200, 202, 209, 278, 280
조선사편수회　219
존화양이(尊華洋夷)　63, 366, 367, 397
종속이론　194, 243, 256, 257, 304, 305
좌익　238
죄수의 딜레마　298, 300, 301, 303
주나라　65, 72, 74, 75, 107, 108, 110, 124,
　　127, 132~134
주변부자본주의론　256
주자학　80, 200~202, 204
주체사상　176, 204, 209, 308, 342
중첩적 합의　302, 313, 316~320, 327
중화(中華)　16, 26, 52, 53, 62~64, 67, 110,
　　114, 117, 120, 122~124, 132, 176,
　　189, 200, 201, 203, 210, 234, 266,
　　274, 277, 278, 281, 364~376, 400,
　　401, 422, 442
중화주의　24, 57, 68, 70, 71, 110~112, 160,
　　176, 210, 280, 366, 370, 372,
　　375~379, 384, 387, 404, 421, 422, 432
지식사회학　15, 277

진나라　107, 108, 125, 145
진리의 역사화　49, 50
진보　19~21, 202, 216, 241, 261, 311, 312,
　　316, 340, 343, 344, 349, 362

ㅊ —————
차등의 원칙　322~325
천동설　5, 6, 62
철학소(哲學素; philosopheme)　92, 93,
　　389, 401, 402, 405, 407
청나라　69, 71, 82, 116, 123, 200, 205, 206,
　　209, 210, 278, 280, 281, 372
청일전쟁　208~210, 212, 242, 247
최대 수혜자　322~324
최소 수혜자　321~325
최소주의　17~19
친일파　106, 174, 216, 219, 238, 239, 253,
　　335

ㅋ —————
캐치업(catch-up)　28, 180, 194, 287
캐치업 이론　194
코민테른　23, 227, 231, 233, 235, 262

ㅌ —————
탈근대성　282
탈역사　49
태평양전쟁　174, 208, 225, 242
통시성/통시적　15, 16, 24, 50, 51, 92, 340,
　　418, 431
통일 비용　321, 328
통일운동　29, 293, 302, 309~314, 316,
　　317, 327

ㅍ —————
파시즘　175, 204, 207, 223, 232

패권주의　16, 57, 111, 112, 117, 120, 283, 348, 372, 379, 391, 392, 433, 436

패수　138, 139, 140~147

평양　74, 79, 80, 82, 105, 122, 126, 130, 131, 141, 143, 145~147, 165, 196

평양성　127, 145~147

평화통일　319, 321, 342, 346

포용정책　307, 346

풍류　99, 153, 407

풍류도　99, 100, 396, 406

프롤레타리아　223, 235, 344, 345

ㅎ

하가점 하층문화　107, 129, 130

하족(夏族)　106~108, 436

한국사회구성체론자　256

한국전쟁　148, 173, 174, 177, 197, 226, 237, 241, 263, 273, 274, 334

한나라　64, 74, 109, 121, 122, 125, 138, 140, 142, 144~146, 162, 274, 333

한미동맹　197, 272, 335

한사군　58, 60, 61, 103, 115, 123, 125, 134, 139, 214

해석학　8, 165, 167, 179, 182, 298, 360, 363~366, 368, 370, 371, 401, 407, 408, 421

햇볕정책　6, 297, 337, 346

현실주의　264, 288, 335

형식의 원리　44

형이상학　23, 73, 77, 166, 202, 241, 399, 420, 431, 438

호랑이족　95, 96, 98, 99

홍산문화　7, 16, 98, 104, 114, 431

홍익인간(弘益人間)　29, 91~93, 100, 198, 282, 331, 332, 386, 389~392, 396, 401, 405, 420

화이(華夷)　64, 65, 67, 136

화이관(華夷觀)　119, 131

환웅족　96, 98, 99, 167, 198, 391

회의주의　38, 41, 363, 368, 388

흑신(黑神)　88, 90, 96, 97

홍정　317~319

기타

1인칭　166, 326, 327, 330, 432

2인칭　166, 167, 327, 328, 330, 432, 439

3인칭　164~166, 326, 327, 330, 439

『사기(史記)』　64, 65, 76, 82, 110, 118, 123, 136, 164, 356, 375, 380, 394, 395, 397, 404, 405, 407

『삼국사기(三國史記)』　52, 61, 75, 76, 82~84, 99, 108, 110, 124, 126~128, 147, 152, 154, 156, 188, 276, 357, 365, 375, 380, 424, 428

『삼국유사(三國遺事)』　76, 83, 84, 89, 91, 94, 96, 97, 125, 127, 128, 131~134, 137, 138, 152, 153, 157, 163, 167, 183, 276, 395, 407, 414, 421, 423, 424, 427, 428, 430

『삼황내문(三皇內文)』　69, 73, 91, 100, 395, 406

『상서(尙書)』　53~56, 75, 76, 78, 371, 372

『서경(書經)』　186

『설문해자(說文解字)』　68, 108, 139, 140, 142, 183

『제왕운기(帝王韻紀)』　74, 84, 127, 128, 132~134, 137, 138, 157, 428

「이하동서설(夷夏東西說)」　65, 108, 395

「홍범구주(洪範九疇)」　73, 74, 91

「홍범(洪範)」　72, 74, 75

(재)한국연구원 한국연구총서 목록

1. 김주수, 신혼인법 연구 (1958)
2. 이창열, 한국경제의 구조와 순환 (1958)
3. 홍이섭, 정약용의 정치경제사상 연구 (1959)
4. 박병호, 한국법제사 특수 연구 (1960)
5. 이만갑, 한국농촌의 사회구조 (1960)
6. 남광우, 동국정운식한자음 연구 (1966)
7. 김경탁, 율곡의 연구 (1960)
8. 이광린, 이조수리사 연구 (1961)
9. 김두종, 한국의학발전에 대한 구미 및 서남방의학의 영향 (1960)
10. 이현종, 조선 전기 대일교섭사 연구 (1964)
11. 박동서, 한국관료제도의 역사적 전개 (1961)
12. 김병국, 한국중앙은행 연구(영문) (1965)
13. 곽상수, 한국 조세 연구 (1961)
15. 김동욱, 이조 전기 복식 연구 (1963)
16. 박원선, 부보상 (1965)
17. 최학근, 전라남도방언 연구 (1962)
18. 이기문, 국어표기법의 역사적 연구 (1963)
19. 김은우, 한국여성의 애정갈등의 원인 연구 (1963)
20. 서남원, 외국원조의 이론과 실제 (1963)
21. 이춘령, 이조농업기술사 (1964)
22. 노창섭, 서울주택지역 연구 (1964)
23. 유인호, 한국농업협업화에 관한 연구 (1967)
24. 강신항, 『운해훈민정음』 연구 (1967)
25. 유원동, 이조 후기 상공업사 연구 (1968)
26. 김병하, 이조 전기 대일무역 연구 (1969)
27. 이효재, 도시인의 친족관계 (1971)
28. 최영희, 임진왜란 중의 사회동태 (1975)
29. 원유한, 조선 후기 화폐사 연구 (1975)
30. 최태호, 개항 전기의 한국관세제도 (1976)
31. 김완진, 노걸대의 언해에 대한 비교 연구 (1976)
32. 하현강, 고려지방제도의 연구 (1977)
33. 김태준, 임진란과 조선문화의 동점 (1977)
34. 황패강, 조선왕조소설 연구 (1978)
35. 이기백, 신라시대의 국가불교와 유교 (1978)
36. 김용덕, 향청연구 (1978)
37. 권영철, 병와이형상 연구 (1978)
38. 신용하, 조선토지조사사업 연구 (1979)
39. 강신표, 단산사회와 한국이주민 (1980)
40. 소재영, 임병양란과 문학의식 (1980)
41. 이기동, 신라골품제사회와 화랑도 (1980)
42. 홍승기, 고려시대 노비 연구 (1981)
43. 김두진, 균여화엄사상 연구 (1981)
44. 신동욱, 우리 이야기문학의 아름다움 (1981)
45. 이기준, 한국경제학교육사 연구 (1982)
46. 민현구, 조선 초기의 군사제도와 정치 (1983)
47. 정형우, 조선시대 서지사 연구 (1983)
48. 조희웅, 한국설화의 유형적 연구 (1983)
49. 김용숙, 한중록 연구 (1983)
50. 이배용, 구한말 광산이권과 열강 (1984)
51. 윤근호, 한국회계사 연구 (1984)
52. 김학준, 북한중공관계 1945~'84(영문) (1985)
53. 이태진, 조선 후기의 정치와 군영제변천 (1985)
54. 박은경, 한국화교의 종족성 (1986)
55. 권병탁, 약령시 연구 (1986)
56. 김용선, 고려음서제도 연구 (1987)
57. 김영자, 한국복식미의 연구 (1987)
58. 양동휘, 한국어의 대용화 (1988)
59. 정두희, 조선 성종대의 대간 연구 (1989)
60. 오두환, 한국근대화폐사 (1991)
61. 윤홍노, 이광수 문학과 삶 (1992)
62. 정규복, 한국고소설사의 연구 (1992)
63. 김동철, 조선 후기 공인 연구 (1993)
64. 이희덕, 한국고대자연관과 왕도정치 (1994)
65. 이호영, 국어 운율론 (1997)
66. 오 성, 조선 후기 상업사 연구 (2000)
67. 우대형, 한국 근대농업사의 구조 (2001)
68. 김철웅, 한국 중세 국가제사의 체제와 잡사 (2003)
69. 오항령, 한국 사관제도 성립사 연구 (2003)
70. 노계현, 간도 영유권 분쟁사 (2006)
71. 백옥경, 조선 전기 역관 연구 (2006)
72. 홍정근, 호락논쟁의 본질과 임성주의 철학사상 (2007)
73. 유헌식, 한국인의 일상행위에 감춰진 의미구조 연구 (2008)
74. 김현숙, 근대 한국의 서양인 고문관들 (2008)
75. 최선일, 17세기 조각승과 불교 연구 (2009)
76. 김도형, 일제의 한국농업정책사 연구 (2009)
77. 금지아, 한중 역대 서적교류사 연구 (2010)
78. 이 찬, 한국 현대시론의 담론과 계보학 (2011)
79. 송기한, 서정주 연구 - 근대인의 초상 (2012)
80. 노용필, 한국도작문화 연구 (2012)
81. 엄연석, 조선 전기 역철학사 (2013)
82. 박광연, 신라법화사상사 연구 (2013)
83. 박미선, 신라 점찰법회와 신라인의 업윤회 인식 (2013)
84. 김병길, 역사문학, 속과 통하다 (2013)
85. 표정옥, 신화적 상상력에 비쳐진 한국 문학 (2014)
86. 허유호, 인형연행의 문화전통 연구 (2014)
87. 문성화, 『삼국사기』와 『삼국유사』의 역사인식과 역사의식 (2015)
88. 이경재, 다문화 시대의 한국소설 읽기 (2015)
89. 김수연, 유(遊)의 미학, 『금오신화』 (2015)
90. 홍성민, 감정과 도덕 - 성리학의 도덕 감정론 (2016)
91. 박해훈, 한국의 팔경도 (2017)
92. 김주연, 궁중의례미술과 십이장 도상 (2018)
93. 박평식, 조선전기 대외무역과 화폐 연구 (2018)
94. 임채우, 한국의 신선 - 그 계보와 전기 (2018)
95. 엄태웅, 대중들과 만난 구운몽 (2018)
96. 허태구, 병자호란과 예, 그리고 중화 (2019)
97. 한성훈, 이산-분단과 월남민의 서사 (2020)
98. 한재훈, 퇴계 이황의 예학사상 (2021)
99. 정우진, 몸의 연대기 (2021)
100. 이승종, 우리 역사의 철학적 쟁점 (2021)
101. 홍정완, 한국 사회과학의 기원 (2021)